교육학개론

Introduction to Education

교육학개론

김미환 · 최윤진
안정희 · 김경미
홍경선 · 최정희 공저

동 문 사

PREFACE 머리말

이 책의 저자들은 오랜 기간 동안 학문 공동체의 구성원으로 서로 소통하면서 교육문제에 관해 연구하고, 이에 기초하여 교육현장에서 교육학 관련 강의를 해왔던 학문적 동반자들이다. 저자들은 각자의 자리에서 교육학개론이나 전공에 따라 교직 관련 교육학이론들을 연구하고 강의하면서, 그간 현장에서 축적해 온 지식과 경험 그리고 노하우들을 녹여내어 이번에 그 결실을 맺게 되었다.

이 책은 교육학 관련 이론들을 개괄적으로 소개함으로써 교육학 전반에 관한 이해를 돕는 것을 목적으로 함과 동시에, 장래에 교사를 희망하는 학생들을 고려하여 교직을 이수하는 데 도움이 되도록 관련 내용들을 정리, 제시한 것이다. 교육학의 학문적 특성상 이론과 실제가 밀접한 연관성을 가지고 논의되어야 하고, 교사 후보생들에게 도움을 주기 위해서는 교육이론과 함께 교육현장의 문제점을 제시하는 것이 더욱 바람직할 것이다. 그러나 교육실제의 현상들이 끊임없이 변화할 뿐 아니라 새로운 교육정책이 제시될 때마다 달라지는 교육현안들을 모두 다루기에는 여러 여건이 맞지 않은 점을 고려하여 교육실제 관련 문제들은 생략하기로 했다.

이 책의 내용 중 1장, 2장, 3장은 김미환, 4장은 최윤진, 5장과 8장은 안정희, 6장은 김경미, 7장은 홍경선, 9장은 최정희가 각각 집필했다. 저자들은 가능한 한 새로운 관점이나 해석에 입각해서 내용을 서술하고 책의 구성도 달리하고자 하였으나, 교육학 내용의 특성상 교육의 본질을 다루는 분야는 그 내용이 크게 달라질 수 없는 점과 부분적으로 새로운 내용을 추가하기 어려운 제한점 등으로 인해, 이 책의 내용 가운데 기존의 연구물과 중복되거나 유사한 표현이 제시된 점도 있음을 밝힌다. 이 점에 대해 독자 여러분의 양해를 구하고자 한다.

교육학에 대해 흥미와 관심을 가질 수 있도록 가능한 한 이해하기 쉽고 읽기 편하게 서술하고자 하였으나, 저자들의 이러한 의도가 성공적일지는 미지수이다. 만약 독자들이 이 책을 읽으면서 불편함이나 부족함을 느끼게 된다면 그러한 평가에 대한 책임은 모두 저자들이 받아들여야 할 몫이라고 본다. 앞으로 이 책에 대한 깊은 반성과 숙고 및 지속적인 탐구활동을 통해 향후 더 나은 연구 결과물이 나오기를 바라는 마음이다.

이 책이 나올 때까지 오랜 기간 동안 기다려 주신 동문사 사장님과 수고 많이 해주신 여러분께 진심으로 감사드린다.

2018년 1월

집필진 대표

CONTENTS 차 례

머리말 ◆ 4

CHAPTER 01 교육의 이해

제1절 교육이란 무엇인가? 12

제2절 교육의 필요성과 가능성 21

CHAPTER 02 교육의 철학적 기초

제1절 교육철학이란 무엇인가? 38

제2절 서양의 교육철학 43

제3절 20세기 초 현대교육사조 48

제4절 후기 현대교육철학 56

CHAPTER 03 교육의 역사적 기초

제1절 한국교육의 역사 66

제2절 서양교육의 역사 86

CHAPTER 04 교육의 사회적 기초

제1절 교육과 사회의 관계 110
제2절 교육현상의 사회학적 관점 118
제3절 교육현상의 사회학적 분석 138

CHAPTER 05 교육과정의 이해

제1절 교육과정의 정의 164
제2절 교육과정의 관점 165
제3절 교육과정의 유형 168
제4절 우리나라 교육과정의 역사적 고찰 174
제5절 교육과정의 개발 180

CONTENTS 차 례

CHAPTER 06 교육심리

제1절 교육심리학의 기초 190
제2절 인간 이해와 교육 192
제3절 인간 발달과 교육 199
제4절 학습자 특성과 교육 215
제5절 학습이론 230

CHAPTER 07 교육공학

제1절 교육공학의 기본 이해와 정의 242
제2절 교육공학의 역사적 발달 252
제3절 교수설계 262
제4절 교수매체 272
제5절 교육공학의 최신 동향 285

CHAPTER 08

교육평가의 이해

제1절 교육관과 교육평가 296
제2절 교육평가의 개념 297
제3절 교육평가의 기능 300
제4절 교육평가의 유형 301
제5절 교육평가의 절차 및 평가 도구 제작 312

CHAPTER 09

교육행정 및 교육경영

제1절 교육행정이론의 발달 331
제2절 학교조직관 341
제3절 교육지도력 358
제4절 교육동기이론 373

참고문헌 ◆ 381
찾아보기 ◆ 399

CHAPTER 01

교육의 이해

제1절 교육이란 무엇인가?
제2절 교육의 필요성과 가능성

교육이라는 말이 비단 교육에 대해 전문적으로 연구하는 이들만 사용하는 고유한 개념이 아니라는 사실은 잘 알려져 있다. 학교교사나 학생뿐 아니라 이 세상에 갓 태어난 어린아이부터 자녀교육을 담당하는 부모, 교육 관련 업무에 종사하는 교육정책가나 교육연구자 그리고 사회 각 영역에서 가르치는 일에 종사하는 사람들 모두가 교육과 직접 또는 간접적으로 관련되어 있다고 볼 수 있다. 사실 사람이 산다는 그 자체가 이미 교육과 밀접하게 관련되어 있는 것이기 때문에 우리 모두 '교육적 삶'을 산다고도 할 수 있다. 이러한 '교육적 삶'은 그 누구도 피할 수 없는 운명적이고 필연적인 것으로서, 교육전문가가 아니더라도 교육에 대한 나름대로의 이해를 갖게 되는 이유도 여기에 있다.

이 장에서는 교육이란 말의 의미와 정의, 유형, 교육의 형태와 교육현상의 구조 및 교육의 필요성과 가능성 등에 대해 살펴봄으로써 교육에 대한 기본적인 이해를 돕고자 한다. 또한 인간을 대상으로 하는 교육적 활동에서 인간이해의 관점에 따라 교육에 대한 관점이 어떻게 분류되는지에 대해서도 소개하고자 한다.

제1절 교육이란 무엇인가?

1. 행복한 삶과 교육

일반적으로 교육이란 가르치고 배우는 활동이라고 할 수 있다. 그러나 이를 조금 더 구체적으로 생각해 보면 무엇을, 왜 가르치고 또 배워야 하는가의 문제를 제기할 수 있다. 역사적으로 보면 시대나 사회에 따라서 무엇을, 왜 가르치고자 했는지에 대한 이유의 구체적인 내용은 달랐으나, 공통적인 현상은 인간은 누구나 태어나면서부터 자신을 둘러싼 환경 속에서 배우고, 성장하면서 하나의 온전한 인격으로 성숙해가는 경험을 하며 살게 된다는 것이다. 다시 말해 인간은 교육을 통해 개인적으로는 개성과 능력을 발달시키면서 자아실현을 성취하고, 사회적으로는 공동체 구성원으로서 자신의 능력 발휘를 통한 사회 참여와 변화 및 발달에 기여하는 삶을 살게 된다. 그래서 교육은 모든 인간에게 있어서 필연적인 일이라 할 수 있다.

그런데 인간에게 이러한 교육적 삶의 과정은 근본적으로 무엇을 위한 것인가? 인간의 삶에 있어서 교육은 어떤 의미를 갖는가? 교육을 통한 자아실현이라든가 온전한 인격적 존재로의 성숙 또는 이를 통한 사회적 성공 내지 출세를 추구하는 이유는 무엇인가? 아마도 이에 대한 답을 구한다면 교육의 궁극적 목적은 자기능력의 발휘를 통한 만족스러운 삶, 즐겁고 기쁜 삶, 곧 '행복한 삶'[1)]이 아닐까 싶다. 기성세대는 자라나는 세대가 행복한 삶을 살도록 도와주기 위해 가르치는 것이고, 자라나는 세대는 행복한 삶을 살기 위해 교육을 받아야 하는 것이 아닐까. 교육을 통해 개인적으로는 물론이거니와 사회적으로도 보다 더 나은 삶, 보다 더 잘 사는 삶을 위한 환경이 조성되어 행복한 삶을 영위할 수 있게 되는 것이다.

교육이 행복한 삶을 위한 것이라면 최소한 교육을 받는 아이들이 스스로 생각하는 행복이 무엇인지, 즉 무엇이 좋은지, 무엇을 할 때 자신이 가장 만족스럽고 즐거우며, 성취감을 느끼게 되는지를 파악하는 일이 중요할 것이다. 이는 교육학에서 강조하는 '아이의 타고난 잠재능력을 잘 발견하고 이를 잘 발휘하도록 도와주어야 한다'는 뜻이다. 물론 미성숙한 어린아이의 잘못된 판단을 모두 그대로 받아들여서는 안 될 것이나. 그러나 부모나 교사 등 성인은 아이의 타고난 자질이나 성향, 재능을 제대로 잘 파악하는 안목과

1) 물론 행복한 삶이 구체적으로 무엇을 의미하는지에 대한 견해는 다양할 수 있으며, 교육의 개인적 차원과 국가 사회적 차원의 목적이 동일할 수 있을지 등의 문제에 대해서는 간단하게 답을 내리기 어려운 것이기도 하다.

이를 잘 길러주는 능력과 안목을 가지고, 아이가 하고 싶어 하는 일, 잘 하는 일, 재미있어 하는 일을 하면서 자기재능을 발전시킬 수 있도록 적극적으로 지원해야 할 것이다. 교육은 아이의 행복한 삶을 위한 것이다.

2. 교육의 의미

교육이라는 단어는 일상적으로 흔히 그리고 쉽게 사용되는 말이다. 그러나 정작 교육이 무엇인가라고 질문했을 때 이에 관해 한마디로 답하기는 어렵다. 교육의 의미에 대한 정의는 교육의 대상인 인간은 어떠한 존재이며, 어떻게 살아야 하고, 왜 교육을 받아야 하는지 그리고 무엇을 가르쳐야 하는지 등의 물음에 대한 나름대로의 입장이 반영되어 있고 그 기준에 근거해서 달라지기 때문이다. 다시 말해 교육의 의미는 인간관이나 가치관, 바람직한 삶, 삶의 목적, 이상적 사회상 등에 따라 달라질 수 있다. 그렇기 때문에 교육의 역사 속에서 각 시대 사회마다 그리고 사상가들에 따라서 강조되는 교육의 의미가 다름을 볼 수 있다. 절대적으로 옳은 한 가지만의 교육에 대한 정의는 있을 수 없다. 여기에서 우리는 교육이 무엇인가에 대한 이해를 돕기 위해 우선 교육의 어원적 의미에 대해 살펴보기로 한다.

교육(教育)이라는 한자어가 처음으로 등장한 문헌은 「맹자(孟子)」이다. 「맹자」의 진심편(盡心篇) 상편에는 군자가 갖는 세 가지 즐거움[2)]이 있는데, 그중 세 번째 즐거움으로 "得天下英材而教育之三樂也(득천하영재이교육지삼낙야)"(맹자, 1977: 331)가 제시되어 있다. 즉, 천하의 뛰어난 영재를 얻어 교육하는 것을 군자의 세 번째 즐거움이라 하였다. 여기에서 교(教)

2) 첫 번째 즐거움은 부모가 살아 계시며 형제가 아무 탈이 없고 화목한 것이고, 두 번째 즐거움은 하늘을 우러러 부끄러움이 없고 사람에게 굽혀서 사람에게 부끄러움이 없는 것이다(맹자, 1977: 331).

는 "위에서 베풀고 아래에서는 본받는다"라는 뜻이고, 육(育)은 "자녀를 길러 착하게 만든다"[3](정영근 외, 2003: 73)는 의미이다. 언어적인 의미에서 볼 때 교육이란 어른은 바람직한 것을 제시해 주고, 어린아이는 이를 본받아 따르면서 착하고 바른 품성을 기르도록 돕는다는 뜻임을 알 수 있다.

교육에 해당되는 우리말은 '가르침'인데, 이는 동사인 '가르치다'의 명사형이다. '가르치다'는 '가르다'와 '치다'의 합성어이다. '가르다'는 말하다, 가리키다, 지시하다, 분별하다 등의 뜻을 포함하고 있고, '치다'는 유용하고 쓸모 있게 만든다는 의미가 내포되어 있다. 이를 통해 '가르침', 즉 우리말에서의 교육이란 어른이 말이나 지시를 통해 아이로 하여금 분별하게 하여 아이를 쓸모 있게 만든다는 의미라고 할 수 있다.

교육에 해당되는 영어 education은 라틴어인 educare에서 유래된 것으로, e(밖으로)와 ducare(이끌어내다)라는 말의 합성어이다. 여기에서 교육이란 어린아이의 타고난 소질과 능력을 밖으로 이끌어낸다는 뜻이다.

Education 외에 교육을 뜻하는 영어 단어로 pedagogy가 있다. Pedagogy는 고대 그리스 사회에서 귀족자녀를 학교로 데려다 주고 데리고 오는 일을 하면서 기본적인 교육을 실시한 파이다고고스(paidagogos, 敎僕)에서 유래한 단어이다. Paidagogos는 '어린이'라는 파이도스(paidos)와 '이끈다'는 의미의 아고고스(agogos)의 합성어로 '어린이를 이끈다'는 뜻을 포함하고 있다.

교육에 관한 여러 개념의 어원적 의미를 살펴볼 때 교육이란 말에는 미성숙한 어린이와 성숙한 어른과의 관계라는 점 그리고 어린이는 나름대로의 소질과 잠재능력을 갖고 있는 존재라는 의미가 포함되어 있다는 것을 알 수 있다. 요컨대 교육이란 성숙한 교육자가 어린이를 가르쳐서 어린이의 발달 가능성을 이끌어내어 바람직한 방향으로 나아가도록 도와주는 일이라고 볼 수 있다.

3) 혹은 '자녀를 착하게 살도록 기른다'는 의미도 포함되어 있다.

3. 교육에 대한 정의

교육에 대한 이해와 이에 따른 정의는 시대나 사회에 따라서 혹은 각 개인의 사상에 따라서 다양하게 나타난다. 이는 교육의 대상인 인간에 대한 이해, 다시 말해 인간은 어떠한 존재이며, 어떻게 살아야 하는지 그리고 왜 교육해야 하는가의 문제를 포함해서 행복한 삶이란 무엇을 말하며, 이상적인 사회는 어떠해야 하는지 등의 물음에 대한 나름대로의 입장이 다르기 때문이다. 그래서 교육에 대한 각각의 문제의식과 분류 관점에 따라 정의가 다양함을 알 수 있는데, 이 글에서는 규범적, 기능적, 조작적 정의의 세 가지 유형으로 나누어 살펴보고자 한다(조경원 외, 2002: 17-19; 윤정일 외, 2002: 37-41).

첫째, 규범적 정의는 교육의 내재적 가치나 바람직한 의미를 강조하면서 내리는 정의를 말한다. 다시 말해 교육은 어떻게 해야 바람직하며, 어떻게 하는 것이 옳은가 같은 교육의 가치나 규범적 기준과 의미를 포함한 정의를 말한다. 그 예로 교육은 '사람다운 사람을 형성하는 일'이라거나 '인격완성' 내지 '자아실현의 과정'이라고 보는 입장을 들 수 있다. 교육은 다른 어떤 활동보다도 가치지향적인 활동인 만큼, 규범적 정의를 내리는 입장에서는 교육 그 자체의 의미와 가치실현에 큰 비중을 둔다. 그러나 이러한 규범적 정의는 구체적인 교육활동에서의 지침 마련이 어려운 추상적인 내용일 뿐만 아니라 빠르게 변화하는 실생활에서의 요구가 반영되지 못하는 비실제적, 비현실적인 성격의 정의가 되기 쉽다.

둘째, 기능적 정의는 교육을 무엇을 위한 수단, 즉 교육 외의 다른 것을 이루기 위한 도구나 수단으로 보고 교육을 규정하는 입장이다. 이는 교육의 기능 또는 결과에만 관심을 갖는다. '교육은 경제발전의 수단이다', '교육은 출세의 수단이다'라고 내리는 정의가 이에 속한다. 기능적 정의는 교육의 수단적 가치 또는 외부에서 주어지는 목표를 강조하는 외재적 가치에 근거하여 내리는 정의이기 때문에, 교육 그 자체의 본연적 가치실현을 소홀히 한다는 비판을 받는다.

셋째, 자연과학영역의 경우 관찰 가능하지 않은 어떤 사태나 현상을 반복적인 조작에 의해 관찰 가능한 형태로 하여 객관화된 과학적 지식이 가능해지듯, 조작적 정의란 어떤 사태나 개념을 관찰 가능한 형태로 정의하는 것을 말한다. 교육에 대한 조작적 정의란 교육활동이 이루어지는 객관적 현상에서 나타나는 결과에 비추어 교육에 대해 내리는 정의이다. 이는 교육의 개념에서 추상적인 것을 배제하고 교육활동을 과학적으로 좀 더 명확하게 정의내리고자 하는 것이다. 교육은 '인간 행동의 계획적인 변화'라는 정의에서 알 수 있듯이 조작적 정의는 의도적·계획적 교육의 결과로 나타나는 관찰 가능한 인간행동의 변화에 국한하여 교육의 의미를 규정하는 것이다. 이러한 입장은 인간행동의 내적인 측면보다는 관찰 가능한 외적행동의 변화를 교육의 주 대상으로 삼고 있다는 점에서 제한적이라는 비판을 받기도 한다.

4. 교육의 형태

교육의 형태는 교육의 대상에 따라 혹은 교육제도나 교육이 이루어지는 장소에 따라 그리고 형식의 유무 및 의도성에 따라 달라질 수 있다. 교육의 대상에 따른 교육 형태에는 유년기교육, 아동기교육, 청소년기교육, 성인기교육이 있고, 교육제도에 따라서는 유아교육, 초등교육, 중등교육, 고등교육으로 분류할 수 있다. 교육이 이루어지는 장소에 따른 형태는 가정교육, 학교교육, 사회교육, 직장교육 등이 있다. 그 외 형식의 유무 및 의도성에 따라서는 일반적으로 형식교육과 비형식교육, 무형식교육으로 구분되는데,[4] 여기에서는 이에 대해서만 살펴보기로 한다.

1) 형식교육

형식교육(formal education)이란 특정한 교육목적을 가지고 교육자, 학습자, 교육내용을 중심으로 일정한 형식적 요소들을 갖추고 제도적 교육기관에서 의도적이고 체계적으로 실시하는 교육을 말한다. 형식교육이라고 할 때 형식을 구성하는 요소에는 앞서 언급한 교육목적, 교육자, 학습자, 교육내용 외에 학습활동, 시설과 설비 등이 모두 포함된다. 제도교육으로서의 학교교육이 형식교육에 속한다.

동양이나 서양 모두 고대사회에 형식교육인 학교교육이 출현했는데, 그 이유로는 문자가 발명되어 기록이 가능해진 한편, 문명의 발달로 문화유산이 증가하고 축적됨에 따라 방대한 문화내용을 체계적으로 전달할 필요가 있었다는 점과 고대국가가 형성되면서 이와 함께 관리양성이 필요하게 되었다는 점 등을 들 수 있다. 이후 사회가 더욱 발달하고 복잡해짐에 따라 사회 각 영역의 기능이 분업화, 세분화, 전문화됨으로써 가정에서 주로 담당했던 교육적 기능은 학교가 수행하게 되었다. 오늘날 학교는 공교육기관으로서 교육을 전담하고는 있으나 학교교육이 정치적·사회경제적 불평등 현상을 해소시키지 못하고, 오히려 불평등을 재생산해내는 역할을 한다는 비판과 함께 참교육의 부실에 대한 학교책임론도 제기됨으로써 학교교육의 개혁에 대한 목소리가 커지고 있다. 무엇보다 정보통신기술이 발달한 현대사회는 학교에서 배우는 지적 내용보다 더 다양하고 풍부한 정보와 지식을 접할 수 있는 학교 밖 환경이 조성됨으로써, 학교의 교육적 역할이 무엇인지에 대한 비판과 논의가 다양하게 이루어지고 있다.

---

4) 과거에는 형식교육과 비형식교육으로 분류하였으나 근래에는 사회교육, 평생교육이 활성화됨에 따라 형식교육, 비형식교육, 무형식교육으로 분류한다. 형식교육의 대표적인 유형으로 학교교육을, 사회교육형태는 비형식교육에 그리고 가정교육을 무형식교육의 범주에 포함시킨다.

2) 비형식교육

비형식교육(informal education)이란 학교처럼 형식을 모두 다 갖춘 것은 아니지만 학교 외의 사회교육기관이나 다양한 사회적 매체를 통해서 의도적·조직적·체계적으로 실시하는 교육을 말한다. 앞서 언급한 바와 같이 고대사회부터 학교가 설립, 발전되어 왔으나 학교교육은 대체로 귀족계급이나 일부 부유한 평민계급에게만 국한된 것이었다. 일반대중을 위한 공교육으로서의 학교교육은 19세기 이후 국민교육제도가 발달하면서 본격적으로 실시되어, 오늘날 대부분의 국가에서 학교교육은 국민으로서의 의무이자 권리가 되었다. 그러나 현대사회는 학교에서만이 아니라 학원이나 강습소, 양성소 등 사회의 다양한 교육기관이나 인터넷 등 정보매체에 의해서도 교육이 이루어지고 있다. 무엇보다 평생학습시대로 접어들면서 평생교육을 실시하는 여러 기관들이 생겨남으로써, 교육의 전 영역과 관련지어 볼 때 비형식교육의 형태는 그 비중이 점점 더 커지고 있다. 이외에도 사회의 필요에 의해 실시하는 민주시민교육이나 소비자윤리교육, 인구교육, 환경보호교육과 관련된 활동, 직장연수교육 등 다양한 형태의 교육활동들이 이루어지고 있는데, 이러한 형태의 교육활동은 비형식교육의 유형에 포함시킬 수 있다.

원시사회에서 집단적·의도적·계획적으로 시행했던 성년식[5]은 비형식교육의 형태에 속하는 최초의 활동이라고 볼 수 있다. 성년식은 어린아이를 그가 속한 사회의 어른으로 '다시 태어나게 한' 일종의 통과의례였다. 역사가들에 의하면 일정한 연령에 도달한 아이들을 대상으로 사회에서 집단적으로 성년이 되는 의식을 실시하였는데, 아이들은 단식, 생매장, 뇌에

5) 종교학자나 역사학자들의 연구에 의하면 원시시대 많은 종족사회에서의 성년식은 종교의례와 함께 실시되었다. 대체로 잔인할 정도의 신체적 고통을 감내하면서 불 피우는 법, 사냥하는 법 외 사회 구성원으로서 요구되는 다양한 내용을 접하게 함으로써 정신적 성숙을 요하는 공통된 형식에 의한 것이었다.

상처내기 등의 신체적 고통을 극복하고 성인으로서 필요한 삶의 기술이나 윤리적·정신적 내용을 습득하는 과정을 견디어내어, 성년식을 통과함으로써 성인사회에의 입문이 가능하게 되었다고 한다. 문명이 발달하고 형식적인 학교교육이 나타난 이후에는 성년식 풍습도 많이 사라졌으나, 오늘날에도 일부 사회에서는 성년이 되는 의식을 거행한다.

3) 무형식교육

무형식교육(nonformal education)이란 일상생활 속에서 부모나 그 외의 인간관계 및 자연이나 사물 등에 의해 언어나 지식, 기능, 가치관, 규범, 행동양식 등을 자연스럽게 그리고 우연히 무의도적으로 습득하면서 이루어지는 교육을 말한다. 이 지구상에 인간이 삶을 시작한 이래 이루어진 모든 활동들, 다시 말해 의식주 활동이나 맹수 또는 외적으로부터의 방어 및 생존과 관련된 다양한 활동 등은 삶의 현장 속에서 무의도적으로 자연스럽게 모방을 통해 이루어졌다. 모든 삶의 현장이 교육의 장이었고 집단생활에 필요한 가치나 규범, 태도 그리고 실생활에 필요한 것들을 습득하는 실용적인 기술과 기능들은 교육내용으로서 삶 속에서 자연스럽게 습득되었다. 오늘날 무형식교육의 가장 대표적인 예로는 가정에서 이루어지는 교육을 들 수 있다.

아이는 태어나면서부터 자신을 둘러싼 사회의 환경으로부터 다양한 영향을 받으며 살게 된다. 부모와 그 외의 가족관계, 주변의 자연적·물리적 환경과의 접촉과 이에 의한 자극과 경험들은 모두 무형식교육의 형태로서 아이의 성장발달에 큰 영향을 미친다. 무엇보다 아이가 태어나면서부터 최초로 경험하는 부모의 양육태도 및 부모와의 상호관계는 아이의 성장발달에 있어서 가장 기본적이면서 중요한 것으로서 한 인간에 대한 교육적 영향력은 거의 결정적이라고도 할 수 있다. 그래서 역사상 많은 교육사상가들은 교육에 있어서 가정교육을 가장 기본적이면서 중요하다고 주장해왔다. 그러나 오늘날은 핵가족화 되고 맞벌이부부가 증가하면서 가정교육의 기능과 역할이 많이 축소됨으로써 이와 관련된 많은 교육적 문제들이 초래되고 있는 실정이다.

넓은 의미에서의 교육은 형식교육과 비형식교육, 무형식교육 모두를 포함하지만, 좁은 의미의 교육은 의도적·계획적인 형식교육만을 말한다. 현대사회에서의 교육적 기능은 주로 학교, 즉 형식교육기관 중심으로 이루어지고 있으나, 교육이 인간의 바람직한 성장발달을 돕는 활동이라고 볼 때 학교교육만이 이러한 기능을 수행하는 것으로 이해해서는 안 될 것이다. 오히려 인간성 형성은 가정이나 이웃 또는 또래집단이나 매스컴 같은 무형식 내지 비형식 교육적 요인에 의해 더 큰 영향을 받는다고 볼 수 있다. 따라서 학교뿐 아니라 생활 전체의 장 속에서 이루어지는 비형식교육과 무형식교육의 교육적 의미와 가치 및 그 중요성에 대해 인지하고 관심을 갖는 것이 필요하다고 할 수 있다.

제2절 교육의 필요성과 가능성

1. 교육의 필요성

앞서 살펴본 바와 같이 교육은 인간을 대상으로 한다. 칸트(I. Kant)가 "인간은 교육을 필요로 하는 유일한 동물"이라고 말한 것도 오로지 인간만이 교육의 대상인을 강조한 것이나. 그렇다면 왜 인간은 교육을 필요로 하는가, 어떠한 점에서 인간에게만 교육이 필요한 것인가 라는 질문을 던지게 된다.

교육이 인간에게 필요한 이유는 인간의 성장발달과 사회체제의 유지·발달이라는 두 가지 측면에서 살펴볼 수 있다.

1) 인간 성장·발달의 측면

생물학적으로 볼 때 인간은 다른 동물과는 달리 스스로 살아가는 데 필요한 신체적·정신적 능력을 제대로 갖추지 못한 채 이 세상에 태어난다. 대부분의 다른 동물들은 태어날 때 이미 자신의 생존에 필요한 종(種) 특유의 전문적인 능력을 어느 정도 완성시킨 뒤에 태어난다. 그 예로 어미 말에서 갓 태어난 새끼 말은 태어난 지 몇 시간만 지나면 걷기 시작한다. 새끼 고양이도 출생 시에 이미 날카로운 발톱과 밝은 눈 그리고 민감한 코를 갖고 있어서 고양이 특유의 할퀼 수 있는 능력과 보고, 냄새 맡는 능력을 갖추고 있다.

그러나 인간의 경우는 이와 다르다. 갓 태어난 신생아에게서는 단지 먹고, 자고, 울고, 웃고, 배설하는 약간의 몸동작 이외에는 다른 종의 동물과 달리 인간 특유의 특징을 발견하기 힘들다. 인간에게서 나타나는 고유의 말하기, 두 발로 서서 걷기 같은 능력은 최소한 생후 1년여라는 기간이 지나야 나타난다. 그래서 생물학자들은 이러한 인간의 출생을 "육체적 조산"(H. Becker(Hrsg), 1977: 39)이라고 한다. 인간의 경우 어머니의 뱃속에서 1년은 더 있다가 출생해야 인간 고유의 기본 능력을 갖고 태어나는데, 1년 일찍 태어났다는 것이다.

이같이 인간은 생물학적으로 무기력하고 미완성된 채로 이 세상에 태어나 성숙한 사람의 보호와 양육에 의존하여 성장해간다. 이러한 의존성은 한편으로는 무능력함과 무기력함을 뜻하는 것이지만 다른 한편으로는 가능성을 뜻하기도 한다. 인간은 태어나면서 어떠한 고정된 모습이 결정된 것이 아니라 일생을 통해 그 어떤 존재로 될 수 있는 개방성, 즉 "세계개방성"(이규호, 1979: 197)을 갖고 태어나는 것이다. 인간에게 있어서 생물학적 미숙성은 곧 세계개방성을 의미하며 인간존재의 변화 가능성을 뜻하기도 한다.

동물의 생물학적 본능과 기능은 처음부터 일정한 환경에만 알맞게 기능화되어 있다. 따라서 동물은 자신을 둘러싼 환경을 벗어나면 생존의 위협까지 받게 될 수 있다. 북극곰이 더운 열대기후에서는 살지 못하고 코끼리가 추운 지방에서 살아남기 힘들며 물고기는 물을 떠나서는 살 수 없다는 사실이 그 예이다. 동물의 이러한 '환경제약성'은 일정 기간 동안의 성장과정을 거친 이후에도 태어날 때부터 지니고 있던 그 종 특유의 능력이 크게 변화하지는 않는다는 사실과 관련되어 있다. 따라서 동물의 경우에는 각 동물이 갖고 있지 않은 새로운 능력을 형성시켜 주는 것이 필요한 것이 아니라, 태어날 때부터 지니고 있던 고유의 능력을 좀 더 발달시킬 수 있는 연습, 다시 말해 훈련이 필요하다.

반면 미숙하고 무기력한 상태로 태어나는 인간은 태어난 이후의 성장과정을 통해 생존능력을 습득하게 된다. 뿐만 아니라 인간의 경우 출생 초기에는 지니지 못한 여러 능력을 성장과정 속에서 얻게 된다. 인간학자들은 인간 출생 초기의 '결핍'이야말로 바로 인간이 다른 동물과는 다른 차이라고 본다(Becker, 1977: 35-36). 즉, 결핍과 미성숙함은 인간의 커다란 변화 가능성을 의미한다. 또한 동물의 성장기간은 비교적 짧은 반면에 인간의 경우는 동물에 비해 상당히 긴 기간 동안의 성장과정을 거치게 된다(Becker, 1977: 49, 51). '결핍'과 '장기간의 성장기간'이라는 인간의 이러한 특성은 바로 오랜 기간 동안의 교육이 필요함을 뜻한다.

인간에게 있어서 교육은 생존 차원에서만 필요한 것이 아니다. 인간은 인간다운 인간으로서의 삶을 살기 위해서도 지적·도덕적·정신적 차원의 교육이 필요하다. 한 개인은 그가 속한 사회의 바람직한 가치나 지식, 언어, 규범, 행동양식, 가치관, 종교관 등을 배우고 이를 내면화시킴으로써 그 사회의 구성원으로서 삶을 살아가게 된다. 이를 사회화(socialization)라고 하는데, 미성숙한 어린아이는 사회화 과정을 통해 기존 사회의 문화를 배워 사회적 삶을 영위하게 된다. 그렇기 때문에 인간은 처음에 태어날 때의 미완성된 상태는 비슷하지만 출생 후 어떠한 양육 및 교육적 환경 속에서 성장하였는가에 따라 각각 달리 성장해 간다. 좁은 범위에서는 어떠한 가정환경에서 태어나 부모, 형제, 친지들과 함께 어떠한 교육적 경험을 했느냐에 따라서 그리고 넓은 범위에서는 어떠한 문화적 전통을 가진 사회적 배경 속에서 성장했느냐에 따라서 각기 사람됨의 차이가 나타나게 되는 것이다.

그러나 올바른 교육은 사회화를 통해 사회 문화에 조건화되어 삶을 살아가는 데 필요한 능력을 발달시키는 것에만 국한되는 것은 아니다. 교과의 지식을 전달하는 것만이 아니라 지식을 가르치는 가운데 마음의 변화를 가져오게 해서 자신과 사회에 변화를 일으킬 수 있게 해야 한다. 지식을 배우면서 어떻게 생각하는지, 자신의 내면에서는 무엇이 느껴지고 자신이 무슨 행동을 하는지를 알아채도록 해주어야 한다. 진정한 교육, 진정한 배움이란 지식축적의 과정이 아니라 사회화 과정을 통한 외적인 지식의 습득과 함께 자기 자신에 대한 내면적인 이해와 탐구가 포함되어야 한다. 그리하여 자신의 안전한 삶을 위한 사회적 적응 또는 순응만이 아니라 새로운 가치의 틀로 새롭게 생각하여 자기 스스로가 변화함으로써 이웃과 사회·국가가 그리고 세계 전체가 달라질 수 있도록 관심과 애정과 사랑을 지닌 한 인간으로 성숙해가도록 도와주어야 한다.

인간이 어떠한 인간이 되는가 하는 것은 이같이 넓은 의미의 교육적 경험에 의해 결정된다. 어렸을 때는 부모 및 성인이 제공해 주는 환경과 교육적 경험에 의하여 성장발달하게 되지만 점차 자발적·자율적으로 선택하면서 자신의 인생관, 가치관, 세계관 등을 형성하고 삶을 살아간다. 때로는 삶의 과정 속에서 다양한 경험을 하면서 보다 더 나은 가치나 더 나은 삶을 위해 기존에 자신이 고수했던 삶의 방향을 수정하고 더 성숙한 사람의 길을 가고자 선택하기도 한다. 그런데 인간은 죽는 날까지도 완성된 사람은 있을 수 없고 다만 어떤 사람으로 되어갈 뿐이다. 그렇기 때문에 태어나면서부터 죽는 날까지 무엇을 어떻게 배우면서 삶을 살아가느냐에 따라서 각자 자기 나름대로의 독특한 개성을 형성하고 자신의 삶을 살게 되는 것이다. 자기 자신의 삶을 살도록 배우는 것, 그것이 곧 교육이다. 사람은 죽는 그 순간까지도 교육과 분리될 수 없는 존재이다.

2) 사회체제 유지·발달의 측면

개인의 생명은 유한하지만 한 사회의 생명은 대규모의 전쟁이나 치명적인 전염병의 창궐 같은 사회적 요인이 없는 한 비교적 영속적이다. 한 사회의 생명은 사회 구성원들의 생물학적인 번식을 통해 유지된다. 그러나 사회적 생명의 유지, 존속이 가능한 것은 생물학적 차원에서만 이루어지는 것은 아니다. 개인적 차원에서 볼 때 교육은 미성숙한 개인에게 한 사회의 바람직한 규범이나 가치, 행동양식, 신념 및 지식과 기술 등을 내면화하는 사회화 과정이다. 한 사회의 문화적 전통의 계승과 사회질서의 유지는 사회를 구성하고 있는 각 개인에 대한 이러한 사회화 과정을 통해 이루어지게 된다.

그러나 이러한 사회화 과정은 동전의 양면과 같은 성격을 지니고 있다 사회화 과정을 통해 한편으로는 기존 사회의 규범, 신념, 제도, 관습 등을 습득함으로써 사회질서가 유지되기도 하지만, 동시에 이를 비판, 창조할 수 있는 능력을 형성하게 되어 새로운 사회질서와 문화를 창출해내기도 한다. 즉, 교육을 통한 합리적·비판적 판단력과 창의적 사고력은 기존 사회의 모순이나 문제점을 비판, 개선하고 사회의 새로운 문화를 창조하는 토대가 된다. 역사가 진행되면서 보여 준 여러 사회 속에서의 수많은 갈등과 마찰 및 이에 근거한 사회변화의 동력도 결국 교육을 통한 인간의식의 개혁과 보다 개선된 사회적 환경에의 갈망에 근거한 것이라고 할 수 있다. 그러나 사회화 과정의 이러한 두 측면 중 어느 한 가지에만 치우치게 되면 온전하지 못한 인간양성과 그로 인한 비정상적인 사회가 얼굴을 드러낼 것이다.

사회적 동물인 인간의 경우 사회를 떠난 개인의 삶은 가능하지 않다. 보다 더 성숙하고 온전한 인격체로서 성장하면서 물질적으로나 정신적으로 더 나은 삶을 추구할 수 있는 바탕도 사회적 삶과 연관되어 있다. 다시 말해 인간은 사회 속에서 각자 자신의 역할을 수행하고 다른 인간들과의 사회적인 상호작용을 하면서 기존의 바람직한 전통문화를 계승하기도 하고, 다른 한편으로는 정의로운 사회로의 변화 및 발전에 기여함으로써 사회적 질서와 생명도 유지, 발달되는 것이다. 이와 더불어 교육받은 각 개인이 자신이 속한 사회 공동체 안에서 책임 있게 생각하고, 책임 있게 판단하며, 책임 있게 행동할 때 개인은 물론이거니와 사회도 보다 더 성숙한 사회로 나아갈 수 있다. 개인과 사회 모두 서로 유기적으로 연관되어 상호작용하면서 서로 영향을 주고받는 것이다. 교육은 사회화를 통한 기존 사회질서의 유지 및 존속과 함께 사회의 변화와 개혁 그리고 발달이라는 점에서 필요하다.

2. 교육의 가능성

인간은 "교육 가능한 존재"이며 동시에 "교육 필연적인 존재"(정혜영, 1991: 161)이다. 이 말은 인간에게 교육적 작용이 없다면 인간다운 인간으로 성장·발달할 수 없음을 의미하며, 바로 이러한 점에서 인간은 "교육 필연적 존재"이다. 잘 알려진 늑대소년 이야기는 사람다운 사람이 되는 데 있어서 교육이 얼마나 중요하고 필요한 일인지를 잘 나타내준다. 동시에 인간은 앞에서 언급한 바와 같이 출생시의 미숙함과 무기력함과 함께 잠재 가능성을 지니고 있어 교육을 통해 발달 가능한 존재, 곧 "교육 가능한 존재"이기도 하다.

교육이 생물학적 본능에 의해 지배받는 자연적 존재인 인간을 성숙한 사회적 존재로 발달시키는 작용이라면 인간은 교육을 통해 과연 어느 정도까지 성장, 발달할 수 있는가의 문제가 관심사가 된다. 일반적으로 인간 발달에 영향을 주는 요인에 대해서는 유전론과 환경론의 입장이 있는데, 어떠한 입장을 강조하느냐에 따라 교육의 가능성과 그 결과에 대한 시사점이 달라질 수 있다. 그러나 이들 두 입장 모두 극단적으로 강조할 경우 유전론에서는 교육의 효과를 믿지 않는 교육부정설이 그리고 환경론에서는 교육의 효과를 크게 믿는 교육만능설이 제기될 수 있다.

1) 유전론 입장

유전론은 생득설 또는 선천설이라고도 부르는데, 유전론자의 입장에 의하면 인간의 능력은 이미 태어날 때 유전적 요인에 의해 선천적으로 결정되며, 그 능력 자체는 후천적 환경이나 교육에 의해 바뀌지 않는다. 즉, 인간의 성장발달에 있어서 개인이 가지고 태어나는 선천적 소질이나 지능 등의 유전적 요인이 후천적 환경보다 더 결정적인 것이라고 본다. 따라서 교육이란 선천적으로 타고난 가능성을 구현시켜 주는 일에 불과하며, 교육의 가능성도 타고난 소질이나 능력의 범위에 제한되어 있다.

이러한 유전론 입장에서는 극단적인 경우 교육부정설까지 제기될 수 있다. 왜냐하면 아무리 교육해 봐야 타고난 소질이 없으면 교육을 통한 인간의 성장, 발달과 변화는 기대할 수 없다고 보기 때문이다. 유전적 입장을 지지하는 사람들은 가계에 대한 연구와 쌍생아 연구를 통해 성장 및 발달에 있어서 유전적 힘이 결정적임을 입증하고자 한다. 이러한 연구들은 대체로 교육의 한계 내지 부정설을 주장한다. 유전론 입장의 대표적인 인물에는 멘델(Mendel), 모간(Morgan) 등이 있다.

2) 환경론 입장

환경론자들은 유전적 요인보다 환경적 요인이 인간의 성장, 발달에 더 큰 영향을 준다고 한다. 환경론은 인간이 이 세상에 태어날 때 어떤 유전적 요인을 갖고 태어나는 것이 아니며[6], 개인의 능력은 환경, 즉 후천적 교육에 의해 형성, 발달된다고 보는 입장이다. 늑대소년 이야기는 인간발달에 있어서 환경이 얼마나 중요한가를 말해 주는 예이다.

환경의 중요성을 논하는 대표적인 인물로 경험철학자인 로크(J. Locke)와 행동주의자인 왓슨(G. Watson)을 들 수 있다. 로크는 백지설(tabula rasa)을 주장하면서 어떤 관념이든지 오직 후천적 경험에 의해서 만들어지는 것이라고 하였다. 이러한 입장에서는 어떤 인간이 되느냐 하는 것은 전적으로 교육에 의해 결정된다고 본다. 그렇기 때문에 왓슨은 어린이의 타고난 성향이나 재능, 능력에 관계없이 교육을 통해 의사, 변호사, 예술가 심지어는 도둑으로까지 어떠한 유형의 인간이라도 원하는 대로 만들어 줄 수 있다고 호언하였다. 환경론적 입장에서는 교육의 힘으로 인간뿐 아니라 사회를 개선하고 국가의 재건도 가능하다고 본다. 극단적인 환경론적 입장에서는 환경 만능설, 교육 만능설을 제기할 수 있다.

우드워스(R. S. Woodworth)는 개인의 발달에 있어서 유전과 환경과의 관계를 [그림 1-1]과 같이 표시하고 설명하였다(강봉규, 2000: 48-49).

6) 유전적 요인을 갖고 태어난다 해도 이것이 인간의 성장발달에 중요한 작용을 하지 않는다고 본다.

[그림 1-1] 유전과 환경

[그림 1-1]에서 일정한 유전적 요인을 갖고 태어나는 인간은 후천적인 환경적 요인을 최대한 많이 제공함으로써 발달의 폭과 깊이를 최대화할 수 있게 된다는 것이다. 유전적 요인은 동일하나 환경적 요인의 차이가 있을 경우와 환경적 요인은 동일하게 제공되었으나, 유전적 요인이 다를 경우에 한 개인의 발달의 넓이가 얼마나 차이가 나는가를 그림으로 나타내면 [그림 1-2] 및 [그림 1-3]과 같다.

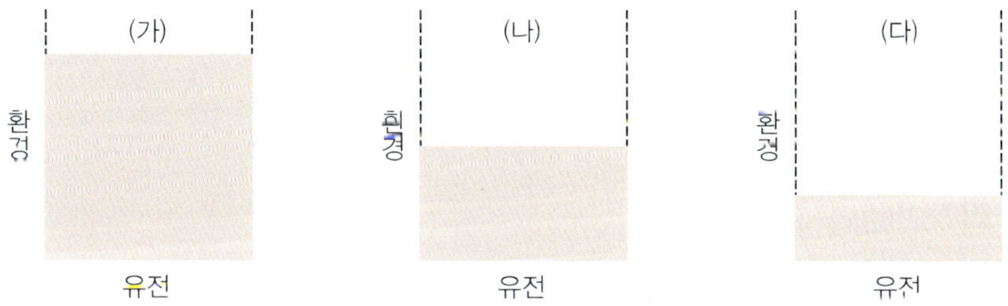

[그림 1-2] 같은 유전에 다른 환경

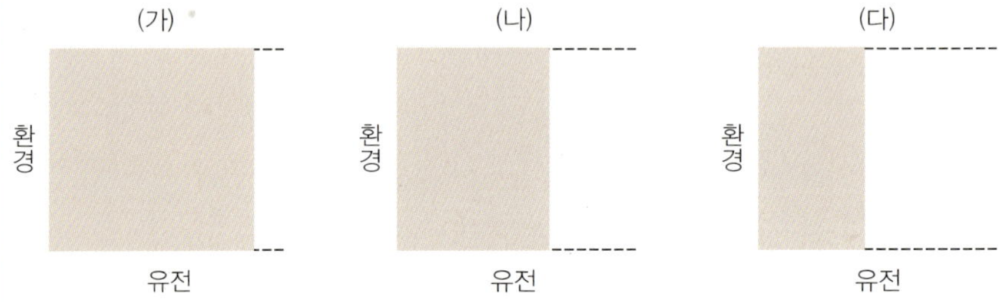

[그림 1-3] 같은 환경에 다른 유전

일반적으로 인간의 성장발달에 있어서 유전과 환경적 요인의 비중관계를 정확하게 비율로 따질 수는 없기 때문에 인간의 성장발달을 위한 교육적 노력에 한계가 있는 것인지, 아니면 교육의 가능성이 무한히 큰 것인지를 과학적으로 확인할 수는 없다. 그러나 인간의 발달은 유전과 환경, 즉 인간이 타고난 내적 조건과 환경의 외적 조건이 상호작용하여 이루어지는 것으로 파악되어야 할 것이다. 다만 각 개인이 갖고 태어나는 유전적 형질을 인위적으로 바꾸거나 수정할 수는 없기 때문에, 개개인의 유전적 소질이나 능력의 차이를 인정하고 이를 충분히 고려하는 교육적 노력을 통해 각 개인이 잠재능력을 계발하고 이를 충분히 발휘할 수 있도록 함으로써 인간의 성장발달을 최대한으로 도와야 할 것이다.

3. 인간이해와 교육

인간발달에 있어서 교육이 중요한 영향을 미친다는 사실은 부인할 수 없다. 그런데 교육은 인간을 대상으로 하여 이루어지는 활동이기 때문에 인간을 어떻게 이해하느냐에 따라서 교육에 대한 관점도 다르게 된다. 그동안 교육학의 주된 관심은 교육목적과 내용, 그리고 이를 전달하는 교수방법 내지 입학선발제도나 학교제도 등의 표면적인 문제에 있었다고 해도 과언이 아닐 것이다. 그러나 모든 교육적 활동의 중심은 인간이다. 교육은 인간이 어떠한 존재이며 어떻게 성장발달해 가는지에 대한 올바른 이해에서 출발해야 한다. 다시 말해 인간성의 본질이 무엇인지에 관한 인간학적 전제에서부터 교육이 설계되어야 한다. 페스탈로치(Pestalozzi)가 인간은 자연의 작품이고, 사회의 작품이며, 자기 자신의 작품이라고 했던 것은 인간성의 본질적 징표들이 다양함을 말한 것이다.[7] 따라서 교육은 인간성의 다양한 특성들을 고려해야 한다. 교육현장에서 중요하게 여기는 무엇을 어떤 방법으로 가르쳐야 하는지에 대한 논의도 인간성에 대한 이해에 기초해서 이루어져야 한다.

교육의 역사적 전개과정을 살펴보면 하나의 인간관이나 교육관만이 있는 것은 아님을 알 수 있다. 교육과 관련된 개별 사상가의 인간관이나 각 시대에 따라서 혹은 각 사회 나름대로 강조되는 인간이해는 다양한데, 이들을 그 유형별로 살펴보면 다음 세 가지로 분류할 수 있다(정순목·김인회, 1976: 93-135).

첫째, 인간의 자연적 성장 가능성을 믿는 자연주의적 교육(기르는 교육)

둘째, 인간의 조작적 변화 가능성을 믿는 행동주의적 교육(만드는 교육)

셋째, 인간의 초월적 전환과 비약의 가능성을 믿는 실존적 교육(만남의 교육)

1) 자연주의적 교육관에 의하면 인간은 자연적인 성장 가능성, 즉 소질이나 성향 또는 능력을 지니고 태어난다. 따라서 교육이란 타고난 인간의 가능성을 잘 자라도록 도와주는 일이다. 마치 식물이 적당한 물과 햇빛과 양분만 있으면 잘 자라듯이, 그리고 콩 심은 데 콩 나고 팥 심은 데 팥 나

7) 페스탈로치는 인간성의 일면만 강조하는 경향에 대해 '인간학적 이단'이라고 비판했다(이규호, 교육철학, 243).

는 것처럼 인간의 경우도 각자가 갖고 태어난 소질이나 성향을 자연의 질서에 따라 그대로 길러주어야 한다. 식물의 씨앗처럼 인간도 타고난 잠재가능성이나 내면적인 성향이 있으면 자연스럽게 내부로부터 호기심과 흥미가 유발되어 자발적으로 학습하게 된다. 식물의 성장과정처럼 인간과 교육을 이해하는 자연주의 교육관에서 교사는 식물을 가꾸는 정원사에 그리고 학생은 식물에 비유된다. 그래서 이를 유기적(有機的) 교육관 또는 기르는 교육관이라고도 한다.

자연주의 교육관에서는 교육을 외부로부터 지식을 전달, 주입하거나 어떠한 적극적인 영향을 주는 행위라고 보지 않고, 다만 내부로부터의 성장을 돕는 일이라고 간주하기 때문에 이를 소극적 또는 간접적 교육이라고도 한다. 이러한 자연주의적 교육관의 인간관은 일찍이 중국의 주역이나 장자의 사상 등 동양철학에서부터 발견된다. 서양의 자연주의 인간관과 교육사상의 대표적 인물로는 루소(J. J. Rousseau)와 페스탈로치(J. H. Pesta- lozzi), 프뢰벨(W. A. F. Fröbel), 몬테소리(M. Montessori), 니일(A. S. Neill) 등을 들 수 있다. 인간의 타고난 본성을 사회의 나쁜 영향으로부터 차단하여 보호해 주면서 그대로 잘 자라도록 도와주고, 발달단계의 특성에 따라 자연스럽게 성장하도록 해야 한다는 자연주의 교육관은 현대 아동중심교육사상의 기초가 되었다.

이러한 자연주의 교육관은 아이의 타고난 잠재능력이 무엇인지 제대로 발견하는 일이 용이하지 않을 수도 있으며, 타고난 성향이나 자질을 발견하고 길러내는 데 오랜 시간이 요구된다는 것이 문제점으로 지적된다. 그리고 자연의 경우 콩 심은 데 콩 나고 팥 심은 데 팥 나는 것처럼 정확하게 원인과 결과간의 관계가 성립하지만, 인간은 다양한 변화 가능성이 내재되어 있어 어떠한 인간으로 길러내고자 하는 특정한 교육목적의 결과를 객관적으로 정확하게 예측할 수 없을 뿐 아니라 전혀 다른 결과가 나타나기도 한다는 한계점이 있다.

2) 행동주의는 겉으로 나타나는 인간의 행동에 관심을 갖는다. 행동주의에 의하면 인간은 행동을 통해서만 스스로를 드러내는 존재이다. 그렇기 때문에 교육은 인간행동을 계획적·유목적적으로 변화시키는 일이다. 행동주의 교육은 인간행동을 어떠한 방향으로 변화시키며 그 목적은 무엇인가가 주된 관심사가 아니라 변화시키는 일 그 자체에 관심을 갖는다. 따라서 행동주의 교육에서는 인간을 변화시키는 방법과 그 효율성이 최대의 관심사이다.

행동주의 교육에서 교육자는 인간행동을 계획적으로 변화시킬 줄 아는 사람이어야 한다. 예를 들면, 수학교사에게는 학생들이 수학을 잘 알게끔 만드는 능력이 더 중요하다. 수학교사의 인품이나 덕성, 학생에 대한 사랑과 교육적 열정 등이 아무리 훌륭해도 학생들의 수학에 대한 인지적 행동이 변화될 수 있도록 지도하지 못했다면 그는 유능한 교사가 아니다. 그래서 이를 주형(鑄型)의 교육, 다시 말해 만드는 교육관이라고도 한다. 만드는 교육관은 인간의 타고난 성향이나 자질 등을 교육의 전제로 하지 않는다. 원하는 대로 인간행동을 변화시키는 것이 주목적이기 때문에 교육의 참된 가치라든가 교육목적의 타당성 내지 교육내용의 적합성 여부에 대해서는 큰 관심을 두지 않는다. 그래서 행동주의는 가치중립적인 성격을 지닌 교육관이라고도 할 수 있다.

행동주의 교육관은 왓슨(G. Watson), 스키너(B. F. Skinner) 등의 행동주의 심리학에 기초하고 있다. 동물실험을 통해 자극(S)과 반응(R) 간의 관계를 연구한 행동주의 심리학의 연구결과를 인간행동의 변화에 적용시킨 것이 행동주의 교육이다. 따라서 인간에게도 일정한 자극을 주면 그에 대한 반응이 나타나게 되고 이를 반복적으로 계속하다 보면 원하는 대로 인간행동의 변화가 나타난다는 것이다. "나에게 건강한 아이 10명만 달라. 그러면 원하는 사람으로 만들어주겠다"는 왓슨의 말처럼 행동주의 교육관은 인간을 원하는 데로 만들 수 있다는 입장이다. 그러나 교육에서 인간을 원하는 대로 만드는 효율적인 방법만을 추구한다면 이는 교육이 아닌 훈련이 된다.

이러한 행동주의 교육관에 의하면 교사는 일방적으로 지식을 전달, 주입하는 역할을 하게 되고, 학생들은 기계처럼 교사가 가르치는 내용을 수동적·무비판적으로 받아들이기만 하게 된다. 또한 훈련에서는 기능과 기억의 효과만 강조할 뿐 인간의 인격이나 도덕성 등의 문제에는 관여하지 않게 되며, 인간성장과 발달에 있어서 중요한 상상력과 통찰력, 영감, 창의력 등이 제대로 발견되기 어려울 뿐 아니라 이를 발달시키기가 쉽지 않다는 비판을 받는다.

3) 자연주의 교육과 행동주의 교육, 즉 기르는 교육과 만드는 교육은 인간의 성장발달이 점진적이고 연속적으로 이루어짐을 전제로 하는 반면, 실존적 교육관은 인간이 비약적·초월적·순간적으로도 변화 가능하며, 이와 동시에 기존의 삶의 방식으로부터 벗어나 새로운 실존적 인간으로의 탄생과 함께 삶의 전환이 크게 이루어진다고 봄으로써 인간 성장발달의 비연속적·비약적 초월과 전환을 주장한다. 이러한 이해는 19세기말 유럽에서 실존주의가 등장하면서 크게 부각되기 시작했는데, 실존주의에 의하면 인간 본연의 삶은 연속적이고 점진적인 노력에 의해 이루어지는 것이 아니라, 만남, 초월, 결단, 각성 등과 같은 순간적인 사건을 계기로 해서 크게 비약적으로 전환함으로써 가능해진다. 특히 부버(M. Buber)의 만남과 대화의 철학은 교육학적으로도 시사하는 바가 크다.

부버에 의하면 인간은 만남에 의해서만 인격적인 사람으로서의 삶을 살 수 있고, 만남은 대화를 통해 가능하며 교육은 이를 돕는 일이다. 인간은 <나와 너>의 만남에 의해 '너'를 통해서 인생과 세계를 이해하게 되고 '너'

와의 관계를 통해서만 '나'라는 인격이 존재하게 된다. 뿐만 아니라 나는 너와의 만남을 통해 너와 전인적인 관계를 맺게 되고, 나의 삶의 역사적 전환이 일어나게 된다. 만남을 통해 나는 "거듭나게 된다." 이러한 만남에서의 '너'가 반드시 사람에게만 국한되는 것은 아니고 자연, 예술, 학문, 동물, 사건 등 우리의 삶을 비약적으로 바꿀 수 있는 것이면 모두 만남의 대상이 된다.

이와 같은 만남을 가능하게 해 주는 것은 대화이다. 부버에 의하면 모든 진정한 삶은 만남이고 만남을 가능하게 해 주는 것은 대화이다. 그러나 만남의 대상이 인간에게만 국한되지 않는 것처럼, 대화 역시 반드시 언어적 대화만을 의미하는 것은 아니다. 부버에 의하면 교육에서의 관계란 하나의 순수한 대화의 관계로, 이로써 만남이 가능해진다.

교육에서의 진정한 만남은 인간을 순간적으로 변화시키는 계기가 된다. 만남은 인간과 사물세계에 대한 근원적인 이해를 가능하게 해 준다. 만남에 의해 '너'를 더 깊이 이해하고 '너'의 참된 가치를 발견하게 되기 때문이다. 그리고 만남은 인식이나 지식형성이 아니라 믿음과 신념을 가능하게 한다. 만남은 '너'를 믿는 것, 대화하는 것이지, '너'를 객관적 대상으로 인식하는 것이 아니기 때문이다. 이러한 만남에 의해 '나'의 삶의 비약적인 전환과 초월이 이루어지며, 그 부산물로 자아실현이 가능해진다. 교사-학생 간의 진정한 교육적 만남은 학생이 인생 전체에 큰 영향을 미치는 일종의 '역사적 사건'이 된다. 만남으로 인해 학생은 인격적 변화뿐 아니라 지적 관심의 증대 및 이로 인한 성취도의 향상 그리고 무엇보다도 매순간 삶의 즐거움을 느끼게 되는 등 만남 이전에는 경험하지 못했던 다양한 삶의 역전을 맛보게 된다. 교육적으로 만남은 중요한 의미가 있는 일이기에 교사는 학생에게 만남이 일어날 수 있도록 준비해야 한다.

부버에 의하면 이러한 만남은 인간이 의도적으로 노력하고 계획해서 일어나는 현상이 아니라 '하나님의 은총'으로 인한 운명적인 것이다. 그러나 교육은 의도적·계획적·유목적적인 활동이다. 교육현장에서 우연하고도 운명적인 만남이 일어나기를 기다릴 수는 없는 일이기에, 이러한 실존주의 교육관은 한계가 있다는 지적을 받기도 한다. 또한 만남이란 교사-학생 간의 일대일 현상이기 때문에 집단적으로 동시에 많은 학생들을 대상으로 가르쳐야 하는 교육현장에서는 가능하지 않다는 문제점도 있다.

CHAPTER 02

교육의 철학적 기초

제1절 교육철학이란 무엇인가?
제2절 서양의 교육철학
제3절 20세기 초 현대교육사조
제4절 후기 현대교육철학

제1절 교육철학이란 무엇인가?

1. 교육철학의 이해

교육은 인간을 대상으로 하여 삶을 배우고 준비하도록 하는 활동이다. 그렇기 때문에 교육에서는 인간이란 무엇인가, 삶은 무엇이며, 어떻게 '올바르게' 살아야 하는가에 대한 이해가 선행되어야 한다. 왜 가르치는가나 왜 배우는가 등 교육의 문제는 인간과 세계의 본질, 지식, 가치, 행복한 삶 등에 관한 문제로 귀착된다. 인간존재와 바람직한 삶 또는 삶의 궁극적 목적과 같은 문제는 철학의 역사 속에서 오랫동안 다루어져 온 문제이다. 칸트(I. Kant)는 철학의 주요 네 가지 탐구과제를 다음과 같이 제시하였는데, 첫째 나는 무엇을 알 수 있는가, 둘째 나는 무엇을 할 수 있는가, 셋째 나는 무엇을 바랄 수 있는가, 넷째 인간이란 무엇인가이다. 이 네 가지 질문 모두 궁극적으로는 '나', 즉 '인간'에 관한 물음이기도 하다.

이러한 점에서 볼 때 교육에 관한 문제와 관심사는 동시에 철학적 관심사이며 철학적 질문이기도 하다. 일반적으로 교육학은 교육철학, 교육사, 교육사회학, 교육심리학, 교육과정 등의 분과영역으로 세분화되어, 각 영역에 따라 교육목적이나 이념, 교육내용, 교육방법, 교육평가 등 일련의 교육활동과 관련된 주제들을 다룬다. 이들 세분화된 영역들은 각각의 관점과 입장에 따라 독자적인 주제 내용을 다룬다. 그러나 각 영역에서 다루고 있는 내용들은 근본적으로는 인간이란 존재는 무엇이며, 어떠한 내용을 가르쳐야 하는가 그리고 이들 내용을 어떻게 가르쳐야 하며, 어떻게 올바른 이상사회를 건설할 수 있는가 등의 문제와 직결된다고 할 수 있다. 결국 교육과 관련된 모든 이론이나 주장, 교육현상 속에는 이미 철학적 문제가 내재되어 있으며, 나름대로의 철학적 관점이 반영되어 있다고 할 수 있다.

그러나 좁은 의미에서 교육학의 한 분과영역으로서의 교육철학이 무엇인가에 대한 설명은 관점과 입장에 따라 다양하게 소개되고 있다. 일반적으로 교육철학은 교육에 대해 '철학적'으로 탐구하는 학문영역이라고 할 수 있다. 철학적으로 탐구한다는 것은 반성적·비판적 사고를 통해 교육적 문제의 본질과 가치 그리고 그 의미를 탐구하는 것을 뜻한다. 그렇기 때문에 교육철학에서는 교육의 본질적인 문제, 즉 교육이란 무엇인가, 인간이란 무엇인가, 행복한 삶의 본질은 무엇인가, 올바른 사회의 본질은 무엇이며 교육이 지향해야 할 방향과 이념 그리고 목적은 무엇인가 등에 대해 질문하고 답을 한다.

그러나 앞에서 언급한 바와 같이 인간, 교육, 삶에 관한 질문과 이에 대한 대답은 각 개인의 관점과 입장에 따라 혹은 시대와 사회에 따라 다양하게 제시될 수 있는 것이기 때문에 고대부터 현대까지 수많은 교육철학이 등장해 왔으며, 앞으로도 여러 종류의 새로운 교육철학이 나타나게 될 것임은 자명하다. 우리가 교육철학을 공부하고 배운다는 것은 이러한 수많은 교육철학의 이론적 내용을 익히고 암기하는 것을 의미하지는 않는다. 플라톤(Plato)이나 루소(Rousseau)의 교육사상이 어떠했고, 실용주의 교육철학이 무엇이며, 한국의 유교교육사상이 어떠한 것인지를 파악하는 것 그 자체가 주된 목적은 아니라는 뜻이다. 교육철학을 공부하는 데 있어서 더 중요한 것은 그러한 교육철학 내지 교육사상이 나오게 된 원인과 사고의 과정, 즉 인간을 어떻게 보았으며, 삶을 어떻게 이해했는지, 어떠한 사회상을 가졌기에 그러한 교육이 이루어질 수 있었는지 등을 탐구하고 이해하는 일이다. 이는 우리 시대 우리 교육의 방향을 정립, 제시하고 또 그러한 방향으로 교육이 진행되고 있는지의 여부를 점검하기 위한 교육철학적 기초작업이자 과제이기도 하다.

2. 철학의 주요 연구영역과 교육

일반적으로 철학의 주요 연구영역은 존재론, 인식론, 가치론, 논리학의 네 가지로 구분하는데, 이들 철학의 탐구주제는 교육적 논의와 직접적으로 관련된다. 이에 대한 구체적인 설명은 다음과 같다(오천석, 1981: 7-26).

1) 존재론

존재론(ontology)은 형이상학이라고도 하는데, 이 세상에 존재하는 모든 것의 궁극적인 본질이 무엇인가에 대해 탐구하는 것을 말한다. 참으로 실재하는 것이 무엇인가, 변화하는 그 자체가 참인가, 아니면 변화하는 이면에 있는 그 어떤 것이 참된 실재인가에 대한 대답에 따라 관념론, 실재론, 실용주의 등으로 구분된다. 관념론은 우주의 궁극적 실재는 정신, 관념 혹은 영혼이라고 보는 입장으로 플라톤이 대표적 인물이다. 실재론은 아리스토텔레스가 그 시조이며, 우주의 궁극적 실재는 객관적으로 존재하는 물질세계 그 자체라고 보았다. 실용주의에서는 우주의 본질은 변화 그 자체라고 주장하였다. 그 외 궁극적 실재의 불변하는 본질탐구를 유보하거나 알 수 없다고 보는 실존주의, 포스트모더니즘, 분석철학 등도 있다.

또한 존재론적 논의에서 이 세상에 존재하는 것들이 궁극적으로는 하나의 실재로 이루어졌다고 주장하면 일원론자이며, 두 가지라고 보는 입장은 이원론자에 속한다. 이 외에도 우주의 궁극적 실재가 절대 불변하는 것으로 보는 입장은 절대론자에 해당되고, 가변적인 것으로 파악하는 입장은 상대론자로 구별된다.

우주의 궁극적 실재에 대한 이해, 즉 존재론에 대한 이해에 따라 삶의 목적 및 이에 근거한 교육의 목적과 이상이 달라진다. 예를 들면, 궁극적 실재의 본질을 불변하는 것으로 보는 입장에서는 교육을 과거로부터 계승되어 온 문화적 전통이나 현존 사회의 제도와 관습의 기초가 되는 원리를 받아들이고 옹호하며 이에 적응하도록 가르치는 것으로 본다. 반면 변화를 실재의 본질로 보는 입장에서는 교육을 통해 기존 사회에 도전, 비판, 재평가하고 수정하는 능력을 기르는 것을 강조하게 된다.

2) 인식론

인식론(epistemology)은 진리나 지식의 근거와 본질은 무엇이며, 우리는 지식을 어떻게 습득하는지 그리고 어떠한 지식이 참인지를 파악하는 철학적 노력이다. 인식론은 진리나 지식의 터득방법과 그 원천에 따라 다음과 같이 구분된다.

첫째는 절대론이다. 이는 절대적 진리와 지식에 도달할 수 있다는 입장으로 이에는 직관론, 합리론, 경험론이 있다. 직관론은 진리는 직관에 의해 파악된다는 것이고, 합리론은 진리는 이성에 의해 파악된다는 입장이다. 경험론에서 진리는 경험, 즉 감각적 경험에 의해 파악된다고 주장한다.

둘째는 상대론을 들 수 있다. 이는 진리나 지식은 상대적인 것으로, 개선 및 변화가 가능하다는 입장이다.

셋째는 회의론이다. 회의론적 입장은 자명하고 확실한 지식은 없으며, 설혹 있다 해도 이러한 것은 단지 의견에 불과하기 때문에 참다운 진리에는 결코 도달할 수 없다고 본다.

교육은 진리추구 및 지식획득과 연관되는 활동으로 지식을 어떻게 습득하고 어떻게 전달할 것인가가 교육의 주된 관심사이다. 그 예로 교사는 어떤 종류의 지식을 중점적으로 가르칠 것이며, 또한 이를 어떤 방식으로 전달할 것인가에 대해 고려해야 한다. 인식론은 특히 교육과정의 본질을 밝히고 정당화하는 데 도움을 준다고 할 수 있다.

3) 가치론

가치론(axiology)은 가치의 본질과 가치판단의 기준을 좋은 것과 나쁜 것, 옳은 것과 그릇된 것, 아름다운 것과 추한 것 등과 관련지어 그 근거와 판단기준 및 대상 등을 탐구하는 영역으로 윤리학과 미학이 이에 속한다. 윤리학은 선, 악, 정의, 부정의, 가치 있는 것과 없는 것 등에 관해 연구하고 미학은 어떤 대상의 아름다움과 추함의 문제를 탐구한다.

교육은 본질적으로 바람직한 가치를 전제로 하는 활동이다. 따라서 교육목적으로서의 '인격도야'나 '도덕적 인간형성'은 가치와 관련된 내용으로 상당히 중요한 의미가 있다. 특히 올바른 가치관 형성은 개인의 삶 전체에 영향을 미칠 뿐 아니라 사회를 바람직한 방향으로 나아가게 하는 기초가 된다는 점에서 중요하다. 가치론은 교육목적이나 교육의 과정에 기초적인 원리를 제공할 뿐 아니라 교사가 바람직한 가치를 선택하고 이를 교육활동에 반영시키는 데 있어서 중요하다.

4) 논리학

논리학(logic)은 어떤 결론에 이르기까지 모순 없는 사고의 전개과정을 위한 규칙에 관한 것으로, 크게 연역법과 귀납법으로 구분된다. 연역법은 이미 알려져 있는 보편적·일반적인 원리로부터 특수하고 구체적·개별적인 사실에 대한 지식을 도출하는 과정을 말한다. 반면 귀납법은 개개의 특수한 구체적 사실에서부터 보편적이고 일반적인 원리나 법칙을 도출하는 추리과정이다.

그러나 어떤 주장이 결론에 이르기까지 모순 없는 논리적 전개를 진행시켰다고 해도 그 결론이 과연 참인지 거짓인지를 검증할 수 없는 문제가 발생하게 된다. 이러한 문제와 관련하여 후기현대철학에 속하는 분석철학에서는 그러한 주장을 무의미한 것으로 여기기보다는 하나의 주장이나 진술이 인간과 사회, 문화의 맥락 안에서 어떠한 의미가 있는가를 밝히고자 한다.

제2절 서양의 교육철학

1. 관념론과 교육

관념론(idealism, 이상주의)은 우주의 궁극적 실재를 관념 또는 정신, 마음이라고 본다. 그렇기 때문에 우리가 감각적으로 경험하는 현실세계는 그 자체가 본질적인 것이 아니다. 현실세계에서 경험하는 모든 것은 우리 정신을 통해 파악되고 설명되는 것이다. 따라서 외적 물질세계는 정신의 그림자, 다시 말하면 정신이나 관념의 부산물일 뿐이다. 플라톤(Plato)을 시조로 하는 관념론의 대표적인 인물로는 데카르트(R. Descartes), 칸트(I. Kant), 피히테(J. W. Fichte)와 헤겔(G. W. F. Hegel), 프뢰벨(F. W. A. Fröbel) 등을 들 수 있다.

플라톤은 변화하는 가운데에서 변화와 관계없이 존재하는 참된 것이 있다고 주장했다. 그는 물질적이고 감각적인 세계를 관념의 세계와 엄격하게 구별하였다. 플라톤에 의하면 우주의 궁극적인 실재, 변화와 관계없이 존재하는 참된 것은 바로 관념, 즉 이데아(idea)이다. 이데아는 정신을 통해 파악되며 영원불변하고 절대적이며 완전하다. 반면 감각기관을 통해 파악할 수 있는 현실계는 불완전하고 일시적이며 가변적이다. 예를 들면, 우리가 눈으로 파악하고 있는 현실계의 나무나 책상 또는 연필 그 자체는 참된 실재가 아니다. 그러한 것은 언젠가 닳아 없어지거나 사라질 수 있는 것으로서, 영원불변하지도 않고 절대적이지도 않다. 나무나 책상, 연필이 사라져도 변화하지 않는 것 그래서 영원히 존재할 수 있는 것, 완전한 것, 이상적인 것은 현실계에서는 찾아볼 수 없다. 이는 우리의 정신으로만 파악할 수 있다. 그 세계가 바로 이데아계, 곧 관념의 세계이자 이상의 세계인 것이다. 현실계는 관념의 그림자일 뿐이다.

이상적이고 완전한 이데아계는 바로 불완전한 현실계가 추구해야 할 목적이다. 관념론에 의하면 세계에 대한 참된 지식은 감각적인 경험에 의해서가 아니라 이성적 사유에 의해 획득된다. 플라톤에 의하면 새로 발견해야 하는 지식이 문제가 아니라 이미 존재하는 지식을 깨닫는 일이 중요하다. 그렇기 때문에 참된 지식을 획득하는 과정은 회상 또는 상기에 의해서 가능하다. 관념론에 근거한 교육철학에서는 이성 또는 정신의 계발을 중요시한다. 따라서 정신적 활동과 지적 훈련을 중시하며 이를 단련시키고 계발하고자 한다.

교육내용으로는 변화하는 현실에 관한 내용보다는 문화적 전통 속에서 불변의 가치가 있다고 인정되는 것들, 예를 들면, 인문학, 철학, 역사학, 문학, 수학, 언어 등의 지적 교과목을 강조한다. 이는 일반교양교육을 중시하는 반면, 직업기술교육을 소홀히 한다는 비판을 받기도 한다. 관념론에서 교육의 역할은 학습자의 정신에 이미 잠재되어 있는 이데아를 상기시켜 정신적 가치를 깨닫게 함으로써 도덕적 인격을 도야하는 것이 중요하다고 본다. 그렇기 때문에 소크라테스의 대화법이나 교사의 모범이 중시되며 학습활동에 있어서 교사가 주도적인 역할을 한다.

2. 실재론과 교육

실재론(realism, 현실주의)도 관념론과 마찬가지로 서양의 전통적인 철학사조이다. 실재론의 시조는 아리스토텔레스(Aristoteles)이며, 아퀴나스(Th. Aquinas), 베이컨(F. Bacon), 홉스(T. Hobbes), 코메니우스(J. A. Comenius),

로크(J. Locke), 헤르바르트(J. F. Herbart), 러셀(B. Russell) 등이 대표적 인물에 속한다.

아리스토텔레스는 객관적인 현실세계에 관심이 많았다. 그에 의하면 우주의 궁극적 실재는 사물 그 자체이다. 즉, 우리가 지각하는 외적이고 객관적인 세계는 인간의 정신과는 독립되어 존재하는 있는 그대로의 세계이며, 그 자체의 법칙에 의해 존재하고 변화한다. 예를 들면, 산이나 나무, 바위, 풀 등 물질적·자연적 사물과 현상은 사람이 있거나 없거나, 보거나 말거나 혹은 이를 인식하거나 아니거나에 관계없이 그대로 존재한다. 이 세계의 만물은 플라톤이 주장하는 것처럼 인간이 관념적으로 만들어낸 세계가 아니며, 관념에 의해 영향을 받지도 않는다. 인간정신의 외부에 있는 객관적인 사물세계야말로 참된 실재이다. 이러한 실재론적 사고는 자연과학발달의 토대가 되었다.

아리스토텔레스에 의하면 세계의 만물은 질료(matter)와 형상(form)으로 이루어져 있다. 질료란 어떤 형태의 사물이 될 가능성을 뜻하는데, 이러한 가능성이 일정한 형태를 취하여 현실적으로 그 모습을 드러낼 때 형상이라 한다. 넓은 의미에서 질료는 형상의 가능성이며 형상은 질료의 현실성이고 완성된 실재이다(W. Durant, 1978: 96). 예를 들어, 나무로 만들어진 책상이 있다면 이때 나무는 그 무엇이 될 수 있는 가능성인 질료이고, 그러한 질료를 재료로 하여 만들어져 구체화된 책상은 형상이다. 그러나 질료와 형상 이 두 가지는 개념적으로만 구분될 수 있는 것일 뿐, 우리의 감각기관으로는 이를 구분할 수 없다.

아리스토텔레스에 의하면 인간은 육체와 영혼이라는 두 가지 실체로 구성되어 있다. 육체라는 물질적 바탕은 질료에 해당되고 영혼은 그 형상에 속한다. 그는 형상을 질료보다 우위에 두었고 인간에게 있어서는 이성적 활동을 중요시했다. 그렇기 때문에 교육목적도 이성적 생활을 하기 위해 이성을 발달시키는 것이었다.

실재론에 의하면 우리는 참된 실재, 즉 객관적으로 존재하는 사물세계로부터 지식을 획득할 수 있다. 사물세계에 대한 감각적 경험을 통해 지식을 얻을 뿐 아니라 이에 기초한 감각적·논리적 사고에 의해 우주 및 자연법칙을 발견하게 된다. 따라서 실재론적 입장에서는 외적·객관적으로 있는 그대로의 세계, 곧 자연과 사물현상을 올바로 이해할 수 있도록 과학적 탐구방식과 이에 의한 과학적 지식을 포함하는 교육내용을 강조한다. 그렇기 때문에 인문과학보다는 수학, 자연과학적 교과, 역사, 언어, 예술 등을 중시한다. 그리고 교사는 학습내용을 결정하거나 이를 지도하는 등 교육에서 주도적인 역할을 한다.

3. 실용주의와 교육

실용주의(pragmatism)는 경험론, 공리주의, 진화론 등이 결합되어 생성된 철학으로 퍼어스(C. H. Peirce), 제임스(W. James), 듀이(J. Dewey)가 대표적 인물이다. 실용주의는 실험주의, 도구주의, 기능주의, 행동주의라고도 불린다.

실용주의는 영원불변하고 절대적인 것을 추구하는 전통철학과는 달리 변화를 핵심개념으로 한다. 생물학적·사회적 존재인 인간은 환경과 상호작용하며 경험을 하면서 산다. 다른 생명 유기체와 마찬가지로 인간은 환경에 적응하는 일정한 방식을 형성하며 살아간다. 그런데 환경이란 고정적으로 불변하는 것이 아니라 늘 변화하는 것이기 때문에 변화한 환경 속에서는 기존의 적응방식으로 대응할 수 없게 된다. 새로운 환경에 대해 새로운 적응방식을 찾아야 한다.

환경이 달라진다는 것은 기존의 적응방식으로는 해결이 안 되는 새로운 문제에 부딪치게 됨을 뜻한다. 문제에 부딪쳤을 때 인간은 반성적 사고를 통해 문제를 해결함으로써 새로운 환경에 적응할 수 있게 된다. 이러한 과정을 통해 기존의 경험은 개조되고 새로운 경험을 쌓게 된다. 그렇기 때문에 삶 그 자체는 늘 끊임없이 경험을 개조해 가는 과정이다.

실용주의에서 진리란 인간의 경험으로부터 나오는 것으로 본다. 따라서 진리 역시 선험적이고 절대불변의 고정적인 것이 아니라 상대적인 것이다. 진리뿐 아니라 지식이나 가치도 상대적인 것이다. 실용주의에서는 "무엇이 진리인가"가 중요한 것이 아니라 "어떻게 진리를 아는가"가 더 중요한 관심사이다. 진리나 지식은 타인의 권위나 이론에 의해서가 아니라 실험을 통해 발견되는 것, 즉 과학적인 방법을 통해 증명되는 것이라고 본다. 그래서 실험주의라고도 한다. 또한 실용주의에서는 진리나 지식은 삶에 도움이 될 때 유용한 것이라는 도구주의적 입장도 강조된다.

듀이를 대표로 하는 실용주의 철학에서의 교육은 생활 그 자체이다. 전통적인 교육에서처럼 미래를 위해 준비하는 활동이 아니다. 어린이는 현재 중심적이기 때문에 그가 생활하는 환경과 분리해서 생각할 수 없다. 따라서 교육은 어린이의 현재 생활과 세계에 직접적으로 관련된 것이어야 한다.

실용주의에 의하면 어린이는 환경과의 상호작용 속에서 부딪치는 문제해결을 통해 계속적으로 경험을 개조하고 재조직함으로써 성장한다. 새로운 환경에 접하면서 문제에 부딪치고 이의 해결을 통해 기존의 경험이 개조됨으로써 성장하는 것, 그것이 바로 교육이다. 이러한 점에서 실용주의에서는 성장, 즉 교육적 가치를 지닌 성장 그 자체가 교육목적이라고 본다. 전통교육에서처럼 교육목적이 성인이나 사회의 기준에서 결정되는 것이 아니라 교육목적은 어린이의 내적 능력의 발달 그 자체여야 한다.

비판적 지성, 곧 반성적 사고에 의한 문제해결능력은 교사의 지도나 책을 통해서 습득되는 것이 아니라 행함을 통한 학습(learning by doing), 즉 실제로 행함으로써 발달하게 된다. 따라서 학습활동에서는 어린이의 비판적 사고에 의한 탐구활동 및 활발한 질문과 문제제기 그리고 적극적인 참여의 자세가 요구된다. 교사는 어린이가 문제해결을 하는 데 있어서 도와주는 안내자이다.

제3절 20세기 초 현대교육사조

1. 진보주의

진보주의(progressivism)는 실용주의 철학을 바탕으로 하여 20세기 초 미국에서 전통교육에 대한 비판과 함께 등장하였다. 19세기 말 미국사회는 산업화와 도시화가 이루어짐에 따라 도시 빈민이 형성되고 빈민계층의 자녀교육은 방치된 상태였다. 처음에는 박애주의적 차원에서 이들을 위한 교육사업이 전개되었으나, 차츰 대중자녀들을 위한 학교교육을 통해 민주사회의 건설을 꿈꾸게 되었고, 이와 함께 전통교육을 비판하는 입장이 등장하게 되었다.

진보주의는 어린이는 성인의 축소판이 아니며 학자로 취급해서도 안 된다고 주장한 아동중심교육사상이다. 그렇기 때문에 진보주의는 권위적인 교사중심, 교과서중심, 지식암기 위주의 교육, 수동적 학습중심의 전통교육을 지양하고, 어린이의 자유로운 활동을 중시하는 교육의 자유화운동이라고도 한다. 코메니우스, 루소, 페스탈로치, 프뢰벨, 듀이 등 아동중심사상가들을 지지하는 진보주의 교육운동의 대표적 인물로는 킬패트릭(Kilpatrick), 파커(Parker), 카운츠(Counts) 등이 있다. 1918년 '진보주의 교육협회'(PEA)가 결성되었으며, 1930년대에 진보주의 교육운동은 절정에 이르렀다.

진보주의교육협회에서 제시한 진보주의 교육원리는 다음과 같다(Kneller,

1990: 73-79).

첫째, 교육은 생활을 위한 준비가 아니라 생활 그 자체이다.

둘째, 학습은 어린이의 흥미와 직접 관련되어야 한다.

셋째, 문제해결을 통한 학습이 교재를 가르치는 것보다 우선해야 한다.

넷째, 교사의 역할은 지시가 아니라 권고이다.

다섯째, 학교는 경쟁보다는 협력을 장려해야 한다.

여섯째, 민주주의만이 인간의 참다운 성장발달의 필수조건인 사상이나 인간성의 자유로운 상호작용을 진정으로 격려하고 허용한다.

진보주의 교육은 아동중심교육을 표방함으로써 1929년 경제공황으로 인하여 여러 사회문제가 발생했을 때 교육이 사회문제해결에 별로 기여하지 못했다는 비난을 받았다. 그러나 이후 사회문제에도 관심을 갖게 되어 학교가 사회 재건에 앞장서야 한다는 주장이 제기되었고, 올센(Olsen)을 중심으로 지역사회학교운동이 일어나기도 하였다.

진보주의는 미국뿐 아니라 20세기 전 세계 교육개혁에 큰 영향을 미쳤다. 그러나 진보주의에 대한 비판도 나타났는데, 곧 진보주의는 어린이에게 지나치게 많은 자유를 허용하고 아동의 흥미중심교육으로 인해 어렵고 중요한 내용의 학습을 소홀히 함으로써 학력저하를 초래하였다는 점이다. 또한 진보주의의 어린이 개개인의 경험을 중시하는 개인주의적 경향은 사회·문화적 전통의 전수와 같은 사회적 요구를 도외시하게 되었다는 점에서 지적을 받는다. 그리고 교사는 안내자로서 소극적인 역할을 해야 함을 강조함으로써 무질서한 교육 분위기가 조성되었다는 점도 비판받는다.

2. 본질주의

본질주의(essentialism)는 미국사회의 문제와 교육의 질적 수준 저하는 어린이에게 지나치게 많은 자유를 부여하고, 개인적인 욕구를 존중하면서 방임적인 교육을 실시한 진보주의 교육에 책임이 있다는 비판과 함께 등장한 교육사조이다.

본질주의는 1938년 배글리(W. C. Bagley)를 중심으로 하여 '미국교육향상을 위한 본질파위원회'가 구성되고 '본질주의 강령'을 발표하면서 하나의 조직된 세력으로 나타났다. 이는 특정 철학사상을 바탕으로 나타난 것은 아니지만, 그 사상적 배경을 살펴보면 관념론과 실재론적 특징을 발견할 수 있다. 대표적 인물로는 브릭스(T. Briggs), 호온(H. H. Horne), 브리드(F. Breed) 등이 있다. 본질주의는 1957년 소련의 인공위성인 스푸트니크호 발사 이후 미국교육에 영향을 주었고, 학문중심교육과정이 탄생하는 데 결정적인 역할을 하였다.

본질주의자들은 우선 무엇을 가르칠 것인가에 대해 논한다. 그들에 의하면 인간이라면 누구나 다 알아야 할 것이 있으며, 이는 바로 인류조상들의 경험을 축적해 놓은 문화유산의 내용이다. 따라서 교육이란 사회의 문화유산 가운데에서 현재 생활에 필요한 가장 본질적인 요소를 전하는 것이다.

본질주의에서 강조하는 교육내용은 문화의 본질적인 내용이 포함된 것으로, 전통적인 교육과정이 중시된다. 초등교육에서는 읽기, 쓰기, 셈하기 등의 기본기능을 함양하는 내용을 중점적으로 가르쳐야 한다. 중등학교의 경우에는 역사나 수학, 과학, 문학, 국어, 외국어 과목의 커리큘럼이 포함되어야 한다. 교재는 진보주의에서처럼 어린이의 경험과 관심에 근거하여 심리학적으로 조직되는 것보다는 지식의 논리적 구조에 의해 조직되어야 한다.

학습은 흥미보다는 훈련 위주로 이루어져야 한다. 훈련에 의한 노력은 고차적인 흥미를 불러일으킬 수 있다. 훈련은 지적 분야뿐 아니라 모든 사회생활에서도 절대적으로 요구되는 요소이다. 따라서 지적 훈련을 위해서 교육의 주도권은 교사에게 주어져야 한다. 교사는 자신의 지식과 경험을 바탕으로 아동의 욕구와 사회의 필요를 중재할 수 있는 위치에 있기 때문이다.

그러나 이러한 본질주의 교육은 교사중심의 지적 훈련을 강조함으로써 어린이의 학습의욕을 저하시킬 뿐만 아니라 지적 진보성과 창의성 발달을 저해할 수 있다는 비판을 받았다. 또한 문화유산 가운데 본질적인 것을 전해야 하지만, 무엇이 본질적인 것인가에 대한 기준이 확실하지 않아 구분하기 힘들다는 지적도 받게 되었다.

3. 항존주의

본질주의는 진보주의 교육이론을 부분적으로 수용한 반면, 항존주의(perennialism)는 전면적으로 부인하면서 1930년대에 등장하였다.[1] 아리스토텔레스, 아퀴나스 등의 실재론을 기초로 한 항존주의의 대표자로는 아들러(M. J. Adler), 허친스(R. M. Hutchins), 마리탱(J. Maritain) 등이 있다. 항존주의는 영원불변하고 절대적인 진리와 이성적 존재로서의 인간에 대한 믿음에 기초한 사상이다

항존주의의 교육원리를 살펴보면 다음과 같다(Kneller, 1990: 66-71).

첫째, 인간의 본질은 시공간을 초월하여 불변하는 것이므로 인간을 대상으로 하는 교육의 본질도 불변한다. 따라서 교육의 목적도 시공을 초월해서 동일해야 하며, 이는 모든 사람에게 동일하게 적용되어야 한다.

1) 이러한 점 외에 본질주의와 항존주의의 차이점은 다음과 같다. 첫째, 본질주의는 항존주의처럼 전적으로 지적 교육만을 강조하지 않는다. 영원한 진리보다는 자연적·사회적 환경에의 적응에 더 많은 관심을 갖기 때문이다. 둘째, 항존주의자는 과거의 위대한 창조적 업적을 영원성에 대한 표현으로 보고 숭배하는 데 비해, 본질주의자는 이를 오늘날의 문제를 다루기 위한 자료로 이용하고자 한다.

둘째, 이성은 인간 최고의 능력이다. 따라서 교육은 인간의 이성발달에 관심을 두어야 한다.

셋째, 교육의 과업은 보편적이고 영원불변하는 진리에 관한 인식을 전달하는 일이다. 교육은 어린이를 진리의 세계에 적응시켜야 한다.

넷째, 교육은 생활의 모방이 아니라 생활을 위해 준비하는 것이다. 학교는 실제 삶의 상황이 아니고 또 그렇게 되어야 하는 것도 아니다. 어린이는 학교에서의 교육을 통해 문화유산의 가치를 깨닫고 그 업적을 발달시켜야 한다.

다섯째, 학생은 세계의 영원함에 익숙하게 하는 기본 교과목을 배워야 한다. 즉, 학생의 흥미 위주 과목이나 직업교육 관련 내용이 아니라 국어, 역사, 어학, 수학, 자연과학, 예술, 철학 등 여러 기본교과목을 공부해야 한다.

여섯째, 영원불변의 진리는 "위대한 책"인 고전에서 발견될 수 있다. 따라서 고전 읽기와 같은 독서교육이 실시되어야 한다. 고전 같은 위대한 책을 읽고 토론하는 것은 이성을 계발할 뿐 아니라 비판적 사고를 길러준다.

이러한 항존주의 교육이론은 이성 계발과 고전을 중심으로 한 인문교육을 중시하기 때문에 소수의 엘리트만을 위한 지적 귀족교육이라는 비판을 받는다. 또한 영원불변하는 진리로 미래를 준비하는 교육인 항존주의는 변화하는 현실을 경시하기 쉽다는 점에서 비판받는다. 특히 인간의 여러 능력 중 이성의 발달만을 강조함으로써 다양한 능력과 개성의 발달에는 소홀하게 되어 민주주의 사회에 위배되는 비민주적인 교육이라고 비판받는다.

4. 재건주의

재건주의(reconstructionism)는 1950년대에 진보주의 교육운동의 세력이 그 영향력을 잃게 되자 학교교육이 사회의 재건에 공헌해야 한다는 목소리가 커지면서 등장하였다. 재건주의의 대표자는 브라멜드(T. Brameld)로, 그 외에도 카운츠(G. S. Counts), 러그(H. Rugg), 버크손(I. B. Berkson)이 있다.

재건주의는 현대사회와 인류문화의 위기의식에서 출발하였다. 재건주의자들에 의하면 현대문명은 과학의 급속한 발달로 인해 위기에 처해 있기 때문에 이를 극복하기 위해서는 근본적으로 사회문화를 개혁해야 한다. 이러한 점에서 재건주의는 문화적 재건주의라고도 한다. 위기극복과 새로운 사회질서의 재건은 무엇보다도 사회 구성원에 대한 교육을 통해 이루어질 수 있다. 교육을 통해 건설되어야 할 새로운 사회는 평등한 사회질서에 의한 참된 민주주의사회여야 한다.

교육은 현대사회의 문제와 문화적 위기를 인식하게 하고, 문화의 기본가치를 실현하며 새로운 사회질서를 창조해내는 능력을 길러야 한다. 이러한 점에서 브라멜드는 교육의 구체적인 목표를 사회적 자아실현이라 하였다. 사회적 자아실현이란 교육을 통해 사회를 개조하고 그 속에서 자아를 실현시키는 것을 뜻한다.

이를 위한 교육내용으로는 인간의 경험과 문화유산이 강조되었다. 특히 사회변화를 통찰하고 계획하는 방법을 제공하는 경제학, 인류학, 사회학, 심리학 등 인문·사회과학적인 지식을 유용한 것으로 본다. 교육방법으로는 자기 자신의 직접 경험 또는 다른 사람의 간접 경험, 학교교실과 향토사회와의 자유로운 소통, 참여와 집단활동을 통한 학습 등이 있다. 교사는 재건주의가 주장하는 새로운 사회건설에 대한 긴급성과 타당성을 인식하고 이를 학생들에게 확신시켜야 한다. 이때 교사는 학생들이 교사의 견해에 대해 민주적 방식으로 자유롭게 검토할 수 있도록 허락해야 하며, 학생이 공정하게 선택할 수 있도록 해야 한다.

그러나 재건주의는 교육실제에는 그다지 큰 영향을 미치지 못하였는데, 특히 이상사회 수립을 위한 교육의 힘에 대해 지나치게 과신한다는 점과 새로운 사회질서 수립을 위해 누가 어떻게 교육을 설계할 수 있을지가 문제로 지적되고 있다.

5. 실존주의

실존주의(existentialism)는 19세기 후반 키에르케고르(S. Kierkegaard)와 니체(F. W. Nietzsche)를 선두로 하여 유럽사회에서부터 나타났다. 합리주의의 허구성과 인간소외 및 비인간화 등에 대한 비판으로 등장한 실존주의는 20세기에 들어와 제 1·2차 세계대전으로 불안과 절망, 회의 및 허무를 체험하게 되면서 더욱 활발하게 전개되었다. 실존주의는 주체적 존재로서의 인간실존에 관한 철학이다. 개인의 자유를 강조하며 그 자유에 의해 스스로 결단하고 선택할 수 있고 선택한 것에 대해서는 책임을 지는 존재로서의 인간을 중시한다.

"실존은 본질에 선행한다"는 사르트르(J. P. Sartre)의 말에서처럼 인간은 이 세상에 태어날 때 그 자신의 본질이 미리 결정되어 있는 것이 아니다. 사물과는 달리 인간은 태어난 후 자신의 본질을 스스로 결정해 가는 존재이다. 예를 들면, 목수는 책상을 만들 때 미리 책상의 재질이나 크기, 모양, 색깔 등에 대한 구체적인 계획과 설계를 한 후 책상을 만든다. 그러나 인간의 경우는 이와 다르다. 인간은 그 어떤 외적 힘, 예로 신이나 절대자 또는 부모에 의해서 어떠한 인간으로 되도록 그 본질이 운명적으로 결정된 상태에서 이 세상에 태어나고, 특정한 존재로 될 수밖에 없는 그런 존재가 아니다. 실존주의에서의 인간은 자유의지에 따라 그 스스로 자신의 본질을 형성해간다.

실존주의에서 강조하는 인간실존은 지속적으로 꾸준한 노력에 의해 형성되는 성격의 것이 아니라 단호한 선택과 결단으로 비약, 초월함으로써 순간적으로 실현되는 단속적·초월적·비약적인 것이다.[2)]

실존주의의 이러한 초월적·비약적 성격은 전통적 교육학의 개념과는 상반되는 내용이다. 즉, 전통적인 교육이론에서는 인간의 성장발달은 점진적·연속적으로 이루어짐을 전제로 한다. 그러나 실존주의 교육이론에서는 비약적·초월적·단속적 경험에 의한 인간 성장발달을 논한다. 실존주의에서 말하는 위기나 각성, 충고, 만남 등은 모두 초월적·비약적 경험의 계기를 마련해 주는 예이다. 실존주의와 교육과의 관계를 논한 인물로는 부버(M. Buber), 볼노우(O. F. Bollnow), 닐러(G. F. Kneller) 등이 있다.

실존주의 교육이론을 정리해 보면 다음과 같다.

첫째, 개인을 존중한다. 실존주의는 인간실존에 관한 철학으로, 인간 개개인의 자유를 존중하고 이에 근거한 개성 및 독자성의 형성을 강조한다. 실존주의는 사회적 규범에 적합하고 이에 순응하는 인간양성에 대해 비판하고, 창조적·독창적 존재로서의 자기 자신을 발견하고 삶이 무엇을 위한 것인가를 찾아내는 것을 중시한다. 따라서 교육은 각 개인으로 하여금 자유롭게 창조적 개성을 발달시켜 자아실현하도록 도와주어야 한다.

둘째, 전인교육을 중시한다. 실존주의에서는 사회의 규범과 기준에 예속된 인간이나 집단 속에서 순종하고 적응하는 인간이 아니라 창조적이고 개성 있는 존재로서 진정한 자신을 발견할 것을 강조한다. 그렇기 때문에 실존주의는 지식전달 위주의 교육을 비난한다. 지식의 수집이 아니라 지식을 통해 전인으로서의 인간형성에 도움이 되도록 해야 한다.

셋째, 자아를 발견하고 인지하기 위한 교육과정을 중시한다. 실존주의에서는 학교에서 가르치는 각 교과목의 내용은 학습자의 마음을 해방시키고 자기 존재에 대한 이해에 도움이 되어야 한다고 강조하기 때문에, 삶의 긍정적 측면은 물론 죽음, 질병 같은 어두운 문제도 다루어야 한다고 주장한다.

2) 인간성에 있어서의 이러한 단속적, 비약적 형식은 불교에서도 나타난다. 선불교에서 문득 깨달아 단번에 부처의 경지에 이르는 돈오(頓悟)는 실존적 각성, 자각, 통찰에 해당한다.

넷째, 비연속적 형식의 인간발달을 논한다. 실존주의는 전통적 교육관에서 인간이 연속적·점진적으로 자신을 형성해간다는 견해와는 달리 인간형성의 비연속적·단속적 형식을 강조한다.

이러한 실존주의 교육이론에 대한 비판은 다음과 같다.

첫째, 비연속적 교육의 원리를 교육방법으로 일반화하기에는 어려움이 따른다. 교육을 의도적·계획적·연속적으로 이루어지는 것이 아니라 하나의 주관적 현상으로서 비연속적인 것으로 보는 실존주의 교육관은 방법적으로 체계화시키기 어렵다.

둘째, 집단교육을 실시하는 현대의 학교교육에는 적합하지 않다. 학습자 개개인의 실존적 경험을 통해 존재의 변화를 강조하는 실존주의교육은 집단교육에 적용하기 어렵다.

제4절 후기 현대교육철학[3)]

1. 분석철학

분석철학(analytic philosophy)은 20세기에 들어와 자연과학과 수학이 크게 발달하면서 영국과 미국을 중심으로 하여 등장한 철학의 한 경향이다. 분석철학은 '우주의 궁극적인 실재' 또는 '신의 존재', '앎의 본질' 등을 추구하는 전통철학의 사변적·선험적·추상적·형이상학적인 명제를 배격하고, 분석적 방법으로 모든 과학 및 일상적인 개념이나 명제의 의미를 엄밀하게 밝히는 것을 목적으로 한다. 분석철학은 언어의 의미를 명료화하고

3) 이하 서술된 후기 현대교육철학 이외에도 해석학, 현상학, 구조주의 등 여러 철학이 있으나, 본서의 특성상 모두 소개하기 어려워 대표적인 네 가지 교육철학만 소개한다.

논리적 구조의 통찰을 통해 철학을 과학화함으로써, 많은 지적 혼란으로부터 인간을 해방시키고 인간 및 세계에 대한 이해를 명료화하는 데 공헌하였다. 대표적 인물로 슐리크(M. Schlick), 러셀(B. Russell), 카르납(R. Carnap), 비트겐슈타인(O. Wittgenstein), 와이스만(F. Waisman) 등이 있다.

분석철학에는 논리적 실증주의와 일상 언어철학의 두 가지 입장이 있다. 논리적 실증주의에 의하면 철학의 임무는 개념과 명제의 의미를 분석하여 명료하게 밝힘으로써 철학을 과학화하는 데 있다. 즉, 철학은 전통철학에서처럼 형이상학적 또는 윤리적인 질문에 대해 이론적인 체계를 형성하는 것이 아니다. 형이상학적 문제는 분석적·경험적인 것이 아니기 때문에 그 진위를 검증할 수 없으며, 따라서 무의미한 것이 될 수밖에 없다. 분석철학에서의 철학이란 주요 개념들을 분석하고 의미를 명료화하며, 명제나 진술, 논의들을 논리적으로 검증하여 그 진술들 사이의 일관성 여부 및 모순의 내재 여부를 밝히는 것이다.

일상 언어철학은 일상적으로 사용하고 있는 언어의 사용법을 언어의 구조와 형식에 따라 논리적으로 분석하여 애매모호함을 제거하고 그 의미를 명확히 밝히고자 한다. 그리하여 우리의 사고를 정확한 과학적 기초에 근거하게 함으로써 여러 철학적 문제의 해결에 공헌할 수 있다고 본다

이러한 분석철학은 1950년대 이후부터 교육학에 영향을 주었는데, 무엇보다 엄밀하고도 명료한 교육적 사고를 가능하게 해 주었으며 교육철학을 좀 더 전문화하는 데 공헌했다(Kneller, 1984: 36-37). 특히 분석적인 방법을 통해 교육과 관련된 주요 개념, 용어, 원리, 이론 등을 분석하고, 그 의미를 명료화함으로써 수많은 교육관과 교육이론에 내재해 있는 모순성과 모호함 그리고 불명확성을 제거하여 교육철학을 객관적 학문으로 체계화시키는 데 공헌하였다. 분석적 교육철학의 대표적 인물로는 하디(C. D. Hardy), 오코너(D. J. O'Connor), 피터스(R. S. Peters) 등이 있다.

이러한 분석철학은 교육과 관련된 개념이나 명제 또는 논의의 애매함과 모호함, 편견과 오류를 제거하고 명확한 의미를 전달하고 논리적인 관계들의 모순을 밝혀내는 데 공헌하였지만, 교육이념, 교육관, 교육목표를 정립하는 등의 교육철학적 기능은 소홀히 했다는 비판을 받는다. 또한 명제의 진위판정만을 강조하고 교육에 관한 가치론적·당위적인 문제들의 적극적인 발견과 주장을 피함으로써 비생산적인 교육철학이라는 비난을 받는다.

2. 비판이론

비판이론(critical theory)은 칸트, 헤겔, 베버 철학과 마르크스의 사회사상 및 프로이드의 정신분석이론을 수용, 발전시킨 것이다(R. Gibson, 1989: 39-40). 이는 1920년대 독일 프랑크푸르트대학 사회연구소의 호르크하이머(M. Horkheimer), 아도르노(TH. W. Adorno), 마르쿠제(H. Marcuse) 등에 의해 시작되었고, 프롬(E. Fromm), 하버마스(J. Habermas) 등이 그 뒤를 이었다.

비판이론은 현대사회의 불평등과 부정의를 비판하는 이론을 말한다. 비판이론에 의하면 현대사회에서는 인간의 의식이나 삶이 사회의 정치적·경제적 조건들 속에 내재되어 있는 이데올로기에 의해 억압되고 왜곡된다. 이러한 문제의 책임은 개인에게 있는 것이 아니라 사회체제에 있다. 왜냐하면 인간은 그가 속한 특정 사회의 여러 조건과 상황에 의해 영향을 받기 때문이다. 따라서 비판이론은 이로부터 해방된 인간 및 사회를 건설하고자 한다.

그러나 인간이 변화하지 못하면 체제가 변화해도 사회가 달라질 수 없기 때문에, 비판이론가들은 '새로운 인간' 형성을 강조한다. 그들은 몰개성적·기계적·도식적으로 변질되어 비인간화되고 있는 현대사회를 비난하면서 자율적이고 성숙하며 의식화된 인간을 이상적인 인간으로 본다. 좀 더 구체적으로 보면 이상적 인간이란 자율적·주체적으로 사유하는 인간, 비판적이고 의식화된 인간, 정열적인 인간, 특권의식이 배제된 이상사회에 기여할 수 있는 인간을 말한다.

이러한 비판이론이 교육학계에 수용된 것은 1960년대 이후이다. 당시 독일에서는 사회위기의식이 확대되자 교육과 교육학의 이데올로기 및 이의 반계몽적 기능에 대한 반성이 전개되면서 비판이론적 관점에서의 교육에 대한 관심이 늘어났다.

비판이론가들에 의하면 현대의 학교는 불평등하고 불공정한 정치, 경제구조를 반영할 뿐 아니라 이를 재생산하기 위해 가르치는 곳이다. 즉, 제약되고 억압적인 구조 속에서 이루어지는 현대의 학교교육은 학생의 자유와 주체성을 억압할 뿐만 아니라 불평등한 사회구조를 재생산한다고 보았다.[4] 그렇기 때문에 교육의 불평등과 부정의를 밝혀내고 이것이 유지되는 교육과정과 구조를 드러냄으로써 그 치유방법을 모색 또는 제안하고자 한다(R. Gibson, 1989: 67).

교육은 교육현상 속에 내재한 이러한 숨은 동기와 의도 및 요인을 분석하고, 이러한 것이 어떻게 인간을 억압하고 사회적 불평등을 재생산하는가를 비판하는 능력을 길러주어야 한다. 이러한 점에서 비판이론적 교육에서는 해방, 계몽, 자유, 성숙, 민주화 등이 핵심개념으로 제시되고 있으며, 이를 위해 정치교육, 인문교육, 여성해방교육, 사회과학교육이 강조된다. 비판이론적 교육관을 지닌 대표적인 인물로는 프레이리(P. Preire), 일리치(I. Illich), 라이머(E. Reimer), 애플(M. W. Apple), 지루(H. A. Giroux), 파인버그(W. Feinberg) 등을 들 수 있다.

비판이론은 실제 교육이 이루어지고 있는 학교현장에 대해 관심을 갖고, 불평등하고 불공정한 사회의 구조를 반영하고 있는 교육현장의 문제점을

4) 이러한 점에서 교육에 적용된 비판이론은 재생산이론으로 소개된다.

분석, 비판한 점에서는 공헌한 바가 크다고 할 수 있다. 그러나 비판이론적 교육이론은 현실에 대한 비판은 풍부하게 행하면서 그 처방은 부족하다는 지적을 받는다. 또한 교육을 사회의 정치, 경제논리에 의해서만 해석하고 교육적 가치는 배제하고 있다는 점 그리고 문화유산의 전달과 계승 및 창조라는 교육의 기능은 충분히 인정하지 않은 점 등을 비판받는다.

3. 포스트모더니즘

후기 근대철학이나 후기 현대철학 또는 탈현대철학 등으로 번역되고 있는 포스트모더니즘(postmodernism)은 20세기 후반 본격적으로 논의되기 시작한 현대철학의 한 경향이다. 포스트모더니즘은 1979년 리오타르(J. F. Lyotard)가 '포스트모더니즘'이라는 개념을 처음으로 철학적 논의 안으로 끌어들인 후 다양한 학문분야에서 관심과 논의의 대상이 되었다. 이의 대표적 인물로는 리오타르 외에 라캉(J. Lacan), 데리다(J. Derrida), 푸코(M. Foucault), 로티(R. Rorty) 등이 있다.

포스트모더니즘은 컴퓨터의 발명 등 과학기술혁명이 가속화되어 가치관이나 생활양식 등 사회문화적 환경이 크게 변하면서 나타나게 되었다. 즉, 포스트모더니즘은 탈이데올로기 사회로, 소비가 중시되는 자본주의의 소비체제사회로, 새로운 대중문화사회로, 고학력의 신 중간계층이 등장한 사회로, 고전물리학의 패러다임이 해체되고 신과학사회로 그리고 예술적으로는 모더니즘적 예술관이 한계에 봉착하고 새로운 예술기법이 등장한 사회로 변모하는 과정에서 나타난 문화논리이자 사상체계이며 사회운동이다(서울대학교 교육연구소, 1998: 2671-2672).

포스트모더니즘을 한마디로 설명하기는 쉽지 않다. 그러나 이의 기본 성격을 살펴보면 다음과 같다(박의수 외, 2002: 418-419).

첫째, 반정초주의(anti-foundationalism)를 표방한다. 포스트모더니즘은 지식이나 인식, 가치에 있어서 궁극적이고 절대적인 기초가 존재한다는 근대 철학의 기본 가정과 신념은 정초주의라고 하면서 이를 비난한다. 포스트모던 학자들은 진리나 지식, 가치판단 등은 어떤 절대적이고 선험적이며, 초월적인 기초에 의한 것이 아니라 시대와 문화에 따라 달라지는 문화적인 구성물이라는 점에서 반정초주의를 주장한다. 포스트모더니즘은 인간이성이나 지식의 역사성, 우연성, 상대성, 가변성, 다양성을 주장한다.

둘째, 다원주의를 표방한다. 포스트모더니즘에서는 같은 것보다는 다른 것, 즉 차이를 그리고 종합적인 것보다는 다원적인 것을, 객관적인 것보다는 주관적인 것을 인정하고 포용한다.

셋째, 반권위주의를 표방한다. 포스트모더니즘은 모든 지식은 그 지식을 만들어내는 사람들의 이익과 가치를 반영한다고 본다. 이러한 점에서 포스트모더니즘은 근대사회에서 스스로를 유일한 인식주체로 그리고 절대 진리의 대변자로 여기고 지식을 만들어내는 집단인 지배 엘리트들에 대해 비판적인 입장을 취한다. 이러한 근대사회의 권위적이고 비민주적인 방식은 지양되어야 하며, 그래야 다양한 사람들의 이익이 더 많이 고려될 수 있다는 것이다.

넷째, 연대의식의 표방이다. 포스트모더니스트들은 타자에게 해를 끼치는 억압적 권력이나 조종, 착취, 폭력 등을 거부하고, 타자에 대한 관심과 연대의식 그리고 더 나아가 공동체, 존중, 상호협력의 정신을 증진시키고자 한다.

이러한 포스트모더니즘의 교육학에 대한 영향은 다음과 같다.

첫째, 교육학의 새로운 패러다임을 구축할 수 있다는 점이다. 즉, 포스트모더니즘적 사유는 다양성을 존중함으로써 교육학 안에서도 다양한 교육이념과 개념이 발달할 수 있게 되며, 이와 함께 다양한 교육내용과 방법 및 평가방법 등이 장려된다는 것이다. 무엇보다 교육내용에 대한 인식의 변화가 이루어질 수 있다(김귀성·노상우, 2001: 293-294). 즉, 절대적이고 확고부동한 지식관에 근거한 근대적 교과내용을 부정하고 표준화된 교과서 및 획일적인 기준에 의한 평가가 지양되며, 옳고 그름의 흑백논리식 사고방식도 배제될 수 있게 된다. 대신 각각 다른 시각에 의한 다원적 해석과 설명들이 평등한 관계에서 그 중요성이 동일하게 인정받고 공존하는 다원적 입장이 교육실제에 용납될 것이다.

둘째, 포스트모더니즘에서의 차이와 다양성의 인정은 학생의 다양성과 개성을 존중하며, 개개인의 의견과 권리, 특수성, 고유성, 독립성을 인정하고 그들이 스스로 책임 있게 미래를 향해 새로운 의미창조를 실현할 수 있는 태도를 형성하는 교육을 할 수 있다.

셋째, 포스트모더니즘은 교육을 통해 지식이나 신념체계가 특정 사회의 전통과 사회적 상황 및 일정한 동기와 관심 내지 목적하에서 형성된다는 것을 인식하게 하며, 또한 그러한 것들이 어떤 한계 및 제한점이 있는가를 능동적·비판적으로 사고하고 논의하게 하여 이러한 것들을 새롭게 재구성하고 창조할 수 있는 인간을 길러낼 수 있다(강영혜 외, 1994: 32).

그러나 포스트모더니즘은 진리의 객관성과 보편성, 합리성을 부인하기 때문에 세계에 대한 객관적 지식과 보편적 가치를 가르치는 전통적인 교육관에 혼란을 가져올 수 있다는 점이 제기되고 있다. 또한 포스트모더니즘의 상대주의적 관점으로 인해 교사들의 지적·도덕적 권위가 위축될 수 있으며, 그 외에도 학생들은 교사가 가르치고자 하는 지식이나 신념의 보편적 의미와 가치를 받아들이려 하지 않을 수 있게 된다. 이는 학교교육에 대한 회의와 불신 그리고 무력감을 확산시키고, 모든 교육활동을 냉소적으로 바라보게 하는 결과를 초래할 수 있다는 점에서 비판적이다.

4. 구성주의

20세기 후반 교육철학 분야에서 많이 거론되고 있는 또 하나의 교육철학으로 구성주의를 들 수 있다. 구성주의는 지식이 어떻게 형성되는 것이며 인간은 지식을 어떻게 인식하는가에 대한 이론이다. 즉, 기존 전통철학에서의 인식론적 관심과 주제가 구성주의의 핵심을 이루고 있다고 할 수 있다.

전통철학에서의 지식은 보편적·객관적·초역사적·범우주적인 성격을 지니고 있으며, 이미 형성되어 있는 것으로서 이를 인간이 이성에 의해 발견하는 것이다. 그러나 구성주의에 의하면 절대적 진리나 지식은 존재하지 않으며 지식이란 사회적 경험에 의해 계속 구성되는 것이다(강인애, 1995: 5). 다시 말해 지식이란 주어진 사회적·문화적·역사적 삶의 상황 속에서 개개인에 의해 구성되는 것이다.

구성주의에 의하면 각 개인은 태어나면서부터 각각 다른 환경과 접하면서 살게 되고, 이로써 각기 다른 형태의 경험을 하게 된다. 이로부터 개인은 각자 고유한 형태로 인지구조를 발달시키며 자신에게 의미 있는 것만 선택적으로 받아들인다. 이는 각 개인이 어떤 내용을 절대적인 진리나 지식의 형태로 받아들이는 것이 아니라 자신이 속한 사회적 상황에서의 삶을 살아가는 데 의미 있는 내용을 가치 있는 것으로 받아들이고, 이를 지식으로서 구성한다는 것이다. 따라서 구성주의 인식론은 상대주의적 성격을 띠고 있다고 할 수 있다.

구성주의는 지식이 개인의 인지작용에 의해 구성되는 것인지, 아니면 사회적 상호작용에 의해 개인이 지식을 구성하게 되는 것인지에 따라서 인지적 구성주의와 사회적 구성주의로 구분된다. 인지적 구성주의의 대표적 인물로는 피아제(J. Piaget), 글라스펠트(von E. Glasersfeld) 등이 있고, 비고츠키(L. Vygotsky)의 발달심리학에 근거하여 발달한 사회적 구성주의를 대표하는 인물로는 로티(R. Rorty), 커닝햄(D. Cunningham) 등이 있다.

인지적 구성주의는 지식이란 개개인의 인지구조에 의해 동화와 조절이라는 인지작용을 통해 구성된다고 본다. 그리고 각 개인의 인지발달에 있어서 동화와 조절의 평형상태가 깨어지면서 인지적 혼란상태가 발생하고 이러한 과정을 통해 또 다시 평형을 이루고자 함으로써 학습이 이루어진다는 것이다. 인지적 구성주의는 인지발달이나 이를 통한 지식의 구성 모두 개개인의 인지작용에 의한 것으로 본다.

반면 사회적 구성주의는 사회적 상호작용이 개개인의 인지발달뿐 아니라 지식을 구성하는 중요한 요인이라고 강조한다. 각 개인은 사회 속에서 태어나고 사회 구성원과의 상호작용과 사회에의 참여를 통해 성장하게 된다. 이때 개인은 사회공동체의 사회문화적 행동양식을 습득하고 동화시키게 되는데, 이에 따라 경험이 재구성되고 이를 해석하면서 지식도 구성된다.

구성주의는 인식론과 관련된 이론으로서 지식을 어떻게 습득하는가, 즉 학습은 어떻게 이루어지는가에 대한 이론이라고 할 수 있다. 그렇기 때문에 최근 구성주의는 교육현장에서 교수 학습의 원리에 적용하고자 하는 움직임의 이론적 기초가 되고 있으며, 학습자중심교육을 표방한 우리나라 7차 교육과정의 이론적 배경도 구성주의라는 주장이 나오고 있다. 무엇보다도 구성주의적 인식론을 기초로 한 교수 학습 원리는 체험학습과 자아성찰적 사고의 발달, 협동학습, 실제적 성격의 과제중심의 학습 그리고 학습의 조력자이며 동료학습자로서의 교사의 역할을 강조하면서(강인애, 1997: 136-142) 학습현장에서 그 중요성이 크게 부상하고 있다.

CHAPTER 03

교육의 역사적 기초

제1절 한국교육의 역사
제2절 서양교육의 역사

모든 현재는 과거 그리고 미래와 연관되어 있다. 현재를 이해하기 위해서는 과거를 알아야 한다. 즉, 역사를 들여다보는 것은 바로 오늘, 지금, 현재의 교육을 이해하기 위해서이다. 현재의 눈으로 이러한 현재의 모습을 만든 과거에 대해 질문하고, 과거로부터 나온 대답을 통해 현재를 더 잘 이해하게 된다. 현재를 더 잘 이해한다는 것은 단순히 현재에 대한 지식을 넓히는 것을 뜻하지 않는다. 현재 무엇을 어떻게 하고 미래에 어떻게 할 것인지를 선택하고 결단내리기 위한 것이다.

교육의 역사도 마찬가지이다. 교육의 역사를 이해하고 알아야 하는 이유는 과거의 교육을 오늘의 관점에서 살펴봄으로써 현재 우리의 교육이 어떠한지를 이해하고, 미래를 위해 어떠한 것을 해서는 안 되는지에 대한 이해의 폭을 넓힐 수 있기 위해서다. 교육에 대한 역사적 이해 없이는 오늘의 교육현상을 제대로 이해하고 해석하기 힘들며, 미래에 어떠한 행위를 선택해야 하는지에 대한 자료도 얻기 힘들게 된다.

제1절 한국교육의 역사

1. 삼국시대 이전의 교육[1)]

삼국시대 이전의 교육이 어떠했는지에 대한 정확한 역사적 기록은 남아 있지 않다. 그렇다고 해서 이러한 사실이 그때 교육이 이루어지지 않았음을 의미하는 것은 아니다. 인류가 이 지구상에 삶을 살아왔다는 사실은 교

1) 한국교육의 역사를 서술하는 데 있어서 역사상 어느 시기부터 다루어야 하는가의 문제는 교육이란 무엇이냐에 대한 관점과 이해에 따라서 달라질 수 있을 것이다. 사실 교육이 삶 속에서 가르치고 배움으로써 사람답게 사는 것을 돕는 일이라는 일반적인 이해에 의한다면 교육 역사의 서술이 반드시 제도교육의 역사를 서술하는 것에 그쳐서는 안 될 것이다.

육적 활동이 있어 왔음을 뜻하기 때문이다.

원시사회에서의 교육은 생존을 위해 이루어졌다. 즉, 생활 속에서 살아남기 위해 필요한 삶의 내용들을 가르쳤다. 그렇기 때문에 당시의 교육은 특정 교육기관에서 의도적·체계적으로 이루어진 형식교육이 아니라 비형식적 교육이 실시되었다. 교육은 주로 가정 중심으로 이루어졌으며, 종교적 의식을 행하는 부족의 제사장이나 지도자도 교육적 역할을 수행했다. 당시에는 실생활의 필요에 의해 교육이 이루어졌기 때문에 교육내용도 실용적이고 실제적인 것이었다. 예를 들면, 의식주에 관련된 생산 활동의 내용, 외적과 맹수의 공격에 대한 방어를 위한 군사적 내용, 제의(祭儀)와 더불어 부족의 신화와 전설을 전하였던 종교적 의식에 관련된 활동 및 공동생활을 위한 관습, 규칙, 금기 등에 관련된 내용들이었다. 교육방법으로 처음에는 무의식적 모방이 이루어졌으나 점차 의식적 모방의 단계에서 실시되었다.

한편 일부 원시사회에서는 일정 연령의 소년들을 대상으로 하여 의도적·계획적으로 교육적 행사인 성년식을 거행하기도 하였다. 성년식은 종교적 의식과 함께 치러진 최초의 의무 교육적 행사라 할 수 있는데, 이는 사회의 필요, 예를 들면, 전쟁이나 식량부족 등의 위기로부터 집단의 생존을 위해 어린아이를 신체적·정신적으로 성인으로 변화시키는 것을 목적으로 하였다. 단식, 생매장, 몸에 상처내기 등의 신체적인 고통과 이를 인내심, 극기, 복종, 존경심 등으로 극복하는 정신단련을 주 내용으로 하였으며, 이때 종족의 신화, 전설, 비법 등도 전수되었다(우메네 사토루(梅根悟), 1994: 29-33).

우리나라 최초의 국가인 고조선의 단군신화의 내용 중 '널리 인간세상을 이롭게 한다'는 의미의 홍익인간(弘益人間) 이념은 민주적이고도 이타적인 특징을 나타내는 개념으로, 1949년 현대한국교육의 이념으로 교육법에 명시되었다.

2. 삼국시대의 교육

우리나라 최초의 학교는 372년(소수림왕 2년) 고구려에 설립된 태학(太學)이다. 고국원왕이 백제에 의해 전사하자 소수림왕은 국가의 재도약을 위해 불교공인과 율령반포 등 개혁을 추진했는데, 태학은 국가인재양성을 위해 설치한 것이다. 태학은 관학으로서 귀족계급의 자녀를 대상으로 하여 관리양성을 목적으로 한 교육기관이다. 태학에서 가르친 교육내용이 오경(五經: 「시경」, 「서경」, 「역경」, 「예기」, 「춘추」)과 3사(三史: 「사기」, 「한서」, 「후한서」) 등 유교경전중심이었던 점으로 보아 태학의 설립은 당시 이미 중국으로부터 유교 및 한자가 전래되었던 것으로 추측된다. 유교는 삼국시대부터 조선시대에 이르기까지 약 1500여 년 동안 우리나라의 전통적인 학교교육에서 교육내용으로 다루어지면서 형식교육에 지대한 영향을 미쳤다.

한편 고구려를 비롯해 백제와 신라에 전래된 불교는 형식교육에의 영향력은 미미했지만, 5계[2)]를 통한 국민도덕제시 및 호국정신함양 등 대중교화의 역할을 수행함으로써 비형식적 교육형태로서 커다란 영향을 미쳤다(손인수, 1998: 109-110). 대중을 위한 교육기관이 거의 없었던 전통사회에서 종교는 대중들의 정신과 삶의 방식형성에 있어서 교육적 역할이 컸을 것으로 추측되는데, 이러한 점에서 볼 때 당시에는 불교뿐 아니라 우리 민족 고유의 무속사상이나 도교 등도 비형식적 교육으로서 대중들의 삶에 그 영향력이 컸을 것으로 생각된다.

고구려에는 태학 외에 사학기관으로서 경당(扃堂)이 있었다. 경당의 기원과 구체적인 교육내용이 무엇이었는지는 확실하지 않으나 고구려가 수백 년 동안 한·수·당나라 등과 계속 전쟁을 치렀기 때문에 무술연마와 체

2) 불교의 5계는 거짓말하지 말라, 술 마시지 말라, 도둑질하지 말라, 살생하지 말라, 음행하지 말라는 내용이다.

력단련에 힘쓴 점과 연관이 있는 것으로 보인다. 경당은 결혼하지 않은 일반 지방민이나 부호의 미혼 자제들을 대상으로 하여 독서와 습사(習射)를 중심으로 가르쳤다는 것으로 보아 문무를 겸비한 인재양성기관이었음을 짐작할 수 있다.

백제의 경우는 학교 창설에 관한 기록이 없어 형식적 교육기관의 존재 여부에 대하여 정확하게 알 수는 없지만, 중국에서 유교연구와 가르치는 일을 담당했던 학관의 일종인 박사가 백제에도 존재했다는 사실 및 왕인이 일본에 논어와 천자문을 전달했다는 일본역사의 기록으로 미루어보아, 학문이 상당한 수준으로 발전했을 뿐 아니라 교육기관이 발달해 있었음을 추측하게 한다.

신라에는 화랑도 교육이 있었다. 화랑도는 풍류도, 풍월도 혹은 국선도 등 여러 이름으로 불렸는데, 인재양성을 위한 교육형태로서 국선, 화랑 그리고 많은 수의 낭도로 구성되었다. 화랑은 준수한 외모와 덕성을 지닌 14~18세의 진골출신 귀족 청년 중에서 선발되었는데, 이는 신라가 귀족계급사회로 화랑 단체의 운영을 위해서는 막대한 비용이 필요했고, 지도자는 계급적 지위나 학문, 교양이 필요했기 때문이다(손인수, 1998: 158). 반면 낭도는 평민 출신이었다. 화랑집단은 전국의 명산대천을 찾아다니면서 무술, 도덕과 이성 도야, 정서 도야 그리고 호연지기를 기르는 교육을 받았다. 임금에 대한 충성(事君以忠), 부모에 대한 효도(事親以孝), 친구에 대한 신의(交友以信), 전쟁에서 물러서지 않는 것(臨戰無退), 살생을 가려서 하는 것(殺生有擇)을 제시한 원광법사의 '세속오계'는 화랑도 정신의 바탕이 되었다.

신라는 668년 통일을 이룬 후에 고구려, 백제의 유민과 영토를 유입하여 지배하게 됨으로써 이에 상응하는 새로운 지배계층이 필요하게 되었다. 신문왕 2년(682)에 설립된 국학은 당시 방대해진 국가경영을 위한 관리양성과 유교사상의 보급을 목적으로 하였다. 이는 당시 골품제에 의한 인사관행을 지양하고 새로운 시대에 적합한 유교적 능력과 교양을 지닌 인재양성을 위한 것이었다. 국학에는 유교경전을 가르치는 유학과와 기술교육을 실시하는 기술과가 설치되었다. 15세에서 30세까지 6두품 출신의 귀족 자제만 입학이 가능하였고, 수학 연한은 9년이었지만 중도퇴학이나 기간연장도 가능했다. 유학과의 교육내용으로 「논어(論語)」와 「효경(孝經)」이 공통필수였다는 점으로 미루어보아 수신과 효가 강조되었음을 알 수 있으며, 그밖에 수준에 따라 「예기(禮記)」, 「춘추(春秋)」, 「모시(毛詩)」 등을 부과하였다. 기술과에서는 산학, 의학, 천문학 등을 가르쳤다.

국학에는 독서삼품과가 있어 국학생들에게 졸업시험을 부과하고 그 성적에 따라 관리로 선발하는 제도가 있었다(손인수, 1998: 177). 국학이 설립된지 100여 년이 지난 후인 788년에 실시된 독서삼품과는 그 시험결과에 따라 관리등급이 상품, 중품, 하품, 특품의 4단계로 나뉘어 결정되기 때문에 국학의 학생들에게 학업정진의 의욕을 고취시켰을 뿐 아니라 사회적 신분상승의 기회를 제공하기도 했다. 이는 당시 혈통을 중시하는 골품제사회였던 통일신라가 인재선발에 있어서 능력을 중시하는 경향을 나타냈음을 의미하기도 한다. 그러나 진골의 강한 반발로 인해 육두품 출신이 관직에 진출하는 것이 제한되자 이들은 당나라로 유학을 떠났다. 선덕여왕 9년인 640년에는 특히 당나라 유학을 적극 장려하였는데, 이들 당나라 유학생을 숙위학생이라고 불렀다. 그들은 대개 10년 정도 당나라에 머물면서 당의 문물을 익히고 정치·문화적으로 당과의 교류에 가교역할을 했다.

3. 고려시대의 교육

936년 후삼국을 통일한 고려는 지방호족의 세력을 억제하고 왕권강화와 함께 강력한 중앙집권체제를 형성하기 위한 노력을 기울였다. 노비안검법의 실시나 과거제도를 통해 신진유학자들을 새로운 관리로 등용시키고자 했던 것도 이의 일환이었다. 특히 통일신라시대 말부터 국학출신의 유학자가 증가하였고, 당나라 유학생의 수가 늘어남에 따라 유교도 점차 그 발판을 넓혀가고 있었기 때문에 사상적인 측면에서 고려는 불교를 숭상하여 국교로 삼은 한편, 학교교육과 과거시험에서는 유교를 채택하였다. 이는 불교가 수신(修身)의 도인 반면, 유교는 상하간의 질서를 강조하는 치국(治國)의 도로서 적합한 이념이라고 받아들였기 때문이다.

성종은 유교적 인재를 양성하기 위해 귀족자제들을 대상으로 국자감을 설치하고 유교교육을 적극적으로 실시했다. 고려 중기인 예종과 인종시대에 교육은 최고조에 달했다. 그러나 후기에는 무신정변 등 내적 분란과 여진, 거란족과 왜구 등 잦은 외적의 침략으로 교육은 오랫동안 침체되었다.

고려시대 관학 최고의 교육기관으로는 국자감이 있었고, 중등교육기관에 해당하는 학교로 중앙에는 학당이 그리고 지방에는 향교가 있었다. 이들 학교에서 가르친 교육내용을 살펴보면 국자감에는 유학계 3학(국자학, 태학, 사문학)과 기술계 3학을 두어 유학계에서는 「논어」, 「효경」, 「주역」, 「예기」 등 유교경전을 가르쳤고, 기술계에서는 율학, 산학, 서학 등의 기술교육을 실시하였다. 그 외의 모든 교육기관에서도 앞에 언급한 유교경전들을 가르쳤다. 특히 지방의 교육기관으로 유학의 전파와 지방민의 교화를 목적으로 한 향교는 학당과는 달리 문묘를 모시고 교육을 하였다. 향교가 각 지방에 세워짐에 따라 지방교육과 유학이 발달하게 되었다. 국자감을 제외한 이들 학교의 입학자격은 조금씩 차이는 있으나 최하급 양반 자제와 서민 자제에까지 확대되었다. 그러나 천민이나 죄를 범한 자들은 입학이 허가되지 않았다.

고려사회는 거듭되는 내란과 외환으로 국가가 교육에 대해 소홀히 할 수밖에 없었기 때문에 관학보다 사학이 활성화되었다. 그리하여 초등사학기관으로 서당이 설립되었고, 십이도가 여러 곳에 세워졌는데, 이는 고려시대교육에 큰 영향을 미쳤다. 십이도는 국자감과 향교가 부진한 반면 아직 학당이 설립되기 전에 최초로 최충(崔沖, 984~1068)이 설립한 문헌공도와 이후 11개의 공도가 더 설립되어 형성된 것으로, 이러한 사학이 설립된 배경에는 당시 거란의 침입으로 정세가 불안정했고 성종의 숭불정책으로 유학과 학교가 발전하기 어려웠기 때문이다. 십이도는 과거준비를 주요 목적으로 하여 유교경전을 가르쳤는데, 1391년 폐지될 때까지 고려시대의 교육에 중요한 역할을 하였다.

그러나 고려 말부터는 학교교육보다 과거제도를 통해 인재를 선출함으로써 과거시험과목과 학교교육내용은 점차 밀착되어 갔고, 이와 함께 학교교육의 목적이 군자양성 내지 인격완성보다는 입신양명의 경향을 나타내게 되었다.

4. 조선시대의 교육

고려 말 안향(安珦, 1243~1306)이 주자학을 들여와 신진사대부가 수용함으로써 조선의 건국과정을 주도하는 중요한 이념이 된 성리학은 정치이념이자 교육이념으로서 조선시대를 지배했다. 공자와 맹자를 중심으로 한 종래의 초기 유학이 윤리적·실천적 측면을 강조한 것에 비해 신유학으로 불리는 성리학은 중국 송나라의 주희가 유교와 불교 그리고 도교 사상을 바탕으로 하여 체계화시킨 철학으로, 우주, 자연의 이치 및 원리 그리고 인간의 본성과 같은 형이상학적 문제를 다루었다. 성리학에서는 우주와 자연의 질서는 사계절의 순환이나 그 밖의 천체의 움직임과 같이 한 번의 오류도 없이 성실하게 운행되고 있다고 보았고, 인간은 이렇게 성실한 우주자연의 질서를 본받아야 할 것으로 여겼다. 그러나 이러한 인간은 오직 성인에게서만 발견되는 것이기 때문에 대부분의 보통 사람들은 이같이 되도록 성실하게 노력해야 한다. 이는 자신의 위치에서 도리를 다하는 것, 즉 부모와 자식, 임금과 신하, 어른과 아이, 남편과 아내가 각각의 위치에서 자기 운명을 확인하고 이에 순응하며 분수대로 질서에 어긋나지 않게 행동하는 것을 의미하는 것이었다(김인회, 2002: 248). 이러한 성리학 사상은 고려시대의 경우처럼 유학이 단순히 통치이념이나 지배계급을 위한 교육내용 그 자체로 그친 것이 아니라 조선시대의 서민생활에 깊이 영향을 준 생활규범이 되었다.

성리학의 교육목적은 성인처럼 되기 위해 배우고 깨달아 이를 실천에 옮겨 군자가 되는 것이었다. 군자가 되는 길은 학문탐구와 수양을 통해 덕성을 갖춘 사람이 되는 것이다. 조선시대의 학교교육은 지배계급을 대상으로 하여 성리학의 철학적 논리를 체화시키고 이를 실천에 옮겨 군자가 될 것을 강조하였다. 물론 관리로서의 인재양성 역시 학교교육이 추구한 목적이었다. 그러나 조선시대의 교육에서 여성과 서민들은 충분한 교육기회를 누리지 못함으로써 교육의 보편화가 이루어지지 않았으며, 성리학 위주로만 탐구되어 다양한 학문분야가 발달하지 못했다.

조선시대 최고 수준의 관학인 성균관은 유교의 보급과 통치체제에 필요한 고급 관리양성을 목적으로 하였다. 일정한 사서요건을 갖춘 양반의 자제에게만 입학자격이 주어졌고 정원은 200명이었다. 교육내용은 사서(「논어」, 「맹자」, 「대학」, 「중용」)와 오경(「시경」, 「서경」, 「주역」, 「예기」, 「춘추」) 중심의 유교 경전이었다(손인수, 1998: 299)

조선시대 중앙에 세워진 중등관학으로는 사학(四學)이 있다. 사학은 고려시대의 5부 학당을 계승한 것으로, 북학을 제외한 동학, 서학, 남학, 중학의 4부 학당을 뜻한다. 사학의 교육과정은 소학 및 사서오경 중심의 유교경전으로 구성되었다. 성균관과 마찬가지로 문묘, 명륜당, 양재(동재, 서재)를 고루 갖춘 향교는 지방교육기관으로서 전국 곳곳에 설립되어 조선시대에 큰 역할을 하였다. 교육내용은 사서오경, 「소학」을 중심으로 하고 「근사록」, 역사서의 강독과 제술 및 습자를 가르쳤다. 입학자격은 16세 이상의 양반 또는 향리의 자제를 원칙으로 했다. 향교는 지방의 향풍을 순화하고 지방의 백성을 계도하는 사회교육기관으로서의 역할도 하였다.3)

조선 초에는 국가의 적극적인 관학진흥책으로 인하여 상대적으로 사학(私學)의 발전이 지체되었으나, 연산군 때 각종 사화에 따른 사림 세력의 은거와 관학의 부진으로 사학이 중추적인 교육기관으로 등장하게 되었다. 대표적인 사학으로 서원을 들 수 있는데, 중종 38년(1534년) 풍기 군수 주세붕이 안향의 학덕을 기리고 후학을 양성하기 위해 설립한 백운동서원이 그 효시이다. 백운동서원은 점차 쇠퇴하기 시작한 향교를 대신하는 교육기관으로 설립된 것이다. 후에 명종이 소수서원이라는 현판을 하사하면서 그 이름이 소수서원으로 바뀌었는데, 이와 함께 국가로부터 토지, 서적, 노비를 하사받는 사액서원이 되었다. 서원은 학덕이 높은 선현을 존경하고 후진의 학문연마 및 과거준비를 목적으로 하였다. 교육내용으로 사서오경 외에 「소학」과 「가례」를 중요시하였다. 그러나 서원은 점차 정권 다툼에서 밀려난 사림들의 생활터전이 되어 공리공론을 일삼아 당쟁의 온상지가 되었을 뿐 아니라 군역과 부역을 피하는 자들의 도피처가 되어 국방력의 약화 및 국가재정의 궁핍을 초래하게 되었다. 한때 900여 개에 달했던 서원은 고종 때 대원군이 47개만 남기고 모두 철폐하였다.

서당은 양반 자제뿐 아니라 서민 자제에게 문자 교육을 실시하는 사설 교육기관으로 17세기 이후 크게 증가하였다. 서당은 대부분 훈장과 7~8세부터 15~16세 정도까지의 학도로 구성되어 있었지만, 서당의 규모가 큰 경우 연령이 많고 학력이 우수한 학생 중에서 접장을 선발하여 학생들의 교

3) 사학과 향교 외에 왕실교육기관으로 임금을 교육하기 위한 경연과 왕세자 교육을 담당한 세자시강원 및 왕족 자녀들을 위한 종학이 있었다. 또한 기술교육을 실시하는 기관으로 잡학교육기관과 공장교육이 있었으나 유교적 양반사회에서는 기술교육을 천시하였다.

육을 도와주는 역할을 맡겼다. 일반적으로 서당은 초보적인 문자 교육을 실시하는 초등수준의 교육기관으로 인식되어 왔으나 서당의 교육과정이 천자문에 그치지 않고 「동몽선습」, 「통감」, 「소학」, 사서삼경, 「사기」, 「당송문」, 「당율」 등 유교경전, 역사서, 문학서였던 것으로 보아 그 수준이 상당히 높았음을 알 수 있다. 무엇보다 서당에서 학생의 능력에 따라 기초적인 단계에서 높은 수준에 이르기까지 개별적으로 다양하게 가르쳤다는 점은 오늘날의 교육적 관점에서도 큰 의미가 있다.

그러나 앞에서 살펴본 바와 같이 조선시대의 주된 교육목적은 관리양성과 유교윤리보급에 있었기 때문에 학교교육은 과거합격을 위한 출세의 도구로 전락하였다. 조선시대의 인재선발제도였던 과거의 시험과목 역시 유교경전 중심이었기 때문에, 학교교육내용은 과거의 시험과목과 거의 일치하였다. 과거를 통한 관직에의 등용과 양반으로서의 신분체제유지를 위한 필사적인 노력은 과거준비교육에의 열기를 더했다.

16세기에 퇴계와 율곡과 같은 유학자들에 의해 학문의 꽃을 피웠던 성리학은 17세기에 들어 임진왜란과 병자호란을 겪고 난 후 사상적으로 분열하고 당쟁의 도구가 되었으며 공리공론으로 흘렀다. 정치, 경제, 사회 등 각 분야에서 모순과 문제점을 드러내게 되자, 성리학의 문제점과 비현실적이고 관념적인 성격에 대한 비판과 함께 18세기에는 실학사상이 나타나게 되었다. 실학은 유학의 범주에서 완전히 벗어난 것은 아니었지만 중국 중심의 성리학적 세계관을 극복하고, 우리 민족의 전통과 현실에 관심을 두었던 사상이었다. 집권세력으로부터 소외당한 일부 양반지식층을 중심으로 조선 내부의 정치적·사회적 혼란과 신분질서의 동요, 서양문물의 영향, 청의 고증학 수용 등으로 인해 나타난 실학운동은, 과거제의 폐지와 능력위주의 인재등용, 인간평등사상에 근거한 교육기회균등, 학제개혁, 실업과 과학기술의 중요성 및 민족주체성 등을 주장하였다. 이러한 실학자들의 사상은 전통적인 조선사회의 문화에 대한 비판으로서 혁신적인 것이기는 하였으나, 그들의 개혁사상이 당시 사회의 정치적·사회적 현실을 개혁하는 데는 영향을 미치지 못하였다. 그러나 이는 19세기 후반 개화사상과 연결되어 나타남으로써 그 실천적 의미를 갖게 되었다.

5. 근대교육

19세기 말의 조선사회는 안으로는 집권층의 갈등, 농민반란, 실학사상의 대두 및 천주교의 전래로 인해 극심하게 혼란스러웠고, 밖으로는 서구의 근대 자본주의 및 제국주의의 팽창과 침략 야욕에 의한 문호개방의 압력이 가중되어 큰 어려움에 처하였다. 무력을 동반한 일본의 강요로 체결된 강화도조약(1876)을 시작으로 하여 미국, 영국, 독일, 프랑스, 러시아 등 서구 여러 나라들과 차례로 조약이 맺어짐으로써 문호를 개방하게 된 조선사회는 이때 새로운 문명에 대한 저항과 수용이 동시에 이루어진 충격과 혼란의 시기였다. 이 시기는 조선이 근대화를 이룰 기회이기도 했으나 다른 한편으로는 서구 제국주의 및 자본주의 세력에 의한 침략으로부터 자주권을 지켜야 하는 과제도 갖고 있었다.

당시 국가 차원에서는 근대국가로의 발전을 위해 신문화 및 새로운 교육체제를 수용하기 위한 노력을 기울였는데, 이를 위해 외국에 시찰단을 파견하여 서양의 발달된 기술문명을 도입하고자 하였다. 서구 열강들과의 조약체결과 서양사상과 문물의 도입을 위해서는 무엇보다도 통역관 양성이 시급해지면서 정부는 1883년 통변학교를 설립하였다. 이는 독일인 묄렌도르프(Möllendorf)의 건의로 정부의 지원을 받아 설립된 최초의 근대교육기관으로, 영어 통역관 양성학교이다. 또한 3년 뒤인 1886년에는 정부가 외국어를 구사할 수 있는 관리를 양성하기 위해 육영공원을 설립하고, 길모어(Gilmore) 등 외국인교사를 초빙하여 영어로 지리, 수학, 자연과학, 역사, 정치학, 국제법 등을 가르쳤다. 그러나 이는 양반자제들을 위한 것으로서 진정한 의미에서의 교육근대화가 추진된 것은 아니라고 볼 수 있다.

갑오개혁기 정부는 근대교육을 실시하기 위해서는 무엇보다 교사양성이 시급하다는 인식하에 '한성사범학교 관제'4)를 공표하였고, 소학교, 중학교, 외국어학교, 실업학교 등의 설립 법령을 제정하였다. 또한 1895년에는 고종이 교육입국조서를 발표하여 유교경전 중심의 교육을 지양하고 실용적인 학문을 장려하며 덕·체·지의 전인교육을 강조함으로써 국가차원에서 사회계급을 구별하지 않은 교육근대화를 추진하였다(강재언, 1984: 294-295).

근대교육을 통해 나라를 개화하고 부강하게 하고자 하는 교육운동은 관공립학교보다 사학에서 더 활발하게 전개되었다. 1883년 원산에서는 일본 상인의 침투에 저항하여 주민들이 지방 관료들과 힘을 합쳐 근대학문을 가르치기 위한 원산학사를 설립하였는데(강재언, 1984: 273-274), 이는 원산의 주민들이 설립기금을 모아 서당을 개량하여 세운 최초의 근대식 민간사학이라는 점에서 중요한 의미가 있다. 원산학사의 교육목적은 경전의 학습을 통해 의리에 밝으면서도 시무에 대처할 수 있는 인재를 기르는 것이었다. 문예반과 무예반을 두어 문무교육을 실시했는데, 1895년 원산의 공립소학교로 공교육체제에 편입되었다(조경원, 2006: 134).

개항과 함께 우리나라에 들어온 기독교 선교사들은 유교사상이 지배하고 있던 당시 조선의 상황을 고려하여 직접 기독교사상을 전파하기보다는 우선 서양의 기술문명을 앞세워 교육과 의료사업을 펼쳐나갔다. 원래 선교사였던 알렌(H. N. Allen)은 서양인과 서구문물 그리고 기독교에 대해 배

4) 1895년부터 1905년까지 한성사범학교에서 배출한 졸업생 수는 초기의 속성과 졸업생 113명을 포함하여 모두 195명에 불과했으며, 그나마 모두가 교원으로 임용된 것이 아니라는 점(김영우, 한국개화기의 교원양성에 관한 연구, 중앙대학교 박사학위 논문, 1982, 62)에서 볼 때 당시의 교육근대화는 인적 자원의 부족과 재정궁핍이라는 현실적 제약 때문에 그 성과가 미흡했던 것으로 보인다.

타적이었던 조선사회에 의사 자격으로 입국하여 최초의 근대식 병원인 광혜원(1885)을 설립하고 의료인 양성교육을 실시하였다. 배재학당(1885)과 이화학당(1886)도 기독교 선교사가 세운 초창기의 근대식 학교였으나, 이들 학교는 근대식 교육을 통해 당시 한국사회가 필요로 하는 인재양성에 목적이 있었던 것이 아니라 실은 기독교 신앙을 가진 한국인 양성을 목적으로 하였던 것이다. 이들 기독교 사학이 비록 선교를 목적으로 교육을 실시하기는 했지만, 남녀평등사상의 도입과 교육기회균등이념의 고취, 한글의 대중보급에 공헌했으며, 이들을 통해 기독교적 인본주의사상과 서구식 합리주의가 소개되고, 서구식 신교육제도하에서 근대적 교육과정을 통한 교육이 실시되었다.

민간인에 의한 근대사학의 설립은 문호개방 당시에는 근대교육을 통한 개화운동 및 부국강병운동의 성격을 나타냈으나, 1905년 을사조약 체결 이후부터는 국권회복을 위한 교육구국운동의 성격으로 추진되었다. 근대교육을 통한 교육입국의 의지를 발표한 정부의 노력은 사실상 일본의 내정간섭으로 인해 점차 희미해져 갔고, 대신 관학은 일본의 식민지교육기관으로서의 성격을 나타내기 시작했다. 그리하여 뜻있는 지도자들은 항일, 독립, 애국사상을 위한 민족교육을 실시하기 위해 민족사학을 설립하였다. 이용익이 설립한 보성학교(1905)와 안창호의 대성학교(1907), 이승훈의 오산학교(1907) 등이 대표적인 예이다(손인수, 1998: 556-558). 민족지도자들은 학교교육 외에도 독립과 자주 및 애국운동을 전개시키고자 서북학회, 호남학회, 기호흥학회, 대동학회 등 많은 학회를 설립하였다.

그러나 교육근대화 시기의 민중교육이 관립학교 또는 민간사학에서만 실시된 것은 아니었다. 당시 독립협회가 발간한 한글전용 신문인 독립신문이나 황성신문, 매일신문, 제국신문 등의 언론매체는 국민계몽과 여론형성에 주도적인 역할을 함으로써 정치적·사회문화적·교육적으로 민중의 의식형성에 큰 영향력을 행사하였다. 특히 독립신문은 논설에서 신교육의 중요성과 소학교 및 여학교의 설립과 대학설립의 필요성 등에 대해 설파하고, 근대적 신학문을 가르침으로써 교육근대화를 추진할 것을 역설함으로써 민중들에게 나라를 부강하게 하고 국가의 주권을 수호하는 길이 무엇인가를 인식하게 해주는 토대가 되었다(김인회, 2001: 110-111).

6. 일제 강점기의 교육

1910년 조선을 강제로 점령한 일본은 식민지교육을 통해 우리 민족을 우민화하고 일본의 신민으로 동화시키고자 하였으며, 전쟁을 치르게 된 1930년대에는 황국신민화를 추진했다. 이를 위해 일본은 1911년, 1922년, 1938년, 1943년 4차례에 걸쳐 조선교육령을 발표하고 식민지교육을 추진했는데, 그 특징은 다음과 같다(손인수, 1998: 628-647).

제1차 조선교육령(1911년) 시기에는 일본에 '충량한 국민'으로 육성하고 '시세와 민도에 적합한' 교육을 실시하여 우리 민족을 우민화하고자 하였다. 우리의 전통적 고등교육기관인 성균관을 폐지하고 고등교육의 기회를 주지 않은 반면, 하급의 인력확보를 위해 초등교육과 실업교육을 실시하였다. 또한 식민지 질서수립을 위해 도덕과에 해당하는 수신과를 강조했는데, 이는 충효의 유교윤리를 천황중심의 국가주의 관념으로 탈바꿈시키고 반일사상을 억압하고자 한 것이었다. 그리고 일본어 교육을 강제적으로 실시한 반면, 한국어 시간은 축소시켜 민족정신을 말살시키고자 하였으며, 학교제도나 학교명칭, 수업연한도 일본인과 한국인에게 차별적으로 적용하였다

1919년 3·1운동을 계기로 무력에 의한 식민통치의 한계를 절감한 일제는 무단통치 대신 유화적인 '문화정치'를 표방했다. 한국인들의 불만을 누그러트리기 위한 조치로 일제는 1922년 제2차 조선교육령을 발표하였는데, 제2차 교육령에서는 표면적으로 교육적 차별정책을 완화시키기 위한 여러 조치

들을 마련하였다. 그리하여 외형상 일본과 동일한 학제와 교과목을 적용하고, 한국인과 일본인의 공학을 실시하였다. 남녀 사범학교를 설립하여 교원 양성교육을 실시하였고 한국어를 필수과목으로 지정하기도 하였다. 그러나 다른 한편 일본어 교육을 강화하였으며, 일본사와 일본 지리 등을 배우게 하였다. 또한 고등교육 기회를 차단한 것에 대한 대응으로 일어난 우리 민족의 조선민립대학 설립운동을 봉쇄하고, 대신 극소수의 한국인에게만 입학을 허용했던 경성제국대학을 설립, 명목상의 대학교육을 제공하였다.

그러나 이 시기에 일제는 친일파를 보호육성하거나 경찰, 헌병, 공무원의 말단 하부조직에만 조선인을 기용하여 우리 민족의 분열을 획책하기 위한 노력을 게을리 하지 않았고, 언론에 대한 검열을 강화하고 언론탄압을 했으며 독립운동과 사회주의운동에 대한 탄압과 감시를 단행했다.

일본은 1931년의 만주침략과 1937년의 중일전쟁을 치르면서 전시체제를 갖추었고 전쟁 수행을 위해 국력을 총동원하고자 하였다. 이때 일제는 조선민족말살정책을 추진했는데, 이는 조선인을 전쟁에 협조하게 하기 위해서는 일본인으로 동화시킬 필요가 있었기 때문이었다. 이를 위해 1937년 일본 군국주의자들은 '황국신민서사'를 제정하여 우리 국민에게 암기하도록 강요함으로써 황국신민화를 꾀하였다. 그리고 전쟁 수행에 유리한 교육을 실시하기 위해 1938년에는 제3차 조선교육령을 발표하였다. 제3차 교육령에서는 일본인과 한국인 학교의 명칭을 동일하게 하였고 수업연한을 차츰 연장시켰다. 그러나 내선일체를 내세우며 조선과 일본이 같은 뿌리임을 강조하고 황국신민화를 위해 교육내용에 있어서 한국어를 사실상 개설하지 못하게 하는 대신 일본어, 일본 역사와 지리를 익히게 하였다. 이때 수신과를 선정, 국체명징, 내선일체, 인고단련의 3대 강령[5]을 익히도록 하였고, 전

5) 국체명징(國體明徵)이란 일본천황에 대한 충성을 강조하는 내용이며, 내선일체(內鮮一體)는 일본과 조선의 조상은 동일하다는 의미로 서로 협력해야 한다는 것이다. 인고단련(忍苦鍛鍊)이란 국가를 위해 어떠한 어려움도 이겨내야 함을 뜻한다.

쟁수행을 위한 체력관리의 목적으로 체육이 강조되었다(조경원, 2016: 178).

일본은 1943년 제4차 조선교육령을 발표하고 '교육에 관한 전시 비상조치령'을 내림으로써 교육을 전쟁도구로 이용하였다. 이때 지원이라는 미명하에 강제 징집과 강제 징용은 물론, 신사참배 및 창씨개명 등을 강요하였다. 제4차 조선교육령의 주요 내용은 수업연한의 단축과 각급 학교의 교육목적을 국가에 유용한 인물양성으로 바꾼 점이다. 물론 이 모두는 일본이 학교를 전쟁수행에 협력하도록 취한 조치들로서, 이때 학생들은 학노병으로 나가거나 전쟁에 필요한 노동력을 제공해야 했다. 조선어 사용은 금지했으며 학교에 학도대를 결성하여 전쟁준비에 총동원하고자 했다. 이 시기에 일본은 국익에 방해가 된다고 판단되는 많은 사립학교를 폐교시켰다.

다른 한편 우리 민족은 일본의 탄압과 부당한 차별적 대우에 대해 여러 형태의 저항운동을 전개하였는데, 각종 항일운동이나 언론 및 출판활동, 조선민립대학 설립운동, 노농야학과 어린이 교육운동, 문자보급운동 및 서당과 강습소 등을 통한 민중교육운동 등이 그 예이다. 문자보급운동의 일환으로는 브나로드(vnarod) 운동[6]이 전개되었는데, 이는 동아일보사가 1931년부터 1934년까지 실시한 농촌계몽과 문맹타파운동이다. 이 운동은 학생들이 여름방학을 이용하여 각 지방에서 한글과 산수 및 연극·음악·오락을 가르치고, 학술 및 시국, 위생관련 강연을 통해 문자보급과 함께 민족의식을 고취시킨 계몽운동이었다.

6) 브나로드란 러시아어로 "민중 속으로"란 뜻이다. 이 운동은 러시아의 지식계급이 노동자 농민들과 같이 생활하면서 이들 민중을 지도하던 운동을 뜻하는 말이다. 문자보급운동은 조선일보사 주최로도 이루어졌으나 일본의 탄압으로 폐지되었다.

7. 해방 이후의 교육

1945년 조선은 해방되었으나 뒤늦게 참전한 소련이 북한을 점령하자 미국은 미국과 소련이 각각 남북한을 분할 점령할 것을 제안했고, 이에 의해 한반도는 다시 남과 북으로 양분되어 각각 미국과 소련의 군사 통치하에 놓이게 되었다. 당시의 이러한 정치적 상황으로 우리 사회에는 좌익과 우익이라는 이념적 대립과 함께 정치적·사회적 혼란이 야기되었다. 미국은 3년간 미군정을 실시하면서 한국을 미국식 민주국가로 만들고자 하였다. 이때 미군정은 일본식 전체주의적·군국주의적 교육의 영향하에 있던 남한의 교육을 개혁하기 위해 일제식 학교교육의 성격을 철폐하고 민주주의를 위한 교육을 지향했다. 이를 위해 미군정은 당시 민주주의적 성향이 투철한 한국교육계 엘리트를 발탁하여 조선 교육심의회를 구성하고, 자유와 평등에 기초한 교육과 성, 신분 등에 관계없이 교육기회를 개방하는 등 교육의 민주화를 통한 한국교육의 기초를 다졌다.

이때 "새교육 운동"이라는 이름하에 미국식 민주주의 교육사상을 기초로 한 구체적인 개혁시도가 이루어졌다. 조선 교육심의회에서는 민주적 교육이념으로 단군신화에 내재된 이념인 홍익인간을 채택하고, 복선형 학제를 단선형으로 바꾸었으며, 학교제도를 초등학교부터 대학까지 6-3-3-4제로 전환하였다. 그리고 해방 직후 우리교육을 재개하는 데 시급한 과제였던 한글로 된 교과서 편찬과 교사재교육이 실시되었고, 교육 기회의 확대를 위한 의무교육의 실시, 문맹퇴치를 위한 성인교육의 실시 등 한국교육의 재편을 위한 교육개혁안이 수립되었다(김인회, 2001: 166).

이러한 새교육 운동은 미국의 듀이 사상과 진보주의교육에 영향을 받은 것으로 아동중심, 생활중심교육을 의미하는 것이었다. 이는 획일적, 억압적 주입식 교육에 대해 아동의 인격과 개성을 존중하려는 교육운동이었고, 그래서 교사중심에서 아동중심교육으로, 강의중심수업에서 토론과 작업중심

수업이 강조되었다. 그러나 당시 우리 교육의 실정은 이러한 새교육을 전개시킬만한 여건이 조성되지 못하였다. 즉, 미국의 교육사상가인 듀이와 진보주의가 소개되기는 했으나 이에 대한 충분한 이해가 부족했고, 또한 교육이념과 교수법 등에 관해 교사재교육을 실시하기는 했으나, 일제식 사범교육을 받은 교사들이 대부분이어서 새교육 운동은 큰 성과를 얻지 못했다.

그 외에도 표면적으로는 민주주의교육을 내세웠으나 새교육을 위한 교육정책과 추진방법에 있어서 일제식인 중앙집권적이고 비민주적인 관료행정체제에 근거한 점도 새교육 운동이 성공하지 못한 이유 중의 하나라 하겠다. 당시 우리의 급변한 정치적·경제적·사회적·교육적 상황을 고려하지 못하고, 우리 교육에의 적용 가능성 및 그 결과에 대한 충분한 검토, 비판 및 여과의 과정을 거치지 않은 이러한 교육적 시도 자체가 어쩌면 무리수였을지도 모른다.

1948년 대한민국 정부가 수립되고 난 후 1949년 12월에 교육법이 제정·공포되었다. 교육법에서는 홍익인간을 교육이념으로 명시하고 교육기회균등, 6년간의 무상의무교육, 학생의 인격과 개성존중, 교육자치제, 교원의 신분보장을 주요 내용으로 함으로써 민주교육이 실시를 위한 법적, 제도적 장치는 마련되었다고 할 수 있다. 그러나 곧이어 발발한 1950년의 6·25전쟁으로 인해 이러한 교육계획과 이의 실천을 위한 노력은 제대로 실현되지도 못하고 모든 교육이 중단되었다. 1952년 전시하 교육특별조치령을 제정하여 피난처에서 교육을 재개하였으나, 2부제 혹은 3부제 수업을 실시해야 할 정도로 교육여건은 열악했다. 그러나 노천교실, 천막교실 등에서 여름에는 너무 더워 지붕에 물을 끼얹으면서도 전시교육의 뜨거운 열기는 식지 않았다. 전후 사회의 혼란과 처참함 속에서도 교육재건을 위한 노력은 6년 의무교육의 완성과 중등 및 고등교육 기회의 확충, 실업교육의 촉진 등으로 나타났다.

독재정치에 반발하고 민주화를 이루고자 발발한 1960년의 4·19혁명 이후 성립한 제2공화국에서는 교육민주화운동을 추진하여 학원의 민주화 및 교육자치제 강화 등을 제시하였다. 그러나 제2공화국이 당시 우리 사회의 정치적·사회적 불안과 혼란으로 인해 단기집권으로 끝남으로써 이렇다 할 교육정책을 펼치지 못하고 말았다.

1961년 5·16 이후 등장한 제3, 4공화국(1963~1979)은 국가 주도적으로 경제건설과 반공이념의 고취를 강조하고 조국 근대화와 인간개조운동, 사회재건운동을 추진하였다. 반공교육을 강화하고 학도호국단을 신설했으며 교련교육을 실시했다. 이때 교육은 국가발전을 위한 도구로 종속되어 교육에 대한 국가의 통제가 강화되었다. 교육관련 계획이나 정책의 수립은 국가발전계획과 맞물려 이루어졌고, 특히 경제개발을 위해 과학기술교육을 크게 진흥시키고자 했다. 또한 국가재정이 어려운 탓에 국가차원에서 국민들의 교육에 대한 욕구를 다 충족시킬 수 없었기에 국가가 사학설립을 장려하였다.

1972년 유신체제하의 제4공화국에서도 교육사업은 여전히 국가관리체제하에 두었다. 1970년대의 교육은 전체적으로 민주주의보다는 국가주의와 체제옹호 이데올로기가 강조되었으며 복고주의가 지배하였다. '국적 있는 교육'을 표방하여 전 국민을 대상으로 국민교육헌장 정신의 구현을 강조한 것이나 새마을정신의 강조 및 새마을교육 실시, 반공이데올로기와 충효사상의 주입이 그 예라 할 수 있다.

이 시기의 특기할만한 교육정책으로는 과도한 입시경쟁 부담의 해소와 초·중학교교육의 정상화를 위한 중학교 무시험진학(1968)과 고등학교 평준화실시(1973), 대학입학 예비고사의 실시, 교육자치제 부활추진, 실험대학제도 도입 및 대학교수 재임용제 등을 들 수 있다. 그러나 취학률은 증가한 반면, 교사 및 교실 부족으로 인한 교육의 질적 문제가 발생하였다.

1980년 5·18 광주민주화운동 이후 집권한 전두환 정부의 제5공화국(1980~1988)에서는 1980년 7월 30일의 소위 "7·30 교육개혁"을 발표하고, 우리나라 교육의 근본문제인 지나친 입시경쟁과 이로 인한 과열과외의 해소를 통해 학교교육의 정상화를 꾀하고자 했다. 개혁안의 주요 내용은 과외의 전면금지, 대학 본고사의 폐지, 대학졸업정원제 실시, 유아교육의 확충과 개선, 중학교 의무교육화의 추진, 평생교육 진흥, 교육세의 도입 등에 관한 것이었다. 이러한 교육개혁안 중 일부는 교육현장에 새로운 변화와 진전을 가져오기도 했으나 신군부에 의해 연장된 군사정권에 대한 국민의 정치적 불만과 사회적 혼란의 가중으로 인해 전반적으로는 교육개혁 자체가 큰 효과를 두지 못했다.

이어 등장한 제6공화국 1기(1988~1993)에서는 교원지위향상을 위한 특별법을 제정하고, 지방교육자치제를 실시함에 따라 교육자치제가 실현되는 계기를 마련하였다. 이 시기에 권위주의적이고 중앙집권적인 교육행정체제와 교육운영방식을 분권적이고 민주적인 형태로 변화시키고자 하는 운동이 일어났다. 또한 교사들은 '민주교육 추진 전국교사협의회'(전교조)를 결성하여 민족, 민주, 인간화교육을 표방했으며, 학부모들도 '참교육을 위한 전국 학부모회'를 만들어 교육문제해결에 적극 참여했다.

제6공화국 2기(1993~1998)의 김영삼 문민정부는 1980년대 초부터 일어나기 시작한 세계화, 정보화시대를 주도하기 위해 신교육체제를 수립하고자 1995년 5월 31일 교육개혁안을 발표하였다. 당시 세계 각국은 국가경쟁력 향상을 위한 교육개혁 노력에 치중하였다. 5·31 교육개혁안은 WTO체제의 출범으로 세계시장 속에서 살아남기 위해 국가경쟁력을 향상시키고 교육문제와 관련된 국민들의 불만해소 및 교육적 문제해결을 위한 대응책으로 내놓은 것이다. 시장경제원리에 입각한 수요자중심의 교육체제를 기본으로 한 5·31 교육개혁안에서는 학습자중심교육, 학생의 개성과 창의성을 존중하는 교육의 다양화 및 교육의 정보화 추진, 자율과 책무성 강조 등을 주요 골자로 하여, 모든 국민이 자아실현을 극대화할 수 있는 교육복지국가를 만들고자 하였다. 이러한 교육개혁안은 신자유주의적 이념에 근거하여 시장경제논리를 적용시킨 정부 주도의 개혁안이라는 특징이 있다. 이는 결국 학교교육이 전인교육, 인간교육과 같은 교육 본연의 가치나 의미에 염두를 둔 교육개혁안이 아니라, 지식중심의 교육으로 국가경쟁력 향상을 통한 부국강병과 경제논리를 우위에 둔 것이라는 비판을 받기도 했다.

21세기는 정보화, 세계화가 빠르게 추진됨에 따라 산업 및 고용구조와 개개인의 삶의 양식 자체가 완전히 새로운 패러다임(paradigm)으로 바뀌는 문명사적 전환기이다. 현재 지구촌에서는 자본뿐 아니라 지식이나 정보, 문화, 기술, 인적 자원 등이 국경 없이 교류하고 있다. 이러한 시대조류와 빠른 변화 속에서 생존하기 위해서는 국가경쟁력을 갖추는 것이 필수 과제로 등장하고 있다. 무엇보다 지식과 정보의 창조적 생산 및 그 활용이 가능한 인적 자원이 중시되는 지식기반사회에서는 창조적 지식기반사회의 건설을 위한 인력양성이 시급한 과제이다.

제2절 서양교육의 역사

1. 고대의 교육

1) 그리스의 교육

그리스는 인간의 가치와 존엄성을 강조하는 인본주의와 합리주의적 성격을 지닌 헬레니즘문화를 발달시킨 나라로, 로마문화와 함께 서양문화의 근원을 이룬다. 그리스는 문학, 철학, 예술, 과학을 발달시켰으며, 고대 그리스의 교육적 유산은 서양교육의 토대가 되었다. 고대 그리스는 여러 도시국가, 즉 폴리스(polis)로 구성되었는데, 이들 도시국가는 정치적으로는 통일되지 않았으나 같은 언어와 같은 종교를 가졌다. 여러 도시국가 중 아테네는 당시 그리스의 최대 강국으로 민주정을 발달시켰다. 그러나 펠로폰네소스 전쟁에서 스파르타에 패하면서 지도력을 상실했다. 이 절에서는 대표적인 도시국가였던 스파르타와 아테네의 교육을 살펴보고자 한다.

(1) 스파르타의 교육

스파르타는 철기문화를 발달시킨 도리아(Doria) 족이 세운 도시국가이다. 스파르타는 지형적으로 볼 때 북부는 험준한 산맥으로, 남부는 암벽해안에 위치해 있어 외부세계와 단절되어 있었다. 스파르타의 주민은 노예를 비롯한 피지배계급이 전체 인구의 90~95%를 차지한 반면, 지배계급인 스파르타인은 5~10%에 불과해 대내적으로는 항상 피지배계급의 반란을 경계하지 않을 수 없었고, 대외적으로는 식민지 확보 및 국가수호를 위한 정복전쟁을 준비해야 했다. 이는 스파르타의 교육이 엄격한 훈련 위주의 집단주의적·전체주의적·군국주의적·국가주의적 성격을 나타낼 수밖에 없었던 이유이기도 하다.

그렇기 때문에 스파르타의 이상적 인간상은 훌륭한 군인이었고, 이에 따라 교육목적은 강한 신체적 힘과 군사적인 기술 및 용기, 투철한 애국심과 복종심을 지닌 훌륭한 군인을 양성하여 국가를 보호하는 것이었다. 따라서 교육은 국가에 의해 실시되었다. 지적교육보다 고된 신체단련과 군사훈련 및 정신훈련이 강조되었다. 스파르타에서는 7세에서 18세까지는 공동교육기관인 아고게(agoge)에서 공동생활을 하면서 신체단련 및 기초 군사훈련을 받았다. 그 후 2년간 전문적인 군사훈련을 받고 나면 20세부터 30세까지 10년간은 현역 군인생활을 하며 실전연습도 했다. 스파르타에서는 30세가 되어야 결혼할 수 있었고, 이때 토지와 참정권도 부여받았다.

소녀들을 위한 교육기관은 따로 없었고 가정에서 교육을 실시하였는데, 그 목적은 건강한 신체로 건강한 아들을 낳게 하고, 애국심을 기르며 정숙한 여성으로 기르기 위한 것이었다.

엄밀한 의미에서 교육이라기보다 훈련이라고 할 수 있는 스파르타 교육의 영향은 플라톤의 「국가론」과 현대의 나치즘 및 파시즘체제의 전체주의적·군국주의적 교육 등에서 발견할 수 있다.

(2) 아테네의 교육

아테네는 토지가 척박했기 때문에 농업보다는 상업과 무역이 활발했고 이에 따라 도시문화가 발달되었으며 해외 식민지를 개척하였다. 기원전 6세기 초까지는 귀족정치형태를 유지했으나 페르시아전쟁(B. C. 500~497)에서 아테네가 승리함으로써 민주정치의 기틀이 마련되었다. 아테네는 법과 정의가 지배하는 도시국가로 비교적 자유롭고 개인주의적인 경향이 우세했다. 스파르타와는 달리 아테네에서는 교육을 국가가 계획하기는 했지만 강제적인 것은 아니었고 개인적인 일로 실시하였다. 전반적으로 볼 때 아테네의 교육은 인문주의적·자유주의적·진보적인 특징을 나타낸다. 아테네 교육은 페르시아 전쟁을 기점으로 해서 초기 아테네와 후기 아테네로 분류된다.

초기 아테네는 육체와 정신의 조화로운 발달을 교육목적으로 하였다. 신체를 위해서는 체육을, 정신발달을 위해서는 음악을 가르쳤다. 당시 아테네의 자유인들은 교양을 위해 모여 교육을 받았는데, 이곳이 스콜라(schola),[7] 즉 오늘날의 학교이다. 6세까지는 가정교육을 실시하고, 7~16세 시기의 아이들에게는 체육학교와 음악학교에서 신체단련을 위한 각종 운동경기 및 읽기, 쓰기, 셈하기를 포함하여 현악기와 피리 등을 가르쳤다. 음악교육에

7) Schola의 어원적 의미는 '한가, 여가'이다. 당시 아테네에서는 생업에 관한 모든 일들을 노예가 수행했기 때문에 자유민들은 생업활동으로부터 자유로웠다.

는 악기 연주 외에 서사시를 노래하는 것도 포함되었는데, 그 속에 담긴 도덕적인 내용과 이와 함께 문자교육도 실시하였다. 이때 소년들은 언제나 파이다고고스(Paidagogos; 어린이를 인도하는 사람이라는 뜻), 즉 교복(敎僕)을 따라다녔다. 아테네에서도 16~18세의 소년에게는 유사시를 대비하기 위한 군사훈련 및 시민생활에 필요한 것을 가르쳤다. 이 시기에는 사설체육학교인 김나지움에서 각종 운동경기와 군사적 기술 및 전쟁기술도 습득해야 했다. 그 후 20세까지 2년간 진사로서 신시를 하고 군사훈련과 함께 군대생활을 하도록 하였다. 20세 이후에는 시민권을 얻어 정치에도 참여하면서 자유로운 시민생활을 할 수 있었다.

후기 아테네는 페르시아전쟁의 승리로 국가가 번영하면서 정치적·경제적·사회적으로 크게 변화했고, 이로 인해 많은 인재를 필요로 하였다. 특히 민주주의가 발달함으로써 사회에 진출, 출세할 수 있는 기회도 많이 늘어났다. 이와 함께 교육에서도 개인주의, 자유주의 등 민주주의적 특징이 나타났다. 교육목적도 출세를 위한 준비로 개인능력의 발전을 꾀하였다. 말의 능력이 요구되는 민주주의사회에서 정치적으로 진출하고자 하는 이들은 사람들을 설득할 토론능력이 필요했다. 이때 소피스트들이 등장하여 웅변술, 수사학, 기하, 음악, 천문학, 문법, 법률, 정치, 경제, 역사, 변증법 등 출세에 필요한 지식을 가르쳤는데, 이는 후에 7자유학과[8]로 발달되었다. 소피스트의 출현으로 아테네 교육에서 신체단련은 덜 중요하게 되었고 지적교육 중심으로 이루어졌다.

8) 7자유학과는 문법, 수사학, 변증법(논리학)의 3학과 산술, 기하, 음악, 천문학의 4과로 구성되었다.

(3) 교육사상가: 플라톤(Plato, B.C. 427~347)

관념론(idealism)의 시조인 플라톤은 서양철학에 큰 영향을 미친 사상가이다. 관념론은 감각적·물질적 세계는 변화하고 일시적이며 불안정하다고 보고 관념만이 영원하며 진정으로 실재하는 세계라고 주장한다. 플라톤은 스승 소크라테스의 죽음으로 인해 아테네의 민주정치에 회의를 품고 이상국가를 꿈꾸었다. 그는 가장 지혜롭고 가장 선한 사람이 다스리는 철인정치의 이상을 구상한 「국가론」에서 개인의 행동과 국가의 조직 및 교육에 대해 자세히 묘사하였다. 플라톤에 의하면 인간행동의 원천은 배, 가슴, 머리의 세 가지이고, 이들 중 어느 부분에 의해 가장 많이 지배받는지에 따라 각각 생산자계급, 전사자계급, 통치자계급으로 구분된다. 생산자계급은 절제를, 전사자계급은 용기를, 통치자계급은 지혜를 각각 미덕으로 실천해야 하며, 플라톤이 그리는 이상국가는 이들 각각의 계급이 각자의 일을 실천하고 이러한 세 가지 미덕이 조화를 이룰 때 정의가 실현되는 국가이다. 정의로운 사회실현에 필요한 정의로운 인간을 길러내는 것이 교육의 주요 기능이다.

플라톤은 「국가론」에서 교육문제를 중요하게 다루었는데, 그에 의하면 인간의 본성과 계급은 출생 시부터 구별되는 것은 아니다. 그는 모든 어린이에게 동일하게 교육을 실시하고 교육의 과정을 통해 갖고 태어난 능력과 본성을 파악하고 평가하여 생산자, 전사자, 통치자 계급으로 구분된다고 하였다. 플라톤에게 있어서 교육이란 사회 각 계급에 맞는 인간의 잠재능력과 소질을 발견하고 이를 잘 길러주는 것이다.

교육의 기초단계에서는 기초적인 3R's(읽기·쓰기·셈하기)와 함께 영혼을 위한 음악과 신체를 위한 체육교육을 실시한다. 음악교육에는 서사시나 이야기 등과 함께 오늘날 도덕교육을 의미하는 내용이 포함된다. 18세부터 20세까지는 체육과 군사훈련을 실시하고 마지막에는 종합적으로 평가하여 탈락한 자는 생산자계급에 속하게 된다. 그 다음 단계는 20세부터 30세까지 10년간 계속되는데, 이때 산술, 기하, 음악, 천문학 등 수학을 중심으로 하는 이론교육이 실시된다. 수학은 추상적으로 사고하는 훈련을 위한 영역으로, 플라톤은 수학을 물질세계에서는 발견될 수 없으나 보편적이고 영원한 진리가 있을 수 있다는 것을 보여 주는 학문으로 여겼다. 이때 탈락한 자는 전사자계급에 속한다. 마지막으로 5년간은 변증법에 의해 교육이 실시되는데, 이는 감각적·물질적 세계로부터 분리되어 진리의 세계, 이데이의 세계로 나아가는 훈련방법이다. 이 시기에 형이상학 등 철학수업이 이루어진다. 35세가 되면 50세까지 인생의 여러 경험을 하고 50세가 되면 철인왕이 되어 국가를 통치하게 된다.

2) 로마의 교육

로마인들은 실제적·실용적·현실적인 민족으로 필요한 수단, 제도, 기술 등을 탐색하고, 정치, 군사, 법률 등의 분야에서 제도나 조직 및 건축술 등을 발달시켰다. 로마의 교육은 공화정시대와 제정시대로 구분되는데, 공화정시대의 교육은 순수한 전통적인 로마교육의 특징이 나타난 반면, 제정시대의 교육은 그리스의 교육을 모방한 그리스화된 교육이 특징이라고 할 수 있다. 로마 말기에는 기독교의 영향으로 세속적인 로마교육은 쇠퇴하였다.

공화정시대 교육의 이상은 공적인 생활을 잘 할 수 있는 시민, 즉 무기를 다룰 줄 알며 법률을 알고 국가생활을 잘하는 시민양성에 있었다. 가정이 중심이 되어 부모가 실생활과 관련된 내용을 가르쳤으며, 그 외 올바른 행위와 사회적 의무, 책임의식을 강조했고, 단순한 3R's 및 12동판법의 조문암기 외에 영웅들의 전기도 들려주었다. 공화정 말기에는 사립초등학교인 루두스(ludus)가 설립되었다.

제정시대의 교육목적은 실생활에 유용한 인물, 즉 지적, 도덕적으로 유능한 웅변가를 양성하는 것이었다. 웅변가는 철학자, 정치가, 군인, 법률가로서의 지식과 기술을 갖춘 사람을 의미했는데, 정치적 지도력을 나타내는 웅변, 즉 언어적 실력을 갖출 필요가 있었다. 제정시대에는 그리스의 사상, 문화, 풍습 등을 받아들였으며, 학교제도도 그리스식으로 개편하였다. 그리스어와 문법을 가르치기 위해 중등교육기관으로 문법학교(Grammaticus)를 세워 주로 어학과 문학을 가르쳤다. 당시에는 고등교육기관으로 수사학학교, 철학학교, 의학학교, 법률학교도 있었다. 당시 수사학은 웅변가가 되는 데 필요한 다양한 능력을 학습하는 데 있어 중요한 것이었기 때문에 수사학교육은 최고교육에 해당되었다.

2. 중세의 교육

중세는 서로마제국이 멸망한 476년부터 동로마제국이 멸망한 1453년까지의 시기를 말한다. 로마 말기에 전파된 기독교의 영향으로 중세는 고대 그리스와 로마의 인간중심적 문화와는 구별되는 신 중심문화가 지배했고, 정치, 문화, 학문, 예술, 교육 등 사회 전반에 걸쳐 기독교를 중심으로 발달하였다. 기독교 교회가 모든 활동의 중추적 역할을 했다. 내세주의, 금욕주의, 초자연주의가 지배한 중세는 기독교에 의해 종교적 통일성이 형성된 시기이다. 다른 한편 중세는 특유의 봉건제도가 발달하여 영주, 기사, 농노 세 계급으로 이루어진 신분사회였다. 그러나 가톨릭 교회의 이슬람교에 대한 성전으로 행해진 십자군 원정은 정치, 경제, 사회에 근본적인 변화를 가져왔는데, 십자군 원정의 여파로 중세 후기에는 상공업자들을 중심으로 도시가 발달하고 시민사회가 형성되었다. 이러한 사회적 배경과 관련하여 중세기 교육으로는 기독교교육 외에 세속교육의 형태로 기사교육이 있었으며, 후기에 시민교육과 대학교육도 발생하였다.

기독교교육의 목적은 신을 공경하고 신에게 절대 복종하는 기독교적인 인간형성에 있었다. 교육을 통해 신중심 문화를 지향하고 인간의 관심을 현세에서 내세로 돌리고자 했다. 교육기관으로는 문답학교, 고급문답학교, 본산학교, 수도원학교 등이 있었다.

문답학교는 이교도들을 기독교도로 개종시키거나 세례 받지 않은 사람들에게 기독교에 관한 기본적인 예비교육을 시켜 세례를 받게 하는 것이 목적이었다. 각 교회에서 기독교교리를 문답식으로 가르쳤고, 그 외에 기도문, 읽기, 쓰기 등의 기초적인 문자교육도 겸했다. 고급문답학교는 문답학교의 교사나 교회의 지도자 양성을 위한 학교로, 일명 문답교사학교라고도 한다. 본산학교는 대성당학교, 사원학교 또는 감독학교라고도 하는데, 주로 성직자 양성을 목적으로 기독교교리, 예배의식, 성서, 철학, 그리스문학과 문법, 신학을 가르쳤으며 중세교육의 중심 역할을 했다.

수도원학교는 수도원에 부설된 학교로 수도사 양성을 목적으로 하였으나 후에는 일반시민의 자제들에게도 개방되었는데, 주 목적은 개인영혼의 구원에 있었다. 교육내용으로는 초등부문에서 3R's와 성서, 음악 등을, 고등부문에서는 철학, 신학 외에 7자유학과를 가르쳤다. 교육방법은 엄격하고 금욕적인 방법 및 명상과 사색을 강조했다. 수도원은 종교서적뿐 아니라 학문 전반에 걸친 서적의 수집과 필사, 보존 및 후계자 양성 그리고 문화전승에 큰 공헌을 하였다. 수도사들의 필사작업이 없었더라면 우리가 알고 있는 중세문명은 존재하지 못했을 것이다.

중세의 세속교육을 대표하는 기사교육은 봉건제도의 산물로서 기사학교가 따로 존재한 것은 아니었다. 기사교육의 목적은 기독교정신을 갖춘 무인을 양성하는 것이었다. 즉, 신과 영주에게 충성하고 약자와 부녀자를 보호하며 교회와 국가를 지키는 기사를 길러내는 것이다.

기사교육의 내용과 조직을 살펴보면 다음과 같다. 0~7세는 가정교육의 시기이고, 7~14세는 시동기(侍童期)로서 영주의 저택이나 궁정에서 장래 기사가 되기 위해 궁정생활의 예법, 3R's, 노래, 악기연주법, 씨름, 승마, 수영, 권투 외 간단한 무기 사용법 등 기초훈련을 받는다. 14~20세는 기사의 종자(從者)로서 기사가 되기 위해 기사 7예(七藝) 등의 내용을 체계적으로 배운다. 기사 7예란 승마, 수영, 궁술, 검술, 사냥, 서양장기, 시를 짓는 법(詩作)을 말한다. 21세가 되면 기사임명식을 치름으로써 기사자격을 부여받는다. 중세 말 봉건사회의 해체기에 접어들면서 용병이 증대하고 무기가 발달하게 되어 기사제도가 사라지기 시작하여 기사교육도 행해지지 않았으나 그 정신은 유럽 귀족교육, 신사교육에 계승되었다.

십자군 원정 결과 동방과의 교류로 상공업이 발달하고 도시가 발달됨으로써 상공업자들을 중심으로 하여 도시에 신흥시민계급이 형성되었다. 길드(guild; 동업자조합)를 중심으로 모인 신흥시민계급은 자신들에게 알맞은 생산적인 직업교육을 필요로 하였다. 이에 따라 조합학교(guild school)가 생겼는데, 여기에서는 직업적 기술 외에도 상업상의 읽기, 쓰기, 셈하기를 가르쳤다. 그 외에 시민계급을 위한 기술교육형태로 전문가에게서 개인적으로 기술교육을 받는 비형식적 교육인 도제교육제도가 발달되었다. 도제교육은 도제(lehrling), 직인(gesell), 마스터(master)의 세 단계로 구분되었는데, 이는 유럽 근대의 직업교육제도의 원형이 되었다. 다른 한편 이들 기술학교 외에 중세에는 시민교육을 위한 라틴어학교(독일), 문법학교(영국) 등도 있었는데, 이들 학교는 상류층을 위한 사립학교의 전신이 되었다.

한편 십자군 원정으로 인해 중세 말에는 사회상이 크게 변화함으로써 대학의 발생을 초래하기도 하였다. 즉, 1200년경부터 1500년경 사이에 본산학교(사원학교)와 수도원학교를 모태로 대학이 발달하게 되었는데, 그 배경은 다음과 같다. 도시의 발달로 사회에서 보다 많은 전문인 양성을 요구하였고 이에 따라 세속적인 학문이 필요하게 되었다. 뿐만 아니라 십자군 원정으로 인해 동방과의 교류가 이루어지면서 고도로 발달한 이슬람문화 및 학문과의 접촉이 가능해졌다. 이와 함께 중세 사상에 만족하지 못한 학자들의 지적 호기심과 학구적인 열의는 높아졌으나 인쇄술이 발달하지 못했던 당시에는 책보다 학교를 통해 지적 만족을 추구할 수밖에 없었다. 당시 대학은 스투디움 게네랄레(Studium Generale)라 불렀으며, 대학 내 교수와 학생들이 자치적인 단결을 위해 조직한 길드인 우니베르지타스(Universitas)가 있었는데, 이것이 오늘날의 대학(University)이다.

중세대학의 특성은 학문연구에 있어서 사율성과 권위, 사치권이 보장되었고, 교수와 학생에게는 병역, 부역, 세금이 면제되었다는 점이다. 그리고 대학은 학위 수여권, 총장 선출권 및 재판권이 있었다. 중세에 발생한 대학으로는 이탈리아의 볼로냐(Bologna; 법학)대학, 살레르노(Salerno; 의학)대학, 프랑스의 파리(Paris; 신학, 철학)대학, 영국의 종합대학인 옥스퍼드(Oxford)대학, 독일의 하이델베르크(Heidelberg)대학 등이 있다. 대학은 학자들을 지원하였고 학문연구와 발달을 위한 환경을 마련해 줌으로써 중세 문화의 발전에 크게 기여했다.

3. 르네상스(문예부흥기)의 교육

르네상스기는 인문주의(humanism)정신을 바탕으로 한 인간중심 사회로, 중세의 기독교적 세계관과 인간관을 벗어나 인간중심의 세계관과 인간관을 발달시키고자 했다. 르네상스기의 인문주의는 인간성을 존중하고 인간의 주체성을 회복하려는 운동으로, 고대 그리스와 로마의 인간중심문화를 재생, 부활시키고자 하였다. 그리하여 고대사회의 위대하고 고귀한 인간의 이상과 자유롭고 창조적인 삶의 형태를 재생시켜 근대문화를 창조하고자 했다.

르네상스시대의 이상적인 인간상은 위대한 개성을 지닌 인물, 즉 모든 분야에서 자유롭고 자신에 차 있으며 힘이 넘치는 다재다능한 천재였다.

자유롭고 개성 있는 인간성을 추구한 당시의 인문주의 교육은 고대의 자유교양교육과 심신의 조화로운 발달을 이상으로 하였다. 그리하여 인간성을 존중하고 개인의 자유로운 자기표현, 자기창조의 활동을 교육의 모토로 삼았다. 교육에서의 인문주의란 위대한 작품인 고전 속에 들어 있는 고대 인간들의 업적과 사상을 배우고자 한 움직임이었다. 고대 그리스 로마의 인문주의정신과 사상을 받아들이기 위해 고전연구가 강조되었는데, 이를 위한 고전어교육, 특히 라틴어교육이 교육과정의 중심이 되었다. 그러나 고전이 포함하고 있는 고대 그리스, 로마문화의 정신과 내용보다는 점차 고전어교육 그 자체만이 목적이 되어 언어의 형식에만 치우치는 언어주의, 형식주의교육이 이루어지게 되었다. 당시의 이러한 경향은 키케로주의를 낳게 하였는데, 이는 고대 로마의 지도자였던 키케로(M. T. Cicero)의 글을 통한 그의 사상과 정신의 이해보다는 문장과 문체의 암송에만 치우치게 된 것을 말한다. 언어주의에 치우치게 된 당시의 이러한 교육적 경향은 사물과 관련된 내용을 소홀히 한다는 비판이 제기되면서 훗날 리얼리즘(실재론)에 대한 관심을 싹트게 함으로써, 17세기에는 사물과 관련된 실용적이고 실제적인 교육을 중시하는 풍조를 초래하였다.

4. 16세기 종교개혁과 교육

1517년 면죄부 판매를 계기로 일어나게 된 종교개혁은 종교 그 자체만이 아니라 교회와 관련된 봉건사회의 모순과 이에 대한 불만으로 사회를 개혁하고자 한 움직임이다. 종교개혁으로 인해 기독교는 구교와 신교로 분리되었다. 신교도들은 성직자에 의한 간접적·형식적·타율적 신앙생활을 강조하는 구교와는 달리 직접적·주관적·자율적 신앙만이 참된 종교적 삶의 바탕이라는 것을 주장하였다. 이에 따라 신교도들은 성서를 통해서만 순수한 기독교정신을 찾을 수 있으며, 따라서 누구나 성서를 읽을 수 있어야 함을 강조했다. 그리고 신에 의해 맡게 된 현세의 생활을 충실히 이행할 것과 모든 인간은 신 앞에 평등하게 창조되었다는 것을 기본정신으로 하였다. 구교의 교육목적이 교회지도자의 양성에 있었던 반면, 신교는 자유롭고 합리적인 신앙을 가진 근대적인 기독교인 양성을 목적으로 하였다.

종교개혁을 일으킨 루터(M. Luther, 1483~1546)는 많은 저술과 설교를 통해 사회개혁과 교육개혁에 대해 논하였는데, 특히 그는 라틴어로 된 성서를 독일어로 번역하여 기독교의 참된 정신을 일반 대중에게 보급함으로써 교육의 보편화, 대중화가 이루어지는 계기를 마련하였다. 또한 빈부귀천이나 남녀 구별 없이 누구에게나 교육을 실시해야 한다는 교육의 기회균등을 주장했다. 무엇보다 그는 대중교육에 대한 국가의 책임을 강조함으로써 근대적인 공교육과 의무교육제도가 실현되는 발판을 마련하였다. 또한 루터는 가정교육의 중요성과 전문적인 교사양성교육 및 초등학교 여교사 채용의 필요성을 강조하였는데, 이러한 그의 교육사상 전반에는 근대성과 진보성이 엿보인다.

종교적인 이유에서 출발한 것이기는 하지만 모든 국민에게 교육을 실시해야 한다는 신교의 보통교육사상은 17세기에 공교육 및 의무교육령으로 법제화되어 나타나게 되는데, 그 대표적인 예로 1642년 독일의 고타(Gotha) 교육령과 같은 해에 공포된 미국의 매사추세츠(Massachusetts) 교육령을 들 수 있다.

5. 17세기 실학주의와 교육

르네상스 이후 계속된 세속화 경향과 함께 특히 종교개혁으로 인해 사회 전반에 걸쳐 일어난 변화의 움직임은 현세적 삶에 대한 관심을 크게 증가시키는 결과를 초래했다. 정치적으로 볼 때 17세기 유럽사회에는 절대국가가 성립되어 프랑스의 루이 14세 같은 절대군주가 등장한 시대였다. 강력한 중앙집권적 권력을 추구한 절대군주들은 이를 위해 관료체제를 정비하고, 막강한 군대를 조직, 운영하면서 다른 한편으로는 이에 필요한 재정조달을 위해 중상주의 경제정책을 택하였다. 당시 프랑스는 유럽문화의 중심지 역할을 했는데, 절대군주의 위대함을 나타내는 궁정문화의 화려하고 호화롭고 장엄한 바로크양식의 문화적 특색은 이웃나라에도 전파되었다.

경제발전을 추구한 절대국가는 자연스럽게 경제적으로 유용한 지식과 기술을 지닌 국민에 대한 관심을 가지게 되었는데, 이는 국가에 봉사하고 국가발전에 유용한 인물이 필요했기 때문이다. 그리하여 군주들은 국민 각자의 신분에 따라 유용한 지식과 기술을 갖춘 국민을 길러내는 일, 즉 국민교육의 실시를 위해 노력하였다. 이러한 점에서 볼 때 17세기는 직업교육, 신분교육의 시대라 할 수 있다(Reble, 2002: 137).

17세기에는 무엇보다도 자연세계에 대한 관심과 함께 자연과학이 크게 발달하고 과학적 지식이 급증하게 되었다. 자연과학의 발달은 자연과 사회의 여러 사실 및 사물에 대한 감각적 경험과 이해를 추구하는 경향을 초래했고, 이와 함께 당시 언어중심의 교육을 지향했던 교육 분야에서도 사물에 대한 감각적 경험을 통해 사물을 이해시키자는 것이 강조되었다.

구체적인 삶에 필요한 지식을 중시한 17세기의 실제성과 실용성은 실생활에 필요한 지식을 가르침으로써 유능한 인간을 양성하는 것을 교육의 목표로 한 실학주의교육을 등장시켰다. 서적중심의 언어주의와 형식주의가 주류를 이루었던 16세기의 교육적 경향과는 달리 교육내용에 있어서도 고전어나 고전, 신학보다는 자연과학, 지리, 정치 및 특히 모국어와 근대외국어 등 실제 삶과 직결되는 내용을 중시하였다.

구체적인 사물에 대한 감각적인 지식을 중시한 실학주의 교육에서는 시청각적 교육방법이 발달되었다. 그리하여 암기를 통한 기억보다는 감각기관에 의한 관찰과 경험을 중시하였다. 이는 교수법에 있어 획기적인 발달을 가져왔는데, 이에 공헌한 대표적 인물이 코메니우스(Johann Amos Comenius, 1592~1670)이다.

코메니우스는 그림으로 설명된 「세계도회」를 만들어 감각교육의 자료로 제시하였는데, 이는 유럽사회에서 오랫동안 교재로 사용되었다. 그는 「대교수학」에서 인생의 목적은 신과 일체가 되어 영원한 행복을 누리는 데 있다고 하면서 현세에서의 모든 삶, 따라서 교육도 이를 위한 것으로 보았다. 그에 의하면 신은 인간에게 지식, 덕성, 신앙의 세 가지 과제를 주었는데, 이는 교육을 통해 완성되어야 한다. 따라서 교육내용으로 지식, 도덕, 신앙을 포함하는 모든 것을 모든 이에게 다 가르쳐야 한다는 범지학(汎知學, Pansophia)을 주장했다(박의수 외, 2002: 191).

코메니우스는 모든 인간은 빈부귀천이나 남녀를 막론하고 누구나 똑같이 교육을 받아야 한다는 교육기회균등을 주장했다. 무엇보다도 그는 자연의 질서와 법칙으로부터 교수방법을 이끌어냈는데, 예를 들면, 자연이 모든 것을 올바른 시기에 알맞게 준비하듯이 사람도 인생의 봄인 어린 시절에 배워야 한다는 것이다. 또한 자연의 모든 것이 올바른 순서대로 진행되듯이 교육도 각 연령에 맞게 실시되어야 한다고 하였다. 그가 6년 단위의 4단계로 제시한 학교조직, 즉 어머니 무릎학교, 모국어학교, 라틴어학교, 대학도 '자연'의 개념으로부터 유도해낸 것이었다. 후기 저서인 「범교육론」에서 그는 교육제도를 태내학교, 유아학교, 아동학교, 청소년학교, 청년학교, 성인학교, 노인학교, 죽음의 학교의 8단계로 제시했다.

6. 18세기 계몽주의와 교육

계몽주의는 18세기 유럽을 지배한 사회사상으로 개인의 자유와 인간의 기본 권리를 부인하는 모든 종교적·사회적·정치적 제한과 구속에서 벗어나고자 하였다. 이성을 통해 삶에서의 무지몽매함, 편견, 미신, 비합리적인 권위, 구습을 타파하고 깨우치고자 한 계몽주의는 이성에 의한 올바른 판단 및 비판정신을 바탕으로, 개인과 사회를 무지한 상태에서 벗어나게 하고자 했던 합리주의 사상을 말한다. 그리하여 계몽주의시대에는 각 개인의 이성과 자율성, 자유와 존엄성을 인정하고자 했고 국가와 문화의 세속적 성격이 강조되었다. 이러한 경향은 18세기 중엽 영국의 산업혁명을 비롯하여 미국의 독립(1776)과 프랑스혁명(1789)이 일어나는 계기가 되었다.

이러한 계몽운동은 시민계급의 하류층까지 파급된 하나의 교육운동이기도 했다. 그래서 18세기는 '교육의 세기'로 표현되기도 한다. 계몽주의시대의 교육은 합리주의 및 자연주의와 관련지어 설명할 수 있다. 모든 것을 인간의 이성에 근거하여 판단하고자 했던 합리주의는 교육에 있어서도 인간의 이성을 일깨우고, 이성을 올바로 사용하도록 하는 것을 과제로 삼게 되었다. 이는 인간을 자유롭고 자율적인 존재로 삶을 살아가도록 도울 뿐 아니라 삶에서의 비이성적·비합리적인 것을 비판하고 배척할 수 있게 하기 때문이다. 계몽주의자들은 이를 통해 자유와 평등에 기초한 합리적인 사회를 건설하고자 하였다.

한편 자연주의에 의하면 원래 자연상태에서의 인간은 누구나 동등한 자유와 권리를 가진 평등한 존재였다. 그렇기 때문에 당시 사회의 불평등 현상은 자연의 질서에 어긋나는 인위적인 것으로, 이는 개혁되어야 하는 것이었다. 계몽주의자들은 자연의 질서에 따르는 것이야말로 자유와 평등에 기초한 사회를 건설하는 길이라고 보았다. 이러한 자연주의적 관점은 교육에서도 그대로 적용되어 교육은 자연의 질서에 따른 원리에 의해 이루어져야 하며, 어린이의 자연스러운 본성을 자연스러운 방법으로 길러주어야 한다는 주장이 제기되었다.

대표적인 자연주의 교육사상가인 루소(J. J. Rousseau, 1712~1778)는 「에밀」에서 성선설의 입장과 함께 어린이의 자연스러운 본성을 자연스럽게 길러주어야 한다고 주장했다.

「에밀」은 루소가 에밀이라는 한 소년이 출생에서부터 성인이 될 때까지의 성장과정을 5부로 나누어 서술한 교육소설이다. 1부에서 4부까지는 유아기(0~2세), 아동기(2~12세), 소년기(12~15세), 청년기(15~20세)의 발달 특징에 따라 각각의 단계에 맞는 교육방법이 제시되어 있고, 5부에는 에밀의 아내가 될 소피라는 여성의 교육에 관한 내용이 소개되어 있다.

루소는 「에밀」을 통해서 당시 인위적으로 사회의 관습과 기준을 강요하는 교육이 인간의 자연스러운 내적 발전을 방해하는 것으로 보고 비판하였다. 그는 타락한 사회의 편견이나 구습, 외부로부터의 구속이나 억압, 인위적인 변형 등에 의해 변질되기 쉬운 이전의 순수하고 선한 상태인 자연성을 그대로 길러주어야 한다고 주장했다. 그에 의하면 교육은 어린이들이 타고난 선성을 자발적으로 형성해가도록 자유를 주어 개인의 능력, 소질, 성향을 자연스럽게 기를 수 있게 도와주는 것이다. 이러한 그의 교육론은 어린이의 선성을 사회의 악으로부터 보호하기 위해 성인사회의 인위적인 형성이나 직접적인 간섭, 개입, 영향을 배제하고, 자연에 따라 교육해야 한다는 점에서 소극적 교육론이라 할 수 있다(안인희, 1997: 44).

그는 당시 어린이를 성인의 축소판으로 보았던 견해와는 달리 어린이 고유의 발달단계 특징에 따라 교육을 실시해야 함을 주장한 인물로, 아동중심 교육관을 표방한 진보적 사상가이다. 그 외에도 어린이의 자유에 근거한 자발성, 흥미와 활동중심, 개성중심, 생활중심, 사물교육과 직관교육 등을 강조했는데, 이러한 그의 교육사상은 현대교육의 심리적·사회적·과학적 배경이 되었다.

루소의 교육사상은 범애학파의 대표적 인물인 바제도우(J. B. Basedow)를 비롯해 페스탈로치(J. H. Pestalozzi), 프뢰벨(F. W. A. Fröbel), 헤르바르트(J. F. Herbart), 엘렌 케이(E. Key), 듀이(J. Dewey) 등에 영향을 주었다.

7. 19세기의 교육

19세기는 정치, 경제, 사회, 문화적으로 급격한 변화가 일어난 시기였다. 정치적으로는 프랑스혁명의 여파로 민주주의 정치제도가 실현되면서 자유주의가 확산되었고, 19세기 초 나폴레옹의 침략으로 유럽 각국에서는 민족주의, 국가주의사상이 대두되었다. 경제적 측면에서는 18세기에 산업혁명을 경험한 영국과 마찬가지로 자본주의 경제체제가 생성·발달했으나, 이로 인해 인구의 도시집중과 도시빈민계층의 형성, 자본가와 노동자계급 간의 갈등 등 여러 사회문제들이 발생하기도 하였다. 사회적으로 19세기에는 시민사회가 발달하였으며, 문화적 측면에서는 신인문주의[9)]가 발달했다.

19세기의 교육적 흐름은 크게 국가주의와 계발주의로 대별된다. 국가주의는 국가의 존속과 발전을 교육의 목적으로 한다. 즉, 교육을 통해 국가에 봉사할 수 있는 국민을 양성하여 국가를 보호하고 국가의 목적과 이상을 실현하고자 하였다. 이러한 국가주의는 교육제도나 조직 등 교육 외적인 조건에 영향을 주어 19세기에는 공교육제도가 발달하고 의무교육제도가 확립되는 등 교육의 대중화·보편화가 이루어졌다. 국가주의 교육사상가로는 영국의 오웬(Owen), 독일의 피히테(Fichte), 슐라이어마허(Schleiermacher), 프랑스의 콩도르세(Condorcet), 미국의 제퍼슨(Jefferson) 등이 있다.

계발주의는 인간마음의 본성과 그 작용에 대해 관심을 가진 심리학적 운동이라고 할 수 있다. 계발주의는 과학적 관찰을 통한 심리학 이론을 토대로 하여 인간의 자연스러운 성장발달을 도모하고 인간발달법칙에 근거

9) 신인문주의는 18세기의 합리주의, 주지주의, 개인주의에 치우친 계몽주의를 비판하면서 독일을 중심으로 하여 일어났다. 신인문주의자들은 인간능력의 조화로운 발달을 추구하였다. 그들은 고대 그리스문화의 내용 속에서 참된 인간상을 보았기 때문에 그리스어를 존중하며 그리스의 고전문화의 내용 속에서 그 정신과 사상을 본받는 것을 목적으로 하였다. 칸트(I. Kant), 훔볼트(W. von Humboldt), 페스탈로치(J. H. Pestalozzi), 프뢰벨(F. W. A. Fröbel) 등이 이에 속한다.

한 교육과정 및 교육방법을 발달시키고자 하였다. 이는 교육과정에 대한 이해, 교수법의 개선, 교사훈련의 개선 등의 측면에서 변화를 초래했다. 이러한 계발주의적 경향은 심리학이 철학으로부터 독립하여 과학적 심리학으로 발달하는 계기가 되었다.

19세기의 대표적 교육사상가인 페스탈로치(1764~1827)는 루소의 자연주의 사상에 영향을 받아 교육을 통한 농촌계몽사업으로 인간계발과 사회발전을 꾀하였다. 페스탈로치는 인간의 발달상태를 자연적 상태, 사회적 상태, 도덕적 상태로 구분하고, 교육의 궁극적 목표는 도덕적 상태의 인간형성이라고 보았다. 그는 인간의 타고나는 힘을 지적인 힘(Head), 신체적인 힘(Hand), 도덕적인 힘(Heart)으로 나누고, 교육을 통해 인간의 모든 힘과 능력을 자연스럽고 조화롭게 발달시킬 것을 강조했다.

페스탈로치는 자연의 원리에 따라 교육한다는 합자연교육(김정환, 1975: 62)을 주장하고, 수·형·어에 기초한 직관교수법에 따라 체계적인 교수를 실시하여 교수법 개선과 교사교육에 큰 공헌을 하였다. 또한 그는 가정을 도덕성 발달과 종교교육이 이루어지는 기초적이고도 중요한 장소로 보고 인간형성에 중요하다고 강조하였다. 페스탈로치는 산업혁명의 여파로 직업교육과 기술교육의 열풍이 일어난 당시의 상황에서도 교육은 먼저 인간도야를 위해 이루어져야 하며, 직업교육이 인간교육에 선행되어서는 안 된다는 것을 강조한 인간교육의 대변자이며, 동시에 국민대중교육이념을 실천한 위대한 교육자이다.

유치원의 창시자인 프뢰벨(1782~1852)도 루소와 페스탈로치의 자연주의 교육관 및 아동중심 교육사상을 계승한 인물이다. 프뢰벨에 의하면 교육은 인간이 자기 자신에 대해 명확하게 인식하고 자연과 화합하며, 신과 더불어 하나가 되도록 이끌고 지도하는 일이 되어야 한다. 따라서 교육목적은 인간에게 내재된 신성(神性)을 계발하여 외부에 표현하게 하는 것, 즉 어린이가 타고난 능력과 힘을 발달시키는 것이다. 어린이의 활동은 모두 창조적인 자기표현의 활동으로 볼 수 있다. 교육은 인간의 내면적인 힘들을 창조적으로 외부에 표현하고 모든 외적인 것은 내면으로 받아들이도록 하면서 신성을 표현하게 해야 한다.

프뢰벨에게 있어서 신성을 발달시킨다는 것은 바로 어린이가 창조적이며 자발적인 자기활동을 하게 하는 것을 의미한다. 그는 창조적이며 자발적인 자기표현의 활동으로 유희, 노래, 언어, 그림 그리기, 수공, 놀이 등을 강조했는데, 그중에서도 특히 놀이를 가장 중시했다. 왜냐하면 어린이는 놀이를 통해 자신 안에 있는 것, 즉 신적인 것을 자유롭게 밖으로 표현하면서 자신의 소질과 내적 성향을 그대로 전개시켜 나가기 때문이다. 놀이는 신적인 것의 자유롭고 창조적인 표현이다. 프뢰벨이 장난감을 이용해 만든 놀이교육용 교구인 은물(恩物, Gaben; 교육용 장난감)[10]도 창조적인 자기활동을 가능하게 하기 위한 것이다.

8. 현대의 교육

제2차 세계대전 이후 전 세계적으로 민주주의가 크게 발달하면서 자유와 평등이념이 확산되었다. 이와 함께 교육 분야에서도 교육의 자유화와 대중화라는 교육민주화운동이 일어나게 되었다. 그리하여 성, 인종과 관계없이 누구에게나 동등한 교육의 기회를 부여한다는 교육기회균등의 원리가 확대되면서 법적·제도적으로 교육의 대중화가 보다 더 확고하게 실현되었다. 구체적인 예로 공교육의 제도화가 강화되고, 의무교육의 확대, 복선형 학제로부터 단선형 학제로의 이행, 통일학교제도 및 남녀공학 등이

10) 어린이의 창조활동을 위한 놀이기구로 형체, 면, 선, 점의 4가지 영역으로 되어 있다. 이는 공, 원통, 정육면체, 접은 종이 등 제10은물까지 있다. 은물은 자연계의 형상, 법칙, 성질을 나타내고 있으며 우주의 통일성을 이해하도록 고안되었다. 연세대학교 교육철학연구회 편, 위대한 교육사상가 IV, 교육과학사, 2000, 122-128.

촉진되었다. 무엇보다도 교육의 자유화운동으로 전통적인 교육, 즉 성인중심, 교사중심의 획일적인 교육 및 서적중심의 주입식·암기식 위주의 교육에서 벗어나, 어린이의 자유로운 사고와 활동에 근거한 아동중심교육이 강조되면서 전 세계적으로 교육개혁운동이 전개되었다. 유럽의 경우 교육개혁운동으로 독일에서는 전원기숙학교운동이 일어났는데, 이는 인격형성을 목표로 하고 학생들의 자발적인 활동을 유도하기 위해 전원에서 교사와 학생이 함께 하는 기숙사 형식의 학교교육형태이다.

미국에서는 페스탈로치 교육이론과 방법이 소개되고 그에 따른 교원양성교육이 시도되었다. 프뢰벨주의를 학교교육에 적용시키고자 했으며 아동중심, 생활중심교육이 강조되었다. 특히 1920년대에는 듀이의 아동중심교육사상을 기초로 하여 진보주의가 성립, 발달하게 되었는데, 진보주의는 서적중심의 전통적인 교육을 비판하고, 어린이의 인격과 개성을 존중하며 자발적 활동을 중시한 '교육의 자유화운동'이라고 할 수 있다.

미국의 실용주의 철학자이면서 교육학자인 듀이(1859~1952)는 현대 아동중심교육사상의 대표적 인물이다. 듀이는 아동은 스스로 활동하는 능동적인 존재라고 보고, 교육의 중심이 아동에게 있지 않은 당시 교육현실을 비판했다. 그는 교사중심, 서적중심의 전통적인 교육에 대해 비판하면서 교육은 미래를 위한 준비가 아니라 삶의 과정으로서의 생활 그 자체라고 주장하였다. 아동은 사회생활 속에서 배우고 성장해야 하며, 그렇기 때문에 교육과정도 생활을 중심으로 구성되어야 한다. 따라서 학교는 어린이의 현재 생활과 관련된 학습활동의 기회를 제공해야 한다. 또한 교육은 계속적인 경험의 재구성이다. 즉, 교육은 어린이가 삶 속에서 부딪치는 문제를 해결하는 과정에서 경험을 쌓고, 계속 경험을 수정해 나가는 것이다. 따라서 교육은 '경험에 의한, 경험을 위한, 경험의' 교육이 되어야 한다. 듀이는 교육을 통해 생활 속에서 끊임없이 경험을 수정해 나간다는 것은 곧 새로운 교육적 경험에 의한 성장을 뜻한다고 보았기 때문에 교육의 목적도 성장 그 자체라고 강조하였다.

그렇기 때문에 교과서에 의한 학습보다는 활동에 참여함으로써 배운다는 의미의 '행함을 통한 학습'(learning by doing)이 강조된다. 실제 삶과 직접적으로 관련되는 문제에 접할 때 어린이의 흥미와 관심이 발생하게 되며, 이때 어린이는 문제를 해결하고자 직접 참여하고 활동하게 된다. 듀이는 이러한 경험의 과정에서 반성적 사고가 작용한다고 했다. 따라서 교사는 지식을 전달하고 정답을 가르쳐주는 존재가 아니라 어린이 스스로 문제를 해결할 수 있도록 돕는 안내자 역할을 해야 한다. 이러한 듀이의 교육사상은 진보주의 교육운동에 많은 영향을 미쳤다.

그 외 현대의 아동중심 교육사상가로는 슈타이너, 몬테소리, 니일 등을 들 수 있다. 신비학자이며 인지학자로 알려진 슈타이너(R. Steiner, 1861~1925)는 1919년 슈투트가르트(Stuttgart)에 '자유 발도르프 학교'를 설립, 운영하였는데, 이는 오늘날 대안학교의 모델이 되어 현재 독일뿐 아니라 전 세계에 많이 설립되었다. 슈타이너의 교육사상은 인지학적 인간관에 근거한 것으로, 그에 의하면 인간은 육체와 영혼 그리고 정신이라는 3가지로 이루어진 존재이다. 그리고 인간은 유아기(0~7세), 아동기(8~14세), 사춘기(청년기, 15~21세)의 7년 간격으로 발달하게 되는데, 각 단계별로 의지, 감정, 사고가 각각 발달해야 하는 중점과제가 있음을 제시했다.

발도르프(Waldorf) 학교(정영근 외, 2000: 339-342)는 전인교육을 목표로 하고 초등학교와 중등학교가 포함된 12년제의 통합학교의 형태이다. 교육과정은 어린이의 발달조건에 따라 구조화되어 있으며 지적 교과 및 예술, 노작교과 모두가 중시된다. 특히 지적 교과에 있어서 에포크수업(Epochenunterricht)이 특징인데, 이는 전 학년 기간 내내 3~4주 단위로 매일 아침 첫 두 시간 동안 일정 교과를 집중적으로 지도한 후 몇 달 동안은 이 교과의 수업을 하지 않는 것이다. 노작교육으로는 뜨개질, 바느질과 목공 그리고 농사, 속기, 측량술, 응급처치, 공업기술을 배우며 공장 및 농장실습이 있다. 예술교육이 강조되는 발도르프 학교에서는 체조, 시 낭송 등 다양한 형태의 예술수업 외에 회화, 소묘, 조소, 노래와 악기연주 등을 가르친다.

몬테소리(M. Montessori, 1870~1952)는 이탈리아 최초의 여의사이자 여성의학박사이며 아동교육자이다. 그녀의 교육에서 가장 특징적인 것은 어린이의 자발적인 활동을 교육에서 중요한 점으로 보았다는 것이다. 몬테소리에 의하면 어린이는 성인의 축소판이 아니라 하나의 독립된 인격체이다. 어린이는 무한한 잠재능력이 있는 존재로, 환경과 접촉하면서 스스로 내적 에너지에 의해 발전해 나가는 능동적인 존재이다. 따라서 어린이가 바람직한 환경 속에서 작업을 통해 자신의 인성을 형성하고 완성시키도록 도와주어야 한다. 그녀는 '어린이집'을 만들어 아동교육을 실시했는데, 아동이 모든 감각을 훈련할 수 있도록 몬테소리 교구를 고안했고, 어린이 스스로 자발적인 활동에 의한 자기학습을 하도록 유도했다. 무엇보다 옷을 입고 벗는 것, 단추 끼우기, 신체청결, 정리정돈 등의 실생활 훈련을 통해 자립심을 기르고 이를 통해 사회생활에 준비하도록 했다.

몬테소리의 교육목적은 어린이의 전인적인 성장과 주변 환경에의 적응 및 인간관계에서 사회적인 요구를 받아들이고 정상화되도록 돕는 데 있다(오금희, 2001: 110). 이를 위해 교사는 환경의 유지와 관리자 및 동기유발자의 역할을 담당해야 한다. 이러한 몬테소리 교육이념은 전 세계적으로 확대, 실천되고 있다.

20세기의 가장 급진적인 아동중심 교육사상가인 니일(A. S. Neill, 1883~1973)은 스코틀랜드 출신으로 1924년 영국에 섬머힐 학교(Summerhill School)를 세웠다. 섬머힐 학교의 교육목적은 아동이 행복을 발견하고 이를 준비하게 하는 것이다. 프로이드의 영향을 받은 니일은 아동의 반사회적인 행동은 자유를 구속하고 억압했기 때문으로 보았다. 이러한 입장에 의해 자율적인 인간을 중시한 그는 어린이에게 많은 자유를 허용했다. 아동에게 자유를 부여하는 교육이야말로 오늘날 병든 사회를 구하는 것이고 아이를 행복하게 하는 것이라고 보았다. 이는 성선설의 입장에서 어린이의 본성은 선하다고 보았고 또한 어린이의 타고난 발전 가능성에 대한 믿음이 있었던 니일의 아동관에 기인한 것이다.

섬머힐 학교는 '어린이를 학교에 맞추는 것이 아니라 어린이들에게 맞추는 학교'로 외적인 강제를 배제하였다. 어린이의 자유와 창조적 활동을 중요시하기 때문에 지적 교육을 강제적·획일적으로 부과하고자 하지 않았다. 그래서 섬머힐 학교에서는 출석과 시험이 의무적·강제적 요구사항이 아니며 성적표도 없다. 일반 학교와는 달리 지적 교육보다는 감정을 중시하는 품성교육과 신체교육을 강조했다. 섬머힐 학교의 교사는 어린이에 대한 관심과 이해, 사랑이 요구되며 일반 학교에서 흔히 볼 수 있는 명령이나 훈련, 지시는 하지 않는다. 교육과정에서 종교교육과 도덕교육이 없는 것도 이를 반영한 것이다.

CHAPTER 04

교육의 사회적 기초

제1절 교육과 사회의 관계
제2절 교육현상의 사회학적 관점
제3절 교육현상의 사회학적 분석

교육은 역사적·사회적 맥락 속에서 이루어지는 사회적 현상이다. 교육은 가르치는 사람과 배우는 사람의 상호교섭 과정에서 이루어지는 사회적 행위이며, 여기에는 특정 시대의 정치·경제·사회·문화적 경험이 반영되어 있다. 교육의 내용도 사회적으로 형성되고 축적된 문화 속에서 선정된 지식으로 구성된다. 따라서 교육은 사회 속에서, 사회에 의해서, 사회를 위해서 수행되는 사회적 현상이며, 교육의 모든 과정은 사회적인 과정이다. 교육사회학은 교육현상을 사회학적 맥락에서 이해하고 탐구하는 학문으로 규정될 수 있으며, 교육현실을 직시하면서 동시에 미래와 이상을 추구하고 있다.

제1절 교육과 사회의 관계

교육과 사회변화는 관계 설정에 따라 '사회의 변화에 적응하는 교육'과 '교육을 통한 사회의 변화'로 구분할 수 있다. 전자는 교육의 역할을 소극적이며 수동적으로 규정하는 반면에, 후자는 자유의지와 주체성을 가진 인간들이 적극적으로 참여하고 사회변화를 주도하는 역할을 강조한다. 이처럼 교육은 급격히 변화하는 사회에 대처하기 위해 사회가 요구하는 역할을 수행해야 한다는 입장을 고수하든, 아니면 교육을 통해서 새로운 사회의 구현을 모색해야 한다는 입장을 제안하든, 현대사회의 변화에 대한 이해가 선행되어야 하고 아울러 교육학적 상상력도 필요하다. 여기에서는 교육이 제도화되면서 요구된 사회적 기능이 무엇인지를 검토한 다음에, 최근 한국사회의 변화를 특징짓는 제4차 산업혁명의 도래, 다문화사회로의 진입, 저출산 고령화사회의 위기 등이 교육환경에 미칠 파장에 따른 교육적 과제를 간단히 소개한다.

1. 교육의 사회적 기능

인류의 출현과 함께 시작된 교육은 학교가 세워지기 이전부터도 시행되었다. 학교는 교육을 체계적·조직적·계획적으로 수행하기 위해 만들어진 사회제도이다. 즉, 학교는 제도화된 교육기관의 대표적 유형으로서 사회와 밀접한 관계 속에서 영향을 주고받으며 다양한 사회적 기능을 담당하고 있다. 이때 교육과 학교교육은 목적과 수단의 관계로서 학교란 교육을 가능하게 하는 하나의 수단으로서 교육에 입문시킬 목적으로 봉사하는 기관이다(이순형, 1989).

이처럼 교육과 학교교육은 차이가 있지만 현대사회에서는 교육을 담당하는 학교교육이 의무교육제도로 발전해 왔으며, 양적으로 확대되었을 뿐만 아니라 그 비중이 커짐에 따라 대체로 혼용되고 있다. 그러나 우리가 흔히 교육수준이 높다고 할 때, 정확하게는 학교교육 수준이 높음을 의미하며 구체적으로는 졸업한 학교의 등급이 높거나 학교에 다닌 기간이 길다는 뜻이다(오욱환, 2009). 즉, 교육은 보통 추상적으로 규정되면서 긍정적·포괄적 의미를 담고 있지만, 학교교육은 수치화가 용이하기 때문에 객관적이고 가시적인 준거로 더 널리 활용되고 있다.

다음에서는 교육의 사회적 기능을 학교교육의 역할과 관련지어 살펴보고자 한다(허은주 외, 2014). 첫째, 교육은 문화유산의 보존 및 전달 기능을 한다. 문화유산 보존 기능은 사회적응 기능, 사회유지 기능을 포괄하는 개념으로 교육의 사회화 기능으로도 볼 수 있다. 개인적 차원에서 사회화는 사회 구성원으로서 자신이 속해 있는 사회의 지배적인 신념, 규범 및 가치를 내면화하고 학습하는 과정이다. 사회적 차원에서 볼 때 그 사회의 문화가 제공하는 가치, 규범, 지식, 기술, 언어 등의 생활양식과 행동양식을 다음 세대에게 학습시키고 사회에 잘 적응하여 생활할 수 있게 함으로써 사회를 결속하고 유지할 수 있다. 이 점에서 학교교육의 문화유산 보존 및 전달 기능은 사회를 개혁하고 문화를 창조하는 역할을 담당하기에, 앞서 기존의 문화를 계승하고 유지·보존하는 수동적 기능을 수행한다고 볼 수 있다.

둘째, 교육은 사회통합의 기능을 수행한다. 교육은 분화되어 있는 사회의 이질적인 부분들이 전체적으로 모순과 갈등 없이 조화를 이룰 수 있도록 조정하고, 때로는 사회적 통제 또는 제재의 강제적 기능을 수반할 수 있다. 학교교육은 사회의 다양한 구성원들을 공유된 사회의식과 사회적 합의를 형성할 수 있도록 바람직하고 능동적인 방안을 모색할 수 있다. 예컨대, 국가의 경우 국민의 정체성 형성과 국민통합은 반드시 필요한 것으로써 학교제도를 통해서 보다 효과적으로 달성시킬 수 있다.

셋째, 교육은 사회충원의 기능을 담당한다. 사회충원 기능이란 인력의 선발과 분류, 배치의 기능을 의미한다. 어느 사회이든지 사회는 다양한 기능을 수행하는 다양한 직업체계로 분업화되어 있고, 그에 맞는 역할을 수행하기 위해서는 지식과 기술을 요구하게 된다. 학교교육은 이러한 사회적 요구에 맞게 학생의 능력과 적성, 흥미 등을 기초로 교육하여 선발 및 분류를 통해 공급하고 배치하는 기능을 수행한다.

넷째, 교육은 사회선발 및 이동의 기능을 수행한다. 과거 전통사회에서 개인의 사회적 지위는 자신이 속한 귀속적 신분에 의하여 결정되었다. 그러나 전근대적인 신분제도가 몰락한 이후, 학교교육은 개인의 사회적 지위를 결정해 주는 매우 중요한 기제가 되었다. 학교는 학생의 능력과 노력의 결과에 따라 선발하고 분류하는 기능을 수행함으로써 직업 획득이나 사회적 지위, 경제적 배분을 보장해 주는 역할을 할 수 있다. 즉, 기회가 공정하게 배분되어 있는 개방사회에서 학교교육은 사회적 지위 향상을 위한 조건을 충족시켜 줌으로써 사회계층 이동의 사다리 역할을 수행하는 효과적인 수단이 될 수 있다.

다섯째, 교육은 사회 개혁적·발전적 기능을 갖는다. 교육을 통해서 기존 사회가 갖고 있는 문제점을 해결하고, 국가사회의 발전을 도모하며, 미래에 대한 대책을 세움으로써 사회 개혁적 기능을 수행한다. 학교교육은 사회로부터 영향을 받기도 하지만 사회에 적극적으로 영향을 미침으로써 사회를 바람직한 방향으로 변화시킬 수 있다는 점에서 능동적 역할을 수행할 수 있다. 특히 현대사회에서는 학교가 주축이 되어 사회의 문제점을 발견하고 지역사회 주민과 협력하여 이를 시정하고 개선해야 한다는 요구가 점차 증가하고 있다. 예를 들면, 학교가 중심이 되어 성인교육을 실시하는 일, 학교의 시설과 설비를 개방하여 지역사회 주민에게 이용하도록 하는 일, 학생과 교사들이 지역사회개발 사업에 직접 참여하여 봉사활동을 하는 일 등이 있다.

2. 현대사회의 변화와 교육

세계화·국제화 시대를 맞이하여 무한 국제경쟁이 가속화되는 현실에서 국가와 기업은 지속적인 발전을 도모하기 위해 경쟁력 있는 인적자원을 요구하고 있다. 과학기술의 혁신적 발전에 힘입어 지식정보화 또는 지식기반사회로 전환됨에 따라 국가경쟁력을 확보하는 전략적 대상으로 주목받는 현실에서 개인들은 경쟁력을 키우기 위해 끊임없는 노력을 경주해야만 한다. 나아가 급격히 변화하는 현대사회에서 시대 적합성을 갖는 교육제도를 구상하기 위해서는 개인들이 사회의 변화에 대한 관심을 가져야 하며 폭넓은 이해와 통찰력을 키워야 한다. 현대사회의 특성을 이해하기 위한 배경으로 토플러(Toffler, 1989)의 세 가지 물결에 따른 미래사회의 변화를 살펴보면 <표 4-1>과 같다.

〈표 4-1〉 사회변화의 개요

구분	제1의 물결	제2의 물결	제3의 물결
특징	농업혁명, 농경사회	산업혁명, 산업사회	정보혁명, 정보사회
가치	노동집약	기술, 자본집약	정보, 지식집약
자원	토지(유형자본)	인간, 자원, 기계(유형자본)	정보, 지식, 문화(유형+무형자본)
기술	철, 도구	증기기관, 에너지, 트랜지스터	컴퓨터, 고밀도 집적회로
생산형태	소품종 소량	소품종 대량	다품종 소량, 단품
직업편향	농부, 광부, 어부, 미숙련 노동자	반숙련 노동자, 기술자	전문기술직, 과학자
지배세력	지주	자본가	디제라티(디지털과 지식계급의 합성어)
문화 패러다임	미술, 초자연, 신화	이념과학, 이성	기술, 프로그램

출처: 배석영 외(2007). 「미래사회를 위한 평생교육개론」, 서울: 양서원; 이종각(2005). 「새로운 교육사회학총론」. 서울: 동문사의 내용을 참조하여 재구성

미래사회의 변화는 사회 모든 부문에서 총체적으로 급속히 이루어지는 경향이 있다. 제2의 물결이라고 말하는 산업화는 도시화, 봉건사회의 붕괴, 빈부격차의 심화, 핵가족화, 농촌인구의 감소, 상공인의 부상 등의 사회변화를 일으켰다. 또한 산업혁명에 의해 공업화·분업화·조직화·도시화되면서 대량생산·규격화·집단화·획일화되는 특징이 두드러졌다. 따라서 교육도 대규모화·규격화되면서 공장형 학교제도(대중교육)가 발달하여 동일한 연령대의 학생들이 똑같은 내용의 교육을 집단적으로 받는 교육 형태를 보인다.

그런데 제3의 물결은 컴퓨터와 통신의 결합으로 정보혁명이 일어나고 정보사회화가 이루어진다. 즉, 전자공학, 통신공학, 에너지대체공학, 재료공학, 유전공학 등의 첨단공학의 발달로 사회구조는 물론 인간의 생활양식과 가치관도 변화시키고 있다. 탈대중화, 탈대량생산, 의사결정의 탈중앙집권화, 가족의 탈대중화(핵가족을 대신하는 다양한 새로운 가족제도의 등

장), 다목적기업화, 노동의 탈동시화, 정치와 문화의 탈표준화, 생산과 소비가 결합된 프로슈머(prosumer)의 출현, 초국가적 조직망의 확산과 민족국가의 위축 등으로 대체되고 있다(김병성, 2017). 이처럼 새로운 과학기술 지식과 정보를 중심으로 사회 전반적인 체제의 변화가 이루어짐에 따라 21세기의 유일하면서도 지속적인 경쟁우위는 기술, 지식, 정보 요소를 갖춘 '교육받은 인력'의 양성을 통해 확보될 수 있다.

최근에는 제4차 산업혁명 시대의 도래에 전 세계적인 관심과 이목이 높아지고 있다. 제4차 산업혁명은 지능정보기술 발전을 변화의 동인으로 생산성이 고도화되고 산업구조의 근본적 변화를 초래한다(성태제, 2017). 인공지능, 사물인터넷, 로봇, 생명공학, 무인 자율주행기구 등은 인간의 삶에 긍정적인 영향을 미칠 것으로 주목된다. 반면에 다수의 일자리가 컴퓨터와 로봇으로 대체됨으로써 기술실업의 급격한 증가, 소득 불균형으로 인한 중산층 붕괴, 민주주의 위협 등 심각한 문제들이 대두되고 있다. 따라서 제4차 산업혁명 시대를 대비하기 위해서는 '인간중심의 지능정보사회'를 실현할 수 있도록 사회 전반에 걸쳐 혁신적이고 주도적인 대응전략이 요구된다. 제4차 산업혁명 시대에 핵심 동인은 '지능정보기술'이지만 인간의 중요성은 더욱 강조될 것이기 때문에 어떠한 인재를 양성해야 하는가라는 시대적 화두에 답할 수 있도록 교육 패러다임의 전환을 모색해야 할 때이다.

이러한 추세를 반영하여 WEF(2015)는 21세기에 학생들이 갖추어야 할 핵심 능력을 일상생활에 적응하기 위한 기초능력, 도전하기 위한 역량, 변화를 위한 개인적 특성을 제시하고 있다. 기초능력에는 문해, 수리문해, 과학문해, ICT문해, 경제문해, 문화와 시민문해, 도전하기 위한 역량으로는 비판적 사고와 문제해결력, 창의성, 의사소통, 협업력을 그리고 변화를 위한 개인적 특성에는 호기심, 끈기, 적응력, 리더십, 사회와 문화에 대한 인식을 열거하고 있다. 이처럼 미래 인재상에 부합하는 역량을 기를 수 있도록 교육시스템의 재구조화 및 교육내용과 방법에 대한 변화를 모색해야 할 것이다. 또한 평생직장이 아닌 평생직업 시대로 변화되는 사회에서 개인은 어떤 교육을 받고, 어떻게 진로를 설계해야 하는가를 진지하게 고민할 수 있도록 체계적인 진로교육이 제공되어야 할 것이다. 아울러 각 개인의 학습 필요가 엄청나게 확대되기 때문에 전 생애기간을 통하여 교육받을 수 있는 평생학습체제의 구축이 시급한 과제가 될 것이다.

한편 한국 사회의 변화를 가속시키는 대세는 다문화사회 진입과 저출산 고령화사회로 나타나고 있다. 우리나라는 전 세계 184개국 가운데 아이슬란드와 함께 유일하게 단일문화를 고수하고 있는 국가로 분류되었으나, 1990년대 이후 외국인 근로자와 결혼이민자 등 외국인 이주자가 급증하고 있다. 행정자치부와 통계청이 발표한 '2015 지방자치단체 외국인 주민 현황'에 따르면, 국내에 살고 있는 외국인 주민은 모두 171만 1,013명으로 전체 주민등록 인구의 3.4%를 차지한다. 또한 2000년대 중반 국제결혼가정이 급증하면서 '다문화 베이비붐' 현상이 나타나 국제결혼가정의 자녀수도 증가세를 보이고 있다. 초·중·고교에 재학 중인 다문화 학생은 9만 9,186명으로 10만 명 돌파를 목전에 두고 있다. 더구나 1990년대 이후 경기침체와 식량부족으로 인해 북한에서 남한으로 유입되는 북한이탈주민의 수가 크게 증가하였는데, 1990년 이전까지 600여 명에 불과하였으나 2015년 기준 28,000여 명에 달한다(통일부, 2015). 그 가운데 탈북청소년 재학생 수를 살펴보면 정규학교를 기준으로 2005년 421명에서 해마다 그 수가 늘어나 2015년에는 2,475명으로 집계된다(교육부, 2015).

이와 달리 한국사회의 출산율은 1990년대 후반에 외환위기를 경험한 뒤로 큰 폭으로 감소하여, 2005년 1.08명으로 역사적 저점을 기록한 바 있다. 최근 10년간 합계출산율은 1.12~1.30명 수준에 그치고 있으며 2015년 기준 1.24명에 불과한데, 이는 OECD 34개 회원국 중 34번째에 해당한다(박선권, 2017). 반면에 고령인구는 급속도로 증가하고 있어 사회 전체적으로 경제활동인구가 감소하는 추세이다. 이처럼 저출산 고령화에 따라 한국사회의 존립이 위협받는 상황에서 경제활동인구 유지를 위해서라도 외국인 근로자의 유입은 불가피할 것으로 보인다. 즉, 한국사회의 미래는 급격한 인구학적 변동을 겪을 수밖에 없으며, 그 과정에서 국제결혼가정과 외국인 이주자들의 비중이 커질 것으로 전망된다.

이러한 현실적 맥락을 반영하여 국제결혼가정과 외국인 이주자의 자녀들에 대한 사회적 배려와 지원 그리고 선주민 다수자 자녀들의 다문화적 시민성 육성이 중요한 교육적 과제로 떠오르고 있다(최충옥·모경환 외, 2012). 우리 사회는 다양한 인종적·문화적·언어적·종교적 배경을 가진 사람들이 공존과 화합을 위해 일상적으로 노력하는 대중적 경험이 축적되고 확산될 겨를도 없이, 아동과 청소년들이 대부분의 시간을 보내는 학교는 다문화적 공간으로 빠르게 변모하고 있다. 아울러 한국사회는 역사적으로 단일 민족의 정체성을 고수해 왔으나 점차 다양한 인종적, 민족적, 문화적 정체성의 수용과 혼용을 요구하는 새로운 시대적 도전에 직면하고 있다. 따라서 학교교육은 다양성과 공존을 추구하는 사회통합의 원리를 구현할 수 있도록 다문화교육의 실천을 적극적으로 모색해야 할 것이다. 구체적으로 다양한 이주배경을 갖고 있는 자녀들의 적응을 돕고 역량을 계발하기 위해 이들의 특성을 고려하여 평등한 학습기회를 제공하고, 건전한 자아개념과 정체성 형성을 위해 노력해야 한다. 또한 학교는 시민교육의 장으로서 문화적 다양성과 차이에 대한 개방성과 관용의 자질을 함양하기 위해 모든 학생을 대상으로 하는 편견 해소 프로그램 및 관용 함양 프로그램을 제공해야 한다.

제2절 교육현상의 사회학적 관점

교육현상을 사회학적 관점에서 설명하는 교육사회학 이론은 전통적인 사회학 이론에 깊은 영향을 받으면서 발전해 왔다. 교육사회학 이론을 분류하는 방식은 다양하지만 크게 거시적 관점과 미시적 관점으로 나눌 수 있다. 거시적 관점은 교육현상을 보다 거대한 사회 내에 위치시켜 보아야 이해할 수 있는 것으로 설명한다. 반면에 미시적 관점은 일상생활의 상호교섭 과정에서 행위자들의 자율성과 이들이 부여하는 의미와 규칙들에 관한 탐구를 강조한다. 예를 들면, 거시적 관점은 숲을 중심으로 탐구한다면 미시적 관점은 숲을 보기보다는 나무와 풀을 보는 접근법이라고 할 수 있다. 여기에서는 거시적 관점의 기능이론과 갈등이론을 중심으로 사회관과 교육관 및 한계점을 살펴보고, 미시적 관점의 해석적 접근의 특징과 연구들을 소개한다.

1. 기능이론

1) 기능론적 사회관

기능이론은 사회학의 아버지로 불리는 콩트(Auguste Comte, 1798~1857)와 유기체설을 제시한 스펜서(Herbert Spencer, 1820~1903)에 의하여 기초가 형성된 뒤에 교육사회학의 창시자로 알려진 프랑스의 뒤르켐(Emile Durkheim, 1818~1883)에 의해 체계적으로 정립되었다. 오랜 전통을 가진 기능이론의 근원은 생물학에서 비롯되었으며, 사회를 하나의 거대한 생물학적 유기체와 같다고 본다. 사회유기체설에 입각한 기능이론의 사회에 대한 기본 가정은 다음과 같다(김영화, 2012).

첫째, 사회는 독자적인 기능을 수행하는 다양한 부분들로 구성되어 있다. 유기체가 소화기관, 순환기관, 호흡기관, 배설기관 등 독자적인 기능을 수행하는 부분으로 이루어졌듯이, 사회도 정치, 경제, 교육, 문화, 종교기관 및 제도 등 독자적인 기능을 수행하는 다양한 부분들로 구성되어 있다.

둘째, 사회의 각 구성 부분들은 독자적인 기능을 수행하는 동시에 상호 의존한다. 소화기관이 건강해야 배설기관도 건강을 유지할 수 있듯이 교육이 제대로 기능해야 경제도 성장할 수 있다.

셋째, 사회의 각 구성 부분들은 전체 사회의 유지와 존속을 위해 기능한다. 인체 각 기관이 인간의 건강과 생명을 유지하기 위해 기능하듯이 사회 각 구성 요소는 사회의 안정과 질서를 유지하기 위해 기능한다.

넷째, 사회의 정상적인 상태는 질서와 균형 상태이며, 갈등과 대립, 폭력 등 사회의 안정을 위협하는 사건과 현상들은 일시적인 병리현상이다. 인체에 병균이 침투하면 면역체계가 기능하여 병을 몰아내는 것처럼 사회에 갈등과 폭력이 발생하면 사법기관이나 경찰과 같은 관련 기관들이 질서와 균형을 되찾게 한다.

다섯째, 사회의 질서와 균형은 사회 구성원들 간에 도덕적 합의가 있기 때문에 유지될 수 있다. 도덕적 합의는 사회의 구성원 대다수가 동일한 가치를 공유할 때 이루어질 수 있으며, 종교나 교육은 사회 구성원들 간에 도덕적 합의를 이끌어내는 데 핵심적인 기능을 수행한다.

기능이론은 사회학의 '주류' 이론으로서 각광받으며 1960년대에 이르기까지 특히 미국 사회학계를 주도하였다. 미국 사회학을 이끈 가장 영향력 있는 학자는 파슨스(Talcott Parsons, 1902~1979)로서 뒤르켐의 사상과 이론을 계승하였고 구조기능론자(structural functionalist)로 불린다. 구조기능이론의 특징은 네 가지로 요약된다(오욱환, 2009: 86).

첫째, 사회는 부분들이 결합한 체계이므로 전체로 이해되어야 한다.

둘째, 사회체계는 기본적으로 동적 균형을 이루고 있다. 외부 변화에 대해 적응할 때에는 체계 내의 변화량을 최소화한다. 사회는 변화가 일어나기 전에는 사회화(socialization)를 통해서, 변화가 일어난 후에는 제재(sanction)를 통해서 외부 변화에 효율적으로 적응한다.

셋째, 변동은 급격하거나 혁명적인 방법으로 일어나지 않으며 일반적으로 점진적 적응 방식으로 일어난다.

넷째, 사회통합을 이루려면 가장 기본적인 요건인 가치 합의가 이루어져야 한다.

구조기능주의 설명에 따르면, 개인은 사회적 분업의 결과로 나누어진 여러 지위들(status) 가운데 하나 또는 다수를 차지하고 그 지위에 부여된 권리와 의무인 역할(role)을 수행한다. 사회구조는 역할이 수행됨으로써 여러 지위들이 상호 연관될 때 구성되며, 기능은 실제로 수행되는 사회적 임무를 의미한다. 또한 효율적인 역할 수행은 구성원들이 공동의 규범과 가치를 공유할 때 가능하다. 구조기능주의는 사회의 하위 부분들이 사회 전체의 유지와 발전을 위해서 맡겨진 역할을 조화롭고 기능적으로 수행하는 것을 전제로 하기 때문에 조화론(harmony theory) 또는 합의론(consensus theory)으로 불리기도 한다.

2) 기능론적 교육관

기능이론에 의하면 교육은 사회를 유지·존속시키기 위한 적합한 기능을 수행한다. 기능주의 시각에서 교육의 기능은 다양하게 접근할 수 있지만 가장 강조되는 두 가지 기능, 즉 사회화 기능과 사회적 선발·배치 기능을 중심으로 검토하기로 한다. 먼저 교육의 사회화 기능은 보편적 사회화와 특수 사회화라는 두 가지 측면에서 살펴볼 수 있다. 뒤르켐(Durkheim, 1933)에 따르면, 보편적 사회화란 구성원들에게 그 사회의 공통적인 사상과 정서와 관습을 내면화시킴으로써 사회 구성원들의 일체감을 확보하고 사회의 동질성을 유지·강화할 수 있다. 곧 보편적 사회화는 한 사회가 갖는 공통의 감성과 신념을 새로운 세대에게 내면화시키는 것이다.

한편 특수 사회화란 사회가 유지되기 위해서는 다양한 직업집단이 필요하므로 일정 연령에 도달한 아동에게는 다양한 직업이 요구하는 특수한 능력과 전문지식을 습득시켜 아동이 소명받은 역할을 수행할 수 있도록 준비시키는 것이다. 미래 세대는 특수 사회화를 통해서 다양한 직업집단이 요구하는 특수한 지적·도덕적 특성을 함양하여 직업집단의 규범을 습득하게 된다. 산업화가 진행됨에 따라 사회의 분업은 가속화되고 새로운 직업집단이 출현하기 때문에 특수 사회화의 필요성은 더 높아진다. 다시 말해 교육의 사회화 기능은 사회화를 통하여 개인은 사회에서 공통적으로 요구하는 지식과 기술, 태도, 가치관, 규범 등을 내면화하고, 아울러 성인이 되어 특정 직업세계에서 직업인으로서 살아가는 데 필요한 특성을 습득한다.

다음으로 교육의 사회적 선발·배치 기능은 학교교육을 통해 인력을 양성하여 적재적소에 선발하여 배치함으로써 사회의 효율성을 높이는 데 기여할 수 있다고 본다. 파슨스(Parsons, 1959)에 따르면, 학교는 개인의 능력과 적성을 정확히 파악하여 그에 맞는 교육을 받도록 하고, 개인이 받은 교육에 따라 적합한 직업과 역할을 담당하게 함으로써 인력 활용의 효율성을 극대화시킬 수 있다고 하였다. 현대사회에서는 산업 및 사회구조가 급격히 발전함에 따라 기술 및 전문 인력을 점점 더 요구하게 되며, 교육체제는 직업세계의 분화에 따라 다양한 분야에 적합한 사람을 선발하여 길러내는 역할을 효과적으로 수행해야 한다(김병성, 2017).

기능이론에 의하면 기회균등과 업적주의(meritocracy) 사회관에 입각하여 학교는 개인에게 교육의 기회를 균등하게 주고, 개인의 능력과 노력의 결과에 따라 선발하여 사회적 지위와 역할을 분류하고 배분함으로써 사회이동을 촉진시킨다고 본다. 전통사회에서는 신분에 의해 사회적 지위와 역할이 결정되었지만, 근대 산업사회에서는 개인의 사회경제적 배경이 아니라 보편화된 의무교육대상으로서 누구나 학교교육을 받을 수 있고, 학업성취 결과 및 교육 수준에 따라 사회적 지위의 수준이 결정된다(김영화, 2012).

개인의 능력과 노력의 결과에 따라 차등적 보상이 주어지는 업적주의가 실현되려면 개인의 사회경제적 배경에 관계없이 균등한 기회가 보장되어야 한다. 다시 말해서 신분, 계급, 계층, 인종, 종족, 성, 지역 등에 의한 사회적 차별이 철폐되고, 누구나 동일한 조건에서 출발하여 하나의 경기 규칙 아래 경쟁할 수 있어야 한다. 이러한 전제에서 학교교육은 지식과 전문적 소양을 중시하는 사회에서 모든 사람들이 자신의 능력을 마음껏 발휘할 수 있도록 적합한 지식, 기술, 가치, 규범 등을 함양하여 사회에 적응하도록 해야 한다. 아울러 합리적이고 공정한 선발과정을 통해 개인의 능력에 따라 적재적소에 인력을 배치시켜야 한다. 요컨대, 근대 산업사회에서 학교교육은 신분을 대신하여 개인의 사회경제적 지위를 획득하는 데 중대한 영향을 미침으로써 능력과 노력의 결과에 따라 정당한 보상이 주어지는 사회적 평등을 실현하는 데 기여할 수 있다.

3) 한계와 비판

기능이론은 교육과 사회의 관계를 긍정적으로 파악하고 교육의 순기능을 강조하지만 다음과 같은 한계와 비판이 있다.

첫째, 기능이론은 보수적인 특성을 가진다. 기능이론은 사회 전체의 안정과 질서 유지를 우선적으로 중요시하기 때문에 변화보다는 적응을 강조한다. 보수적인 성향을 갖는 교육이론의 중심 과업은 기존 사회의 질서와 전통을 보존하고 전수하는 것이 된다. 따라서 기능이론은 기존 체제의 존속과 현상 유지를 옹호한다는 점에서 비판을 받는다.

둘째, 기능이론은 통합성과 합의성을 지나치게 강조함으로써 다양한 집단

간의 갈등을 소홀히 취급한다. 기능이론은 사회의 모든 구성원들이 가치에 대한 합의를 이루고 있다고 가정하고 있으나, 실제로 사회에서는 상반된 가치들이 대립되어 있으며 심각한 갈등을 일으키기도 한다. 따라서 각자 다른 이해관계를 갖는 다양한 사회집단들이 교육을 수단으로 자신의 기득권을 고수하고자 경쟁하고 갈등을 일으키는 현실을 제대로 설명하기 어렵다.

셋째, 기능론적 관점에서 학교의 기능은 개인의 능력과 노력의 결과에 의해 공정하고 합리적으로 사회적 지위를 배분하는 선발기제라는 전제를 토대로 설명되기 때문에 귀속적 측면의 영향을 과소평가한다. 기능이론에 의하면 학교교육은 학생들이 속한 사회경제적 배경에 관계없이 타고난 재능을 개발하고 능력을 확대시킬 수 있는 제도이며, 학교에서의 평가기준은 보편적이고 타당한 것으로 간주된다.

그러나 학교에 오는 학생들이 모두 동일한 출발선에서 시작하는 것이 아니라는 점을 간과하고 있다. 다시 말해서 교육을 받기 시작하는 단계에서 이미 계급, 계층, 인종, 성별 등에 따라 차이가 존재하며, 이에 따라 교육의 과정과 결과 차원에서도 격차가 나타나는 점을 과소평가하고 있다. 그러므로 개인의 사회적 지위가 자신이 속한 사회경제적 배경과 상관없이 오로지 학교교육을 통한 성취의 결과로만 획득될 수 있는 것인지에 대해 갈등론적 관점에서 근본적인 비판이 제기된다.

2. 갈등이론

1) 갈등론적 사회관

갈등이론은 1960년대를 기점으로 기존 사회체제에 대한 회의가 거세지고, 사회개혁의 분위기가 고조된 시대적 상황을 반영하여 부상하기 시작하였다. 당시 미국에서는 자본주의 경제 불황으로 인한 경기 후퇴, 베트남 전쟁의 개입에 대한 지성인들의 비판, 빈부격차의 심화, 인종차별 반대와 인권운동 등이 확산되었다. 사회학계에서 주도적인 역할을 해왔던 구조기능주의에 대한 비판을 반영한 대안적 이론을 모색하는 흐름 속에서 그동안 등한시 해왔던 집단갈등과 사회변화의 문제를 중요한 사회현상으로 주목하였다. 갈등이론의 지적 전통은 유물론적 역사관을 체계화한 마르크스(Karl Marx, 1818~1883)와 일방적 유물론의 한계를 지적하고 자본주의의 발전과 프로테스탄티즘의 관계를 설명한 베버(Marx Weber, 1864~1920)의 사상과 이론으로부터 비롯된다. 마르크스와 베버의 사상과 이론은 후대에 신마르크스주의자들과 신베버주의자로 불리는 학자들에 의해 이론적 발전이 활발하게 전개되고 있다.

갈등이론은 사회의 본질을 갈등과 경쟁의 관계로 본다(김병성, 2017). 사회의 재화는 일정한데 비해 인간의 욕망은 무한하므로 모든 사회는 이를 둘러싼 갈등과 긴장관계에 놓여 있다고 설명한다. 사회적 희소성을 갖는 가치로서 재화, 권력, 명예, 지위 등이 한정되어 있기 때문에 사회의 구성원들은 개별적 혹은 집단적으로 사회적 가치를 더 획득하기 위해 끊임없이 갈등을 겪게 된다는 것이다. 역사적으로 사회적 희소가치에 대한 열망과 추구가 계속되어 오면서 어느 사회에서나 집단들 간의 갈등은 존재하였으며 따라서 사회변동과 변화는 필연적이다.

갈등이론을 체계적으로 발전시킨 마르크스에 의하면, 인류의 역사는 다양한 형태의 계급 갈등을 겪으면서 원시 공산사회→고대 노예사회→중세 봉건사회→자본주의사회→공산주의사회로 변화 발전하며, 이러한 역사 발전의 원동력은 사회계급(social class) 간의 갈등과 투쟁이다. 사회계급은 생산양식에 의해 형성되며, 생산수단을 가진 집단과 생산수단을 갖지 못한 집단으로 구분된다. 생산수단을 가진 집단은 유산계급, 부르조아지, 자본가, 지배집단, 억압자 등으로 불린다. 반면에 생산수단을 갖지 못한 집단은 무산계급, 프롤레타리아, 노동자, 피지배집단, 피억압자 등으로 분류되며, 이 두 집단은 적대적 관계로 상정된다. 유산계급은 무산계급의 경제적 이익을 착취하고, 이들을 현존 사회질서에 순응하게 하면서 불평등한 사회구조를 정당화한다. 무산계급은 유산계급의 불평등한 지배 질서에 대항하여 자신들의 노동력에 대한 정당한 보상을 위해 유산계급과 심각한 대립과 투쟁관계를 겪게 되는데, 이를 '계급갈등'이라고 한다.

마르크스 이론에서는 특정 시대의 사회를 이해하기 위해서는 그 사회의 경제구조를 파악해야 한다. 경제구조는 하부구조(infra structure) 또는 경제적 토대로서 물질적·경제적 기반을 의미한다. 이와는 달리 상부구조(super structure)는 정치제도와 사회제도 그리고 문화, 종교, 예술 등 모든 정신적 창조물을 의미한다. 마르크스 이론의 핵심 명제는 '하부구조가 상부구조를 결정한다'는 것이며 경제구조에 의하여 사회의 모든 분야가 좌우된다고 주장한다(오욱환, 2009). 예를 들어, 자본주의사회에서 하부구조는 자본가와 노동자 간의 생산관계로 이루어진다. 소수의 자본가가 다수의 노동자를 지배하는 경제구조는 상부구조영역의 여러 사회제도의 기능과 역할에 영향을 미치게 되는데, 자본가계급의 이익을 반영하고 노동자계급의 통제를 제도적으로 보장하기 위한 도구로 이용된다.

한편, 갈등이론의 발전은 베버의 영향을 받기도 하였다. 베버에 따르면 사회학은 사회현상을 해석하고 이해하는 학문으로 규정함으로써, 하나의 연구나 이론이 현상을 결정적으로 설명할 수 있다는 독단을 거부한다. 사회현상을 명료하게 이해하고 해석하는 데 주력한 베버는 경제적 요인에 의한 계급을 강조한 마르크스와 달리 계급(class), 지위(status), 정당(party)을 포함하여 다차원적으로 접근한다. 베버에 의하면 사회구조의 위계적 집단, 즉 사회계층은 계급에 의한 자산(property), 지위에 의한 위세(prestige) 그리고 정당에 의한 권력(power) 등 세 가지 요인에 의해서 복합적으로 결정된다(오욱환, 2009). 다음에서는 베버의 관점에서 계급, 지위, 정당의 개념을 구체적으로 살펴보겠다.

먼저 계급은 개인들이 이윤추구의 목적으로 가치 있는 물건을 사고파는 경쟁적 교환체계인 '시장'에서 공통된 상황을 공유하고, 비슷한 경제적 이해관계와 삶의 기회를 갖는 사람들의 집합으로 규정된다(Grabb, 1994). 마르크스가 생산수단의 소유 여부에 따른 이해관계의 갈등과 충돌을 이원론적 계급—자본가계급과 노동자계급—으로 설명한 반면에, 베버는 계급을 세분화하고 있다. 즉, 부르조아지는 재산 규모에 따라 대자본가와 프티 부르조아지로 구분되고, 무산자들은 오직 자신의 노동력만 팔 수 있는 노동자계급과 전문지식과 기술을 가진 전문가, 기술자, 화이트칼라 피고용자, 공무원들로 나뉜다.

다음으로 지위는 직업적 지위질서 내에 분배되어 있는 사회적 명예 또는 위세로부터 획득되는 권력의 정도에 따라 높낮이가 결정된다. 예를 들어, 교황이나 추기경은 계급 차원에서 가장 부유한 자본가들보다 낮지만 직업지위는 아주 높다. 마지막으로 정당은 단순한 개인들의 집합이 아니라 공통되는 이해관계의 추구를 위해 체계적으로 조직된 자발적 결사체를 의미하며, 정치적 정당, 노동조합, 환경보호단체와 같은 시민사회의 압력집단들 그리고 의사협회와 같은 전문직집단 등이 포함된다. 따라서 사회적 이해관계의 충돌과 갈등문제를 분석할 때에는 경제적 계급, 직업적 지위, 정치적 정당의 여러 유형에서 발생하는 권력의 정도와 지배관계를 고려해야 한다.

2) 갈등론적 교육관

갈등론적 관점을 가진 교육사회학자들은 현실사회에 대해 기본적으로 비판적 시각을 갖고 있다. 특히 마르크스주의에 영향을 받은 이론가들은 자본주의사회에서 계급 간 구조적 불평등 문제를 신랄하게 지적하고 이를 극복하기 위한 방향과 대안을 모색한다. 비판적 교육사회학자들에 의하면 지배계급은 자본주의 경제체제와 무관해 보이는 학교교육을 이용하여 자신들이 누려온 특권을 후손들에게 교묘하게 상속한다(오욱환, 2009). 다시 말해서 자본주의사회에서 학교교육은 사회의 불평등 구조를 재생산하는 장치로 이용된다고 비판한다.

갈등론적 관점에서 학교는 첫째, 학생들에게 독립적이고 자율적인 사고능력과 태도를 길러주기보다는 현 사회구조에 순응하고 복종하는 태도를 가르친다. 둘째, 학생들에게 현대사회의 복잡한 직업특성에 필요한 전문적인 지식과 기술을 가르치기보다는, 계층화된 직업구조에 필요한 편협한 기술적인 가치관을 배우도록 한다. 셋째, 민주적이고 인간적인 가치와 규범을 습득시키기보다는 지배계급과 관련된 가치와 태도를 익히도록 한다. 그렇다면 실제로 학교가 자본주의사회의 불평등 구조를 재생산하는 데 어떻게 기여하고 있는지를 실증적으로 분석한 보울즈(S. Bowles)와 긴티스(H. Gintis)의 경제적 재생산론을 살펴보기로 한다.

보울즈와 긴티스는 자본주의 생산과정에서 요구되는 지배–복종의 인간관계가 학교교육을 통해서 재생산된다고 설명한다(Bowles & Gintis, 1976). 즉, 학교는 자본주의 경제체제를 위해 순종적인 노동력을 생산하는 곳으로 간주하고 '상응원칙'(correspondence principle)이라는 개념을 제시한다. 상응원칙에 따르면 사회 및 작업 장면에서의 위계적, 지배–복종적 인간관계가 학교에도 그 모습 그대로 거울에 비치듯 작용하고 있다.

첫째, 노동자들이 직무내용에 대해 권한이 없는 것처럼 학생들도 그들이 배우는 학습내용에 대해 통제권이 없다. 둘째, 노동이 외적보상인 임금을 획득하기 위하여 이루어지는 것처럼 교육도 목적으로서가 아니라 성적, 학점, 졸업장 등을 얻기 위한 수단으로서 추구된다. 셋째, 생산체제의 분업화, 세분화를 통해 노동자들의 작업과정을 분절화시키고 이들의 단합을 저지하여 자본가의 통제를 용이하게 하는 것처럼, 업적주의식평가와 상대적 서열화에 의한 학생들 간의 과도한 경쟁을 통해 학습과정을 왜곡시키고 학생들을 학교체제에 순응하게 한다. 넷째, 학교는 학생들이 미래에 차지할 사회적 지위와 경제적 위치를 반영하여 차별적으로 사회화시킨다.

낮은 학교단계에서는 하위 직종에 종사할 노동자를 길러내며 지시에 대한 복종, 규칙 준수, 시간 엄수 등을 중요한 덕목으로 강조한다. 중간 수준의 학교단계에서는 직접적이고 계속적인 감독 없이도 일할 수 있는 능력을 중요시하며, 대학에서는 독립적으로 판단하고 규범의 내면화를 강조하여 상위 직종을 차지할 엘리트 인력을 길러낸다. 요컨대, 학교교육은 사회적 불평등을 해결하는 방법이 될 수 없고, 불평등의 근원은 자본주의 경제체제의 구조적 모순이며, 학교는 이 모순을 유지하고 강화하려는 지배계급에 의해 조작되고 있는 사회적 기관일 뿐이다. 사회적 불평등을 해소하려면 학교체제가 변화할 가능성은 기대하기 어렵고 자본주의 경제체제가 전면적으로 재구조화되어야 한다는 것이다.

한편, 사회적 불평등 현상을 다차원적으로 설명한 베버의 사상과 이론에 영향을 받은 콜린스는 학교교육을 사회적 특권을 획득하고 유지하기 위한 기제로 인식하고, 이를 둘러싼 다양한 집단들 간의 경쟁에 주목하여 지위경쟁이론을 주장한다(Collins, 1971). 지위경쟁이론에 따르면 학교교육체제는 자본주의 이해관계 혹은 사회체제 전체의 필요에 따라 기능한다고 볼 수 없으며, 사회 내의 다양한 이해관계를 가진 집단들 간의 경쟁과 투쟁 혹은 갈등과 타협의 산물이라고 주장한다. 콜린스는 지위집단(status group)을 중심 개념으로 사회구조를 설명한다(오욱환, 2009). 지위집단의 핵심은 가족과 친구들로 구성되지만 종교, 교육, 종족 공동체로 확산되며, 공동문화에 참여함으로써 경제적 계급, 사회문화적 위세, 정치적 권력 등으로 형성되는 지위 일체감을 공유하게 된다. 부(자산), 위세, 권력에 의해 배치되는 사회적 지위들 가운데 높은 자리를 차지하기 위한 투쟁이 끊임없이 일어나는 사회에서 개인들은 단독으로 나서기보다는 지위집단의 구성원으로 경쟁에 나서는 방법을 선택한다.

콜린스(Collins, 1971)에 의하면, 높은 위치의 지위집단들은 집단 내에 동질성을 구축하고, 다른 사람들이 특권을 가진 자신들의 자리에 접근하는 것을 제한하기 위해 학교교육을 이용한다는 것이다. 예를 들어, 특정 지위집단—의사, 약사, 변호사, 회계사 등 전문직 집단—내의 결속과 기득권의 유지는 충성심을 가진 조직구성원의 선발과 통제를 통해 이루어질 수 있다. 전문직 지위집단에 속한 조직의 엘리트들은 자신들과 동일한 속성을 가진 구성원들을 물색하게 되고, 이때 선발 기준과 자격 조건으로서 학력 수준과 졸업장 또는 면허증 등이 활용될 수 있다는 것이다. 따라서 지위집단은 졸업장으로 해당 직업의 입직 조건을 제한함으로써 지위집단 내의 문화적 응집성을 강화하고 지배권을 유지할 수 있다.

지위경쟁이론에 따르면 학교교육을 통해 얻은 졸업장 그 자체는 전문적 기술이나 성취의 증명서로 인정되기보다는 특정 집단의 일원임을 밝혀주는 신용증명서(credential)로서 더 중요하게 활용되고 있다고 본다. 또한 학교교육으로 취득한 졸업장은 사회적 지위 획득의 수단으로 간주되기 때문에, 높은 학력 수준과 좋은 학벌을 갖추기 위한 학력경쟁이 치열해진다고 설명한다. 사회 전반적으로 모든 사람들이 좀 더 나은 소득과 높은 직업적 지위를 차지하기 위해 학력 및 학벌 상승을 추구하다 보면 결과적으로 학력 인플레이션이나 과잉교육 현상이 발생하게 된다.

3) 한계와 비판

갈등론적 교육이론은 자본주의사회에서 학교교육의 문제를 사회적 불평등과 연결시킴으로써 학교교육에 대한 비판적 시각을 제공해 준다. 그러나 갈등론적 교육이론이 제공한 학교교육에 대한 새로운 해석은 이론적 한계를 보이기도 하고, 학교교육의 본질적인 모습을 왜곡하고 있다는 비판을 받기도 한다. 갈등이론에 대한 한계와 비판은 다음과 같다.

첫째, 갈등이론은 경제결정론에 빠져 있다는 비판을 받는다. 교육이 경제구조에 의해 일방적으로 결정된다고 주장함에 따라 교사와 학생은 교육주체로서 자율성을 인정하지 않고 불평등한 사회질서에 맞추어 사회화되는 수동적 존재로 간주된다. 따라서 기존 사회체제의 억압과 모순을 신랄하게 지적하였지만 결과적으로 불합리한 사회구조를 변화시켜야 하는 당위성만 강조했을 뿐 변화를 위한 전략과 대안을 마련하는 데에는 실패한 것으로 비판받고 있다.

이처럼 결정론적 시각의 한계를 드러낸 불평등재생산이론을 극복하기 위해 갈등론적 관점은 개인의 자율성과 주체적 선택을 강조한 '저항이론'[1]을 제안하고 있다. 저항이론가들은 자본주의사회를 변화시키려면 자본주의사회의 모순에 대한 비판만으로는 부족하고, 변화를 추진할 수 있는 능동적·적극적·주체적 인간의 개념을 설정하고 구체적 실천을 중요하게 생각한다.

1) 저항이론에 따르면 인간은 사회구조가 요구하는 대로 그 성격이 규정되는 수동적 존재가 아니라 사회의 불평등 구조에 저항하는 능동적 존재라고 본다. 따라서 사회 구성원으로서 인간 존재의 자율성과 주체성을 부각시키려는 이론적 논의와 함께 학교의 내부 구성원인 교사, 학생, 행정가들이 변화를 추진할 수 있는 동인(動因)으로서 가능성을 탐구하였다. 이러한 맥락에서 윌리스(Willis, 1977)의 연구는 저항이론을 발전시키는 데 결정적 계기가 된 것으로 평가할 수 있다. 이 연구를 간략하게 소개하면, 영국 중부지방 공업지역 작은 도시(가칭 해머타운)에 있는 종합고등학교에 재학 중인 12명의 노동계급 출신 남학생들(lads: 주로 '사나이들'로 번역)의 일상생활을 문화기술지(ethnography) 방법으로 연구했다. 사나이들은 자신들끼리는 대단한 결속력으로 뭉쳐 있으면서 교사에게 반항하고, 학교생활을 충실히 하는 모범적인 학생들은 '범생이들'(ear'oles: 학교의 문화에 순응하는 학생들을 조롱하는 표현으로 행동 없이 듣기만 하는 순종주의자를 지칭하여 '귓구멍'으로 번역)로 부른다. 사나이들은 '열심히 공부하면 성공할 수 있다'는 신념을 주입시키는 교사와 학교문화를 거부한다. 또한 이들은 노동계급의 문화를 진정한 남성의 문화, 생산의 문화로 인식하며 자신들도 아버지와 같은 육체노동직을 선택한다. 요컨대, 12명의 노동계급 사나이들이 스스로 노동자가 되기를 선택한 과정은 학생들이 학교에서 가르치는 것을 수동적으로 배우는 존재가 아니라, 적극적 의지를 가진 자율적 존재일 수 있음을 보여 주었다.

둘째, 갈등이론은 학교를 경제적 기능과 지위배분 기능을 수행하는 기관으로 국한시킴으로써 교육의 다른 기능들을 무시하고 있다. 국가사회의 공동체 의식과 사회적 결속을 높이는 데 기여한 사회통합 기능을 과소평가하고 있다. 또한 교육선발의 불평등과 불공정을 지나치게 강조함으로써 개인의 재능과 노력에 따른 선별을 인정하지 않으며 능력주의 사회이동을 통한 사회적 평등 실현에 기여한 점을 부정하고 있다.

셋째, 갈등이론은 교육과 사회불평등과의 관계에서 교육의 과정보다는 교육의 결과와 계급적·사회적 지위 간의 관계만을 주목함으로써 실제 학교교육을 검은 상자(black box)로 취급하였다고 비판받는다. 가르침과 배움이 일어나는 교수 학습 과정을 제대로 설명하지 못함으로써 교육의 본질적 측면보다는 도구적·수단적 역할만을 강조한 측면이 있다.

지금까지 살펴본 기능이론과 갈등이론의 사회관과 교육관에 대한 설명을 간략하게 비교 정리하면 <표 4-2>와 같다.

〈표 4-2〉 기능이론과 갈등이론의 사회관 및 교육관 비교

구분	기능이론	갈등이론
사회관	• 사회의 모든 요소는 안정과 균형을 지향한다. • 사회의 모든 요소는 상호의존적이다. • 사회의 갈등과 대립은 일시적 병리현상이다. • 사회의 모든 요소는 그 사회의 유지와 존속에 기여한다. • 모든 사회는 구성원 간의 가치 합의에 기반을 두고 있다.	• 모든 사회는 언제나 변화의 과정에 있다. • 사회의 각 집단은 경쟁적이며 대립적인 관계에 있다. • 사회의 갈등과 대립은 모든 사회에 편재해 있는 본질적 현상이다. • 사회의 모든 요소는 그 사회의 해체와 변화에 기여한다. • 모든 사회는 한 집단의 다른 집단에 대한 강제에 기반을 두고 있다.
교육관	• 학교는 보편적 사회화를 통하여 공동체 의식을 함양하며 사회결속력을 높인다. • 학교는 개인의 능력과 적성에 따라 적합한 지식과 기술 및 태도를 함양하여 직업세계에 잘 적응할 수 있도록 하고 사회에서 필요로 하는 인력을 양성한다.	• 학교는 개인의 사회계급에 따라 미래에 차지할 사회적 지위에 맞추어 차별적 사회화를 시행함으로써 불평등 구조의 재생산에 기여한다. • 학교는 직업세계의 사회적 관계에 상응하는 가치관과 태도의 사회화를 통하여 자본주의 확대 재생산에 기여한다.

(계속)

구분	기능이론	갈등이론
교육관	• 학교에서 다루는 교육내용은 사회 구성원 모두에게 가치가 있는 내용이다. • 학교는 출신 배경을 대신하여 개인의 사회경제적 지위를 결정함으로써 사회이동을 촉진시키고 능력주의 사회평등 실현에 기여한다. • 학교교육은 인력을 양성하여 능력과 적성에 따라 적재적소에 배치함으로써 사회적 효율성의 극대화에 기여한다.	• 학교에서 다루는 교육내용은 기득권을 가진 사회집단의 문화로서 가치관, 규범, 태도 등을 은밀히 전수한다. • 학교교육과 직업세계 간에는 기능적 관계가 없으며 졸업장은 상징적인 도구로서 특정 직업지위 집단의 입직 조건을 제한하여 지배집단의 기득권을 유지하는 데 기여한다.

출처: 김영화(2012). 「교육사회학」. 서울: 교육과학사. p. 43, 48; 이종각(2005). 「새로운 교육사회학총론」. 개정증보판. 서울: 동문사. p. 452 내용을 참조하여 재구성

3. 해석적 접근

1) 해석적 접근의 특징

해석적 접근은 거시적 관점의 기능론과 갈등론에 대한 비판과 대안의 성격을 가지고 있다. 교육사회학의 주류를 이루었던 기능주의와 갈등이론에서는 주로 거대한 사회구조 또는 경제구조와의 관계 속에서 교육의 사회적 기능을 밝히는 데 치중한 결과, 실제 학교교육이 이루어지는 내적 과정에는 관심을 기울이지 않았다고 비판받는다. 즉, 교육에 대한 거시적·구조적 접근은 교육과 사회의 관계를 기능적으로 파악하여 학교의 목적과 역할을 주로 설명하고 있다. 따라서 학교 현장에서 교사와 학생 사이의 상호교섭이 일어나는 일상생활에 대한 탐구를 결여하고 있다는 것이다.

해석적 접근은 훗설(Edmund Husserl, 1859~1938)이나 슈츠(Alfred Schutz, 1899~1959)의 현상학, 미드(George Herbert Mead, 1863~1931)의 상징적 상호작용론, 가펑클(Harold Garfinkel)의 민속방법론, 교환이론, 지식사회학 등 다양한 지적 전통에 기원을 두고 있으나 기본적으로 공유하는 특징들이 있다. 해석적 접근은 교육체제의 내부 현상을 설명하기 위해 미시적 관점에

서 교육과 사회의 관계를 접근하는 데 해석적 패러다임으로 불리기도 하며 일반적 특징을 정리하면 다음과 같다(김영화, 2012).

첫째, 연구 관심과 대상의 측면에서 해석적 접근은 미시적 관점에서 사회현상을 이해한다. 사회현상은 자연현상과 달리 객관적으로 존재하는 실체라기보다 구성원들이 행위에 부여하는 의미에 의해 형성되는 것이라고 본다. 즉, 사회적 현실(reality)은 이미 주어진 것이 아니라 의미의 창조자인 개인들의 상호교섭에 의하여 구성된다고 본다. 반면에 기능론과 갈등론은 거대한 사회구조 또는 경제구조가 그 구성원의 행위를 지배하는 것으로 보고 사회구조에 일차적 관심을 갖는다는 점에서 비교된다.

둘째, 인간과 사회적 행위 측면에서 해석적 접근에 따르면 인간은 자유의지를 지닌 주체적이고 능동적인 존재로 간주된다. 해석적 접근은 인간의 주체성을 강조한 행위자(agent) 중심의 관점으로서 주체적인 개인들의 사회적 행위와 개인들이 행위에 부여한 의미가 사회구조를 형성한다고 본다. 반면에 기능론과 갈등론 관점에서 인간은 사회구조에 의해 움직여지는 사회화의 산물이며, 사회적 법칙에 따라 만들어지는 수동적 객체로 간주된다.

미드(G. H. Mead)에 의해 발전된 상징적 상호작용론에 의하면 개인은 일상생활의 장면에서 자신의 행위에 대해 의미를 부여하는 것처럼 자신과 관계를 맺고 있는 다른 사람들의 행위에 대해서도 의미를 부여하며, 상대방이 행위를 해석하고 나서 거기에 맞추어 다음 행위를 선택한다. 또한 개인은 마음대로 행동하는 것이 아니라 자기 자신의 행위의 의미가 다른 사람에게 전달되고, 전달받은 사람이 이에 대해 어떤 방식으로 반응할 것인지 예상하여 거기에 맞추어 행동한다고 설명한다. 따라서 중요한 것은 객관적으로 존재하는 실재보다는 행위자들이 주관적으로 부여하는 의미인 것이다.

셋째, 사회과학의 목적 측면에서 해석적 접근에 따르면 사회현상은 자연현상과 달리 구성원들이 부여하는 의미에 의해 형성되므로 객관적으로 설명할 수 있는 것이 아니라 구성원의 입장에서 이해해야 하는 것으로 본다. 반면에 기능론과 갈등론에서는 자연과학적 방법을 적용하여 사회현상도 자연현상과 동일하게 법칙에 따라 움직인다고 가정하기 때문에, 사회현상을 지배하고 있는 인과관계 법칙을 규명하는 것이 최대 목표가 된다.

한편, 갈등이론가로 알려진 베버는 '이해'의 사회학으로서도 학문적 영향을 미치고 있는데, 그에 따르면 사회학의 목적을 '주관적으로 의미 있는 인간행위에 대한 해석적 이해'로 규정한다(오욱환, 2009). 즉, 객관적인 사회조건과 개인 행위의 주관적인 의미가 함께 작용하여 사회적 행위와 사회구조의 형태가 결정되기 때문에, 사회학은 하나의 연구나 이론이 현상을 결정적으로 설명할 수 있다는 독단을 거부하고 해석적 방법론과 인과적 다원주의를 강조한다.

넷째, 사회과학의 연구방법론 측면에서 해석적 접근은 사회현상이 자연현상과 본질적으로 다르기 때문에 사회현상을 탐구하는 방법은 자연현상의 연구방법과 다른 것이어야 한다고 주장한다. 해석적 연구에서는 질적 연구방법에 의존하여 인간의 생활세계, 사회적 행위나 상호작용 및 의미화 과정을 있는 그대로 먼저 기술한 후 연구자의 해석을 추가하는 방식으로 연구를 진행한다. 반면에 기능론과 갈등론은 인간의 행위와 사회를 지배하는 법칙을 발견하기 위해서 최대한 객관성을 보장할 수 있는 계량화된 통계적 연구방법론에 의존한다.

지금까지 살펴 본 미시적 관점의 해석적 접근의 특징을 거시적 관점을 대표하는 두 이론과 대비하여 <표 4-3>에 정리하였다.

〈표 4-3〉 거시적 관점과 미시적 관점 비교

구분	거시적 관점(기능론·갈등론)	미시적 관점(해석적 접근)
관점	• 거시적, 결정론적	• 미시적, 이해론적
연구관심	• 사회구조	• 행위자, 일상적 생활세계, 의미, 상호작용
인간의 본질	• 수동성, 사회화의 산물, 자유의지와 주체성 결여	• 능동성, 주체성, 상징성, 자유의지 강조
사회과학 목적	• 인간의 행위와 사회현상을 설명할 수 있는 과학적 법칙 탐구	• 사회적 행위의 해석적 이해를 통하여 행위자가 행위에 부여하는 의미 규명
연구방법	• 객관적·계량적·과학적 조사, 양적연구	• 관찰과 행위자와의 대화를 통한 질적연구, 해석적 이해

출처: 김영화(2012). 「교육사회학」. 서울: 교육과학사. p.50.

2) 해석적 연구와 신교육사회학

해석적 접근을 시도한 연구들은 학교 내부, 즉 학교와 교실에서 학생, 교사, 행정가, 학부모 간에 일상적으로 일어나고 있는 상호교섭과 이들이 교육 행위에 부여하는 의미를 그들의 언어와 목소리로 재현함으로써 교육 활동을 이해하는 데 관심을 기울인다(김영화, 2012). 만약, 1학년 교실수업에서 교사와 학생은 어떤 교사를 훌륭한 교사라고 생각하는가? 학생들이 생각하는 좋은 수업은 무엇인가? 1반 교사는 왜 학생들을 그와 같은 방식으로 분류하고 자리를 배치하는가? 이러한 질문에 답하는 해석적 연구들은 비록 같은 학교이더라도 1학년 1반의 교사와 학생들이 1학년 2반의 교사와 학생들과 다른 생각을 갖고 있다면, 두 교실 상황에서 일어나고 있는 교육현상을 동일한 것으로 보지 않는다. 해석적 관점에 따르면 우리나라 초등학교 1학년 교육은 '이렇다'라고 말할 수 있는 객관적 현상이라기보다 교사와 학생이 부여하는 의미에 따라 다르게 형성되는 주관적 현상인 것이다.

하그리브스(D. H. Hargreaves)는 미드의 상징적 상호작용론을 적용하여 교사와 학생 간 상호교섭 과정을 기술하고 있다(Blackledge & Hunt, 1985).

그에 의하면 교사와 학생은 각자의 자아개념과 역할 기대를 가지고 상호교섭이 일어난다. 교실에서 주도권을 가진 교사는 자신에 대해 스스로 규정한 자아개념을 맹수조련사형(lionmaters), 연예인형(entertainers), 낭만가형(romantic)으로 유형화함으로써 각 유형에 따라 학생에 대한 인식과 수업상황이 달라질 수 있다. 또한 교사로서의 역할을 훈육적(disciplinarian) 또는 교수적(instructor) 특징으로 구분하고 있다. 이처럼 교사들은 자아개념과 역할에 대한 인식에 따라 학생의 행동을 평가하고 범주화함으로써 학생에 대한 기대를 다르게 형성한다. 예를 들어, 교사의 역할에 잘 적응하고 있다고 판단되는 학생은 착한 학생으로 인식하는 반면, 부적응하는 학생은 문제 학생으로 간주한다.

그런데 학생도 자신의 요구를 관철시키기 위해 다양한 대응전략을 사용한다. 예컨대 공부하기, 땡땡이, 웃기, 꾸물대기, 빈둥거리기, 재빠르게 하기, 소란 피우기, 친근하게 대하기, 가만두기, 잡담하기, 위협과 매수, 떠보기 등이 있다. 따라서 교사와 학생 간 상호교섭 과정을 이해하기 위해서는 행위자로서 교사와 학생이 상황을 어떻게 규정하는지, 즉 이들이 부여하는 의미가 무엇인지를 세심하게 관찰하고 파악하는 것이 중요하다.

한편, 교육사회학 연구의 이론적 변천과정에서 해석적 접근의 영향은 신교육사회학에 잘 반영되어 나타난다. 신교육사회학의 출현은 영국에서 사회 평등화를 위한 교육개혁의 역사적 경험으로부터 비롯된다. 신교육사회학이 새로운 교육 패러다임으로 등장하기 이전인 1950년대와 1960년대 영국에서는 사회 평등화를 실현하기 위한 수단으로서 학교교육에 대한 관심이 높았다. 그리하여 1960년대 중반 초등학교 졸업 이후 중등학교 입학시험으로 치루는 '11세 이상 시험'(Eleven plus Examination)을 폐지하고 '종합중등학교'(comprehensive school) 체제로 전환하였다. 즉, 영국의 교육제도[2)]는 전통적으로 복선제였으나 단선제로 전환함으로써 모든 계층에게 교육기회를 개방하는 교육개혁을 단행했다. 그러나 학제개편을 통한 교육평등화 정책을 도입한 이후에도 사회계층 간에 교육 불평등은 해소되기보다는 지속되고 있었다. 영국의 교육사회학자들은 교육 불평등이 계속되는 원인을 종합중등학교 내부에서 찾을 수 있었다. 즉, 학교에서 가르치는 교육내용과 이것이 가르치는 교실수업에서 교사와 학생 간 상호교섭 과정에 사회계층의 구조적 불평등이 반영되어 있음을 발견하게 되었다.

신교육사회학의 본격적 대두는 마이클 영(M. F. D. Young)이 편집한 「지식과 통제: 교육사회학의 새로운 방향(Knowledge and Control: New directions for sociology of education)」을 기점으로 한다. 영을 비롯한 영국의 신교육사회학자들은 교육체제나 사회구조보다 교육내용에 주로 관심을 둔다. 이들은 학교에서 가르치는 내용이 모든 학생에게 공평하지 않다는 문제를 제기하며, 교육적 지식의 본질과 배분 과정 및 사회적 기능을 분석함으로써 교육과 사회의 불평등 관계를 제대로 파악할 수 있다고 주장한다.

신교육사회학은 교육과정과 교수 학습 과정이 학생들이 갖고 있는 사회경제적 배경에 따라 유리하거나 불리하게 작용할 수 있다고 가정하고 이를 증명하기 위해 지식사회학적 접근을 시도한다. 지식사회학 관점에 따르면 지식이란 만들어진 것이며 지식이 만들어질 때는 만드는 사람과 시대의 영향을 받게 된다고 주장한다. 따라서 사회에서 공인되는 지식은 지배적 위치에 있는 사람들에 의해서 만들어지며, 지적 탐구 방법과 지식의 전

2) 교육제도는 사회에서 교육기능을 담당하기 위하여 조직적·계획적으로 교육기구를 구성하는 것으로서, 주로 학교제도 혹은 학제(學制)로 표현된다. 학제는 다양한 학교의 연결고리를 말하는 것으로 학교들이 어떠한 방식으로 계통을 이루느냐에 따라 '단선형' 학제와 '복선형' 학제로 구분된다. 단선형 학제는 모든 학생들이 구분 없이 동일한 계통에 따라 학교교육을 받도록 되어 있는 제도이며, 복선형 학제는 학생들의 능력이나 사회적 배경에 따라 다니는 학교계통이 엄격히 구분되어 진학하는 학교가 서로 다른 학제를 말한다. 예컨대 영국의 복선형 학제는 '11세 이상 시험'을 통해 대학진학을 위한 인문교육 중심의 문법학교(grammar school), 졸업 후 사회생활을 준비하는 일반학교(secondary modern school), 기술계 직업교육 중심의 기술학교(technical school) 등으로 구분되었다.

수 행위도 지배집단의 문화와 생활을 배경으로 영향을 받고 있음을 강조한다(Young, 1971). 지식의 불공평함은 지식이 어느 집단의 문화에서 만들어지는가를 생각해 볼 때, 즉 자본가계급과 노동자계급, 백인과 흑인, 다수민족과 소수민족, 남성과 여성 등으로 분류해 보면 쉽게 추론할 수 있다. 예를 들어, 특정 시대와 사회에서 지배집단은 자본가계급, 백인, 다수민족, 남성들이라면 이들의 가치와 인식이 반영되어 만들어진 지식은 상대되는 집단인 노동자계급, 흑인, 소수민족, 여성들에게 불리할 수밖에 없을 것이다(오욱환, 2009).

요컨대, 지식사회학 관점을 받아들인 신교육사회학자들은 다양한 배경을 가진 학생들 간의 교육 격차가 교육과정과 교수방법, 즉 선정된 교육내용과 교사와 학생 간 상호교섭 유형에 의해서 발생할 수 있음을 주목한다. 또한 이들은 교육의 자율성에 대하여 강한 신념을 갖고 있었으며, 이 신념을 바탕으로 교육과정을 혁신적으로 개편하고 공정하게 운영하여, 다양한 배경을 가진 학생들 간의 교육성취 격차를 해소하고 사회의 평등화를 실현하고자 했다.

제3절 교육현상의 사회학적 분석

우리는 일상에서 "집안이 너무 가난하여 교육을 제대로 받을 수 없어서 성공할 수 없었다"는 말과 다르게 "가난한 집에서 태어나도 공부만 열심히 하면 얼마든지 출세할 수 있다"는 말도 들을 수 있다. 또한 "낙후된 지역과 열악한 환경의 학교에 다니다 보니 학업성적이 뒤처져 일류 학교에 갈 수 없었다"는 말이나 "가정배경이 좋은 아이들은 부모덕으로 비싼 사교육을 받아 명문대에 더 많이 들어간다"는 말을 쉽게 들을 수 있다. 이처럼 교육과 사회적 성공 또는 실패에 관한 상반된 상식들은 개인의 능력과 노력 그리고 가정배경, 학교특성, 지역과의 관계 속에서 직·간접적인 경험을 근거로 나타나고 있다. 여기에서는 교육과 사회경제적 지위의 획득 간의 관계를 밝힌 '교육과 사회계층 이동'과 개인 또는 집단 간의 학업성취 영향 요인이 무엇인지를 다룬 '학업성취 격차의 원인'에 대한 다양한 교육사회학 이론과 연구들을 소개한다.

1. 교육과 사회계층 이동

교육과 사회계층[3] 이동에 관한 연구는 개인의 사회경제적 지위 획득과정에 미치는 교육의 효과를 설명하고 있으며, 이론적 관점에 따라 상반된 주장이 제시되고 있다. 즉, 기능론적 관점에서는 학교교육이 사회계층 이동 과정에서 업적주의 기반의 사회이동을 촉진한다고 설명한다. 반면에 갈등론적 관점에서는 학교교육이 불평등한 사회계층 구조의 고착화에 기여한다고 비판한다. 이 절에서는 교육과 사회적 불평등 관계를 설명하는 대표적인 이론들을 살펴보겠다.

3) 사회계층이란 사회 구성원들을 그들의 지위, 재산, 교육, 소득 등에 의하여 분류할 때, 비슷한 지위를 차지하고 있는 일군의 층을 의미한다. 인도 사회에서의 카스트제도, 중세시대의 종교적 위계 서열, 자본주의사회의 사회계급 등도 사회계층의 예시이다. 교육사회학 연구에서 사회계층을 분류하는 가장 보편적인 방법은 수입(income) 또는 소득(earnings), 직업적 순위(occupational ranking), 학력(educational level 또는 years of schooling) 등을 계량화하여 산출하는 사회경제적 지위(socioeconomic status, SES)이다.

1) 기능론 관점: 지위획득이론

학교교육이 사회경제적 지위 획득에 미치는 영향을 긍정적으로 밝힌 연구는 미국의 블라우와 던컨에 의해 수행되었다. 블라우와 던컨은 「미국의 직업구조(The American occupational structure)」에서 사회이동 과정을 분석하였다(Blau & Duncan, 1967). 이들이 적용한 '지위획득모형'(status attainment model)은 교육과 사회적 지위획득 연구의 대표적인 모델로 평가받고 있다. 이들은 개인이 특정한 직업적 지위를 얻는 데 있어서 학교교육 수준이 미치는 영향을 분석하고자 새로운 통계분석 방법인 경로분석(path analysis)을 사용하였다. 현재 자신의 직업 획득에 영향을 미치는 독립변수들, 즉 가정배경을 나타낸 귀속변인으로 '아버지의 교육', '아버지의 직업' 그리고 개인의 교육성취 변인으로 '자신(아들)의 교육', '자신(아들)의 첫 번째 직업'을 설정하고 이들 변인들 간의 인과관계 형태와 영향력 정도를 파악하였다. 이 연구모형은 [그림 4-1]과 같다.

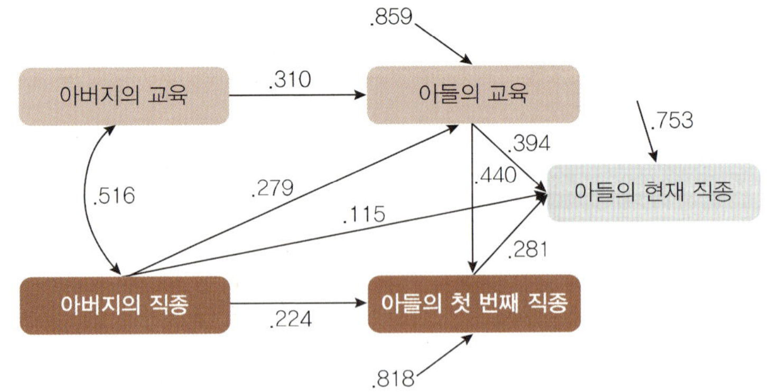

[그림 4-1] 블라우와 던컨의 지위획득모형

연구결과에 따르면 자신이 받은 교육(아들의 교육)이 첫 번째 직업획득에 큰 영향을 주고 이어 교육과 첫 직업이 현재 직업 획득에 결정적인 영향을 준다는 것이다. 반면에 귀속변인인 아버지의 교육이나 직업은 아들의 직업적 지위에 미치는 영향은 직접적이기보다는 미비한 수준에서 간접적으로 나타나고 있다. 이들의 연구결과를 토대로 미국사회에서 개인의 직업적 지위는 아버지로부터 직접 물려받는 것이 아니라 반드시 사회적으로 인성되는 실질적 성취에 의해서 획득되고 있다는 주장을 뒷받침하고 있다.

블라우와 던컨의 지위획득 연구를 기본모델로 하여 수행된 후속 연구들은 사회심리학적 변인들을 추가하여 직업적 지위 성취에 영향력 있는 변인들을 탐색하였다(Sewell, Haller, & Portes, 1969). 이들의 연구모델은 '위스콘신 모형'으로 불리며, '부모의 계층', '거주 지역' 등 객관적 변인들과 '의미 있는 타인의 영향', '직업포부', '교육포부' 등 주관적 변인들을 추가하여 영향력을 검증하였다. 지위획득 과정에 대한 위스콘신 모형에 따르면 ① 아버지의 직업적 지위가 아들의 교육 및 직업수준에 미치는 직접적 영향은 사회심리학적 변인들이 매개변인으로 고려될 때 사라지고, ② 아버지의 직업적 지위는 의미 있는 타인들의 영향을 매개로 하여 간접적으로 아들의 직업적 지위에 영향을 미치며, ③ 의미 있는 타인은 아들의 사회적 지위에 대한 포부수준에 영향을 미치고, 이 포부수준은 아들의 교육성취에 직접 관련된다고 설명하고 있다(오욱환, 2009). 예를 들어, 교수, 판사, 의사와 같이 직업적 위세가 높은 아버지를 둔 자녀들은 의미 있는 사람들을 쉽게 접하고, 이들을 역할 모델로 삼거나 이들로부터 고무됨으로써 자신들의 교육적·직업적 포부수준을 높이게 되며, 그 결과 높은 학력을 성취하고 높은 지위의 직업을 획득하게 된다는 것이다. 요컨대, 위스콘신 모형연구팀은 아버지의 직업적 지위가 높으면 아들의 교육적 포부와 직업적 포부가 높아질 수 있다고 주장한다. 이러한 연구결과의 교육학적 의미는 직업적 지위의 획득 과정에서 사회심리학적 요인들, 즉 의미 있는 타인의 영향, 교육적 포부, 직업적 포부 등이 사회구조적 배경 요인 못지않게 중요하게 작용하고 있다는 점을 시사하고 있다.

2) 갈등론 관점: 불평등재생산이론

개인의 사회경제적 지위 결정에 미치는 학교교육의 효과에 대한 회의적인 연구결과도 있다. 보울즈와 긴티스는 「자본주의 미국사회에서의 학교교육: 교육개혁과 경제생활의 모순(Schooling in capitalist America: Educational reform and the contradictions of economic life)」에서 기능주의 교육을 비판하였다(Bowles & Gintis, 1976). 이들에 따르면, 경제적 보상과 사회적 혜택의 분배에서 개인의 능력(IQ)보다 사회계급과 같은 귀속적 요인이 더 크게 작용하고 있다고 주장한다. 만약 업적주의가 제대로 실현되는 사회라면, 개인의 능력 지표로서 IQ가 비슷한 사람은 부모의 사회경제적 배경에 상관없이 이들의 사회경제적 성공과 보상은 동일한 수준으로 나타날 것이다. 그러나 실증적인 통계자료를 분석한 결과, IQ에 근거한 능력만으로는 사회경제적 성공을 설명할 수 없고, 여기에는 부모의 배경요인으로서 사회계급이 영향을 미친다는 것이다.

보울즈와 긴티스의 사회경제적 지위인과모형 [그림 4-2]를 보면 부모의 사회경제적 배경이 개인의 직업적 지위 결정에 미치는 영향을 나타내고 있다. 즉, 사회경제적 배경은 개인이 성인이 되었을 때 수입, 직업적 지위, 아동기 지능지수에 직접적 원인으로 영향을 미치고 있다. 또한 간접적으로는 학교교육 연한이라는 매개변인을 거쳐 성인 수입 또는 직업적 지위뿐만 아니라 성인기 지능지수의 원인이 되고 있음을 알 수 있다.

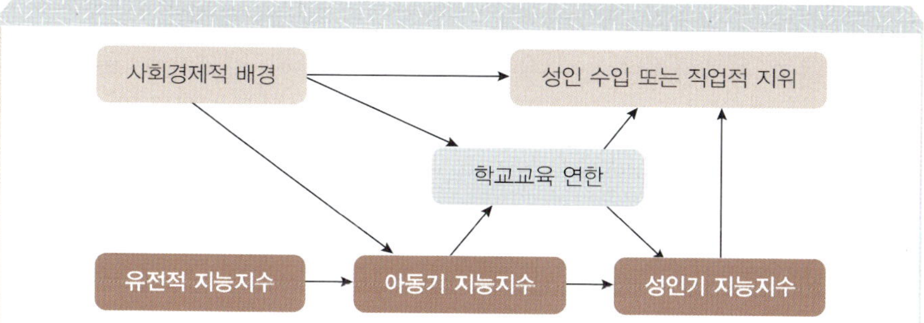

[그림 4-2] 보울즈와 긴티스의 지위인과모형

이러한 연구결과를 토대로 신마르크스주의 교육사회학자들은 기능주의자들의 관점, 즉 학교는 능력에 근거하여 학생을 선발하고 적합한 사회적 지위를 배분함으로써 업적주의를 실현하고 사회평등화에 기여한다는 주장은 허구적인 이데올로기라고 비판한다. 이들에 따르면 자본주의사회에서 사회 구성원들의 직업적 역할의 분배는 각 개인들의 선택이나 열망이 아닌 바로 자신들이 속한 귀속적 계급에 의해 결정된다고 설명한다. 또한 사회경제적 불평등이 구조화된 사회에서 학교는 각 개인들이 속한 사회계급에 따라 학교에서 차별적인 교육경험을 제공함으로써 이들을 불평등한 계급구조에 다시 편입시키게 된다. 결과적으로 학교는 사회적 불평등 체제를 재생산하고 정당화시키는 합법적 기관이라고 비판받는다.

아뇽(Anyon, 1983)은 학교교육이 부모들의 사회경제적 불평등을 자녀들의 세대에 재생산하는 역할을 수행한다고 주장한다. 그녀는 학부모 집단의 계급적 특성에 따라 네 가지 유형의 학교, 즉 노동계급 가정의 자녀들이 재학하는 학교, 중간계급 가정의 자녀들이 재학하는 학교, 전문직 부모를 둔 자녀들이 재학하는 학교, 중역 엘리트 지위를 가진 부모를 둔 자녀들이 재학하는 학교로 나누고, 각 학교의 특성을 가진 초등학교를 선정하여 이 학교들에서 실제로 어떠한 교육과정이 운영되고 있는지를 분석하였다. 연구결과, 학생들이 속한 지역사회의 사회계급이 높을수록 학급의 교수자료가 다양하고 풍부했으며, 교사들의 수업준비 시간이 길어지고, 학교의 위세가 높은 것으로 나타났다. 또한 교육위원회가 교수방법을 엄중하게 감독하였으며, 교사에 대한 평가가 빈번하고 엄격하였고, 현직연수와 같은 교사 지원 서비스가 많이 제공되었다. 학생 능력에 대한 교사들의 기대와 학생 성취에 대한 요구 수준도 높았다. 이러한 분석결과를 토대로 아농은 학교들이 학부모들의 사회적 계급 특성을 고려하여 교육과정, 교수·학습 방법 그리고 학생에 대한 평가활동을 조정함으로써 학생들의 미래 계급에 적합한 인지적 및 행동적 지식과 태도를 전수한다고 설명하였다. 결국 학교교육은 공식적 교과과정뿐만 아니라 잠재적 교육과정을 통해서 각 유형별 사회계급에 해당하는 학생들이 장차 성인이 되어서 동일한 계급을 차지할 수 있도록 재생산하는 역할을 수행한다.

2. 학업성취 격차의 원인

학업성취 격차는 크게 학력(學歷)—교육단계별 수준 또는 학교교육 연한—과 학업성적(學業成績)으로 나타난다. 교육학의 모든 영역에서 학업성취 격차가 핵심 주제로 다루어지는 이유는 학업성취 결과에 따라 상급학교 진학과 선발에 막대한 영향을 미칠 뿐만 아니라 사회경제적 지위획득에도 중대한 영향을 미치기 때문이다. 이 절에서는 학업성취 격차의 원인을 가정과 학교 차원의 맥락에서 검토하고자 한다. 가정 요인에서는 경제적·문화적·사회적 자원 그리고 구어(口語)양식의 차이를 중심으로, 학교 요인에서는 학교효과, 교육과정, 교수 학습 과정 그리고 능력별 집단화를 주제로 구분하여 학업성취 격차의 원인을 설명하는 다양한 이론과 연구들을 살펴보겠다.

1) 가정 요인

(1) 경제적 자원

가정은 매우 다양한 측면에서 학업성취 격차에 영향을 미치고 있다. 특히 부모의 소득수준이나 가계수입으로 측정되는 경제적 자본은 자녀교육에 투입되는 직접적인 교육비로 지출될 수 있다. 경제적 자본이 풍부한 가정은 교육비를 충분히 투자할 수 있기 때문에 그 자녀들은 학업성취에 유리한 학교는 물론 사교육기관을 비용에 구애받지 않고 선택할 수 있으며, 학습에 필요한 물품을 구입하는 데 불편함을 느끼지 않아도 된다(오욱환, 2009). 반면에 부모의 소득수준이 낮은 저소득 빈곤층 자녀들은 가정으로부터 경제적 지원을 받을 수 없기 때문에 학교를 다니는 데에도 어려움을 겪을 수 있으며, 사교육은 더욱 기대할 수 없는 상황이다.

가정의 경제적 능력은 교육에 대한 접근 기회에 직접적인 영향을 미친다. 예를 들어, 우리나라의 경우 초등학교와 중학교는 무상의무교육제로 제공되기 때문에 가정의 경제적 부담을 어느 정도 해소할 수 있다. 그러나 고등학교는 부모가 교육비를 부담하기 때문에 일부 저소득계층에서는 가정의 생계를 돕기 위하여 학업을 포기하고 직업을 구해야 하는 학생들이 생길 수 있고, 이들에게는 교육기회가 제한될 수밖에 없다. 더구나 대학교육에서는 대부분의 대학들이 교육비 사부담 원칙을 적용하기 때문에, 가정의 경제력 차이가 대학진학 여부에 큰 영향을 미치고 있다.

교육에 대한 접근 기회와 관련하여 학교의 계층화, 즉 교육의 질적 분화가 구조화된 교육체제에서는 어느 계층이 어떤 종류의 학교에 다니고 있는가를 주목할 필요가 있다. 상급학교일수록 가정의 경제적 능력이 크게 작용하는 것처럼, 소위 서열이 높은 상위층의 고등학교 또는 위세 높은 대학의 교육기회에 상류층이 더 많이 진학함으로써 교육 불평등 현상을 심화시킬 수 있다. 예를 들어, 우리나라 고교체제는 일반계고와 전문계고 그리고 특목고(외국어고, 과학고, 예체능고), 자사고 등으로 다양화되어 있으며, 학생과 학부모의 선호도 차이가 형성되어 학교의 계층화, 곧 고교서열화 현상이 나타나고 있다. 고교유형별로 진학한 학생들의 사회계층 배경을 분석한 한 연구에 따르면, 특목고에는 상류층의 비율이 가장 높고, 일반계에는 중류층이, 전문계고에는 하류층의 비율이 가장 높은 것으로 나타났다(류방란·김성식, 2006). 즉, 학생과 학부모의 선호도가 높은 상위층 고등학교일수록 가정의 경제적 자본이 풍부한 자녀들이 많이 다니고 있음을 알 수 있다.[4)]

한편, 가정의 경제적 능력의 차이는 자녀교육을 위해 투입되는 사교육비에서 뚜렷하게 나타난다. 교육부와 통계청이 주관한 '2016년 초·중·고 사교육비 조사 결과'에 따르면 2016년 사교육비 총 규모는 약 18조 1,000억 원으로 2015년 17조 8,000억 원 대비 2,300억 원(11.3%) 증가한 가운데, 1인당 월 평균 사교육비가 2007년 이후 최대치를 기록했다. 1인당 월평균 사교육비는 2007년 22만 2,000원, 2010년 24만 원, 2015년 24만 4,000원, 2016년 25만 6,000원이다. 또한 고소득 사교육비 지출이 증가하면서 소득수준별 사교육비 격차가 확대되고 있다. 2016년 최상위 가구(700만 원 이상) 월평균 사교육비는 44만 3,000원(2015년 42만 원)인 반면, 최하위가구(100만 원 미만) 월평균 사교육비는 5만 원(2015년 6만 6,000원)으로 나타나 최상위 가구와 최하위 가구의 사교육비 격차가 8.8배이다. 이처럼 고소득 가구의 사교육비 지출이 증가하는 현실에서 경기도교육청과 경기도교육연구원 교육통계센터 보고서에 따르면, 가구소득이 높을수록 대학수학능력시험 성적도 높다는 분석 결과도 제시되고 있는데, 이는 부모의 경제력이 사교육비 지출을 통해 학업성취에 미치는 영향력을 방증한다.

4) 특목고·자사고의 1년 학비가 공립 일반고에 비해 무려 10배 차이가 난다는 기사가 발표된 바(오마이뉴스, 2015.9.23.), 부모의 경제력에 따라 교육격차가 심화되는 현실을 우려하여 상위층 학교를 둘러싼 '귀족학교' 논란도 지속되고 있다.

특히 명문대 진학과 사회적 성공을 열망하는 부모들은 자녀의 미래를 위한 투자라는 이름 아래, 좋은 학군이 배정되도록 이른바 명문 학군이 있는 지역으로 이사를 가기도 하고 조기유학을 보내기도 한다. 이러한 경우에 소요되는 이사 비용과 유학에 투입되는 비용도 넓게 보면 사교육비에 해당된다. 따라서 사교육비가 자녀의 학업성취에 미치는 영향은 과외 및 학원수업비 정도를 사교육비로 산출했을 때보다 훨씬 클 가능성이 높다.

(2) 문화적 자원

가정의 문화적 자원은 부모의 태도, 가치관, 양육방식, 가족의 언어와 문화, 자녀의 학교와 학습에 대한 태도 등을 포함하며, 자녀들의 교육적 성공 여부를 좌우하는 중요한 변인으로 작용하고 있다.5) 문화적 자원이 풍부한 가정에서 자라는 자녀들은 문화를 가르치고 배우는 학교생활에 쉽게 적응할 수 있으며, 가정과 학교가 사용하는 문화의 코드가 같기 때문에 아무런 거부감을 갖지 않고 학습할 수 있다. 예를 들어, 책, 그림, 음반 등을 잘 갖춘 가정에서 항상 책을 읽거나 음악을 듣는 부모와 형제자매를 보아온 아동과 이러한 조건이 거의 갖추어져 있지 않은 가정에서 자란 아동은 설령 같은 학급에 배치되더라도 동일한 수준의 학업성취를 나타내지 않을 개연성이 크다.

5) 레바인과 레바인(Levine & Levine, 1996)은 자녀의 인지발달과 성취에 미치는 가정의 문화적 환경에 대해 첫째, 성취압력: 부모의 자녀들의 교육에 대한 포부, 부모 자신들의 포부, 학문 활동에 대한 부모들의 관심, 자녀들의 교육적 과정에 대한 지식, 교육적 목표 달성을 위한 준비와 계획. 둘째, 언어모델: 부모들이 사용하는 언어의 질적 수준, 어휘와 문장 유형들의 확대 및 정확하고 효과적인 언어 사용에 대한 부모들의 열의. 셋째, 학문적 지도: 학업과 관련된 일에 대한 지도의 가능성 및 질적 수준, 학교 학습과 관련된 자료와 시설의 제공 가능성 및 사용. 넷째, 가족의 활동: 가족의 실내·외 활동의 정도와 내용, 책과 도서관 그리고 관련 시설의 활용. 다섯째, 가정의 지적역량: 자녀들에게 제공된 장난감, 게임, 취미의 질적 수준, 일상적 활동에서 생각과 상상의 기회. 여섯째, 가족의 작업습관: 가정 경영의 구조와 일상의 정도, 유희적 소일거리를 능가하는 교육적 활동의 선호로 정리하였다.

이처럼 가정의 문화적 자원이 빈약하고 교육적 활동과 경험이 부족하여 학교에서 학습하는 데 필요한 기초적인 소양을 갖추지 못한 상태를 교육학에서는 '문화실조'라는 개념으로 정리하고 있다(오욱환, 2009). 즉, 가정의 문화적 환경이 아동의 학업성취에 미치는 영향을 밝힌 문화실조론에 따르면, 문화적 자원이 풍부한 가정환경에서 자라난 아동은 가정에서 교육적 자극을 충분히 받기 때문에 취학할 때에는 이미 학습에 필요한 기본적인 학습 소양을 갖추고 있다. 반면에 문화적 자원이 부실한 가정의 아동은 학습에 필요한 소양이 결핍된 상태에서 취학하며 준비되지 않은 상태에서 학습상황을 직면하게 된다. 문화적 자극이 실조된 상태에서 취학한 아동은 학교에서 가르치는 내용은 물론 학습 분위기를 제대로 파악하지 못하여 학업성취에서 뒤떨어지게 된다. 학업 실패는 학년이 올라갈수록 누적되어 결국 '학습지진아' 또는 '문제아'로 분류될 처지에 놓이게 된다고 설명한다. 이러한 문화실조 현상은 중류계층 아동들에 비해서 대체로 사회경제적 지위가 낮은 하류계층 아동들에게서 빈번하게 나타난다고 한다.

한편, 지배계급 자녀들은 학업성취와 학교활동에서 절대적으로 유리한 '문화자본'(cultural capital)을 많이 소유할 수 있어서 높은 사회적 지위를 차지하게 된다는 주장도 있다. 부르디외(Bourdieu, 1986)에 따르면, 지배계급 자녀들은 가정에서 도서, 음반, 비디오, 악기, 컴퓨터 등과 같은 '객관화된(objectified) 문화자본'을 많이 갖추고 있다. 또한 부모들과 함께 박물관, 미술관, 음악회, 여행 등과 같은 고급문화활동에 자주 참여함으로써 자연스럽게 '체화된(embodied) 문화자본'을 더 많이 습득하고 있다. 지배계급의 자녀들은 이러한 이점을 이용하여 높은 성적과 학력, 좋은 학벌을 성취할 수 있으며, 졸업장이나 면허증과 같은 '제도화된(institutionalized) 문화자본'을 용이하게 받을 수 있다. 요컨대, 지배집단은 자신들이 가진 문화자본에서의 유리함을 토대로 성적·학력·학벌 등과 같이 제도적으로 인정된 형태의 문화자본을 갖춤으로써 사회적으로 높은 자리를 차지할 수 있으며, 결과적으로 부모와 유사한 사회적 지위를 누릴 수 있게 된다.

(3) 사회적 자원

가정의 사회적 자원은 가족 구성원 간의 관계 내에 존재하는 것을 의미하며, 부모의 경제적 능력에 따른 경제적 자원, 교육수준으로 드러나는 인적 자원, 다양한 형태의 문화자본을 포함한 문화적 자원과는 구분된다. 특히 부모와 자녀 간의 밀접한 교류를 토대로 가정의 사회자본 개념을 제안한 콜먼에 따르면, 아동 양육에서의 사회자본은 아동이 성숙하는 데 필요한 규범, 사회적 연결망 그리고 성인들과 아동들의 관계를 의미한다(Coleman, 1988). 즉, 사회자본은 여러 학자들에 따라 의미와 적용 범위에서 차이가 있지만 대체로 구성원들 간에 의무와 기대, 정보 통로, 사회적 규범 요인들이 원활하게 작용할 때 그 효과성이 높다.

콜먼(Coleman, 1988)에 따르면, 사회자본은 부모들이 자녀들을 위해 투입하는 시간과 노력을 나타낸다. 그는 가정의 사회자본을 부모와 자녀 간 소통의 빈도와 밀도로 추정했으며, 이를 측정할 수 있는 지표로서 ① 가정에 양(兩) 부모의 존재, ② 형제자매의 수, ③ 자녀와의 개인적 문제들에 대한 의논 여부, ④ 자녀가 취학하기 전 어머니의 가정 바깥에서의 취업 여부, ⑤ 자녀의 대학 진학에 대한 부모의 관심도 등 다섯 가지를 제안하였다. 구체적으로 한부모이거나 자녀수가 많을수록 부모가 자녀에게 배분할 수 있는 시간이 줄어들므로 자녀들이 받는 사회자본이 적을 수 있다. 출생순위 역시 사회자본의 격차를 유발할 수 있는데, 첫째 아이는 부모의 시간을 독점할 수 있지만, 둘째부터는 부모의 시간을 형제자매들과 공유해야 하므로 개인별로 할당되는 시간이 줄어들 수밖에 없다.

그리고 어머니의 취업도 자녀와 함께 보낼 수 있는 시간이 줄어듦을 의미하므로 사회자본이 감소되는 중요한 이유가 된다. 반면에 어머니의 취업은 가족의 사회자본을 감소시키지만 물적 자본과 금융 자본을 향상시킬 수 있으며, 이 자본들은 인적 자본과 사회자본을 구입할 수 있는 재원이 될 수 있다. 아울러 어머니의 취업은 다른 어머니들과의 네트워크를 통해서 조성된 사회자본의 감소를 피할 수 없지만, 직장을 통해서 다른 유형의 사회자본을 조성하는 기회가 될 수도 있다. 또한 콜먼은 이사(移徙)를 매우 의미 있는 지표로 생각하였는데, 이사는 부모와 교사의 관계, 다른 자녀들의 부모들과의 관계 그리고 지역에 거주하는 다른 성인들과의 관계를 소원하게 만듦으로써 사회자본을 감소시킬 수 있다고 설명한다.

콜먼의 사회자본론을 적용한 연구에서는 사회자본 활용의 중요성을 강조하고 있다. 오욱환(2013)은 부모가 자녀의 교육에 상당한 영향을 미칠 수 있는 물적 자본, 금융 자본, 인적 자본을 가졌더라도 자녀를 위해 시간을 할애하지도, 애정을 담지도, 전략을 효율적으로 구사하지도 않는다면, 그 자본들이 자녀교육에 효과를 발휘할 수 없다고 주장한다. 같은 맥락에서 자녀의 학업, 가치관, 태도 등 인지적 그리고 정의적 영역에서 의미 있는 성과를 거두려면, 자녀교육에 대한 부모의 관심과 열정, 교육과 관련된 부모의 가치체계, 자녀에게 부과하는 교육적 기대, 행동양식, 부모-자녀 간의 상호교섭과 자녀의 학업에 대한 부모의 개입과 압력 그리고 학습과 관련하여 지역사회 내의 중요한 타자들의 교육적 정보교류, 밀접한 관계 및 유대, 상호지지 등과 같은 사회자본의 활용을 통해서 실현될 수 있다(이정선, 2006).

한편, 가정의 사회적 자원의 영향력은 상류계층이나 중산층 부모가 가족과 친지와의 네트워크나 연고에 기대어 자녀교육에 대한 정보를 얻거나 구직을 돕는 경우에서 전형적으로 찾아볼 수 있다(김영화, 2012). 즉, 지배계급 부모들은 인맥(人脈)을 활용하여 유용한 정보, 조언, 통로를 제공받을 수 있어 유리한 삶의 기회를 점유할 개연성이 크다.[6] 사회 저명인사를 부모로 둔 자녀들은 그렇지 않은 자녀들에 비해 훨씬 높은 직업적 포부를 갖는다. 높은 사회계층의 일가친척, 부모의 친구들 그리고 이웃사람들을 자연스럽게 접해 온 아동들은 이 사람들 가운데 '의미 있는 타인'(significant others)으로 역할모델을 선정함으로써 높은 교육적·직업적 포부를 갖게 된다. 이 아동들은 그 포부를 실현하는 데 필요한 조건들에 대한 정확한 정보를 접할 수 있기 때문에 구체적인 전략을 세우고 실천함으로써 목적을 날성한다.

(4) 구어(口語)양식: 사회계급과 어법의 차이

번스타인(Bernstein, 1973)은 가정의 언어적 환경과 학업성취도의 관계를 연구함으로써 노동계급 자녀들이 왜 학교에서 실패하고 있는지의 메커니즘을 밝히고 있다. 그는 영국을 배경으로 사회계급에 따라 독특한 구어양식을 가지고 있다고 설명한다. 구체적으로 중류계급의 언어 형태는 공식어(formal language)로 불리며 정련된 어법(elaborated linguistic code)으로 지칭한다. 반면에 노동계급은 대중어(public language)로 불리며 제한된 어법(restricted linguistic code)으로 차이를 구분하고 있다.

그에 따르면, 중류계급이 주로 사용하는 정런된 어법은 복잡한 문법구조, 복합문, 풍부한 형용사와 부사 등이 구사된 언어 형태이다. 이는 주로 사실에 대한 구체적인 설명과 논리적인 인과관계를 다루는 텍스트 혹은 공식적 장면에 적합하다. 반면에 노동계급이 구사하는 제한된 어법은 단순하고 짧은 문장, 제한된 수식어, 명령조 등의 언어적 특색을 가지며, 일상생활에서 친구 간에 흔히 사용되는 언어 형태이다. 중류계급은 공식어를 주로 사용하지만 공식적 장면이 아닐 때에는 대중어를 사용하기도 한다.

6) 여기서 '사회자본'은 '문화자본' 개념으로 더 많이 알려진 부르디외의 설명에서 비롯된다. 그가 정의한 사회자본은 가문, 계급, 종족, 학벌, 정당 등에 의해서 그리고 의도적으로 관련된 사람들을 제도적으로 결집함으로써 형성된다(Bourdieu, 1986). 이 개념은 한국 사회에서 '권력을 가진 사람들과의 인맥 쌓기'로 대체될 수 있다.

이와 다르게 노동계급은 대중어만을 사용하므로 공식적 장면에서 공식어를 구사할 수 없으며 자신들에게 익숙한 대중어를 이용하여 메시지를 이해해야 하는 어려움이 있다.

그런데 중요한 사실은 학교가 중류계급의 학생들에게 익숙한 정련된 어법을 교수 학습 장면의 언어 형태로 채택하고 있다는 점이다. 즉, 학교의 수업에서 사용되는 공식어는 사물 사이의 논리적인 관계를 표현함으로써 인지적 활동을 촉진시키고 감정의 섬세한 의미를 전달하는 데 적합하다. 어릴 때부터 공식어를 사용하여 정련된 어법에 익숙한 중류계급 학생들은 학습장면에서 교사로부터 전달되는 수업내용을 잘 이해할 수 있다. 하지만 대중어를 지배적으로 사용하는 노동계급 학생들은 공식어에 익숙하지 않아 수업내용을 이해하기 어려우므로 학업성취에서 불리할 수밖에 없다.

2) 학교 요인

(1) 학교효과 연구: 효과적인 학교 특성

학교효과(school effects)란 학생들의 성취도 향상에 영향을 미치는 학교의 교육력을 나타내기 때문에 교육학자는 물론 교육자와 정책결정자 그리고 학생과 학부모들이 많은 관심을 갖는다. 소위 '좋은 학교', '명문 학교'에 다니는 학생들은 학업성취가 높다는 데에는 별다른 이견이 없다. 그러나 이들의 높은 학업성취에 영향을 미치는 원인이 학생의 개별적 능력의 우수함이나 부모의 사회경제적 지위가 높아서 나타난 것인지 아니면 학교가 갖고 있는 제반 조건들이나 운영의 특성에서 비롯된 교육력 때문인지는 구체적인 분석이 필요하다. 이러한 맥락에서 학교효과 연구들은 학생들의 능력이나 가정배경과는 독립적으로 학생의 성취도에 영향을 미치는 다양한 학교 특성 요인들을 찾는 데 관심을 둔다.[7]

7) 학교효과 연구들은 학교효과가 존재한다는 가설을 실증적으로 검증하기 위해 첫째, 학교 간

학교효과 연구 전통을 세우는 데 기여한 대표적인 연구는 1966년 미국에서 콜먼(James S. Coleman)이 연구책임자로 수행한 「교육기회 균등(Equality of Educational Opportunity)」이며 '콜먼보고서'로 불린다. 콜먼보고서의 주요 연구문제는 "어떤 학교에 다니는 학생들은 지속적으로 학업성취가 높고, 어떤 학교에 다니는 학생들은 학업성취가 낮은가?", "학교 간에 어떤 요인들이 학생들의 학업성취에 영향을 미치는가?"이다. 연구팀은 2년 동안 전국에 걸쳐 4,000개 학교, 학생 645,000명(6학년과 중 3), 교사 60,000명을 대상으로 프로젝트를 수행하였다. 이 팀은 학교 간 학생들의 학업성취 차이를 일으키는 요인들을 분석하고자 학생들의 사회경제적 배경 변인을 통제한 후, 학교시설, 교사특성, 교육과정, 학생구성 특성 등과 관련된 학교 특성 변인들을 투입하였을 때 학업성취에 미치는 영향력의 크기를 산출하였다.

콜먼보고서에서 밝혀진 분석결과, 학교의 물리적 조건과 재원에 관련된 변인들, 즉 시설, 기구, 도서수, 학습자원, 교사의 질 등과 같은 투입 변인은 학생들의 학업성취에 의미 있는 영향을 미치지 않는 것으로 나타났다. 오히려 모든 인종 집단에 걸쳐 학생의 학업성취도에 가장 큰 영향을 미친 요인은 가정환경으로 나타났다. 특히 학생 집단의 사회계급적 구성과 인종적 구성이 의미 있는 요인으로 밝혀졌는데, 사회경제적 지위가 낮은 학생들은 부유하고 학업성취 수준이 높은 동료들과 어울리지 못할 때 학업성취에 부정적으로 영향을 받았다. 결론적으로 학생들의 학업성취도는 대부분 학생 개인의 가정배경 요인의 영향을 받는 것으로 나타났고, 이로써 학업성취도 격차를 해소할 수 있는 학교의 가능성은 부정되었다.

성취도 차이에 초점을 두거나, 둘째, 한 학교 내 학생들 간 성취도 차이에 초점을 두고 수행된다. 전자의 경우, 한 학교에서 모든 학생들이 동일한 경험을 한다는 것을 전제로 A라는 학교와 B라는 학교에 다니는 학생들의 성취도 격차를 나타내는 학교 특성 요인이 무엇인지를 밝히는 것이다. 후자의 경우, 한 학교에서도 학생들이 개인 특성에 따라 차별화된 경험을 한다는 것을 전제로, 학교 요인들이 사회계층 간, 인종 간 학업성취 격차를 줄이는지 혹은 오히려 격차를 벌이는지를 분석한다.

이후 많은 연구자들이 콜먼의 자료들을 재분석하고 연구방법상의 문제점을 비판하고 후속연구를 수행하면서 학교효과 연구가 체계적으로 이루어졌다. 콜먼보고서의 연구모델은 투입-산출모형에 기초한 것으로 평가되었고 비판점은 다음과 같다(김병성, 2017).

첫째, 학생들의 학업성취에 영향을 주는 학교 내 변인들은 주로 학교시설, 자원, 교사와 같은 행정적·재정적 또는 물질적 여건에 국한되고, 반면에 학교 내에서 일어나는 실제적 학교운영이나 교수 학습 과정에 관한 변인들은 사용되지 않았다. 둘째, 학교의 산출요인으로서 학생들의 학업성취에만 국한하였고, 기타 학생들의 출석률이나 비행 또는 일탈행동과 같은 비인지적 행동들은 고려되지 않았다. 학업성취에 영향을 미치는 학교 특성요인들을 밝히는 데 있어서 투입-산출모형의 한계는 실제로 교육이 수행되는 과정을 검은 상자(black box)로 간주함으로써 과정(process)요인들, 즉 교육과정의 조직과 수업 관련 변인, 학교의 문화와 규범, 교사의 기대와 독려 등 학교교육의 과정변인들을 포함시키지 않았다는 점에서 비판받았다.

학교교육이 실제로 일어나는 과정에 초점을 둔 대표적인 연구로 영국에서 실시된 러터의 연구(Rutter et al., 1979)를 들 수 있다. 이 연구에서는 교육성취 변인으로 학생들의 학업성적 외에도 출석, 학생들의 전반적인 행동, 비행경험을 산출변인으로 포함시켰고, 학교 시설과 같은 투입변인과 학교생활이나 학습에 관한 과정변인들의 효과를 분석하였다. 연구결과, 학업에 대한 강조, 교사의 지도(학생의 참여수업, 전체적 학생관계, 빈번한 간섭 배제, 적절한 과제 부여 등), 동기부여, 보상체제와 같은 학교의 과정변인들이 교육성취 변인들과 의미 있게 관련되어 있었다. 다시 말해서 학교의 문화적·규범적·사회심리적 요인이 교사의 수업행동에서 학생과의 상호작용으로 반영되어 교육성취 변인들에 영향을 준다고 밝힘으로써 학교의 영향력을 주장하였다.

이처럼 학교 효과성을 증명한 학교들이 드러나면서 효과적인 학교(effective school) 연구가 활발하게 이루어지고 있다. 효과적인 학교란 학교에서 설정한 목표의 달성도가 높은 학교를 말하며, 일반적으로 학생들의 학업성취 수준을 높여주는 학교일수록 효과적인 학교로 간주된다. 이때 유념해야 할 것은 학교의 평균 학업성취도가 높다고 해서 효과적인 학교라고 할 수 없으며, 학교의 투입 여건은 비슷하지만 그 학교가 가지고 있는 구조적·조직적·집단적 특성의 차이로 인하여 학생들의 학업성취 결과가 다른 학교보다 더 높은 학교를 의미한다.

효과적인 학교 연구는 성공적이며 효과적인 학교라는 명성을 가진 특정 학교를 대상으로 이 학교들이 가진 특성을 기술하고 정리하는 방식으로 수행된다. 또한 탁월한 성취를 보이는 학교와 현저하게 낮은 성취를 보이는 두 극단의 학교를 찾아내어, 이 학교들의 내적 특성의 차이를 비교함으로써 학업성취를 비롯한 교육결과가 학교의 특성 요인과 관련되어 있음을 밝히고 있다. 따라서 효과적인 학교 연구는 주로 소규모의 사례연구가 이루어지면서 참여관찰과 면접방법을 적용한다.

효과적인 학교 연구들의 다수가 개별 사례를 대상으로 수행되었기 때문에 효과적인 학교의 특성은 연구마다 다소 다르게 나타날 수 있다. 일부 학자들이 그동안 수행되었던 효과적인 학교 연구 결과를 종합하여 효과적인 학교의 특징을 정리하여 제시하고 있다. 에드먼즈(Edmonds, 1979)에 따르면 효과적인 학교의 특성은 학교장의 강한 지도력, 학업성취에 대한 높은 기대, 학습에 도움이 되는 학습 분위기, 학교풍토(school climate), 기초 수학능력에 대한 강조 그리고 학생의 학업 수행 정도에 대한 지속적인 관심과 지도 등으로 나타났다. 리바인과 리조트(Levine & Lezotte, 1990)는 미국에서 수행된 400여 편의 효과적인 학교 연구의 결과에 기초하여 효과적인 리더십, 교사와 교수 효과성, 학습에 대한 강조, 긍정적인 학교문화,

성취와 행동에 대한 높은 기대, 학생 책임과 권리의 강조, 모든 수준에서 이루어지고 있는 개선의 모니터링, 교원의 자질 향상, 학부모의 참여 등 아홉 가지 특성을 정리하였다.

(2) 교육과정: 교과서에 숨겨진 지배 이데올로기

교육과정에 대한 기능주의 관점에서 학교에서 가르치는 내용은 객관적이고 모든 학생에게 공평한 것으로 간주되어 왔다. 교과서에 실린 지식은 공평한 것, 객관적인 것, 보편적인 것으로 여겨지며, 어떤 집단의 학생들에게도 적합한 것이라고 전제되어 왔다. 그러나 지식사회학의 영향을 받은 비판적 교육과정사회학자들은 교육과정이 지배집단의 이해관계를 반영한다고 주장한다. 이들에 따르면, 한 사회에서 기득권을 지닌 지배집단이 자신들의 권력을 유지하기 위해서는 공권력(군대, 경찰 등을 동원한 강제적인 방법)을 이용할 수 있지만, 물리적 힘만으로는 지배구조를 유지하는 데 한계가 있다고 본다. 따라서 지배집단은 자신들의 기득권과 지배체제의 질서 유지를 정당화시키기 위해 피지배집단의 자발적인 동의 또는 묵시적인 인정을 확보할 필요가 있다. 이를 위해 지배집단은 자신들의 지배를 정당화하고 피지배집단을 저항 없이 통제할 수 있도록 지배 이데올로기를 사용한다는 것이다. 이때 이데올로기는 특정 집단의 사고방식과 생활양식을 담지하고 있는 문화 속에 은밀하게 녹아들어가 있는데, 이 문화를 배우게 되면 자연스럽게 그 안에 스며들어있는 이데올로기를 습득하게 된다.

이러한 맥락에서 교육과정사회학자들은 교육과정에 은밀하게 숨겨져 있는 지배 이데올로기를 밝히는 데 관심을 기울인다(김영화, 2012). 학교는 지식을 생산하고 전수하는 교육기관으로서 지배 이데올로기 교육을 통하여 사람들의 의식구조를 형성하고 사회의 지배구조를 재생산한다고 비판받는다. 여기에서는 실제로 학교에서 가르치는 교과서 내용에 숨겨진 지배 이데올로기를 분석한 연구를 살펴보기로 한다.

미국의 역사 교과서를 분석한 아농(Anyon, 1979)에 따르면, 학교 지식은 중립적인 것이 아니며, 특정 집단의 신념이나 관점을 반영하고 있다. 그녀는 미국 역사 교과서에는 자본가계급이라는 지배집단의 이데올로기가 깊이 관여하고 있음을 밝히고 있다. 교과서를 편찬하는 학자들의 입장에 의해 그리고 간접적이지만 지배집단의 요구에 의해 어떤 내용은 과도하게 부각되고, 어떤 내용은 축소되거나 아예 다루어지지 않고 있다는 것이다. 예컨대, 경세 발전에의 공헌을 다룰 때 자본주의 체제의 우월성과 자본가들의 개인적 노력은 부각되고 노동자들의 헌신, 노동조합 활동, 급진적인 노동조합운동, 사회주의운동 등은 축소되거나 부정적으로 묘사하였다. 또한 사업가와 자본가를 개인적 노력과 저축을 통해 꿈을 실현한 사람으로 기술하였고, 누구라도 노력과 저축으로 이러한 꿈을 실현할 수 있다는 메시지를 전파하였다. 아농은 미국 역사 교과서를 통해서 빈곤의 책임이 전적으로 개인에게 지워지고 있으며, 부의 공정한 분배에 실패한 사회의 책임을 은폐하는 결과를 초래하였다고 주장하였다.

한편, 켈리(Kelly, 1985)는 학문의 객관성을 대표하는 과학이 남성 중심적이라고 밝히고 있다. 그녀는 영국의 중등학교에서 가르치는 과학 수업의 실제를 연구한 결과, 지식의 생산, 교과내용 선정, 수업에서 교사 학생 상호교섭 등 모든 영역에서 가부장적 이데올로기가 깊숙이 스며들어 있다고 분석하였다. 첫째, 과학은 남성 중심의 학문이다. 과학자와 남성의 동일화는 과학 지식을 만드는 과학자, 과학을 가르치는 교사, 과학에 흥미를 갖고 선택하며 배우는 학생들 대부분은 남성이 많다는 사실로 증명된다. 여학생들은 과학자나 과학교사에 대한 역할모델을 찾지 못함으로써 과학이라는 과목 자체를 남성들의 것으로 인식하여 특별한 관심을 갖지 않는다. 실험실에 걸려 있는 저명한 과학자들의 사진도 마리 퀴리(Marie Curie; 퀴리부인으로 더 많이 알려짐)를 제외하면 모두 남성들이고, 교과서에도 여성의 존재는 거의 드러나지 않으며, 묘사된다 하더라도 남성의 보조자로 혹은 주변적인 위치에 놓여진다. 둘째, 과학 교과서의 제시방법, 사례 적용 등이 남성 중심적으로 구성된다. 과학은 사물에 관한 것으로 사람과 무관함을 강조함으로써 여학생들을 과학 학습으로부터 소외시킨다. 여학생들은 어려서부터 사람들과 더 많이 교섭하도록 사회화되어 왔기 때문에 사물을 다루는 것으로 인식되는 과학에 접근하기 어렵다.[8)]

셋째, 과학 실험실에서 교사와 학생의 상호교섭 역시 남성 중심적이다. 청소년기 남학생의 특성으로서 강인함은 위험이 잠재되어 있는 실험기구를 다룰 때 주도적인 역할을 하는 데 이점으로 작용한다. 남학생들은 적극적으로 실험과정에 참여하게 되고 여학생들은 보조하는 역할을 담당하는 경우가 많다. 제한된 실험기구를 사용하는 수업에서 남학생들의 독점은 여학생들보다 자신들이 더 많이 안다는 우월감을 갖게 한다. 교사도 과학에 대한 남학생과 여학생의 인지 능력을 다르게 지각하고 있기 때문에 차별적으로 반응한다. 예를 들면, 여학생의 질문은 수업과 관련이 없는 내용으로 간주하기도 하고, 여학생들이 잘 모르고 있다는 것을 확인시킨다. 반면에 남학생의 질문은 높게 평가하고, 질문에 대한 적절한 대답을 유도함으로써 남성의 우월한 이미지를 증명해 보인다. 따라서 과학교과에서 여학생의 낮은 학업성취는 의도된 결과로 볼 수 있다. 이상에서 살펴본 바와 같이 학교에서 제공되는 교육과정이 특정 집단에게 유리한 내용을 담고 있어 불공평하게 제공되고 있다면, 상대적으로 불리한 위치에 있는 학생들의 학업성취는 저조할 수밖에 없을 것이다.

8) 성별 사회화 과정에서 남녀 아동들의 대표적 장난감은 자동차와 인형으로 구별된다. 자동차와 인형은 각각 사물과 사람을 의미한다.

(3) 교수 학습 과정: 자성예언과 교사기대 효과

학생의 학업성취는 교사가 학생에게 가진 기대와 능력에 대한 평가와 밀접한 관계가 있다. 학생들은 교사가 자신들에 대해 내린 기대수준을 감지하고 거기에 맞추어 행동하려는 성향이 있다. '자성예언'(self-fulfilling prophecy)으로 불리는 이 현상은 외부에서 자신에게 부여하는 예언이나 기대가 개인의 행동을 통제하고 구속하는 경향을 가리킨다(Merton, 1948). 교사는 학생들에게 의미 있는 타인이 되며, 그가 내리는 평가는 학생들에게 중요한 기준으로 인식되기 때문에 학생들은 교사의 기대에 맞추어 행동하게 된다. 예를 들어, 교사가 일상적으로 모범생, 문제아, 성실한 학생, 게으른 학생, 우수아, 지진아 등과 같이 학생들의 능력이나 생활태도를 평가하여 내린 규정이나 예언들은 이들의 자아개념 형성과 행동에 중대한 영향을 미치게 된다. 즉, 학생들은 교사가 내린 평가와 기대에 따라 자신의 미래 학업성취 수준이나 학교생활 태도를 예언하고, 이 예언이 실현되는 방향으로 행동함으로써 결과적으로 자신의 예언이 적중했음을 확인하게 된다.

자성예언이론을 교사의 교수활동에 적용하면, 교사는 여러 가지 근거에 의해 어떤 학생들은 성공하고, 다른 학생들은 실패할 것이라고 기대하고 이 기대가 이루어지도록 각 학생들을 다르게 대하며 그 결과로 학생들의 학업성취가 예측한 대로 나타날 수 있을 것이다. 이처럼 자성예언이 교사의 교수 행위에 적용될 때에는 '교사기대 효과'(pygmalion effect: 피그말리온 효과)로 불린다.

로젠탈과 제이콥슨(Rosenthal & Jacobson, 1968)은 교사의 기대가 실제로 학업성적을 향상시키는가에 관심을 가지고 연구를 수행하였다. 이들은 미국의 초등학교 학생들에게 비언어 지능검사를 실시한 후, 검사결과와는 무관하게 각 학년의 20%에 해당하는 학생들을 무작위로 선정하여 교사들에게 '성장 가능성이 매우 높은 학생들'이라는 통지와 함께 그 명단을 알려

주었다. 두 학기가 지난 후 다시 지능검사를 실시한 결과, 이 실험집단 학생들의 평균점수는 첫 번째 검사 때 평균점수보다 12.2점이 상승했다. 이 차이는 통제집단 학생들의 점수 상승폭인 8.4점보다 통계적으로 의미 있는 점수 차이로 나타났다. 결론적으로 교사의 학생에 대한 긍정적인 기대가 학생의 높은 학업성취로 나타나고 있음을 밝히고 있다.

아울러 로젠탈과 제이콥슨은 교사의 학생에 대한 높은 기대가 저절로 학업성적 향상을 가져오는 것이라기보다는 실제 교수 학습 과정에서 구체적인 교수행위로 나타난 결과로 해석하고 있다. 예를 들어, 교사는 실험집단의 학생들에게 좀 더 상냥하고 다정하며 고무적으로 대했을 가능성이 많았을 것이다. 또한 실험집단의 학생들을 더욱 세심하게 관찰했을 것이며, 그 학생들이 제대로 대답하면 즉각적 칭찬이나 인정으로 바람직한 행동을 강화함으로써 그들의 학업성취를 높였을 것이다. 이처럼 로젠탈과 제이콥슨은 피그말리온 효과를 학교 현장을 통해 실증적으로 증명함으로써 교사의 학생에 대한 기대가 해당 학생에게 실질적이며 중요한 영향을 미치고 있다는 강력한 메시지를 전하고 있다.

(4) 교육적 집단화: 능력별 학습집단 편성

교육학에서 집단화는 '학생들을 선발하거나 분류하여 학교, 학급 또는 다른 교육적 프로그램에 배치하는 것'을 의미한다(오욱환, 2009). 집단화는 학생집단의 동질성과 이질성의 정도를 기준으로 하여 동질적 집단과 이질적 집단으로 나뉜다. 동질적 집단 편성을 지지하는 학자들은 기본적으로 수업의 효율성과 수월성을 더 강조하는 경향이 있다. 이들은 학습능력이 비슷한 학생들로 학급을 구성할 때 교육효과가 상승한다고 주장하며, 전체 학생들의 학업성취 향상에도 관심을 갖지만 일차적으로는 높은 학습능력을 가진 학생들의 학업성취를 극대화하는 데 주안점을 둔다. 반면에 이질적 집단 편성을 지지하는 학자들은 수업의 형평성과 평등성을 더 강조하며, 학습능력이 높은 학생보다 낮은 학생에게 더 많은 학습 지원과 배려가 필요함을 주지시킨다.

이처럼 집단 편성을 두고 교육이념과 목표가 다르게 추구되고 있기 때문에 교육계에서는 학습집단 편성을 둘러싼 논쟁이 지속되고 있다. 여기에서는 동질적 집단화의 한 유형으로 적용되고 있는 '능력별 학습집단 편성'에 대한 학자들의 주장을 살펴보기로 한다. 능력별 학습집단 편성은 학생들의 능력과 성취를 기준으로 집단을 구성하기 때문에 '능력별 집단화'(ability grouping)로 불리며, 우리나라에서는 '수준별 수업'[9]으로 더 많이 알려져 있다. 학교 현장에서는 비슷한 학업능력을 가진 학생들끼리 수업을 하는 수준별 수업의 교육적 효율성이 너무 확실해 보이기 때문에 적극적으로 도입되고 있으나, 예상과는 다르게 부정적 결과들도 속출하고 있다. 즉, 학업성적을 기준으로 나눈 '우수반'과 '열등반'으로 배치된 학생들 간의 학업성취 격차는 동질적 집단으로 나누기 이전보다 더욱 확대되어 교육적 효율성을 높이지 못할 뿐만 아니라 오히려 교육적 차별을 심화시킨다는 것이다.

능력별 학습집단 편성을 지지 또는 반대하는 학자들의 입장을 좀 더 깊이 있게 살펴보면, 우선 능력별 학습집단 편성을 지지하는 학자들은 학습집단 편성 방식이 학생의 능력 수준과 수업의 수준을 일치시킴으로써 수업의 효과성을 극대화할 수 있고, 적절하게 시행된다면 모든 학생들의 학습효과가 이질적 집단보다 동질적 집단에서 더 높다고 주장한다(Hallinan, 1994). 이들에 따르면 능력별 학습집단 편성에 대한 부정적 결과들은 운영

9) 우리나라의 수준별 수업은 1997년 제7차 교육과정이 시행되면서 도입되었다. 제7차 교육과정의 기본 취지는 학생의 능력, 적성, 필요, 흥미에 대한 개인차를 고려한 수업을 통해 학생 개개인의 성장 잠재력과 교육의 효율성을 극대화하는 것이다. 이러한 제7차 교육과정의 시행방안으로 추진된 수준별 수업은 학교 내 능력별 동질집단 편성방안으로서 학생들의 학업성취와 학업능력의 개인차를 반영하여 수업방법, 과제제시, 평가를 달리 운영하는 수업으로 정의된다 (김홍원 외, 2004: 7).

방안을 재구조화함으로써 극복할 수 있다고 제안한다. 예를 들어, 교사는 하위 능력집단 학생들을 세심하게 배려한 교수 학습 방법을 적용하고, 이들의 잠재력에 대한 교사의 인식과 기대 수준을 바꿀 수 있도록 교사의 보상체제를 교수 학습의 변화와 연계할 것을 제언한다. 또한 학생들에게도 학습 동기를 유발할 수 있도록 보상을 제공하고 학생들의 향상도를 지속적이고 공개적으로 인정하는 방법을 제시한다.

반면에 능력별 학급편성을 반대하는 학자들은 능력별 학습집단 편성이 교수 학습 자원의 불균등한 배분을 가져온다고 주장한다(Oakes, 1994). 현실적으로 상위 능력집단일수록 학생들의 학습속도가 빠르고 학습활동도 적극적이며 수업참여도 활발하다. 교사도 학생을 통제하는 데 보내는 시간에 비해 수업준비에 더 많은 시간을 할애하게 되어 교육과정과 학습 자료는 더 흥미로워지며, 실제로 실력 있는 교사일수록 우수 집단에 배치되는 경향이 있다. 그러나 하위 능력집단의 수업은 학생의 저조한 실력, 교사의 학생에 대한 낮은 기대 및 열의와 결합하여 수업의 흥미도 떨어지고 도전적이지도 않으며 교수 학습 자료의 수준도 낮다. 또한 교사는 학습에 집중하지 못하는 학생들을 통제하는 데 많은 시간을 보내야 하므로 절대적인 학습 시간도 줄어들게 된다. 결과적으로 능력별 학습집단 학생들의 학업성취 격차는 실제로 차별화된 교육과정과 교수 학습이 제공됨으로써 나타나게 된다.

무엇보다도 하위 능력집단에 배치된 학생들일수록 자신들에게 부여된 부정적 꼬리표를 내면화하게 되며 낮은 포부수준을 갖게 된다. 이 학생들은 단편적이고 단순한 내용들로 구성된 수업을 받게 됨으로써 낮게 설정한 교육적 포부를 실현시킨다. 더구나 하위 능력집단은 대체로 저소득층, 소수인종 등 취약계층의 자녀들이 배치됨으로써 사회적 불평등을 재생산하는 기제로 작용할 수밖에 없다고 비판받는다(Oakes, 1985).

CHAPTER 05

교육과정의 이해

제1절 교육과정의 정의
제2절 교육과정의 관점
제3절 교육과정의 유형
제4절 우리나라 교육과정의 역사적 고찰
제5절 교육과정의 개발

제1절 교육과정의 정의

교육과정이란 '무엇을, 어떻게, 왜 배워야 하는가'에 대한 고민에서 출발하는 학문영역이라고 정의할 수 있다. 사냥이나 수렵활동으로 생계를 유지하던 시절에는 해당 역할을 담당하는 일이 매우 중요했을 것이고, 그에 따라 '생존을 위한 사냥교육'이 이루어졌을 것이다. 오늘날과 같이 IT 관련 역량이 필수적인 때에는 '정보 활용을 위한 소프트웨어 교육'이 강조되게 된다. 이와 같이 인간이 사회 구성원으로 성장하는 데 필요한 교육내용을 결정하는 일은 인간을 성장시키는 일, 즉 교육의 '일' 중에서 가장 핵심적인 부분을 차지하는 것이라고 할 수 있으며, 이것이 바로 '교육과정'의 근본적인 학문탐구 주제라고 하겠다.

교육과정의 영어 단어인 curriculum의 어원은 라틴어의 'currere'이며 이는 곧 뛴다는 뜻의 동사에서 기인한다. 명사로서의 curriculum은 말이 달리고 사람이 뛰는 경주의 course, 즉 race course를 뜻한다. 이 말이 교육에 사용되면서 학생이 일정한 목표를 향해 달리는 과정이라는 뜻으로 사용하게 되었다. 흔히 말하는 course of study로 이해될 수 있으며, 여기에는 무엇인가 학생이 학습하고 경험하는 내용이 핵심적인 요소가 됨을 알 수 있다.

이러한 개념이 집약된 의미가 '교과', '교수요목' 등이며, 학교에서 가르치는 교과목을 일컫는 것이다. 그러나 이와 같이 교과를 중심으로 하는 교육과정 개념은 학습자의 경험과 동떨어졌다는 점에서 한계가 지적되었고, 좀 더 현실에서의 필요와 요구에 기능하는 교육과정이 요청되면서, 교육과정은 '학교의 지도하에 학생들이 가지게 되는 모든 경험'으로 그 차원이 확대되었다.

교육과정의 의미가 무엇인가에 대하여 이론적으로 정립하고자 접근했던 많은 학자들이 그 실제를 '혼란'(confusion), '빈사상태'(moribund) 등과 같이 난해함을 특성으로 개념화할 만큼 교육과정이 무엇이고, 무엇이어야 하는가에 대한 생각은 매우 복잡하고 다양하다. 이것은 교육과정 자체가 언제 어디서나 같은 모습으로 확인될 수 있도록 주어진 현상이 아니라 각 시대가 처한 상황에서 사고과정을 거친 해석의 결과이기 때문이다. 교육과정을 보는 입장이나 관점의 차이가 어떻게 다른지를 살펴보고 그것을 통해 교육과정의 의미를 다양한 관점에서 이해하고자 한다.

제2절 교육과정의 관점

교육과정은 교육학의 타 분야와 달리 모학문(철학, 사회학, 행정학, 심리학 등)에서 파생된 분야가 아니라 학교의 본질을 가장 잘 설명하는 학문 영역으로서 중요성을 갖는다. 교육과정의 관점이 생겨난 초기에는 가르칠 내용의 효율적인 운영 등 행정적 효율성에 관심을 두었다. 이후 학문분야로서의 연구적 관점이 확대되면서 단순히 교육내용에 대한 해석에서 나아가 학습자에 대한 이해, 사회에 대한 이해의 폭이 확장되어 새로운 관점이 소개되어 왔다. 이러한 관점을 알아보고자 한다.

1. 전통주의적 관점

교육과정을 '교수요목'으로 보는 관점이며, 학문으로서의 논의가 본격화되기 이전의 관점이라 할 수 있다. 전통적으로 학문분야에 정통한 전문가들은 무엇을 가르쳐야 할 것인가에 관한 고민에 주저 없이 과거부터 가르쳐온 교과 내용을 떠올렸다. 따라서 지금의 교육행정적인 고민과 유사한 교과시간 배당, 학습내용 조직, 학년 및 학기 배치, 필수 또는 선택 교과 구분 등 효율성의 원리에 영향을 많이 받는다. 교육과정에 대한 전통적인 정의에 대표적인 학자들을 인용하면 다음과 같다.

- Hutchins(1936): 교육과정은 영구불변의 교과로 구성되어야 한다. 초중등학교에는 문법, 읽기, 수사학, 논리학, 수학의 규칙들로, 중등학교 이후에는 서양세계의 위대한 고전들로 구성되어야 한다.
- Phenix(1962): 교육과정은 전적으로 학문으로부터 도출되는 지식으로 구성되어야 한다.
- Good(1973): 교육과정은 졸업 또는 수료를 위하여 전공분야에서 이수해야만 하는 일련의 교과목을 체계적으로 모아놓은 것이다.

교육과정의 효율적 운영을 이론으로 발전시키는 데 공헌한 학자로는 타일러(Tyler)를 꼽을 수 있다. 그는 교육과정의 중심문제를 다음과 같이 네 가지로 제시하였다. ① 교육목적은 무엇인가? ② 교육목적을 달성하는 데 필요한 학습경험(교육내용)을 어떻게 선정할 것인가? ③ 효율적인 교수 학습을 위하여 학습경험을 어떻게 조직할 것인가? ④ 학습경험의 효율성을 어떻게 평가할 것인가? 타일러의 교육과정 모형은 전통주의적 관점을 잘 설명하는 것이며, 교육과정 분야에서 오랫동안 많은 사람들이 교육현장의 실제문제를 해결하는 데 활용하였다.

2. 경험주의적 관점

교육과정 연구가 전문화되었던 시기인 20세기 초반, 진보주의 교육철학의 영향으로 학습자중심의 교육이 강조되었다. 교육의 존재 가치를 생활적응(life adjustment)으로 보는 입장이며 무엇을 가르칠 것인가를 결정함에 있어서도 학습자를 가장 중요하게 고려하였다. 학습자가 실제로 어떻게 느끼고 생각하며 체험하는지를 중요하게 생각하며 동일한 교과목이나 교육내용을 가르친다 하여도 학습자가 그것과 어떻게 상호작용하는가를 중요시한다. 킬패트릭(Kilpatrich, 1918)은 교육과정의 내용이 학생들의 경험이 되어야 함을 강조하면서 "우리는 우리가 일상 행하는 활동으로부터 배운다"라고 하였다. 언젠가 도움이 될지 모르는 교육내용을 배우고 삶을 준비하는 것의 의미를 중시하는 전통주의적 관점과는 달리, 교육과정은 삶을 통한 학습, 즉 삶 그 자체가 되어야 한다는 입장이다.

3. 재개념주의적 관점

이 관점은 지금까지의 교육과정에 대한 개념을 비판적인 관점에서 새롭게 보는 입장이다. 기존의 교육과정 문제를 실존주의적·현상학적·사회비판적 시각에서 새롭게 바라봄으로써 교육의 문제를 새로운 시각에서 재해석하는 것을 중시한다. 기존의 교육과정은 지배집단의 이익에 부합하는 논리로 결정되어 왔으며, 궁극적으로 지배집단의 이데올로기에 기능하는 역할을 하게 된다는 것이다. 그러므로 재개념주의적 관점에서는 이러한 지배 이데올로기의 구속으로부터 학습자를 해방시키고 학습자가 교육의 주체가 될 수 있도록 강조한다.

재개념주의적 입장은 기존의 학교교육과정은 정치적 힘에 의해 선택된 것이므로, 학습자 개인의 이익과 권리보다는 기득권을 가진 정치적 힘에 의해 선택된 것으로서 특수 계층의 이익을 중시한다고 비판한다. 교육과정 결정의 중심을 '학습자 주체'로 회복해야 진정한 참교육이 될 수 있다고 보았다. 그러나 이러한 입장은 교육과정 개발이나 운영상 고려해야 할 관점을 제시하는 것은 사실이나, 궁극적으로 교육과정이 어떠한 것이어야 하는가에 구체적인 대안을 제시하지는 못한다는 점에서 한계를 가진다.

제3절 교육과정의 유형

교육과정을 바라보는 관점에 따라 학교교육과정은 여러 가지 형태로 나타난다. 그러나 학교교육과정을 구성하는 관점이 반드시 한 가지 관점에만 바탕을 둔 것은 아니며 여러 관점이 혼합되어 있는 경우가 대부분이다. 그럼에도 교육과정의 유형을 구분해 봄으로써 각각의 입장에서 중점을 두고 있는 것이 무엇인지, 개념상의 차이가 무엇인지를 이해하고 교육현장에서의 교육과정 변화주제에 관한 이해도를 높이고자 한다.

1. 교과중심 교육과정

교육과정에 대한 학문적 논의가 본격화되었던 1920년경 탄생한 진보주의적 교육론자들이 이전의 교육과정 관점을 구분짓기 위하여 개념화한 것이라고 할 수 있다. 이 교육과정의 교육목적은 기성세대의 문화유산이나 정보를 후대에 전달하는 것이다.

교과중심 교육과정의 근간을 이루고 있는 것은 바로 형식도야이론이라 할 수 있다. 우리의 몸이 근육의 발달로서 움직임이 정교화되는 것처럼 우리 마음의 근육을 발달시켜 주는 것은 바로 전통적인 인문교과라고 주장한다. 지금 당장의 활용 여부보다는 언젠가 우리 마음의 근육으로 작동할 수 있는, 도야가치가 높은 내용을 가르칠 필요가 있다는 것이다. 7자유과(문법, 수사학, 논리학, 대수, 기하, 천문학, 기하)는 중세시대의 대표적인 교과이며 교과중심 교육과정의 중요한 교육내용에 해당되었다.

이와 같은 교육과정 입장에서는 교육의 의미가 문화유산의 후세대로의 '전달'로 요약될 수 있으며, 각 교과는 그 자체의 논리를 유지하여 전달해야 바람직하다고 보았다. 따라서 교육의 중심이 교사에게 있으며 교과의 논리에 따라 체계적인 교육을 강조하게 된다. 그러나 학습자를 수동적인 존재로 보고 있으며 교육내용의 실용성에 대하여 비판적인 논의가 불가능하다는 점 등에서 그 한계가 지적되고 있다.

2. 경험중심 교육과정

교육과정에 관한 학문적 논의가 시작되던 당시, 무엇을 가르칠 것인가에 대한 질문에 학습자에 대한 고려를 본격화한 입장이다. 보수적 관점에서는 가르쳐야 할 내용이 전통적인 교과였으나 경험중심 교육과정에서는 배움의 주체인 학습자의 성장을 강조하며, 사회 구성원으로서 필요를 충족시켜 줄 수 있는 교육을 강조한다. 이제까지의 교육은 생활에서의 문제해결이나 교육내용의 유용성 등과 무관하게 객관적 지식 또는 도야적 가치에 무게를 두었다. 그러나 성인이 되어서 생활하는 데 유용한 지식, 직접 활용할 수 있는 지식을 가르쳐야 한다는 주장이 대두된 것이다.

이러한 사상의 대표적인 학자는 듀이(Dewey)라고 할 수 있다. 듀이는 지식의 가치를 훈련하는 것이 아니라 문제상황에 직면하여 그것을 극복해낼 수 있는 능력을 키우는 것이 바로 교육이어야 하며, 그것을 위하여 학생들이 직접 경험할 수 있도록 교육과정을 조직해야 한다고 주장하였다. 듀이가 학교에서 가르쳐야 할 교육내용을 과거의 전통적인 교육과정과 배치되는 것으로 주장한 것은 아니며, 교과내용이 학습자에게 중요한 것으로 선택된 상황이더라도 학습자의 실생활에 기초할 수 있도록 경험세계와의 연계를 강조하였다. '행함으로써 배운다'(learning by doing)라는 원리가 핵심이며 학습자가 생활에서의 문제를 능동적으로 해결해 감으로써 진정한 성장을 이루게 된다고 보았다. 이 입장은 학습자를 교육의 중심으로 이동시킴으로써 개인차가 존중되고 전인교육을 중시하는 반면, 기초학력 및 교육의 효율성 저하, 교육과정의 사전계획의 어려움, 따라서 교사의 소양에 따라 교육과정의 성패가 좌우될 수밖에 없는 등의 문제가 지적되기도 한다.

3. 학문중심 교육과정

경험중심 교육과정 패러다임이 팽배하던 1960년대 당시, 소련의 인공위성 스푸트니크(Sputnik) 발사는 미국의 수학·과학 학문 발전의 현주소에 대한 충격적인 사건이 되었다. 학습자의 흥미, 필요, 사회적 유용성 등을 기준으로 선정된 교육과정은 체계적인 지식교육에는 한계가 있을 수밖에 없고, 인공위성 개발과 같이 누적된 학문지식을 필요로 하는 분야에서 능력 있는 과학자를 배출하지 못했다는 반성이 높아졌다. 이러한 위기의식은 체계적인 지식교육의 필요성을 강조하는 움직임으로 나타났고, 수학과 과학과 같이 학문적 체계가 명료한 교육내용을 교육과정으로 선택해야 한다는 학문중심 교육과정이 대두되었다.

이러한 논의의 가장 중요한 학자는 브루너(Brunner)이며, "교육의 과정(The process of education)"이라는 보고서를 통해 경험중심 교육과정의 한계와 문제점을 지적하였다. 그는 '지식의 구조'를 강조하며 교과의 가치를 이전과는 다른 방식으로 정당화하였다. 즉, 학문에 내재되어 있는 지식의 탐구과정을 직접 경험하도록 하며 그것을 통해 학습자는 그 분야 학자들이 느끼는 것과 동일한 내적 보상(만족감, 성취감, 자신감 등)과 동기유발이 이루어진다고 보았다. 학자들의 탐구적 접근을 어린 학생들도 동일하게 따라갈 수 있으며, 발달단계에 따라 서서히 학문 내용의 폭과 깊이를 높여나가는 나선형 교육과정을 제시한다. 그러나 누구나 이런 지적 탐구가 가능한 것은 아니어서 중상 이상의 학생들에게 적당하고, 내적 동기유발을 기대하기 어려운 경우도 있어 한계점으로 지적되기도 한다.

4. 인간중심 교육과정

1970년대에 들어서 새롭게 강조된 교육과정 논의는 인간에 대한 실존적 접근으로부터 시작되었다. 인간성의 회복, 인간소외 현상의 극복 등을 기치로 교육의 인간화를 주장하였고, 인간의 인간다움을 지켜나감으로써 개인의 자아실현 및 개별화에 무게를 두었다. 개인의 의미를 중시함은 물론, 정서적·신체적 균형 있는 전인교육의 중요성이 강조되었다. 시대적으로 보면, 지나친 교과중심의 교육과정을 부정하며 등장하였던 경험중심 교육과정, 이후 학문주의, 과학주의에로의 이동에 따른 비인간화 현상에 대한 반대급부로 등장한 것이라고 볼 수 있다. 인간이 배제된 교육은 무의미한 것이며 학교환경은 물론 교육과정을 조직함에 있어서 전인교육의 핵심 가치인 통합을 중시한다.

인간중심 교육과정은 학습자의 전인교육을 통한 자아실현에 최고의 가치를 두고 있다는 장점을 가진 반면, 교육환경 및 이를 구체화할 수 있는 교사의 교육철학에 크게 좌우될 수밖에 없다는 한계를 가진다.

5. 잠재적 교육과정

잠재적 교육과정(hidden curriculum)은 학교의 환경, 제도, 교육과정 운영 전반에서 계획하거나 의도하지 않았으나, 학교생활을 하는 동안에 학생들이 은연중에 가지게 되는 경험으로서의 교육과정을 말한다. 잠재적 교육과정의 개념이 성립하기 위해서는 교육과정의 의미를 계획수준으로 보아서는 안 되며 학생들이 가지게 된 경험의 총체로 이해해야 한다. 이 내용을 그림으로 구분해 본다면, 아마도 잠재적 교육과정의 영역은 III의 부분에 해당하는 개념이라 할 수 있다. 계획을 수립(I)하여 교사들이 수업장면에서 잘 가르쳐(II), 학생들의 경험으로 완성(III)되는 것을 기대하고 있으며, 여기서 가장 이상적인 영역은 바로 IV에 해당한다.

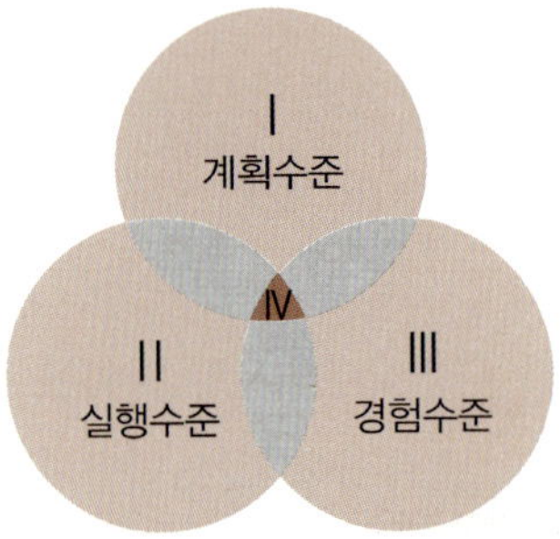

[그림 5-1] 교육과정의 차원

한편, III의 영역 중에서 교집합이 없는 부분은 계획하지도 않았고, 교사들의 교육에서도 이루어지지 않았음에도, 학생들의 경험으로 만들어진 것을 의미하는 것으로서 바로 잠재적 교육과정을 설명하는 부분이 된다.

대부분 비인지적·정의적인 영역과 관련되는 영역이며 장기적·반복적으로 배워진 것이므로 항구성이 있다. 여기에는 바람직하지 못한 내용도 포함되며 표면적 교육과정을 고려함과 동시에 잠재적 교육과정이 발생할 것을 인정하는 것이 필요하다. 잠재적 교육과정의 개념을 인지하는 것은 학교현장에서 이루어지는 경험세계가 보이는 것, 의도한 것에만 한정되지 않으며 보이지 않는 학습자의 경험세계로까지 범위를 확대하여 고려해야 함을 주지시키는 것이다.

6. 영교육과정

영교육과정(零, null curriculum)은 학교에서 가르치지 않은 교육내용을 말하는 것으로 학습자가 아직 경험하지 못한 것을 일컫는다. 발생하지 않은 것을 교육과정의 개념에서 관심을 두는 이유는, 교육과정이란 불가피하게 선택의 결과일 수밖에 없으며 선택과 동시에 포함과 배제의 산물이 나타나게 되므로 배제됨으로 인해 필연적으로 나타난 것에 주목하기 위한 것이다. 영교육과정은 공식적으로 다루어지는 교육과정에 비교할 때 '기회학습'이라 할 수 있다. 그러나 좀 더 확장된 시각으로 보면, 일부러 배제한 것들, 의도적으로 가르치지 않도록 지워버린 것들이 이에 해당할 수 있다. 시대적으로 특정 시기에 금기시해온 이데올로기가 있었으며, 그것을 배우지 못한 학생들의 개념체계에 해당 내용이 형성되지 못한 결과가 나타나는 것 등이 사례가 될 수 있다. 영교육과정에 대한 이해도를 가지는 것은 공식적 교육과정을 보다 폭넓게 조명하고, 교육과정의 건전성을 점검해 보는 준거 틀이 마련된다는 점에서 의미가 있다.

지금까지 살펴본 바와 같이 교육과정의 개념체계가 확고하게 정립되기 어려운 것은 교육과정 자체가 언제 어디서나 같은 모습으로 확인될 수 있도록 주어진 현상이 아니라, 각 시대의 문제상황에서 사고의 과정을 거친 결과이기 때문이다. 마치 하나의 사물이 각도에 따라 달리 보이는 것과 같이 교육과정에 대한 정의는 각기 나름대로의 근거를 가지고 있다. 그러므로 교육과정의 경우에 어떤 정의가 옳고 어떤 정의가 틀렸다고 말할 수 없다. 오직 한 가지 정의만이 옳다고 고집하는 것은 전체를 보지 못하는 우를 범할 수 있을 것이다. 각 정의가 나오게 된 문제상황은 무엇이며, 그것을 지배하는 사고의 방식은 무엇인지, 그러한 정의는 왜, 어떻게 시작되고 우리를 어디로 이끄는지 그리고 그 결과는 무엇인지에 대한 역사적 맥락에 따른 논의가 필요하다.

제4절 우리나라 교육과정의 역사적 고찰

1945년 해방과 함께 우리나라는 주권을 회복함과 동시에 교육에서의 자주권을 확보하게 되었다. 일제 식민지 교육에서 벗어나 근대교육에로의 전환을 위해 노력했으며, 독립국가로서의 동력이 부족한 상황에서 미군의 도움을 받아 국가교육을 진행할 수밖에 없었다.

오늘날, 우리나라는 70년 남짓 자주교육의 역사를 유지해 오고 있다. 그동안 학교교육을 이끌어온 교육과정의 역사가 어떻게 변화되어 왔는가를 살펴봄으로써 앞으로의 교육과정 미래에 대한 전망을 하고자 한다.

1. 제1차 교육과정(1954~1963)

1951년 교육부는 6·25전쟁으로 말미암아 중단되었던 교육과정 구성에 대한 심의를 위하여 '교육과정연구심의회규정'(교육부령 제16호)을 공포하여 교육법에 의거 교육의 근본이념과 교육방침을 구현하기 위한 교과목 편제에 착수하였다. 1954년 교육부령 제35호로 공표된 '교육과정시간배당기준령'과 각급학교 '교과과정'은 우리나라 손으로 만들어진 최초의 체계적인 교육과정이다. 제1차 교육과정기는 흔히 교육과정 개념상 교과교육과정 강조의 시기라고 부르기도 한다. 특히 고등학교 교과과정의 머리말에 있는 본 과정 운용상의 주의에는 각 학교의 교육계획과 교과경영의 기준이라 명시하고 있다. 이 기준에 의거하여 학교의 교육계획을 수립하도록 강조하고 있다.

2. 제2차 교육과정(1963~1973)

교육과정은 시대적 상황과 국내 정세의 변천에 비추어 실정에 맞아야 한다는 인식으로 교육과정 개정의 필요성이 대두되었다. 기초학력 부족 및 구체적인 목표 제시가 부족하다는 점에서 교육과정 개정을 위한 기초연구가 진행되었고, 1963년 2월, 각급학교 '교육과정'이 공포되었다. 종전의 '시간배당기준표'와 '교과과정'을 별도로 제정하던 것을 묶어서 '교육과정'이라 하였고, 내용에 있어서 자주성·생산성·유용성을 강조하고, 조직의 합리성, 운영상의 지역성을 고려하도록 하였다. 제2차 교육과정기는 경험중심 교육과정 또는 생활중심 교육과정이라고 부르며, '교육과정'이란 '학생들이 학교의 지도하에 경험하는 모든 학습활동'이라 정의하였다. 이 시기에 고등학교 단위제가 채택되었다.

3. 제3차 교육과정(1973~1981)

제2차 교육과정에서의 생활중심 교육과정을 지양하고 학문중심 교육과정을 강조하였다. 학문중심 교육과정을 주장한 브루너(J. S. Brunner)에 의하면, 교육과정은 곧 '각 교과의 전문가들이 각 교과가 나타내고 있는 지식의 본질(즉, 구조)을 가장 명백히 표현할 수 있도록 그 지식을 체계적으로 조직해 놓은 것'을 가리킨다. 따라서 학문의 계통성을 강조하였으며 교과활동과 특별활동과의 균형을 유지하도록 강조하였다. 이 시기의 교육과정은 국민교육헌장의 이념을 기본방향으로 삼고, 국민적 자질, 인간교육의 강화, 지식과 기술교육의 쇄신을 기본방침으로 하였다. 제2차 교육과정기부터 도입되었던 단위제를 고등학교 교육과정 운영원칙으로 하였으며, 실정에 따라 학년제를 병용할 수 있도록 하였다.

4. 제4차 교육과정(1981~1987)

그동안의 교육과정 운영결과, 수업시간과 학습내용 과다, 학습자 수준에 비추어 어려운 교육내용, 교과목 위주의 분과적 편제, 기초교육과 일반교육의 소홀함 및 인간교육의 미흡 등이 지적되어 이를 개정하기 위한 것이었다. 1981년 12월 31일 문교부 고시 제422호로 공포된 신교육과정은 제5공화국 출범을 맞이한 1980년대 초의 정치적·사회적 특수 상황과 미래에 대한 전망을 고려하여 새로운 교육적 전환을 모색할 필요와 함께 이에 대처할 적절한 새 교육과정 개발의 요청이었다고 할 수 있다. 국민정신교육의 체계화, 전인교육의 강화, 진로교육의 충실화를 교육과정의 기본 방침으로 강조하고 있다. 당시 초등학교 1, 2학년 단계에서 통합교육과정을 시도한 점은 특기할만한 일이라고 할 수 있다.

5. 제5차 교육과정(1987~1992)

교육부 고시 제87-7호로 개정, 교육과정의 적정화, 내실화, 지역화를 개정의 방침으로 하고, 지속성·점진성·효율성 등을 개정의 전략으로 삼았다. 제5차 교육과정은 기초교육의 충실, 정보화 사회에 대응하는 교육의 강화, 교육과정 효율성의 제고를 강조하고 있다. 교육과정 개정의 배경을 살펴보면 제4차 교육과정 개정까지는 나름대로의 사회적 제 상황의 변화에 부응한다거나 학문적 경향의 변화에 따른다는 비교적 뚜렷한 명분이 있었다. 그러나 제5차 교육과정 개정은 학교에서 사용 중인 교과서의 사용 기간이 5~7년을 넘을 수 없다는 행정상의 이유가 교육과정의 개정을 서두르게 하였다. 문교부는 제5차 교육과정 개정의 필요성으로 교육 철학, 학문 내용, 교육 방법의 변화, 경제적 발전과 사회의 변화, 현행 교육과정 고시 이후 7년 경과, 국제 경쟁력 강화 필요, 교육의 질적 고도화를 제시하였다.

6. 제6차 교육과정(1992~1997)

1992년 10월 30일 교육부 고시 제1992-919호로 개정, 교육과정의 성격을 명시하였다. 즉, 국가수준의 교육과정은 초·중등학교의 교육 내용에 관한 전국의 공통적·일반적 기준을 말하며, 여기에는 초·중등학교에서 편성·운영해야 할 교육과정의 목표, 내용, 방법, 평가, 운영 등에 관한 국가수준의 기준 및 기본 지침이 제시되어 있다. 또한 이와 같은 국가수준의 교육과정에 근거하여 편성·운영하는 각급학교의 교육과정은 단순히 교육목표의 내용만을 의미하는 것이 아니라, 학습자의 교육 경험의 질을 관리하는 구체적인 교육 프로그램을 계획하는 것을 포함하는 개념이다. 교육 프로그램은 교육목표와 내용, 방법, 평가, 운영 방식 등을 핵심으로 구성되며, 이러한 구성 요소에 영향을 주는 제 요인이 관련된다. 이에 교육과정 결정의 분권화, 교육과정 구조의 다양화, 교육과정 내용의 축소화, 교육과정 운영의 효율화를 중점으로 삼았다.

7. 제7차 교육과정(1997~2008)

1997년 12월 30일 교육부 고시 제1997-915호로 개정, 지금까지 국가가 주도하는 공급자 중심이었던 교육과정을 학습자 중심으로 개편하였다는 특징을 지닌다. 제7차 교육과정에 대한 논의는 대통령 자문기구인 교육개혁위원회에서 시작되었으며 "열린교육사회, 평생학습사회" 건설을 비전으로 삼아 학생의 적성과 능력에 따라 다양한 학습이 가능할 수 있도록 필수과목 축소 및 선택과목 확대, 정보화·세계화 교육 강화, 수준별 교육과정의 편성·운영을 교육과정 개정 원칙으로 설정하였다. 학생능력 및 적성 등 개인차를 최대한 고려하여 '수준별 교육과정'을 도입하는 한편, 학습자의 자기주도적 학습능력을 신장시키기 위하여 '재량시간'을 신설·확대한 점도 주요 변화 사항이다. 초·중등과정을 연속적인 학년개념으로 두고 10학년(고1학년 수준)까지는 국민공통기본교육과정 10개 과목을 이수하도록 하였다. 이후 고2, 3학년 단계에서는 학습자 중심의 선택교육과정을 운영하도록 하였다.

8. 2007개정 교육과정(2009~2011)

'교육과정의 질 관리'를 강화하기 위하여 국가수준에서 주기적으로 시행하는 학생의 학력에 대한 평가, 학교와 교육 기관평가, 교육과정 편성·운영에 대한 평가뿐만 아니라, 시·도교육청도 관내 학교의 교육과정 편성·운영에 대한 질 관리를 위해 학업성취도평가 및 교육과정 편성·운영평가 등을 실시할 수 있게 하였다. '질 관리 중심의 교육과정'은 교육과정 개정에서 추구하는 변화가 문서 수준의 수사적 변화에 머무르지 않고, 교육 현장에서의 실질적 변화를 가져올 수 있도록 하기 위해 도입된 개념이다. 그러므로 국가나 시·도교육청에서 의도한 교육과정이 구체적으로 학교 현장에서 어떻게 운영되는지를 계속해서 평가하기 위해서 주기적인 학생 학력평가, 학교평가, 교육과정평가체제가 확립되어야 함을 강조한다.

9. 2009개정 교육과정(2011~2017)

이전 교육과정의 수정사항을 공포한 것으로서, 주요사항은 국민공통과정의 9년 과정으로의 조정(초등학교 1학년~중학교 3학년까지)과 고등학교 3년 과정의 선택교육과정 편성, 교육과정 편성·운영의 경직성을 탈피하고 학년 간 상호연계와 협력을 통한 유연성 확보를 위한 학년군 개념 도입, 공통교육과정의 교과는 학문적 특성에 따라 교과군으로 재분류, 학기당 이수 교과목 수 축소 및 집중이수제 등을 통한 학습부담의 적정화, 기존의 재량활동과 특별활동을 통합하여 '창의적 체험활동' 신설 등이다. 제7차 교육과정 이후로, 국가 교육과정의 큰 틀은 학교중심 교육과정을 강조하는 방향으로 진행되고 있으며, 학습자 중심의 선택권 보장, 교육과정 특성화, 개별화의 특성을 강조한다.

10. 2015개정 교육과정(2018~)

문·이과 통합교육과정으로 소개되고 있는 2015개정 교육과정은 미래의 지능정보사회에 적합한 교육을 목적으로 하여, 지식을 선택하고 통합하여 문제를 해결하고 새로운 지식과 가치를 생성할 수 있는 인재를 육성하고자 한다. 문·이과 칸막이를 없애고 인문, 사회, 과학기술에 관한 기본 소양의 함양을 토대로 미래사회가 요구하는 인문학적 상상력과 과학기술 창조력을 두루 갖춘 창의 융합형 인재를 양성하고자 한다. 특히 핵심역량 중심의 교육을 지향하여 크게 6가지 역량(자기관리 역량, 지식정보처리 역량, 창의적 사고 역량, 심미적 감성 역량, 의사소통 역량, 공동체 역량)을 제시하였다. 또한 안전교육과 소프트웨어 교육을 강조하여 초등학교 수준부터 관련 교과에 '안전' 단원을 신설하고, 초등과정부터 실과, 정보교과에서 소프트웨어 소양을 기르도록 설계하였다. 고등학교교육과정의 경우 문·이과 구분이 사라지면서 통합사회, 통합과학 과목이 신설되고, 학습자가 이수하는 교과를 공통과 선택으로 구분하여 학습자의 진로 선택권을 보장하고자 한다.

해방 이후 지금까지 우리나라 교육과정은 횟수로는 10회의 개정작업이 이어져 왔다. 교육과정 개정의 역사를 보더라도 교육과정은 '변화'를 기본 속성으로 한다. 영구적이고 고정적인 것을 교육과정의 특성이라 보지 않으며, 사회의 변화에 따라 미래사회를 살아갈 학습자를 준비시킨다는 점에서 교육과정은 변화되어야 한다. 그러나 우리나라 교육과정의 역사는 교육의 논리보다는 사회정치적 논리에 따라 변화된 측면이 많으며, 이전 교육과정과의 연속선상에서 점진적인 변화를 이루어내기보다는 이전 정권과의 결별, 차별화에 강조점을 두다 보니 이전 교육과정에서의 철학을 무시하고 새로운 관점을 기반으로 진행된 것이 사실이다. 그러나 교육과정이란 계획의 수준으로만 이해해서는 안 되며, 교사의 실행, 학습자의 경험수준이 모두 합치될 때 성공적인 것이라 할 수 있으므로, 문서상의 개정 작업이 학교 현장의 변화로 당연히 이어질 것이라고 기대하는 것은 지나친 낙관론에 해당한다. 우리나라 교육과정 개정의 역사가 지속되어 왔음에도 불구하고 구태의연한 학교수업이 문제점으로 지적되고 있음을 간과해서는 안 되며, 문서상의 교육과정 개정이 공허한 구호에 그치지 않도록 학교 현장 및 학습자 경험에 대한 관심을 놓치지 말아야 할 것이다. 또한 교육과정을 정권의 수단으로 이용하기보다는 교육 궁극의 목적을 지향하는 지속성의 측면에서 장기적인 교육과정 변화 계획이 필요할 것이다.

제5절 교육과정의 개발

교육과정 개발이란 학습자의 바람직한 변화를 목적으로 학습과정을 계획, 실행, 평가하는 일련의 과정이다. 교육과정 개발은 교육과정의 차원에 따라 국가 수준, 시·도 교육청 수준, 교사의 수업단원 수준 등 다양하게 구분될 수 있다. 또한 교육과정을 개발하는 체제에 따라 중앙집중적인 방식과 지방분권적인 방식으로 나누어 볼 수 있다. 우리나라와 일본의 경우는 전통적으로 국가에서 초·중등학교의 교육과정을 통제하는 중앙집중식의 방식을 취해 왔다. 한편, 미국, 독일 등의 국가에서는 국가 교육과정 대신 지방분권적 방식을 채택해 왔다. 두 가지 유형의 체제 구분은 각각의 장단점을 중심으로 상호 보완적인 방향으로 발전해 왔으며, 최근 우리나라 교육과정 개발 방식 역시 제6차 교육과정 이후로 국가 주도의 교육과정 개발 방식에 지방분권적 방식을 혼합한 학교중심 교육과정을 강조하는 방향으로 변화되어 왔다.

전문가 집단을 중심으로 일사분란하게 진행되는 중앙집중적 개발방식은 학습자의 다양성보다는 효율성에 중점을 두기 때문에 교사의 재량권을 축소하거나 학습자의 선택권을 제한하는 문제점이 지적되어 왔다. 그러나 단위학교가 교육과정 개발에 관한 모든 의사결정을 개별화하는 것은 소모적인 일이 되기도 하기 때문에, 교육과정 개발의 두 차원의 관점은 어느 한쪽만을 선택하기보다는 상호 보완적인 관계로서 활용되어야 할 것이다.

1. 교육과정 개발 모형

교육과정 개발 모형은 교육과정을 보는 시각 또는 철학에 따라 달라질 수 있다. 가장 대표적인 모형으로서 타일러(R. Tyler)의 모형을 들 수 있으며 그의 관점을 계승한 여러 학자들의 모형이 소개되어 왔다. 그와는 달리 교육과정 개발 과정 자체를 중시하는 워커(Walker)의 모형은 새로운 관점을 소개한다. 여기서는 대표적인 두 모형을 살펴보고자 한다.

1) 타일러 모형

가장 대표적인 모형으로서 타일러의 합리적 개발 모형은 목표 모형, 고전적 모형, 처방적 모형으로 불리기도 하며, 1949년 발간한 저서 「교육과정과 수업의 기본원리」(Basic Principles of Curriculum and Instruction)에서 네 가지 단계의 합리적 절차를 제시하였다.

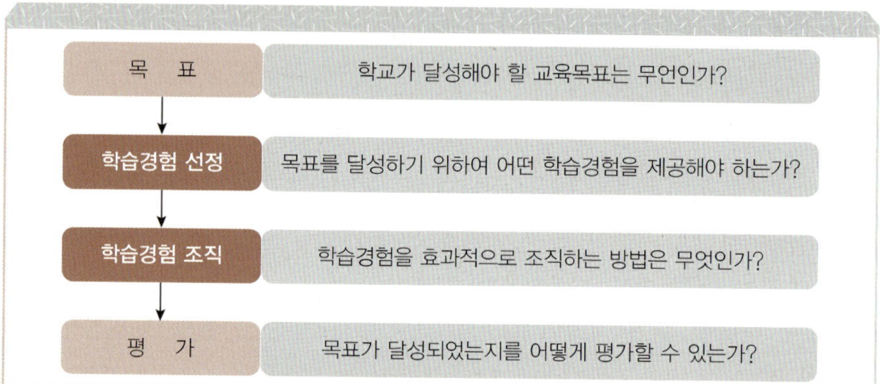

[그림 5-2] 타일러의 교육과정 개발 모형

타일러는 네 가지 요소가 순차적으로 이루어져야 하며, 네 가지 요소 중 교육목표가 가장 먼저 설정되어야 하고 가장 중요함을 강조하였다. 교육목표가 제대로 설정되어야 이후의 과정이 진행되는 데 기준이 되기 때문이다. 하지만 교육과정의 실제는 매우 역동적이고 예측이 어려운 점도 많기 때문에 절차나 방법에 초점을 둔 타일러 모형에 한계가 있다고 지적받는다. 또한 교사와 학생이 직접 상호작용하는 수업의 과정을 건너뛰고 있어 이에 관련한 고려가 미흡하다는 문제점 또한 제기되고 있다. 그럼에도 타일러 모형은 어느 수준에서도 적용하기 쉽고 논리적·합리적이라는 점에서 많이 활용되어 왔다.

2) 워커 모형

워커(D. Walker)는 교육과정 개발의 합리적 절차보다는 개발의 과정에 중점을 두었다. 실제 상황에서 교육과정이 개발되는 실제를 묘사하여 교육과정이 타협되고 조정되는 과정을 보여 준다. 교육과정에 참여하는 다양한 견해를 가지고 있으며, 이러한 견해를 표출하는 '강령'(platform)의 단계와

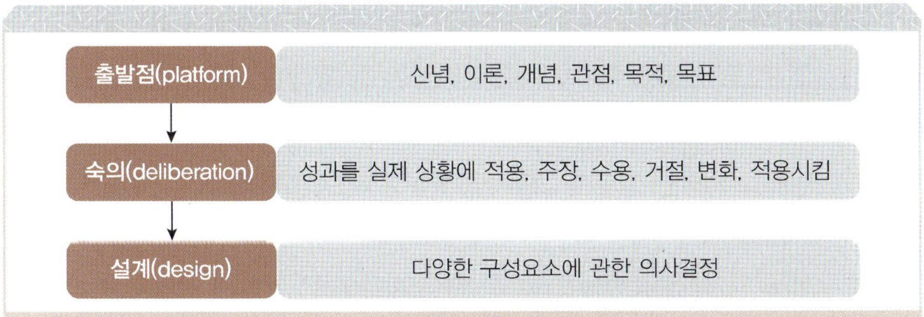

[그림 5-3] 워커의 교육과정 개발 모형

여러 대안을 찾아 합의의 과정에 이르게 되는 '숙의'(deliberation)의 과정을 거쳐 구체적인 형태로 '설계'(design)된다. '숙의'는 구성원 간의 의견 타협과 조정의 과정을 강조하는 것으로서 결과보다는 의사결정의 과정과 절차에 초점을 두는 과정지향적 모형이다. 워커 모형을 기술적(descriptive) 모형, 자연주의 모형으로 개념화할 수 있으며 교육과정이 개발되는 과정에서 실제 일어나는 일들을 묘사하고 있다는 데 특징이 있다.

타일러 모형에 따라 교육과정을 개발하게 되면, 그 과정이 겉으로 드러나지 않고 결과물로서 그 가치를 평가받을 수 있다. 그러나 교육과정 개발의 문제가 전적으로 답이 있는 영역이 아니며 우리가 살아가는 사회, 인간에 대한 관점, 학문이나 교과에 대한 다양한 해석들을 조율해 가면서 합의와 선택으로 이루어지는 것이므로, 교육과정 개발이 이루어지는 과정에 대해서 기술하는 워커의 관점을 이해하는 것이 의미가 있다고 할 수 있다.

2. 교육과정 개발 절차

교육과정이 개발되는 절차는 타일러가 제시한 순차적 모형 외에도 다양한 설계모델이 제시되고 있다. 여기에서는 교육현장에서 일반적으로 합의가 이루어져 있는 타일러 모형의 구성요소를 중심으로 살펴보고자 한다.

1) 교육목표 설정

교육목표는 교육을 통해 도달하고자 하는 지향점을 의미한다. 목표가 설정되었다 하더라도 그 결과가 반드시 목표와 일치하기는 쉽지 않다. 그러나 교육은 유목적적인 활동이므로 국가수준의 교육과정 개발은 물론, 교사의 수업진행에서도 목표 설정은 중요한 단계가 된다.

교육목표가 설정되는 원천으로서 학습자, 사회, 교과에 대한 연구를 강조하고 있으며, 이것이 학습심리학과 교육철학의 기준을 통과하여 명세적인 교육목표로 수립되는 것이다. 교육목표가 세분화되면 설정된 목표 이외의 교육결과를 간과하기 쉽다는 지적도 있으나, 교육목표가 이후의 교육과정을 총괄하는 지표가 된다는 점에서 중요하게 다루어지고 있다. 우리나라의 국가교육과정 개발에서도 교육목표 진술이 포괄적 선언문처럼 제시되었다가 최근 구체적인 성취기준을 기술함으로써 도달해야 하는 교육목표를 명료화하고 있음을 알 수 있다.

2) 교육내용 선정

교육목표에 도달하기 위해서는 그에 부합한 내용을 선정하고 내용 특성에 맞는 조직을 해야 한다. 먼저 내용을 선정하기 위해서는 가치기준이 중요하며 서로 다른 가치가 대립하는 경우 그것을 조정할 수 있는 선정 원칙에 따를 필요가 있다. 일반적으로 교육내용 선정의 준거는 크게 다음과 같다.

- 타당성의 원리: 교육목표에 도달하는 데 유용한 것이어야 한다.
- 확실성의 원리: 지식으로 구성된 교육내용은 가능한 참이어야 한다.
- 중요성의 원리: 학문을 구성하는 가장 중요한 것을 교육내용으로 선정해야 하며, 학문을 구성하는 가장 본질적인 부분을 구조로 담아야 한다.
- 사회적 유용성의 원리: 사회 유지에 도움이 되는 것이어야 한다.

- 인간다운 발달의 원리: 교육내용은 학습자의 성장과 자아실현에 도움이 되는 것이어야 한다.
- 흥미의 원리: 교육내용은 학습자의 흥미를 고려하여 선정되어야 하며 선택의 폭을 넓히는 것은 흥미유발에 도움이 된다.
- 학습가능성의 원리: 학습자의 능력을 고려하여 교육내용을 선정해야 하며, 수준에 따라 심화, 보통, 보충 과정과 같이 다양한 수준으로 차별화하는 것이 도움이 되기도 한다.

3) 교육내용 조직

선정된 교육내용을 조직함에 있어서 가장 중요한 요소는 범위(scope)와 계열(sequence)이라 할 수 있다. 범위란 내용의 넓이를 수평적으로 배열하는 것이며, 계열이란 학기 또는 학년에 따라 시계열적 종적 배열을 말한다. 범위를 고려할 때는 통합성을, 계열을 중시할 때는 연계성이 관련되므로 이에 대하여 살펴보고자 한다.

- 범위: 교육내용의 폭과 깊이에 따라 교육내용의 범위가 결정된다. 일반적으로 범위와 관련된 개념은 교과의 분과적 조직과 통합적 조직으로 나누어 볼 수 있다. 전통적으로 교과 간의 상벽을 두고 분리된 형태로, 예컨대 국어, 수학, 영어, 사회, 과학 등과 같이 조직한 것을 분과적이라고 할 수 있다. 한편 여러 교과나 학문을 관통하는 주제를 중심으로 통합의 형태로 교육내용을 조직하는 경우가 있으며, 우리나라 제4차 교육과정 이후로 초등학교 1, 2학년에 적용되고 있는 통합교과(바른 생활, 즐거운 생활, 슬기로운 생활), 범교과 학습 등이 예가 될 수 있다.
- 계열: 계열은 교육내용을 조직하는 종적인 방법으로서 교육내용의 순서와 관련된다. 학습자의 발달수준이나 내용의 곤란도 등에 따라 다음

과 같은 원칙을 고려할 수 있는데, 단순한 것에서 복잡한 것으로, 전체에서 부분으로, 구체적 경험에서 개념학습으로, 특정개념을 계속 제시하되 나선형 구조로 심화, 확대하는 원칙 등이 그것이다.

- **통합성**: 교육내용의 관련성을 바탕으로 하나의 교과나 단원으로 엮는 것을 통합성이라 한다. 유사한 목적을 가진 내용을 배우는 순서를 비슷한 시기로 배열한다거나, 교육목표에 따라 이전의 교육내용을 재편하여 구성하는 것을 말한다. 초등학교 입학 초기 즐거운 생활, 슬기로운 생활 등의 통합교과를 운영하고, 중·고등학교에서 통합사회, 통합과학 등의 교과목을 운영하는 사례가 이에 해당한다.
- **연계성**: 연계성 또는 연속성은 이전에 배운 내용과 앞으로 배울 내용 간의 관계를 고려하여 연결하는 것을 말한다. 수직적 연계성의 경우 학교급 간의 교육내용 연계에 유의하여야 하며, 학년 간 또는 학교급 간 급격한 격차가 발생한다면 학습자는 어려움을 겪게 된다.

4) 평가

교육평가란 본질적으로 교육과정 및 수업에 의하여 교육목표가 어느 정도까지 도달하였는지를 확인하는 과정이라고 할 수 있다. 교육평가는 설정된 교육목표를 명확히 하는 데 도움을 주며, 학생들이 이 목적을 어느 정도 성취했는가를 결정하는 과정으로서 학습자의 바람직한 행동변화를 측정하고, 더 나아가 교육의 전 과정(내용선정–내용조직–교수학습)을 개선하는 데 실제적인 피드백을 제공한다.

교육과정 개발의 과정을 직선형이 아닌, 순환형으로 이해해야 하는 이유가 여기에 있다. 설정한 목표에 도달하기 위한 일련의 과정을 교육과정으로 개발하고 이의 성취 여부는 평가를 통해 확인될 수 있다. 그러나 평가결과가 최초 목표와의 합치 정도를 확인하는 것에서 그치는 것이 아니라,

이후의 전 과정에 다시 재투입되어 목표설정, 내용 선정 및 조직, 수업설계 등의 모든 단계에서 효율성을 재고하는 작업으로 환류되어야 함을 놓치지 않아야 할 것이다.

CHAPTER 06

교육심리

제1절 교육심리학의 기초
제2절 인간 이해와 교육
제3절 인간 발달과 교육
제4절 학습자 특성과 교육
제5절 학습이론

제1절 교육심리학의 기초

1. 교육심리학의 정체성과 정의

교육심리학의 학문적 정체성은 교육학과 심리학의 두 학문 사이에서 오랫동안 논의가 되어온 주제이다. 교육학은 가르치고 배우는 과정을 통하여 인간을 바람직한 방향으로 변화시키려는 실천적 학문이라고 할 수 있다. 심리학은 인간의 행동을 과학적으로 연구하여 기술, 예측, 설명, 통제하는 학문으로, 인간행동의 원인과 표출양식을 근본적으로 이해하는 데 도움을 주는 학문이다.

심리학과 교육학의 학문적인 목적과 관심의 차이는 다음과 같이 정리할 수 있다(이성진, 1996). 교육학은 인간행동을 바람직한 방향으로 변화시키려는 목적을 갖고 있으므로 가치지향적이며, 학습자의 의미 있는 변화에 관심을 가지며, 교육현장에서 주로 연구가 이루어지는 실천적 학문이라고 할 수 있다. 반면 심리학은 인간행동을 이해하는 데 관심이 있는 가치중립적인 학문이며, 인간행동의 보편적인 원리를 규명하는 데 관심이 있으며, 주로 통제된 실험실에서 연구가 이루어진다.

교육현장을 이해하는 데 심리학의 역할은 물론 중요하다. 그러나 교육에 일반심리학의 결과를 그대로 적용하는 것은 한계가 있다. 학교 현장은 실험실과 달리 예측 불가능하며, 변화하고자 하는 행동의 가치가 매우 중요하며, 교수 학습 과정은 교수와 학습의 개별행동이라기보다는 서로 상호작용하여 학습결과가 산출되는 집합행동으로 이해해야 한다. 교육심리학은 이렇게 목적과 가치가 개입된 인간행동의 변화를 이해하기 위해 독립적인 학문영역으로서 필요성을 갖고 출발하게 되었다.

교육심리학은 이론과 실천의 두 가지 측면에 모두 관련이 있는 학문이다.

즉, 교육심리학은 교사가 효율적인 교수활동을 할 수 있도록 교육현장에서 인간행동을 기술하고, 설명하고, 예측하고, 통제할 수 있는 이론적 기반을 제공해 주며, 교육현장에 적용하기 위한 교육적 실천 방안을 제공해 주는 학문이다. 교육심리학자가 연구한 학습자의 특성과 효과적인 교수 학습 방법에 대한 연구결과는 교사들이 교수 원리를 이해하는 데 도움을 준다. 또한 교수 방법을 선택하고 결정하기 위해 유용한 정보를 제공해 준다.

2. 교육심리학의 역할

학생들을 잘 가르치기 위해 교사에게 필요한 지식은 매우 다양하다. 교육은 학생들에게 단순히 지식을 전달하고 설명하는 활동에 그치지 않기 때문이다. 교육현장에는 다양한 유형의 학생들이 존재하며, 해결해야 하고 의사결정이 필요한 수많은 문제들이 존재한다. 예를 들어, 교사는 성공을 경험해 본적이 없어 무력감에 빠져 있는 아이, 자아존중감이 낮고 매사에 부정적인 아이, 집단따돌림을 하는 아이와 따돌림의 대상이 되는 아이, 수업에는 관심이 없고 수업을 방해하는 아이, 어떤 영역에 특별한 재능을 가지고 있는 영재아 등 수많은 유형의 학습자를 만나게 된다. 교실은 하루에도 수십 가지의 문제들에 대한 결정을 내려야 하는 실행력이 필요한 장소이다. 그러나 학교현장에서 발생하는 문제들을 적절하게 해결하기 위해서 상식과 경험으로 해결할 수 있는 경우는 그렇게 많지 않다. 반면 많은 경우 상식과 경험으로 설명하기 힘들고 때로는 예기치 않게 반대의 연구결과가 있는 경우도 빈번하다. 따라서 잘 가르치는 교사가 되기 위해서는 교육심리학의 이론과 연구결과를 잘 알고 있어야 한다.

여러분은 다음의 의견을 어떻게 생각하는가? "학생들의 학습동기를 증진시키기 위해 교사들은 가능한 한 많은 칭찬을 하는 것이 좋다." 대부분의 사람들은 칭찬을 많이 할수록 좋은 결과가 나올 것이라고 생각할 것이다. 그러나 이 분야의 연구결과에 의하면 정답은 '아니다'이다. 적절하게 칭찬을 하는 것은 중요하지만 지나치게 많이 칭찬했을 경우 오히려 칭찬의 효과를 훼손시킬 수 있다. 또한 쉬운 과제를 성공했을 때 교사에게 칭찬을 받게 되면 학생은 교사가 자신의 능력을 낮게 평가한다고 해석하여 부정적인 결과가 초래될 수 있다(Emmer, 1988).

경험이 적은 초보교사에게 여러 가지 문제를 해결하는 것은 쉽지 않을 것이며, 직관이 뛰어나고 경험이 많은 교사라도 불확실한 상황에서 일어나는 각양각색의 문제를 적절하게 해결하기는 쉽지 않을 것이다. 교사는 교육현장에서 일어날 수 있는 다양한 상황과 문제에 대해 적절한 해결책을 알고 있어야 하며, 그러한 상황들이 교수 학습에 어떠한 영향을 미치는지도 알아야 하는 교육전문가가 되어야 한다.

교육심리학은 교육현장에서 인간의 행동을 과학적으로 연구하여 교육전문가인 교사에게 효율적인 도구를 제공하는 학문이다. 이 장에서는 교육현장의 가르치고 배우는 과정에서 교사에게 필요한 인간의 심리학적 이해, 학습자의 발달, 학습자의 특성 그리고 학습이론을 제시함으로써 효율적인 교수활동을 위한 교육의 심리학적 기초를 제공하고자 한다.

제2절 인간 이해와 교육

교육의 대상은 인간이므로 교육은 인간의 이해로부터 출발해야 한다. 인간의 마음과 행동을 연구하기 위해 심리학은 크게 다섯 가지 접근 방법을 사용하고 있다. 생물학적 접근, 행동주의적 접근, 인지적 접근, 정신분석학적 접근, 인본주의적 접근 방법이 있는데, 이 절에서는 각 접근방식의 특징과 교육적 시사점을 간략하게 설명하고자 한다.

1. 생물학적 접근

인간은 생물체이다. 따라서 인간을 이해하기 위해 인간을 생물학적 접근에서 설명하고자 하는 것은 너무 당연한 일일 것이다. 생물학적 접근을 강조하는 연구자들은 인간의 행동이 신경, 생리, 유전 등과 관계가 있다고 보고, 신경계, 내분비계, 뇌의 기능 등에 관한 연구결과를 인간행동과 관련지어서 설명한다.

예를 들어, 지각장애, 언어장애, 기억장애 등을 갖고 있는 환자들을 연구하여 뇌의 손상된 위치를 알아내고, 뇌영역의 특징적인 기능을 연구한다. 또한 우울증의 경우 생물학적 접근에서는 특정 화학물질의 결핍 여부를 살펴보고 진단한다. 물론 학습된 무기력, 어려운 환경, 비합리적인 사고방식 등의 요인으로 우울증이 발생할 수도 있지만, 항상 여러 가지 상호보완적으로 생각해야 문제를 보다 완벽하게 해결할 수 있다.

한편, 심한 스트레스나 우울 등의 심리변화가 인간의 생물학적인 면에 영향을 주기도 한다. 지속적인 스트레스가 면역체계의 이상을 가져올 수 있다는 내용이 의학적으로 보고된 바 있다. 이렇게 인간의 외적 행동과 인간의 내부에서 일어나는 생물학적 과정은 별개의 과정이 아니라, 한쪽의 변화가 다른 쪽의 변화에 영향을 줄 수 있는 상호의존적 관계라고 볼 수 있다.

생물학적 접근은 인간을 연구하는 데 있어 자연과학적 기반을 확고하게 구축하게 해주었다. 그러나 이 접근을 실제 연구에 사용하기에는 많은 어려움이 있다. 인간의 뇌는 약 150억 개의 뇌세포로 이루어져 있고 서로 복잡하게 연결되어 있기 때문에 그 기능을 정확하게 알아내기가 쉽지 않다. 또한 뇌의 기능이나 약물이 인간의 심리변화에 어떤 영향을 주는지 연구하기 위해 인간을 대상으로 실험하기는 어려운 점이 많다. 이 때문에 주로 동물을 대상으로 연구가 진행되지만 실험결과를 바로 인간에게 적용하기에는 한계가 있다.

생물학적 접근으로 인간의 주의, 기억, 학습, 정서 등을 관여하는 뇌의 영역과 기능 등이 계속 확인되고 있으며, 이러한 결과는 교육에 새로운 변화를 제공하고 있다. 또한 좌뇌와 우뇌의 기능 차이에 대한 연구결과는 좌뇌와 우뇌 개발을 통해 인간 잠재성을 최대한 실현할 수 있게 해주었다.

2. 행동주의적 접근

심리학을 과학으로 발전시키기 위해 행동주의 접근에서는 객관적으로 관찰 가능한 행동만을 연구대상으로 삼아야 한다고 주장한다. 행동적 접근법은 어떤 자극이 주어졌을 때 일어나는 반응을 연구하기 때문에 자극-반응(S-R)이론이라고도 한다. 이 관점에 따르면 인간의 모든 행동은 특정한 자극에 대한 반응의 습득으로 보며, 또한 환경의 산물로 보기 때문에 인간을 수동적·기계적인 입장에서 이해한다.

행동주의이론의 발전에 커다란 영향을 미친 왓슨(J. B. Watson)은 다음과 같이 '행동주의 심리학자의 선언'을 하였다.

> "나에게 건강한 아기 12명을 주시오. 그러면 잘 만들어진 나의 특별한 세계에서 그들을 키울 것이고, 그들의 재능, 취미, 버릇, 적성, 인종에 관계없이 내가 선택한 전문가 — 의사, 변호사, 예술가, 상인, 대통령 혹은 거지나 도둑이라 할지라도 — 중의 하나가 되도록 그들을 훈련시킬 것을 약속합니다."
>
> —Watson, 1925

왓슨의 선언은 인간의 행동은 모두가 환경의 산물이므로 환경을 적절하게 조성하면 모든 행동을 학습시킬 수 있다는 극단적 행동주의자의 입장을 보여 주었다.

행동주의자들은 유기체의 행동을 연구하기 위해 자극과 반응 사이의 일반적 학습 원리를 밝히고자 한다. 인간이 동물과는 다르지만 자극에 대한 반응의 결과로 행동이 습득된다는 학습 원리는 인간과 동물에게 동일하게 적용되며, 이 원리는 개인의 특성과 무관하게 적용된다.

행동주의는 교육에 많은 영향을 미쳤다. 인간의 모든 행동은 환경의 산물이며 또한 학습된 결과이다. 따라서 바람직한 행동과 바람직하지 못한 행동 모두 학습된 결과이므로 행동을 변화시키기 위해 환경 조성을 우선적으로 접근하는 학습 원리를 응용하고자 했다. 행동주의 학습 원리는 바람직한 행동을 강화하거나 부적응 행동 또는 나쁜 습관을 약화시키거나 제거하는 행동수정 프로그램에 활용되었다. 환경을 중요시하고 인간의 외현적 행동만을 연구 주제로 삼았던 행동주의는 1960년대 인지혁명이 출현하기 이전까지 학교현장에 지대한 영향을 미쳤다.

3. 인지적 접근

인지란 인간의 지적 정신과정을 포괄적으로 지칭하는 개념으로 지각에서부터 기억, 이해, 추론 등과 같은 고등정신과정에 이르기까지의 과정을 포함한다. 인지적 접근은 1960년대 인간의 인지과정을 컴퓨터의 정보처리과정에 비유하여 일종의 정보처리체계로 보는 관점이 시작된 이후 급속도로 발전하게 되었다. 특히 행동주의자들이 연구대상에서 제외했던 관찰할 수 없는 인간의 사고, 의도, 기억, 기대, 추론 등과 인간의 내적 정신요소에 관심이 커지게 되었다.

인지적 접근은 행동주의적적 접근과 대비하면 이해하기 쉽다. 행동주의적 접근에서 인간은 외부의 환경에 수동적으로 반응하는 존재라고 보지만, 인지적 접근에서는 학습자 스스로 정보를 선택하고 부호화하여 지식을 재구성하는 능동적 존재로 본다. 행동주의적 접근에서는 누구에게나 동일하게 적용되는 일반적 학습 원리에 관심이 많지만, 인지적 접근에서는 외부의 자극이 같다고 해도 개인의 인지적 틀은 서로 달라, 서로 다르게 지각하고 해석한다고 가정한다. 따라서 인지적 접근에서는 인지의 개인차와 발달 차이에 초점을 두고 개인차를 고려한 학습 원리를 연구한다.

인지적 접근 중 대표적 이론인 정보처리이론은 개인이 정보를 부호화하고 저장하고 인출하는 과정을 지각, 기억, 사고 등의 영역에서 분석하고 연구한다. 최근의 인지적 접근은 인간의 뇌기능을 컴퓨터에 응용하는 인공지능(artificial intelligence, AI) 분야와 인간의 인식과정을 여러 학문과 함께 연구하는 인지과학 등으로 연구의 영역을 넓혀가고 있다.

인지적 접근은 개개인이 서로 다른 인지적 틀을 갖고 있다고 가정하므로, 누구에게나 적용되는 일반적 학습 원리보다는 개인차를 고려한 교수학습 방법에 관심을 갖게 하였다. 또한 정보처리과정을 효율적으로 수행하기 위해 필요한 주의력·기억력·사고력 등을 증진시킬 수 있는 교수 학습 방법들이 개발되어 교육에 많은 영향을 주었다.

4. 정신분석학적 접근

정신과 의사였던 프로이드(S. Freud)는 인간의 마음을 연구하기 위해 의식이 아니라 무의식의 세계를 다루어야 한다고 주장하였다. 프로이드는 인간의 정신을 빙산으로 비유했는데, 의식은 빙산의 일부로 수면 위로 떠 있는 부분이고, 무의식은 나머지 물속에 잠긴 대부분을 차지한다고 하였다.

프로이드는 인간의 성격을 원초아(id), 자아(ego), 초자아(superego)의 세 가지 구조로 나누었다. 이 구조들은 각각 다른 특징을 가지고 있으며 서로 밀접하게 관련지어 작동한다. 원초아는 성격의 가장 원초적인 부분이라고 할 수 있으며, 다른 두 성격은 여기서부터 파생된다. 원초아는 성욕이나 공격성 같은 생물학적 충동을 담고 있으며 쾌락 원리를 따른다. 자아는 이성과 분별을 의미하며 현실을 지각하고 현실의 제약을 고려하기 때문에 현실 원리를 따른다. 도덕적이고 윤리적인 측면을 담당하는 초자아는 부모의 영향이 내면화된 것이다. 세 구조 중 집행역할을 하는 것은 자아이며, 자아가 원초아와 초자아 및 현실의 요구를 감당하기 어려울 때 불안으로 반응한다. 따라서 자아가 약해지면 더 자주 불안을 경험하게 된다.

정신분석이론의 교육적 시사점은 초기경험의 강조에 있다. 프로이드는 대부분의 성격이 초기 아동기(6세 이전)까지 형성된다고 해서 초기결정론자라고 불린다. 프로이드이론은 아동의 초기 경험의 중요성을 강조함으로써 교육시기와 방법의 변화를 가져왔다. 또한 특정 발달 시기마다 충족되어야 할 욕구가 있고, 이 욕구가 적절하게 충족되었을 심리적 건강 상태를 유지할 수 있다고 보았다. 이런 점에서 심리적 건강을 위해 욕구충족의 필요성에 대한 생각이 시작되었고, 학교현장에서 학생의 정서, 욕구, 적응 등에 대한 관심을 갖게 되었다.

5. 인본주의적 접근

인간의 존엄성과 인간의 자아실현적 존재를 강조하는 인본주의는 1940년대 후반부터 임상심리 및 상담심리 분야에서 시작되었다. 인본주의이론은 개인이 현재-여기에서 생생하게 경험하는 개인의 주관적인 '현상학적 경험'을 중심으로 인간행동을 이해한다. 인간의 심리를 기계론적 접근으로 연구한 행동주의와 개인이 자각할 수 없는 무의식에 의해 영향을 받는다고 주장하는 정신분석학 접근을 모두 반대한다는 의미에서 인본주의 심리학을 제3의 심리학이라고 부르기도 한다.

인본주의적 접근은 자유의지, 자유선택, 개인의 독특성, 개인의 성장을 강조한다. 매슬로우(A. H. Maslow)와 로저스(C. R. Rogers)는 인본주의를 대표하는 학자이다. 매슬로우는 심리적 건강과 개인의 자신의 잠재력을 충분히 실현시키는 자아실현의 동기를 강조한다. 매슬로우에 의하면 자아실현이란 자신이 속한 현실 세계를 수용하고 자신의 잠재 가능성을 완전히 개발한 상태를 의미한다.

로저스는 매슬로우와 같이 인간의 자아실현을 강조하면서 자아실현의 동기가 인간이 가지고 있는 기초적인 동기라고 가정하였다. 또한 타인에게 조건 없이 받아들여지고 수용되는 것을 의미하는 무조건적 긍정적 존중(unconditioned positive regard)의 개념을 발전시켰다. 모든 인간은 타인, 특히 자신에게 중요하게 영향을 미치는 사람으로부터 애정을 받고 싶어 하는 긍정적 수용 욕구가 있다고 가정한다. 그러나 부모나 타인이 아동에게 주는 인정은 무조건적이지 않고 기대에 부응하는 행동을 할 때만 조건적으로 이루어진다. 문제는 그 기준에 따라가다 보면 자신의 진정한 자아가 아니라 타인이 원하는 자아개념을 발전시킬 가능성이 있으며, 이러한 자아개념은 진실한 자아실현을 이루는 데 방해가 될 수 있다는 것이다. 따라서 로저스는 무조건적 긍정적 존중은 건강한 성격발달에 중요한 요소임을 강조하였다.

인본주의적 접근은 교사중심 교육방식에서 학생중심 교육으로의 변화에 지대한 영향을 주었다. 인본주의적 접근에서 교육이란 지식을 단순히 전달하는 것이 아니라 자아실현의 내적 동기를 갖고 있는 학생이 스스로 진정한 자아실현을 위해 동기화될 수 있도록 지원해 주는 역할을 한다. 또한 인본주의가 지향하는 교육은 지식위주의 교육이 아니라 전인교육이다. 인본주의적 접근에서는 주입식 인지교육의 편향을 지양하고 정서, 태도, 가치관 등을 반영하는 정의적 영역의 교육이 함께 강조되는 전인교육을 목적으로 한다.

제3절 인간 발달과 교육

교육은 인간을 대상으로 이루어지며 성장하는 유기체로서의 인간은 발달과정을 거치며 변화한다. 인간의 발달에는 여러 가지 요인이 작용하고 그 결과는 교육내용이나 교육방법에 지속적으로 영향을 주기 때문에 인간의 발달과정을 이해하는 것은 교사에게 매우 중요한 시사점을 준다. 발달은 크게 지적 발달과 정의적 발달로 구분할 수 있으며, 교육에서 가장 기본적으로 활용되는 지식이다. 이 절에서는 인간발달영역에서 가장 대표적인 이론이라고 할 수 있는 피아제의 인지발달이론과 에릭슨의 성격발달이론을 다루었다. 발달이론을 설명하기 전에 우선 발달에 대한 기본적 개념을 살펴보고자 한다.

1. 기본 개념

1) 발달의 정의

발달은 인간의 전생애에 걸친 변화와 관련된 개념으로 수정의 순간부터 사망 시간까지 전 생애에 걸쳐 이루어지는 모든 변화를 의미한다. 발달은 기능이 유능해지고 양이 증가하는 긍정적 변화의 측면과 양이 감소하고 기능이 쇠퇴하는 부정적 변화의 측면을 모두 포함한다. 과거에는 아동기와 청년기의 발달을 긍정적 변화의 시기로 설명하고, 중년기 이후의 발달을 주로 쇠퇴의 시기로 설명하였다. 그러나 보다 최근의 연구들은 중년기 이후의 변화에도 지혜와 같은 긍정적 발달의 측면이 있다고 보고하고 있다 (Batles, 1987).

2) 발달의 원리

인간의 발달은 개체의 발달과정을 따르며 다음의 여섯 가지 원리로 설명될 수 있다.

첫째, 발달은 유전과 환경의 복잡한 상호작용에 의해 이루어진다. 유전과 환경의 상대적 영향력은 특정 발달영역마다 다르게 나타날 수 있지만, 유전과 환경은 끊임없이 복잡한 상호작용을 하면서 인간의 전 발달과정을 결정한다. 유전적으로 우수한 소질을 갖고 태어났어도 환경적 결손이 있는 경우 제대로 발달되지 못하며, 좋은 환경적 조건에 있어도 유전적 잠재력이 제한되어 있으면 적절할 영향을 주지 못한다.

둘째, 발달은 분화와 통합에 의한 구조화의 과정이다. 발달의 초기에는 기능이 분화되지 않아 전체적으로 반응하지만 점차 새로운 구조와 기능이 생성되어 특수한 기능으로 세분화되어 간다. 이와 동시에 세분화된 기능은 하나의 통합 체제로 새롭게 조직화되기도 한다. 이때 통합이란 여러 하위요소가 일정한 방식으로 상호연결되어 종합된 전체로 생성되는 작용을 의미한다.

셋째, 발달은 어느 순간 갑자기 비약적으로 나타나는 변화가 아니라 끊임없이 점진적으로 진행되는 연속적인 과정이다. 또한 신체발달, 인지발달, 정서발달, 사회성 발달 등은 따로 독립적으로 발달되는 것이 아니라 서로 밀접하게 상호연관성을 갖고 변화한다. 예를 들어, 사회성 발달이 늦은 아동은 언어와 인지발달도 지체되는 경향이 있으며, 정서적으로 안정된 아동이 지적으로 우수한 경향이 있다.

넷째, 발달에는 일정한 순서와 방향이 있다. 행동특성은 무질서하게 발생되는 것이 아니라 일정한 순서와 방향으로 진행된다. 물론 발달의 속도는 개개인마다 다르지만 순서는 일정하며 같은 방향으로 발달한다. 예를 들어, 신체 발달의 경우 우선 상부에서 하부로, 중심에서 말초로, 전체 활동에서 특수 활동으로 발달한다. 먼저 머리 쪽 부분의 기능이 발달하고 그 다음 팔과 다리의 기능이 발달한다. 또한 신체의 중심 쪽 부분인 팔의 기능이 발달하고 그 다음 손가락의 기능이 발달한다. 처음에 영아는 손 전체로만 물건을 집지만 점차 엄지와 검지를 이용하여 작은 물건도 집을 수 있게 된다.

다섯째, 발달에는 개인차가 있다. 발달의 속도와 발달의 시기는 개인차가 있는데, 이 차이는 개체 간 차이를 의미한 개인 간 차이와 개체 내에서 여러 발달영역 간의 개인 내 차이로 구분할 수 있다. 그러나 주로 발달에서 개인차는 개인 간 차이를 의미한다. 조숙과 만숙이라는 용어는 발달 속도의 측면에서 개인차를 의미하며, 이 차이는 신체적인 측면과 심리적인 측면 모두에 적용된다.

여섯째, 발달에는 결정적 시기가 있다. 유기체의 특성이 가장 쉽게 혹은 급격하게 발달되는 시기가 있는데, 이 시기를 그 특성이 발달되는 결정적 시기 또는 민감기라고 한다. 발달에서 초기경험이 중요하다고 하는 이유는 발달에 결정적 시기가 존재하기 때문이기도 하다. 최적의 발달시기에 발달의 제한을 받거나 기회를 놓치는 경우 발달에 치명적이고 지속적인 영향을 줄 수 있다.

3) 발달의 결정 요인: 유전과 환경

발달을 전 생애 동안 일어나는 변화라고 정의할 때, 그 변화를 일으키는 발달기제가 무엇인지에 대한 의무이 제기된다. 오래된 논쟁의 중심에는 성숙과 유전을 전적으로 강조하는 유전론과 학습과 경험의 역할을 전적으로 강조하는 환경론이 있다. 초기 극단적 행동주의자들은 유기체의 발달이 환경에 의해 결정된다는 환경결정론의 입장을 주장하였으나, 이러한 극단적 환경결정론의 관점은 요즘 더 이상 수용되고 있지 않다. 오히려 최근의 첨단과학기술을 활용한 유전자 연구에서는 유전적 요인의 중요성이 강하게 부각되는 경향도 있다. 그러나 환경과 후천적 경험에 의해 유기체의 모든 것이 결정되지 않는 것처럼 유전적 특성에 의해 모든 것이 변화되지 않는 것도 사실이다. 유전과 환경은 인간의 전 발달과정 동안 끊임없이 복잡한 상호작용으로 작용하고 있다. 유전과 환경의 영향을 설명하는 학자들의 주장은 다양하지만 유전과 환경이 어떻게 상호작용하는지에 대한 양상은 다음의 세 가지 모형으로 설명할 수 있다(Berk, 1997).

(1) 반응의 범위 모형

반응의 범위(range of reaction)란 유전적 소인의 잠재적 범위를 의미한다. 반응의 범위 모형에서 유전은 어떤 특성을 결정하는 것이 아니라 개인이 처해 있는 상이한 환경 내에서 변화할 수 있는 가능성의 범위를 결정하는 것으로 본다. 즉, 개인의 유전적 소인은 잠재적 범위를 결정하며 겉으로 드러나는 특성은 유기체가 환경과 상호작용하면서 그 반응의 범위 내에서 결정된다. 예를 들어, 지능발달의 경우 지능이 발달할 수 있는 최적의 조건에서 성장하였을 때 잠재력의 긍정적 한계까지 발달할 수 있으며, 최악의 환경에서 성장하였다면 부정적 한계까지 발달할 수 있을 것으로 가정한다.

(2) 수로화 모형

수로화(canalization)란 환경의 영향력을 제한하는 유전적 경향성을 의미한다. 수로화 모형은 환경의 영향이 아주 강력하더라도 유전요인이 결과적으로 동일한 발달에 도달할 수 있도록 제한하는 기제이다. 강하게 수로화된 특성일수록 환경의 영향에 의해 변화될 수 있는 가능성이 적어진다. 예를 들어, 영아의 앉기, 서기, 걷기 같은 초기 신체적 기능이나 옹알이 같은 초기 언어능력은 강력하게 수로화되어 있기 때문에 환경의 영향을 비교적

받지 않는다. 선천적으로 귀가 들리지 않아 소리에 대한 환경적 노출이 없는 영아도 정상아와 같은 시기에 옹알이를 한다. 옹알이 특성은 강력하게 수로화되어 있음을 보여 준다.

(3) 유전-환경 상호거래 모형

유전-환경 상호거래 모형(transactional model)은 유전과 환경의 양방향성 영향을 강조한 개념이다. 유전적 소인이 환경에 미치는 영향과 그 영향이 다시 유전자의 발달로 송환되는 과정에 집중한다. 예를 들어, 선천적으로 활동적이고 적극적인 기질을 타고난 아이는 소극적이고 반응이 적은 아이보다 부모 또는 환경으로부터 보다 많은 자극을 이끌어낼 것이다. 이러한 과정을 통해 아이는 보다 적극적이고 활동적인 성격으로 발달하게 될 것이다.

2. 피아제의 인지발달이론

인지발달은 개인의 사고능력의 변화를 의미한다. 사고능력에는 정보를 지각하고 기억하고 처리하는 능력 등이 포함되며 이러한 능력은 개인의 성장과정에서 변하를 거치게 된다. 변화는 개인의 내적 요인과 환경적 요인의 상호작용을 통해 일어나지만 이 요인들의 구체적인 영향력에 대해서는 학자들마나 의견이 분분하다. 피아제(J. Piaget)는 인지발달의 중요한 요인으로 개인의 생물학적 성숙과 환경의 상호작용을 강조하였다.

1) 기본 개념

피아제는 인지발달을 유기체가 환경과의 상호작용을 통하여 지속적인 재구성 과정을 거치는 과정이라고 정의하였다. 생물학적 구조로 이루어져 있는 유기체에 비유하여 인간의 정신에도 심리적 구조가 있다고 가정하였다. 피아제는 이 구조를 도식으로 개념화하였는데, 인간은 환경과의 적극적인 상호작용을 통해 도식을 끊임없이 복잡하고 정교하게 재구성해 나간다.

인지발달은 개인의 인지도식이 질적으로 변화하는 과정으로 적응(adaptation)과 조직화(organization)의 두 가지 기제가 작동한다. 유기체는 이 두 가지 기제를 가지고 태어나며 전 생애 동안 지속적으로 발달을 가능하게 하는 기제로 작용한다. 적응은 동화(assimilation)와 조절(accommodation)의 상호보완적 기능을 가진 두 기제를 통해 일어난다. 동화는 개인이 새로운 대상을 경험하게 될 때 자신이 기존에 가지고 있던 도식으로 이해하는 과정이며, 조절은 기존 도식으로 새로운 대상을 수용하지 못할 때 자신의 도식을 변형하여 이해하는 과정이다.

유기체에게는 질서와 체계를 유지하려는 선천적인 욕구가 있으며, 피아제는 이러한 욕구를 평형을 회복하려는 욕구라고 하였다. 기존의 인지구조가 새로운 정보를 처리하기에 적합하지 않을 때는 평형상태가 깨지고 인지갈등이 유발되며, 유기체는 평형상태를 얻기 위해 평형화 과정을 거치게 된다. 이러한 평형화 과정은 동화와 조절의 상호보완적 과정을 거쳐 일어나며, 이 과정을 통해 개인은 더 높은 수준의 인지구조로 발달하게 된다.

조직화는 환경과의 상호작용을 통하여 도식을 체계적으로 결합하고 배열하는 과정을 의미한다. 영아가 세상에서 처음으로 발달시키는 도식은 신체적 도식이며, 이를 기반으로 영아는 자신과 외부세계를 구분하고 점차 정교한 도식으로 자신의 도식을 조직화하게 된다. 피아제는 적응과 조직화는 모든 발달단계에서의 인지발달을 설명해 줄 수 있는 보편적 원리라고 하였으며, 이를 불변적 기능이라 불렀다.

2) 인지발달단계

피아제는 인지발달이 질적으로 다른 인지구조를 가진 네 단계의 과정을 거친다고 가정하였다. 일정한 단계에 속한 개인은 다양한 문제를 비슷한 사고방식으로 접근하며, 질적으로 다른 인지구조와 능력의 출현으로 다음 단계로 옮겨간다.

(1) 1단계: 감각운동기(0~2세)

감각운동기(sensory-motor stage)는 태어나서 2세까지의 시기를 말하는데, 이 시기 동안 영아는 감각과 운동기관을 통해 세상을 인식하고 경험해 나간다. 감각운동기 동안 아동은 입으로 느껴지는 감촉과 두드리고 만지는 운동을 통해 대상을 인식하고 환경과의 상호작용을 통해 적응해 나간다. 영아는 여러 가지 초기 반사기능을 갖고 태어나며 이러한 반사행동들은 이후의 인지발달을 위한 기반으로 작용한다.

이 단계에서 가장 중요한 인지변화는 대상영속성의 획득이다. 대상영속성은 대상이 시야에서 사라져도 그 대상이 계속 존재한다는 것을 인식하는 능력이다. 사물을 보거나 만질 수 있는 감각운동적 경험을 할 수 없는 상황에서 대상영속성이 획득되지 않은 영아에게 그 사물은 존재하지 않는다는 것을 의미한다. 대상영속성이 없는 영아는 가지고 놀던 공을 뒤로 숨기면 그 공을 찾지 않는다. 그러나 점차 영아는 어떤 대상이 눈앞에서 사라져도 그 대상은 계속 존재한다는 것을 알게 되며 그 대상을 찾는 행동을 하게 된다. 대상영속성을 획득한 영아는 표상적 사고가 가능하게 되었음을 의미한다. 감각운동기 말기 즈음 영아는 표상적 사고가 가능해지면서 정신적인 표상을 할 수 있게 된다.

(2) 2단계: 전조작기(2~7세)

전조작기(preoperational stage)는 2~7세까지의 시기에 해당하는데, 감각운동적 사고의 제한에서 벗어나 표상적 사고가 가능해졌다는 점에서 질적인 도약을 의미한다. 표상적 사고란 구체적 대상을 대신하여 그 대상을 표현할 수 있는 사고능력을 말한다. 전조작기 아동은 바나나를 나타내기 위해 실제 바나나가 없어도 '바나나'라는 단어나 '바나나' 그림 등을 사용하여 표현할 수 있다. 그러나 전조작기라는 용어가 암시하듯이 이 시기에는 정신적 조작이 불가능하며 논리적인 사고보다는 비논리적인 사고를 한다. 이로 인해 직관적 사고, 중심화와 자아중심성의 특징을 나타낸다.

직관적 사고란 대상을 논리적으로 이해하지 않고 대상이 갖는 현저한 지각적인 속성에 의해 대상을 파악하는 사고를 말한다. 이 시기의 아동은 외형이나 지각적 특징에 의존하여 대상을 파악할 뿐 논리적 조건이나 객관적 기준에 의한 사고를 하지 못한다. 피아제는 보존과제를 사용하여 전조작기 아동의 직관적 사고의 특성을 잘 보여 주었다. 보존과제에서 아동은 똑같은 양의 물을 모양이 다른 컵에 부으면 물의 양이 변한다고 생각한다. 물의 높이가 갖는 현저한 시각적 속성에 의해 아동의 사고가 지배당했기 때문이다.

보존과제에서 물의 높이에만 집중하고 밑면의 변화를 알아차리지 못한 아동의 특징은 중심화로도 설명할 수 있다. 중심화는 현상을 이해하는 데 있어서 여러 가지 측면을 동시에 고려하지 못하고 한 가지 차원에 구속되는 경향성을 의미한다.

중심화 경향은 아동의 자아중심성에서 전형적으로 나타난다. 자아중심성은 타인의 생각, 감정, 관점 등이 자신의 것과 동일하다고 생각하고 자신의 방식으로 세상을 이해하는 것을 말한다. 이 시기 아동의 자아중심성은 타인의 관점을 이해하지 못하는 인지적 한계에서 비롯된다. 피아제의 세

산(three mountain) 모형실험에서 아동은 자신과 반대편에 있는 인형이 자신과 다른 산의 모습을 본다는 것을 이해하지 못하고 자신과 동일한 산의 모습을 본다고 대답한다. 자아중심성은 아동의 언어와 사회적 상호작용에 큰 영향을 미친다. 이 시기 아동의 언어는 자기중심적 언어로 나타나며, 7세 이후 자기중심적 언어가 사라지고 사회적 언어가 출현한다.

(3) 3단계: 구체적 조작기(7~11세)

구체적 조작기(concrete operational stage)는 7~11세까지의 기간으로 중요한 발달은 정신적 조작(mental operation)의 습득이다. 조작은 정신적 표상에 대해 논리적인 사고를 수행할 수 있는 능력을 말한다. 아동은 이제 구체적으로 경험하거나 관찰한 대상에 대해 논리적으로 사고를 할 수 있게 된다. 이 단계의 사고를 구체적 조작기라고 부르는 이유는 직접 경험할 수 있는, 즉 구체적 대상에 한해서만 논리적 사고를 할 수 있기 때문이다. 그 결과 직관적 사고, 중심화, 자아중심적인 사고에서 벗어나 논리적 사고, 탈중심화가 가능해진다.

이 시기의 아동은 탈중심화가 되어 대상의 현저한 특징뿐만 아니라 여러 가지 차원을 동시에 고려하여 상황을 판단할 수 있게 되고, 자기중심성에서 벗어나 타인의 관점이 자신과 다를 수 있다는 것을 이해하게 된다. 전조작기에 오류를 범했던 보존과제, 세 산 모형실험과 서열화 과제에서 성공하게 된다. 그러나 이 단계의 사고는 아직 한계가 있는데, 추상적 상황 또는 가능성의 상황에 대한 논리적 사고는 가능하지 않다는 점이다.

(4) 4단계: 형식적 조작기(11세 이후)

형식적 조작기(formal operational stage)는 대략 11세 이후부터 시작한다. 이 시기에 들어서면 실제 경험이나 관찰을 넘어선 추상적 대상이나 가능성에 대해 논리적 사고가 가능해진다. 구체적 조작기와 형식적 조작기를 질적으로 구별하는 '형식적'이란 의미는 문제의 구체적 내용이 아니라 형식(form)에 반응하고 가설을 설정할 수 있는 능력을 말한다. 예를 들어, 형식적 사고를 하는 청소년의 경우 "5와 15의 관계는 1과 3의 관계와 같다"라는 진술문과 "1원과 100원의 관계는 1년과 1세기와 같다"라는 진술문이 내용은 달라도 형식이 동일하다는 것을 이해한다(권대훈, 2015).

형식적 조작단계에서 사고는 직접적이고 구체적인 현실에 존재하는 현상에 얽매이지 않는다. 추상적 사고능력이 가능해지면서 구체적 조작기에는 가능하지 못했던 추상적 개념과 추상적 개념 간의 관련성을 이해하게 된다. 또한 다양한 현상에 대해 가설을 설정하고 검증하여 결론을 도출하는 가설–연역적 사고가 가능해지며, 문제상황의 가능한 요인을 추출하여 체계적 조합을 구성할 수 있는 조합적 사고를 할 수 있게 된다.

형식적 조작기의 사고 특징은 피아제의 화학실험 연구에서 확인해 볼 수 있다. 네 개의 비커에 담긴 화학물질을 섞었을 때 내용물을 노랗게 변하게 하는 변인을 찾아내는 실험이다. 형식적 조작기의 아동만이 가능한 모든 조합을 만들어 계획을 세운 후 체계적으로 모든 가능한 조합을 실험하여 답을 알아내었다. 반면 구체적 조작기의 아동은 여러 가지 방법으로 조합을 구성하려 했으나 모든 경우의 조합을 만들지는 못했다.

3) 피아제이론의 교육적 시사점

피아제 인지발달이론이 교육현장에 제시하는 시사점은 다음과 같다.

첫째, 피아제이론은 교사가 학생들의 인지발달단계의 특징을 심층적으로 이해하는 데 도움을 주었다. 이러한 인식을 바탕으로 학생의 발달 수준에 따라 적절한 교수방법과 전략이 필요하다는 점을 인식하게 하였다.

둘째, 피아제에 의하면 인지발달에서 아동의 능동적인 역할과 직접 경험이 인지발달에 가장 중요한 요인으로 작용한다. 이런 점에서 피아제이론은 아동의 발견학습을 지지하며, 교사의 역할은 아동이 주체적으로 정답을 발견할 수 있도록 지원해 주는 것이다.

셋째, 피아제는 발달단계를 무시하는 선행학습을 지양한다. 학습은 발달에 기초하여 이루어져야 하며, 수업내용이 아동이 속해 있는 발달단계에 따른 인지구조나 사고방식에 적절한 수준으로 구성되어야 한다고 하였다.

넷째, 피아제이론에서 교수 전략은 적절한 대립전략이다. 인지발달은 기존이 도시과 새로운 환경 간에 발생한 인지직 불균형을 평형상태로 회복시키려는 결과로 일어난다. 따라서 교사의 역할은 아동의 호기심을 지속적으로 자극하고, 인지적 불균형을 유발하기 위해 적절히 새로운 내용을 제시하여 적응 활동이 적극적으로 일어날 수 있게 하는 것이다.

3. 에릭슨의 성격발달이론

인간은 사회적 동물로 주변 사람들을 포함하는 환경과의 상호작용을 통해 성격을 형성해나간다. 에릭슨(E. Erikson)은 유기체가 사회적 환경과의 상호작용을 통해 발달하므로, 성격을 이해하기 위해 개인의 발달적·사회적·역사적 요인을 이해해야 한다고 하였다(신명희 외, 2014).

1) 기본 개념

에릭슨은 성격발달을 개인과 개인이 속해 있는 사회 환경과 연계하여 설명한다. 성격발달은 개인이 환경과 접촉하는 과정에서 개인의 자아가 경험하는 위기의 극복과정이며, 성격발달을 연구하기 위해 발달적 변화와 사회적 요인을 이해하는 것이 중요하다고 하였다. 위기를 잘 극복하는 긍정적 경험과 좌절되는 부정적 경험 간의 양극적 측면으로 설명되는 에릭슨의 이론은 8단계 전 생애 발달과정으로 이루어져 있다. 개인은 특정 발달단계에 이르면 심리·사회적 위기를 경험하게 되는데, 위기를 해결하는 방식은 개인의 자아와 사회적 관계에 지속적인 영향을 준다. 긍정적 경험의 비율이 부정적 경험의 비율보다 높으면 위기는 긍정적으로 극복되며 아동은 긍정적 성격으로 발달하게 된다. 에릭슨의 발달이론은 성격, 정서, 사회성의 요소가 통합되어 이루어져 있어 심리사회적 이론으로 불린다(Erikson, 1968).

2) 심리사회적 발달단계

에릭슨에 의하면 각 발달단계는 개인이 가지고 있는 동기의 변화를 반영한다. 예를 들어, 유아는 본능적으로 세상에 대해 신뢰감을 형성하려는 동기를 갖고 있으며, 이 신뢰감을 형성하면 위기를 극복하게 된다. 에릭슨은 성격발달단계의 순서는 불변하며 인생의 특정한 시기에 특정한 단계가 발현하는 최적의 시기가 있다고 보았다. 이 시기에 적절한 발달이 전개될 때 완전히 기능하는 성격으로 발달한다(신명희 외, 2014). 또한 긍정적 요소와 적당한 정도의 부정적 요소가 통합되었을 때 개인의 자아가 강해지며 긴장이나 갈등 상황에서 대처능력을 지니도록 도와준다. 에릭슨이 제시하는 발달단계와 심리사회적 위기는 <표 6-1>과 같다.

〈표 6-1〉 에릭슨의 심리사회적 발달단계

단 계	시 기	심리사회적 위기	중요한 관계	덕 목
1	0~18개월	신뢰 대 불신	어머니	희망
2	18개월~3세	자율성 대 수치/의심	부모	의지
3	3~6세	주도성 대 죄의식	가족	목표
4	6~12세	근면성 대 열등감	이웃, 학교	능력
5	12~18세	정체감 대 역할 혼미	또래집단	충성심
6	성인 전기	친밀감 대 고립감	이성친구	사랑
7	성인 중기	생산성 대 침체	배우자	배려
8	성인 후기	자아통합 대 절망	인류	지혜

(1) 1단계: 신뢰 대 불신(출생~18개월)

신뢰 대 불신(trust vs. mistrust)단계에서 가장 중요한 사회적 관계는 주로 어머니와의 관계이다. 어머니는 음식, 사랑과 보살핌을 통해 영아의 기본 욕구를 충족시켜 주어야 한다. 일관적인 보살핌과 사랑을 받게 되면 영아는 신뢰감을 형성하지만 영아의 욕구에 대한 어머니의 반응이 적절하지 못하거나 일관적이지 않을 때 영아는 근원적인 불신감을 갖게 된다. 인생의 초기단계에 형성된 신뢰성은 이후의 사회관계에서 지속적인 영향을 주며, 일단 형성된 불신감은 회복하기 어려운 비가역적 성질을 갖는다.

(2) 2단계: 자율성 대 수치 및 의심(18개월~3세)

자율성 대 수치 및 의심(autonomy vs. shame and doubt)단계에서 유아는 신체적으로 성장하게 되어 자신의 신체를 통제할 수 있게 된다. 상반되는 욕구 사이에서 스스로 선택하고 자신의 의지를 표현하고자 하는데, 자신의 능력을 스스로 실행하는 과정에서 긍정적 경험을 하게 되면 자율성을 갖게 된다. 반면 과도하게 엄격한 통제를 하는 경우 유아는 무력감을 경험하고 통제능력을 상실하게 되어 수치심 또는 자신의 능력에 대한 의심을 갖게 된다. 이 시기에 경험하는 위기 극복 방식은 이후 일생동안 지속적으로 자기통제력의 기초로 작용한다(송명사, 2008).

(3) 3단계: 주도성 대 죄의식(3~6세)

주도성 대 죄의식(initiative vs. quilt)단계의 아동은 운동과 언어능력이 더욱 발달하면서 적극적이고 주도적으로 환경을 탐색하고 자신의 능력을 점검해 보고자 한다. 아동은 또래들과 놀이에 참여하면서 주도적 활동에 대한 자기주장을 하고 경쟁하기도 하면서 성공 또는 실패 경험을 하게 된다. 아동이 가족의 격려를 받으며 주도적으로 자신이 계획한 일을 성공적으로 해내면 주도성을 획득하게 된다. 그러나 아동 자신이 주도적으로 세운 계획이나 목표를 이루지 못하거나 부모가 주도적 활동에 대해 심하게 통제하고 꾸짖으면 죄의식을 발달시키게 된다.

(4) 4단계: 근면성 대 열등감(6~12세)

근면성 대 열등감(industry vs. inferiority)단계의 아동은 학교에 들어가면서 교사와 친구들의 중요성이 커지고 사회적 세계가 확대된다. 이 시기의 위기를 성공적으로 극복하기 위해 아동은 인지적 기술과 사회적 기술을 습득해야 한다. 아동이 학교에서 요구하는 과제를 성실하게 실행하면서 성공을 경험하면 근면성을 획득하고 자신에 대한 유능감을 가지게 된다. 반면 자신에게 주어진 과제에 실패할 경우 열등감과 부정적인 자아상을 갖게 된다. 부모나 교사가 아동의 노력을 격려하고 적절한 성취감을 경험하게 하는 것이 미래의 학습과 과업성실성 획득에 중요한 요인으로 작용한다.

(5) 5단계: 정체감 대 역할혼미(청소년기)

정체감 대 역할혼미(identity vs. role confusion) 시기의 청소년은 급격한 신체변화와 사회적 기대에 의한 혼란을 겪으면서 '나는 누구인가?'라는 자신의 존재에 대한 탐색을 시작한다. 이 의문에 대한 답을 추구하는 과정에서 청소년은 긍정적인 자기평가와 부정적인 자기평가 간의 갈등을 경험하며 자신의 정체감을 새롭게 정립하게 된다. 청소년들은 직업, 정치, 교육, 성역할 등에 대해 탐색해 보려 하는데, 스스로 독립적인 탐색활동을 통해 자신을 인정하고 자신의 가치를 찾아가도록 노력할 때 정체감이 발달한다. 반면 자신의 생애를 설계하려는 욕구가 부족하고 자신의 현재 상태와 미래 역할에 대한 가능성을 탐색하려 하지 않을 때 역할혼미를 겪게 된다. 이런 혼미 상태를 방치해 두고 방황이 계속되면 청소년은 부정적인 정체감을 형성하게 된다.

(6) 6단계: 친밀감 대 고립감(성인 전기)

친밀감 대 고립감(intimacy vs. isolation) 시기의 성인은 부모로부터 독립하면서 결혼 상대를 만나거나 직업을 선택하게 된다. 이제 타인과 새로운 관계를 형성하는 것이 주요한 과업이 되는데, 성인초기의 친밀성이란 결혼대상으로서 애정을 나눌 수 있거나 사회적 관계에서 우정을 나눌 수 있는 공유적 관계를 포함한다(송명자, 2008). 에릭슨에 의하면 청소년기에 긍정적인 자아정체감을 형성해야만 타인과의 관계에서 진정한 친밀성을 발달시킬 수 있게 된다. 그러나 청소년기에 자아정체성을 발달시키지 못한 경우에는 자신에 대한 자신감을 갖지 못하므로 자신에게만 몰두하게 되고 타인과 친밀감을 형성하지 못해 고립된다.

(7) 7단계: 생산성 대 침체성(성인 중기)

생산성 대 침체성(generativity vs. stagnation) 시기는 중년기로 자녀를 낳아 양육하는 부모로서의 생산성과 전문기술을 다음 세대에 전수하는 과업 생산성을 획득하는 시기이다. 생산성은 가정에서 부모역할을 만족스럽게 수행하면서 그리고 자신이 종사하는 직업분야에서 직업적 성취감을 경험하면서 발달시킬 수 있다. 그러나 생산성을 제대로 발달시키지 못하면 자기침체 현상이 나타나며, 그 결과 타인들에 대한 관심과 배려보다는 자신의 욕구에 더 몰두하게 되는 경향을 보이게 된다.

(8) 8단계: 자아통합감 대 절망감(성인 후기)

자아통합감 대 절망감(ego-integrity vs. despair) 시기는 노인기로 자신의 인생을 회고하고 마지막 발달적 위기를 해결하는 시기이다. 신체적인 쇠약, 직업에서의 은퇴, 친구 또는 배우자의 사망 등으로 무력감과 인생의 무상함을 느끼게 되는 일이 많다. 이 시기의 성패는 자신의 신체적·사회적 퇴보를 어떻게 받아들이는지에 달려 있다. 자신의 삶을 돌아보고 과거의 절망, 실패 등을 후회하고 수용하지 않으면 절망감에 빠지게 된다. 반면 회고 과정에서 자신의 삶을 수용하고 보람을 느끼고 나름대로 의미를 찾게 되면 자아통합감을 획득하게 된다.

3) 에릭슨이론의 교육적 시사점

에릭슨의 성격발달이론은 각 발달단계별로 학생들이 겪어야 하는 갈등을 이해하는 데 많은 도움을 주었다. 유치원에 다니는 유아는 주도성과 죄책감의 위기에 해당한다. 이 시기의 유아는 점차 과제를 스스로 계획하고 적극적으로 많은 활동과 경험을 하려 한다. 교사는 아동이 스스로 선택한 활동에 대해 격려와 강화를 해주고 구체적으로 주도성을 표현할 수 있도록 지원해 주는 것이 바람직하다. 반면, 지나친 제약이나 질책은 스스로 해보려는 시도를 방해하고 심지어 죄의식을 발달시키게 한다.

초등학교 시기는 근면성과 열등감의 위기에 해당한다. 이 시기에 아동은 자신의 능력에 대한 믿음을 갖고자 노력한다. 교사는 적절한 난이도를 가진 도전 과제를 제공하여 아동이 성공경험을 할 수 있도록 지원해 주는 것이 좋다. 그러나 너무 어려운 과제를 제공할 경우 열등감을 초래할 수 있으며, 너무 쉬운 과제의 경우 근면성 획득에 도움이 되지 못한다.

중·고등학교 시기는 자아정체감과 역할혼미의 단계에 해당한다. 이 시기의 청소년은 전생애발달과정에서 신체적·정서적·지적 변화를 총체적으로 겪게 되는 유일한 시기이다. 이전과 다른 외모, 생각의 변화 등으로 인해 많은 갈등을 겪게 되는 시기로, 청소년들은 타인의 시선에 민감하고 외모에 지나친 신경을 쓰기도 한다. 또한 독립성을 쟁취하고 반항하고 싶어하지만, 견고한 안정성을 원하기도 하는 모순을 가지고 있다. 교사가 이러한 변화와 갈등을 잘 관찰하고 이해하게 되면 변덕이 심한 청소년들의 행동에 잘 대응하게 될 것이다. 한편, 학자들은 이 시기에 심리적 유예기간을 제안하고 있는데, 교사는 이 기간 동안 청소년들이 자아를 탐색할 수 있는 다양한 기회를 제공하여 자아정체감 획득에 많은 도움을 줄 수 있도록 하는 것이 좋다.

제4절 학습자 특성과 교육

교사가 학생들을 지도할 때 고려해야 할 사항은 매우 많다. 학생들의 개인차를 이해하고 이를 교육에 적용하는 것은 교수 학습 과정을 효과적으로 운영하기 위해 매우 중요하다. 이 절에서는 개인차 요인 중 지능, 창의성, 학습 동기에 대해 알아보고 이에 대한 교육적 시사점을 살펴보고자 한다.

1. 지능

1) 기본 개념

지능은 지적 능력을 나타내는 대표적 개념으로 지능의 개념을 연구하는 것은 교육의 기본 분야로 인식되고 있다. 지능은 비교적 많이 알려진 심리적 개념이지만 그 특성을 명확하게 정의하기는 쉽지 않다. 일반적으로 지능이론 전문가 집단은 지능을 세 차원으로 정의하고 있는데, 지식을 습득할 수 있는 능력, 추상적으로 생각하고 추론할 수 있는 능력, 새로운 문제를 해결할 수 있는 능력이다.

초기 지능이론가인 터먼(L. M. Terman)은 지능을 추상적 사고를 수행하는 능력이라고 정의하였다. 웩슬러(D. Wechsler)는 지능을 개인이 목적에 따라 행동하고, 합리적으로 사고하고, 환경에 효율적으로 대응할 수 있는 능력이라고 정의하였다.

2) 지능이론

초기 지능을 연구한 스피어만(C. Spearman)은 여러 가지 인지능력 검사간의 상관을 분석한 후 모든 영역에 고르게 영향을 미치는 일반요인(g-factor)과 특정 과제에서만 적용되는 특수요인(s-factor)의 두 가지 요인을 구분하였다. 일반요인에는 언어, 수, 정신속도, 주의, 상상의 다섯 가지 요인이 포함된다. 이후 써어스톤(L. L. Thurstone)은 지능을 7개의 다중 요인으로 분석하고 이 요인들을 기본정신능력(primary mental ability, PMA)이라 불렀다. 기본정신능력은 언어이해요인, 지각속도요인, 추리요인, 수요인, 기억요인, 언어유창성요인, 공간요인으로 구성되어 있으며 7개의 능력은 상호 독립적으로 작용한다.

길포드(J. P. Guilford)는 내용, 조작, 산출의 3차원의 복잡한 지능구조모형(structure of intellect, SI)을 제안하였다. 지능은 5개의 내용(시각, 청각, 상징, 의미론적, 행동적), 6개의 조작(인지, 기억파지, 기억저장, 확산적 사고, 수렴적 사고, 평가), 6개의 산출(단위, 유목, 관계, 체계, 변환, 함축)의 세 가지 차원의 조합으로 얻어지는 180개의 상이한 정신능력으로 구성된다.

기존의 지능검사는 학업 관련 지능을 진단하는 데 그칠 뿐 실제 생활에서 활용할 수 있는 보다 포괄적인 지적능력을 나타내지 못한다는 비판을 받고 있다(송명자, 2008). 이러한 맥락에서 가드너(H. Gardner)와 스턴버그(R. J. Sternberg)는 비학업적 지능, 실용적 지능, 사회적 지능 등을 포함하는 대안적 지능이론을 제시하고 있다.

가드너(1983)는 전통적인 IQ 검사 점수에서 벗어나 개인이 지닌 고유한 잠재능력의 개념으로 지능을 확장시킨 신개념의 다중지능이론을 제시하였다. 가드너(1999)는 지능이란 "문화적으로 가치 있는 물건을 창조하거나 문제를 해결하는 데 필요한 그 문화에서 유용한 정보를 처리하는 생물·심리학적인 잠재력"이라고 정의하였다. 그는 기존의 지능이론이 사용한 연구방법인 요인분석이나 상관계수분석을 통해 지능이론을 제안한 것이 아니라 지엽적인 두뇌 손상 연구, 특수아동 연구, 지능의 진화론적 관점 등에 근거하여 다중지능을 개념화하였다. 가드너는 8개의 지능을 제안하였는데, 각 지능은 역할을 수행하기 위해 상호작용을 하지만 기능적으로 독립되어 있다. 가드너는 8가지 지능에 실존적 지능을 추가하였는데, 실존적 지능이 높은 사람은 삶의 의미를 찾고자 하고 존재론적 질문을 심도 있게 생각하는 경향이 있다.

〈표 6-2〉 가드너의 다중지능이론

지능의 유형	특 징	직업의 예
언어 지능	단어의 소리, 리듬, 의미에 민감하고 언어의 각각 다른 기능을 이해할 수 있는 능력	시인, 언론인, 문학가
논리-수학적 지능	논리적 혹은 수적 양상을 구별할 줄 아는 능력과 긴 추론을 요하는 과제를 다룰 줄 아는 능력	수학자, 과학자
공간 지능	시·공간적 세계를 정확히 지각하고 그 지각한 내용을 머릿속에서 변형, 회전시킬 수 있는 능력	건축가, 항해사, 조각가, 미술가
신체운동 지능	자신의 신체움직임을 통제할 수 있고 기술적으로 다룰 수 있는 능력	운동선수, 무용가, 마술사
음악 지능	개개의 음과 음절에 민감하고 음악적 리듬이나 구조를 결합할 줄 아는 능력	음악가, 작곡가
개인내 지능	자신의 감정을 이해하고 구분지을 수 있는 능력, 자신의 강점, 약점, 욕구, 지능 등을 인식하는 능력	종교인, 철학자
개인간 지능	타인의 기분, 기질, 동기, 욕구를 구별하여 적절하게 반응할 수 있는 능력	심리치료전문가, 영업사원, 종교인, 사상가
자연관찰 지능	동식물이나 주변 사물을 자세히 관찰하여 그 차이점이나 공통점을 찾아내고 분석하는 능력	사냥꾼, 다윈(Darwin)
실존 지능	인간의 존재이유, 생과 사의 문제, 인간의 본성, 가치 등 철학적이고 또는 종교적인 사고를 할 수 있는 능력	철학자, 종교인

스턴버그(1988)는 기존의 지능이론이 지능의 근원을 개인, 행동, 상황의 일부만 고려한 불완전한 이론이라고 가정하며, 이 세 가지를 모두 고려한

종합적인 지능이론인 삼원지능이론을 제안하였다. 그는 과제수행의 결과를 가지고 지능을 측정하기보다는 개인이 지적 활동을 수행할 때 정보를 처리하는 과정에 초점을 두고 지능을 연구하고자 하였다. 세 가지 하위 지능은 분석적 지능, 창의적 지능, 실제적 지능으로 구성되어 있으며, 세 가지 지능이 서로 상호작용하여 전체 지능을 결정한다.

첫째, 분석적 지능은 인간의 정보처리 요소와 연관된 것으로 전통적인 학업적 지능의 의미와 비슷한 개념이다. 정보처리과정에서 개인이 지식을 습득하고, 수행하며, 문제해결을 위한 전략 등을 세우는 능력을 의미한다. 둘째, 창의적 지능은 개인의 경험과 관련이 있으며, 창조하고, 발견하고, 상상하는 지능을 의미한다. 셋째, 실제적 지능은 사회적 유능성과 관련이 있는데, 실생활에서 환경에 적응하는 것, 환경을 조성하는 것, 환경을 선택하는 것 등 세 가지 기능을 담당한다.

3) 지능이론의 교육적 시사점

교육현장에서 지능검사 점수의 의미에 대한 해석은 다양하다. 지능검사 점수는 우선 학교의 학업성취도와 비교적 상관이 높다. 이는 지능검사 자체가 원래 학업성취도 수준을 예언하기 위해 설계된 검사이므로 당연한 결과일 수 있다. 교사는 교육과정 구성이나 교육방법을 연구할 때 학생의 지능지수를 고려하여 학습지도를 할 수 있다. 한편, 지능검사가 높다고 해서 실제의 생활에서 성공적인 삶을 살게 될지는 답이 분명하지 않다. 다만 어떤 일정한 직종 내에서 성공 여부는 지능지수와 관련이 없어 보이며, 개인의 동기, 사회적 기술 또는 운 등의 다른 요인이 작용한다는 연구가 있다(Sternberg & Wagner, 1993).

지능지수는 교사가 학생을 이해하는 데 도움을 주기는 하지만 교사의 기대에 의해 의도하지 않은 영향을 미칠 수 있다. 이러한 현상은 자기충족적예언(self-fulfilling prophecy)이라고 하는데, 이는 기대가 현실로 실현되는 것을 의미한다. 지능지수가 낮은 학생과 높은 학생에게 교사가 기대를 달리함으로써 상호작용을 다르게 하여 교사가 기대한 대로 실현될 수 있다는 것이다(Rosenthal & Jacobson, 1968).

전통적 지능이론과 달리 가드너와 스턴버그의 지능이론은 비학업적 지능, 실용적 지능, 사회적 지능 등을 포함하고 있다. 교사는 학교현장에서 학업관련 지능 이외에 다양한 유형의 지능 개념을 수용하고 학생들이 갖고 있는 잠재적 재능을 찾아내 개발하도록 지원해 주어야 한다.

2. 창의성

1) 기본 개념

최근 들어 사회가 급변함에 따라 단순히 지식을 기억하고 습득하는 능력보다는, 새로운 상황을 수용하고 생산적으로 사고할 수 있는 능력인 창의성에 대한 관심이 높아지고 있다. 이에 따라 학교현장에서도 창의성의 중요성이 확대되고 있으며 창의성 개발이 중요한 과제로 대두되고 있다(임규혁·임웅, 2007).

길포드는 자신의 지능구조모델에서 창의적 사고는 지능구조의 조작적 차원 중 확산적 사고의 능력을 포함한다고 하였다. 확산적 사고는 문제에 대하여 새롭고 다양하게 답을 산출하도록 하는 사고의 유형을 의미하며, 확산적 사고와 대비가 되는 사고인 수렴적 사고는 문제를 해결하기 위해서 주어진 정보를 분석·평가하여 가장 적합한 해결책을 선택하는 사고의 유형이다. 길포드는 창의성의 구성요인을 유창성·독창성·융통성·정교성·민감성·재정의의 6가지 요소로 정의하였다. 유창성은 아이디어의 양과 풍부함을, 독창성은 평범하지 않은 아이디어의 독특성을, 융통성은 사고방향의 포괄성과 다양성을 의미한다. 또한 정교성은 아이디어를 새롭게 보충하고 발전시킬 수 있는 능력을, 민감성은 문제를 민감하게 지각할 수 있는 능력을, 재정의는 새로운 관점에서 절차나 구상을 생각하는 능력을 말한다.

드보노(de Bono)는 창의성이 수평적 사고와 관계가 있다고 하였는데, 수평적 사고는 좁은 통로를 벗어나서 여러 가지 새로운 방향으로 이리저리 옮겨가는 사고의 유형이다. 반면 수직적 사고는 상황을 면밀히 검토하여 논리적으로 생각을 전개해 나가는 사고를 의미한다.

창의성을 좀 더 포괄적인 개념으로 정의하면 새로운 결과물을 산출해내는 행동 또는 정신과정으로 볼 수 있다. 새롭다는 것은 독특하며 신기한 것을 의미하지만 창의적인 것이 되기 위해서는 유용하고 적절하며 가치가 있어야 한다(권대훈, 2015).

2) 창의성 연구

창의성 연구는 주로 4P를 중심으로 이해하고 정의한다. 4P란 Person(창의적 인물), Process(창의적 과정), Product(창의적 산출물), Press(Environment, 창의적 환경)를 말한다. 여기서는 4P 요소 중 창의적 인물과 창의적 과정에 대해 살펴보고 학교현장에서 관심이 많은 창의성 검사 유형에 대해 알아보고자 한다.

(1) 창의적 인물

창의적인 사람들은 어떤 특성을 지니고 있을까? 창의성 요소모델을 개발한 아마바일(T. M. Amabile, 1989)은 창의성이 발현되기 위해 세 가지 요소, 즉 특정 영역에서의 전문적 지식, 창의성 관련 성격, 과제 동기가 필요하다고 하였다. 의사가 되려는 사람은 약에 대한 전문적 지식이 필요하지만 약에 대한 지식은 창의적인 작곡가가 되려는 사람에게는 필요가 없다. 창의성 관련 성격으로는 모호함에 대한 인내, 자기 절제, 적절한 정도의 위험을 감수하는 자발성 등이 있는데, 모든 영역에서의 창의성과 연관이 있는 개인적 요소이다. 세 번째 요소는 과제 자체에 대한 동기화이다. 초기 창의성 연구에서 과제와 창의적 활동을 즐기는 내적 동기가 창의성과 깊은 관련이 있으며, 칭찬이나 물질적 보상과 같은 외적 동기는 부정적 영향을 미칠 수 있다고 하였다. 외적 보상은 활동 그 자체를 목적으로 여기게 하지 않고 수단으로 지각하게 하기 때문이다. 그러나 후속 연구에서 아마바일(1996)은 어떤 사람은 내적으로 충분히 동기화되어 창의적 활동에 외적 보상이 필요하지 않지만 외적 보상이 필요한 경우도 있다고 하였다. 다만 외적 보상이 개인에게 통제의 느낌을 줄 때 부정적 영향을 주지만, 정보를 주고 활동을 격려하도록 보상하는 것은 창의성에 긍정적인 영향을 줄 수 있다고 보았다.

스턴버그(1988)의 연구에서 창의적인 사람은 장애물을 극복하려는 의지, 성장 의지, 내적 동기, 적절한 모험심, 인정 욕구 등이 높았다. 칙센트미하이(M. Csikszentmihalyi, 1996)는 창의적 인물이 상반되는 특성을 함께 가지고 있다고 보고하였다. 흰색이 스펙트럼의 모든 색을 포함하듯이 창의적인 사람은 내면적으로 인간이 지닐 수 있는 모든 특성을 결합하고 있다는 것이다. 예를 들어, 매우 활기차기도 하지만 조용한 휴식을 취하고, 한편으로 상상과 공상을 다른 한편으로 매우 현실적인 모습을 보이고, 반항적이고 개혁적이지만 동시에 보수적이고 전통적인 성향을 갖고 있다. 칙센트미하이는 창의적인 인물이 이렇게 양면성을 조화롭게 사용할 수 있어서 새로운 것을 창출할 수 있다고 하였다.

(2) 창의적 과정

창의적 과정은 실제 창의적 활동을 경험해 보는 과정이다. 많이 알려진 과정은 몰입(flow)의 과정이다. 몰입경험은 개인이 어떤 활동에 깊이 개입되어 있을 때 갖는 감각이나 느낌을 의미한다. 몰입은 어떤 활동에 강렬하게 빠져 있는 상태의 경험으로 피아노 연주, 컴퓨터 프로그래밍과 같은 창의적 활동이나 암벽등반과 같은 신체적 활동에서도 몰입을 경험할 수 있다(Csikszentmihalyi, 1996).

창의적 인지과정을 일종의 사고과정으로 보고 문제해결과정과 통찰과정으로 본 연구도 있다(Wallas, 1926). 왈라스는 창의적 사고과정을 준비, 배양, 영감, 검증의 4단계로 구분하여 설명하였다. 우선 문제와 관련된 기본 정보를 모으는 준비단계, 일정 기간 동안 문제에 대해 집중적으로 생각하는 배양단계, 문제에 대해 결정적인 해결책이 떠오르는 영감단계, 마지막으로 해결책을 실행하거나 검증하는 검증단계로 이루어진다.

(3) 창의성 검사

대표적인 창의성 검사에는 창의적 인지능력 검사, 창의적 인성 검사, 창의적 산출물 검사가 있다.

창의적 인지능력 검사는 길포드의 확산적 사고의 개념에 기초하여 개발된 토랜스(E. P. Torrance)의 '창의적 사고 검사'가 있는데, 현재 창의성을 검사하는 도구 중 가장 빈번하게 사용되고 있다(이신동 외, 2011). 이 검사는 7개의 언어검사와 3개의 도형검사로 구성되어 있다. 언어 검사에는 '그림 속의 장면을 보고 원인 추측하기', '결과 추측하기'와 같은 문항이 있으며, 도형 검사에는 '그림 완성하기', '그림 구성하기' 등의 문항이 있다. 평가는 창의성의 인지적 구성요소인 유창성·독창성·융통성 등을 기준으로 이루어진다.

창의적 인성 검사는 창의성과 관련이 있는 형용사 체크리스트 30개 문항으로 구성된 CPS(Creative Personality Scale)가 있다. 이 검사는 '유능한', '통찰력 있는', '관습에 얽매이지 않은' 등과 같은 창의적 성향 문항 18개와 '평범한', '관습적인' 등과 같은 부적 문항 12개로 구성되어 있다. 또 다른 유형의 창의적 인성 검사에는 GIFT(Group Inventory for Finding Talent)가 있는데, 이 검사는 독립성·융통성·호기심 등과 관련된 질문으로 구성되어 있으며, 응답자들이 '예' 혹은 '아니요'로 답하게 되어 있다.

마지막으로 창의적 산출물 검사에는 아마바일(1982)이 개발한 합의적 평정기법(Consensual Assessment Technique, CAT)이 있다. 이 검사는 해당 분야의 전문가들이 창의적 산출물에 대해 창의성 정도를 평가하는 것이다. 기초적인 CAT의 절차는 학생에게 산출물을 창작할 수 있는 기본 도구를 제공하고, 전문가 집단을 구성하여 전문가들이 독립적으로 산출물의 창의성을 평가하게 한다. CAT에서는 주로 시, 콜라주, 이야기가 사용되는데, 그 외에 다양한 산출물을 평가한다. 예를 들어, 예술적 창의성을 알아보기 위해 단순한 주제를 주고 콜라주를 완성하게 한 후 이 분야의 전문가 집단인 심리학자, 미술가, 미술교사 등에게 5점 척도로 평가하게 한다(이신동 외, 2011).

3) 창의성의 교육적 시사점

게젤스와 잭슨(Getzels & Jackson, 1962)의 연구에 의하면 교사는 창의성이 높은 학생보다 지능이 높은 학생을 더 선호하였다. 학교는 일정한 규칙이 있고 절차를 중요시하기 때문에 독특한 반응으로 생각의 틀을 깨는 창의성이 높은 학생은 자칫 규율에 도전하는 것으로 보일 수 있기 때문이다. 그러나 사회의 변화 속도가 그 어느 때보다 빨라 지식의 유효기간은 더욱 짧아지고 학생들이 학교에서 배운 지식은 성인이 되어 사회에 진출했을 때 이미 쓸모없게 될 가능성이 크다. 이제 학교는 지식을 단순히 전달하는 역할에서 벗어나 새로운 것에 대한 도전과 새로운 것에 대한 개방적 사고를 키워주기 위해 노력해야 한다.

학교현장에서 창의성을 촉진하기 위해 교사나 부모가 고려해야 할 점은 다음과 같다.

첫째, 창의적인 태도를 강조하고 격려해 주어야 한다. 학생들이 새롭고 다양한 사고를 하고 풍부한 상상력을 발휘할 수 있도록 지원한다. 또한 독특한 시도에도 관심과 적절한 보상을 해주고 지원해주어야 한다.

둘째, 창의적 사고를 위해 특정 영역의 지식 획득을 강조해야 한다. 특정 분야에서 창의적 산물을 창출하기 위해 우선 그 분야에서 오랫동안 지식을 축척하고 경험을 쌓아야 한다. 음악분야에서 창의적 업적을 남긴 작곡가들이 적어도 10년 이상 작곡활동에 종사한 후 명곡을 작곡할 수 있었다는 연구도 있다(정종진, 2003).

셋째, 누구나 창의성을 갖고 있다는 점을 강조해야 한다. 창의성은 훈련을 통해 증진될 수 있으며, 새로운 것을 시도하면서 창의성은 발현되고 발달될 수 있다.

넷째, 견해가 다르더라도 인정하고 너그럽게 받아들인다. 부모나 교사는 학생들의 견해가 다를지라도 개방적인 태도를 취해야 하며 비판적인 태도를 보여서는 안 된다.

3. 학습 동기

1) 기본 개념

동기란 행동을 유발하고 방향을 제시하고 유지하는 내적 과정을 의미하며 행동의 방향과 강도를 정해 준다. 교사가 되고자 하는 학생은 교육학 강좌를 선택하고 이 동기의 강도에 따라 행동의 유지가 다르게 나타날 수 있다. 동기의 강도가 강한 학생은 결석하지 않고 성실하게 수업에 참여하지만, 그렇지 않은 학생은 결석도 빈번하고 수업 참여도도 낮을 수 있다.

학생이 스스로 공부하려는 마음을 가질 때 학습이 효율적으로 일어나며, 동기는 학교생활의 성공과 실패에 중요한 영향을 주는 요인이 될 수 있다. 동기 연구자들은 동기화와 학업성취도 간에 높은 상관이 있다고 보고하고 있으며, 동기가 높은 학생은 학교에 대해 만족감을 보이고 어려운 과제를 수행할 때 끈기를 보인다고 하였다(Pintrich, 2003).

동기는 크게 외재적 동기와 내재적 동기로 분류할 수 있다. 외재적 동기는 동기화의 원동력이 외부에 있고 공부의 목적이 최종 목적의 수단으로 쓰이는 반면, 내재적 동기는 공부하는 그 자체가 목적이 된다.

2) 동기이론

동기는 다양한 관점에서 논의되어 왔는데, 다음에서 행동주의 강화이론, 인본주의 관점인 매슬로우 욕구위계이론, 인지주의 관점인 귀인이론, 자기결정성이론에 대해 살펴보고자 한다.

(1) 행동주의적 관점: 강화이론

행동주의이론에서는 학생의 동기가 외적 보상과 처벌에 의해 유발된다고 설명한다. 이 접근방식으로 동기를 연구하는 이론가들의 관심은 유기체의 바람직한 행동을 유도하고 바람직하지 못한 행동을 제거시키는 데 있다. 즉, 행동주의적 관점은 특정 행동을 유발시키거나 감소 또는 제거하는 보상이나 벌의 유형 등 외적 조건에 주로 관심을 두었다. 강화이론은 행동을 조성하는 데 매우 강력하고 효과적이어서, 교육현장은 물론 수행과 성취를 요구하는 상황에서 가장 많이 적용되는 동기유발 방법이다. 학교에서 주로 사용되는 강화의 방법으로 칭찬스티커, 도장, 가산점 등이 있다. 그러나 지나친 외적 보상은 부정적 측면을 내포하므로 보상이나 칭찬은 신중하게 접근해야 하며 학습자의 상황을 잘 고려해서 사용해야 한다.

(2) 인본주의적 관점: 매슬로우의 욕구위계이론

인본주의 관점에서 동기는 인간이 자신의 잠재력을 발휘하고자 하는 자기실현의 욕구에서 비롯된다고 보았다. 인본주의 심리학자인 매슬로우는 인간의 욕구를 위계로 설명하는 욕구위계도를 개발하였다. 매슬로우는 인간은 내적 욕구를 가지고 태어나며 이 욕구를 충족시키기 위한 목표를 향해 움직인다고 하였다. 욕구를 7단계로 나누어 그 위계를 정하여 설명하였는데, 하위단계의 욕구가 충족된 후 상위단계의 욕구가 강해지며, 궁극적으로 마지막단계인 자아실현의 욕구에까지 이르게 된다고 하였다.

욕구는 결핍욕구와 성장욕구 크게 두 가지로 분류된다. 결핍욕구는 결핍되었을 때 긴장을 유발시켜 평형상태로 복구하려는 힘을 갖고 있으며 충족되면 만족감을 갖는다. 또한 충족을 위한 대상이 외부에 있으므로 타율적 성향을 갖는다. 결핍욕구에는 생리적 욕구, 안전욕구, 사랑과 소속의 욕구, 자존의 욕구가 있다. 한편, 성장욕구는 충족되더라도 더 많은 것을 성취하기 위해 지속적으로 동기화된다. 또한 욕구 충족의 대상이 자기 자신에게 있으므로 자율적 성향을 갖는다. 성장욕구에는 지적욕구, 심미적 욕구, 자아실현의 욕구가 포함된다.

(3) 인지적 관점: 귀인이론

인지적 관점의 동기이론은 동기를 학습자의 신념, 기대, 이해 욕구 등에 초점을 맞춘다. 인지주의이론가는 '할 수 있다'는 기대와 신념, 세상을 이해하고자 하는 욕구 등에 의해 동기가 부여된다고 설명한다. 귀인이론은 행동의 원인을 체계적으로 설명하고 예측하려는 이론이다. 귀인은 성공과 실패에 대한 정서적 반응, 성공에 대한 기대, 노력 여부, 성취 등으로 학습자에게 영향을 미친다. 귀인이론이 학교 현장에서 교육적 중요성을 갖는 이유는 성공과 실패의 원인을 학생이 어떻게 지각하는지에 따라 학습동기가 달라지기 때문이다.

바이너(Weiner, 1986)는 귀인의 요인을 소재, 안정성, 통제 가능성의 세 가지 차원으로 분류하면서 동기를 설명하였다. 원인의 소재는 책임 소재인데, 원인을 학습자의 내부에서 찾는지 외부에서 찾는지에 관한 것이다. 능력이나 노력은 그 원인이 개인의 내부에 있지만 운이나 과제난이도는 외부에 있다. 안정성은 상황이나 시간의 변화에 관계없이 원인이 변할 수 있거나 변하지 않는다는 것을 의미한다. 노력과 운은 변할 수 있지만 적성은 비교적 안정적으로 여겨진다. 통제 가능성은 학생이 학습상황을 제어할 수 있는 정도를 나타내는 요인으로, 노력은 자신이 통제할 수 있지만 운이나 과제난이도는 그렇지 못하다.

대체로 학업성취가 높은 집단은 성공을 노력과 같은 내부요인으로 귀인하고, 성취가 낮은 학생은 실패의 경우 능력의 부족으로 성공은 운에 귀인하는 경향성이 있었다(박영신, 1986). 실패의 원인을 노력으로 귀인한다면 다음에는 노력하면 성공할 수 있을 거라는 기대를 할 것이고, 능력을 원인으로 귀인한다면 다음 번 시험에서 동기화되기는 쉽지 않을 것이다.

(4) 자기결정성이론

자기결정성이론(self-determination theory, SDT)은 이름이 말해 주듯이 '자기'를 주요 개념으로 삼고 있는데, 자기결정성은 개인의 의지를 사용하는 과정으로 개인이 환경에 대해 어떤 행위를 취할 것인가를 스스로 결정하는 경향성을 의미한다. 이 이론은 개인의 내재동기의 중요성을 강조하며, 기본심리욕구가 그 기초를 제공한다고 보았다. 기본심리욕구로 자율성, 유능성, 관계성에 대한 욕구를 도입하고, 이 욕구가 인간의 학습, 성장, 발달을 위한 자연적 동기를 제공한다고 보았다(Deci & Ryan, 2000).

자율성 욕구는 스스로 결정하고 행동하려는 욕구로, 인간이 행동의 근원이나 주체가 자신에게 있다고 믿고 스스로 목표를 세우고 자신에게 중요하고 가치가 있는 것을 결정하기를 원한다는 것이다. 사람들은 자신이 선택한 과제에서 즐거움과 만족감을 더 많이 느끼며 더 높은 내재동기를 보인다. 교실에서 선택의 기회가 많고 의사결정을 자유롭게 할 수 있는 상황을 제공하면 학생들은 자율성을 지각하게 되며 내재적으로 동기화될 수 있다. 자기결정성이론에서는 개인이 자신의 흥미와 가치에 따라 스스로 선택하고 자율성이 보장되어야 유능감이 발휘될 수 있다고 여겨 자율성을 가장 핵심욕구로 본다(김아영, 2010).

유능성 욕구는 자신이 능력이 있는 사람이라는 믿음을 갖고 싶어 하는 욕구이다. 자기결정성이론에 의하면 인간은 누구나 스스로 능력이 있는 사람이기를 원하고, 기회가 주어지면 자신의 역량이나 기술을 증진시키고 싶어 한다고 하였다. 유능성 욕구는 개인이 자신의 능력을 기반으로 도전하고 향상을 위해 끊임없이 노력하게 한다. 유능성 욕구는 성취한 역량 자체라기보다는 개인이 자신의 유능감을 느끼고 싶어 하는 지각과 관련이 있다. 따라서 유능성에 대한 욕구 충족은 다양한 방식으로 성공경험을 제공하여 자신의 유능감을 인식하게 하는 것이 중요하다.

관계성 욕구는 다른 사람과 좋은 관계를 맺고 싶어 하는 욕구로, 인간은 타인과 연결되어 있다고 느끼고, 자신이 어떤 사회의 구성원으로 속해 있다고 느끼고 싶은 욕구를 가지고 있다는 것이다. 초기 연구자들은 애착이론으로 관계성을 연구하였는데, 안정적인 애착을 형성한 유아들에게서 내적으로 동기화된 탐색활동이 나타났다고 보고하였다(Frodi, Bridges, & Grolnick, 1985). 선생님과 부모와 안정적인 관계를 가질 때 내재동기가 증가하며, 학교에서 관계성 욕구를 충족한 아동은 학교활동에 더욱 몰입한다(Furrer & Skinner, 2003).

3) 동기이론의 교육적 시사점

행동주의 접근의 보상과 칭찬은 효과적이고 단순하여 학교현장에서 비교적 흔히 사용하는 동기화 방법이다. 그러나 학교현장에서 보상을 사용하는 것은 한계와 위험을 내포하고 있기 때문에 교사는 보상에 대해 신중하게 접근해야 한다. 첫째, 학생이 이미 내적으로 동기화되어 있는 경우 보상은 내재동기를 손상시킬 수 있다(Lepper & Greene, 1978). 보상은 아이가 흥미를 보이지 않을 경우에 사용해야 한다. 둘째, 외적 보상은 학생들이 자신의 성장에 관심을 갖게 하기보다는 외적 보상에 관심을 갖게 한다. 지나친 외적 보상은 부정적 측면을 갖고 있으므로, 교사는 특정 과제에 대한 학생의 동기 수준과 상황을 고려하여 조심스럽게 접근해야 한다(신명희 외, 2014).

매슬로우의 욕구위계이론은 교육현장에 중요한 시사점을 제시한다. 생리적 욕구가 충족되고 학교와 가정에서 안전감과 소속감, 애정을 느끼고 자신이 존중받을 가치가 있다는 자긍심을 갖게 될 때, 학생은 상위욕구인 지적 욕구와 자아실현의 욕구가 생겨난다는 것이다. 교육현장에서는 학생들이 성장욕구를 충족시키기 위해 자연스럽게 동기화될 수 있도록 결핍욕구가 충분히 충족되었는지 주의를 기울일 필요가 있다.

자기결정성이론에 의하면 교사의 자율성 지지가 학생들의 기본심리욕구를 충족시켜 학업성취에 중요한 영향을 미친다. 학생들의 자기결정적 학습을 위해 교육현장에서 할 수 있는 방법을 다음과 같이 정리할 수 있다(김아영, 2010).

첫째, 교사가 학생들에게 자율적으로 판단하여 결정할 수 있는 분위기를 제공해 준다. 이런 환경에서 학습한 학생들은 자율성 욕구뿐만 아니라 유능성, 더 나아가 관계성에 대한 욕구까지 충족하였다. 둘째, 학생들에게 성공경험을 제공하여 유능감을 높이도록 한다. 성공 경험의 기회를 제공해 주기 위해 적정수준의 난이도가 있는 과제를 선정하는 것이 중요하다. 셋째, 친밀감을 형성할 수 있는 환경을 제공해 주도록 한다. 경쟁적이고 학습결과를 강조하는 환경을 지양하고 협력적이고 배려할 수 있는 환경을 제공하는 것이 필요하다. 또한 학생들은 교사가 자신을 진정으로 좋아하고 존중할 때 자기가치감이 고취되며, 이때 학생들의 관계성 욕구가 충족되고 내재동기가 향상된다.

제5절 학습이론

교육심리는 학생의 학습을 향상시키기 위해 효율적인 교수 학습 과정을 연구하는 학문으로, 학습은 교육심리영역에서 매우 중요한 부분이다. 학습이론은 크게 행동주의적 관점, 인지적 관점, 인본주의적 관점으로 구분되는데, 이 절에서는 학습이론의 기본을 이루며, 또한 교육현장에서 빈번하게 사용되고 있는 행동주의 관점과 인지적 관점에 대해 살펴보고자 한다.

1. 학습: 행동주의적 접근

행동주의 접근에서 학습은 경험의 결과로 발생한 관찰 가능한 비교적 지속적인 행동의 변화를 의미한다. 이 정의에서 주목할 것은 관찰 가능한 행동인데, 행동주의는 학습자의 생각, 통찰과 같은 숨겨진 정신과정은 고려하지 않는다. 또한 학습은 개인의 경험을 통해 발생한 결과이므로 성숙에 따른 변화, 피로나 약물에 의한 일시적인 변화는 학습에서 제외된다.

행동주의 학습이론의 기본원리는 자극과 반응의 연합으로 설명될 수 있다. 행동주의에서 학습은 환경을 통해 학습자가 경험하는 자극과 그 자극에 대한 반응의 연합이며, 이러한 이유로 행동주의 학습이론을 연합이론(association theory)이라고도 한다. 가장 기본적인 학습 원리는 인접성으로, 두 사건이 시간 또는 공간적으로 인접하여 반복적으로 발생할 때 두 사건은 관계가 있다는 것, 즉 두 사건의 연합을 학습하는 것이다.

1) 고전적 조건형성이론

고전적 조건형성이론은 러시아의 생리학자이자 소화계통의 연구로 1904년 노벨상을 받은 파블로프(I. P. Pavlov)에 의해 처음으로 제시되었다. 파블로프는 개를 대상으로 소화과정을 연구하던 중에 우연히 학습현상을 발견하여, 연구의 방향을 바꾸어 고전적 조건형성이론을 발전시키게 되었다. 파블로프가 실험실에서 발견한 내용은 다음과 같다.

파블로프는 조수에게 개의 침 분비량을 측정하기 위해 고기분말을 주게 하였다. 연구가 진행되는 동안 개는 고기분말을 보지도 않고 조수의 발자국 소리만 듣고도 침을 흘리게 되었다.

고전적 조건형성이론에서 학습은 연합을 형성하는 것이다. 파블로프의 개는 조수의 발자국 소리를 듣기만 해도 침을 분비하게 되었는데, 이는 발자국 소리와 고기분말이 연합되었기 때문이다. 처음에는 전혀 관계가 없는 조수의 발자국 소리와 고기분말을 반복적으로 제시하여 개는 두 대상 사이에 연합을 형성하게 되었다.

고전적 조건형성의 연합과정을 이해하기 위해 알아야 할 네 가지 개념이 있는데, 무조건 자극, 무조건 반응, 조건 자극, 조건 반응이다. '무조건 자극'은 본능적 또는 반사적 반응을 유발시키는 대상이며, '무조건 반응'은 본능적 또는 반사적 반응이다. 파블로프의 실험에서 무조건 자극은 고기분말이었고, 고기분말이 주어졌을 때 개의 무조건 반응은 침 분비였다. '조건 자극'은 무조건 자극과 연합된 대상이며, '조건 반응'은 무조건 반응과 같은 반응이지만 조건화 이후 학습된 생리반응 또는 정서반응이다. 연구실 조수의 발자국 소리가 조건 자극으로 작용하였고, 조건화된 후 개가 발자국 소리를 듣고 흘린 침 분비가 조건 반응이었다.

특정한 자극인 발자국 소리에 반응하도록 조건화된 개는 발자국 소리와 유사한 자극에도 침을 흘리는 반응을 보여 주는데, 이를 자극의 일반화라고 한다. 왓슨은 파블로프의 연구를 높이 평가하고 인간의 정서 반응이 조건화될 수 있는지 확인하고자 하였다. 이것이 바로 유명한 '리틀 앨버트'(little Albert) 실험이다. 11개월 된 아기 앨버트는 처음에 흰쥐를 무서워

하지 않았으나 흰쥐가 앨버트에게 다가갈 때마다 큰 소리를 반복적으로 들려주었다. 앨버트는 흰쥐에 공포 반응을 형성하게 되었고 이 후 앨버트는 흰토끼, 흰수염 등과 같이 비슷한 자극에 대해서도 같은 공포 반응을 보였다.

2) 조작적 조건형성이론

고전적 조건형성이론에서 학습되는 행동은 정서와 생리적 반응과 같은 불수의적인 것이다. 그러나 학습과정에서 학생들은 수동적으로 반응하기보다는 대부분의 경우 의도적으로 행동한다. 스키너(B. F. Skinner)는 고전적 조건형성이론이 학습자의 의지가 개입되지 않는 반응적 학습을 설명할 수 있지만, 언어, 쓰기, 읽기, 친구 사귀기 등과 같은 인간의 복잡한 행동은 조작적 조건형성에 의해 설명될 수 있다고 주장한다.

고전적 조건형성이론과 조작적 조건형성이론의 학습행동에 대한 관점은 다르며, 이러한 차이는 근본적으로 고전적 조건형성이론과 조작적 조건형성이론에 내재하는 학습 원리에서 비롯된다. 조건형성과정의 차이는 스키너(1937)가 지적했듯이, 고전적 조건형성에서는 강화요인이 조건 자극 다음에 주어지지만, 조작적 조건형성에서는 반응 다음에 주어진다. 이들 두 조건형성의 차이는 유관(contingencies)의 차이로 설명할 수 있다. 고전적 조건형성에서 강화는 자극에 의존하지만 조작적 조건형성에서 강화는 반응에 의존한다. 즉, 고전적 조건형성이론에서는 행동을 유발시키기 위해 자극에 관심을 두지만, 조작적 조건형성이론에서는 유발된 행동의 결과에 관심을 둔다.

스키너의 조작적 조건형성의 원리는 특정 자극에 의해 반응이 유도되는 것이 아니라 유기체가 적절한 행동을 조작 또는 작동했을 때 보상이 주어진다. 유기체가 환경에 작용하여 결과를 이끌어내기 때문에 작동적 혹은 조작적 조건형성이라고 한다. 유기체가 행동을 조작한 이후에 주어지는 결과는 이후에 유기체가 동일한 행동을 유발할 가능성과 강도에 영향을 미친다.

스키너의 실험은 지렛대를 누르면 먹이접시에 먹이가 떨어지는 스키너 상자(Skinner box)라고 하는 실험도구에서 이루어졌다. 이 상자에 넣어진 쥐가 이리저리 움직이다가 우연히 지렛대를 누르게 되고 이때 음식이 접시에 떨어지게 된다. 쥐는 자신이 지렛대를 누른 행동의 결과로 먹이를 얻게 되고 이러한 일이 여러 번 반복되면 쥐는 지렛대 누르는 행동과 먹이와의 관계를 점차 학습하게 된다. 지렛대를 눌렀을 때 주어진 결과(먹이)는 다음 번에 쥐가 지렛대 누르는 행동의 발생 빈도에 중요한 역할을 하는데, 스키너는 특정한 행동 후에 보상을 제공하여 행동의 빈도를 높이는 과정을 강화라고 하였다.

강화란 특정 행동을 습득하고 행동의 빈도를 증가시키는 것을 의미한다. 강화에는 정적 강화와 부적 강화가 있다. 정적 강화는 행동의 결과로 먹이나 칭찬과 같은 만족스러운 강화물을 제시하여 행동의 강도와 빈도를 증가시키고 유지시키는 과정을 의미한다. 부적 강화란 어떤 행동 후에 소음, 전기쇼크 등과 같은 싫어하는 자극을 제거하여 반응의 강도와 빈도를 증가시키고 유지시키는 과정을 의미한다.

강화는 의도된 행동의 빈도를 증가시키는 데 목적이 있지만 벌은 반대로 감소시키기 위해 사용된다. 벌의 유형에는 부정적인 자극을 제시하는 수여성 벌과 긍정적인 자극을 빼앗는 제거성 벌이 있다. 수여성 벌은 특정 행동의 빈도를 감소시키기 위해 꾸중이나 처벌과 같이 싫어하는 자극을 제공하는 것을 말한다. 반면 제거성 벌은 스포츠 활동이나 컴퓨터 게임 등을 하지 못하게 하거나 외출 금지와 같이 좋아하는 자극을 제거하여 특정 행동의 빈도를 감소시키는 것을 의미한다. 보편적으로 초등학교 현장에서 많이 사용되는 타임아웃(time out)이 제거성 벌에 해당하는데, 교실에서 큰 소리로 떠들거나 문제를 일으킨 학생을 격리시켜 혼자 있게 하거나 벽면을 보고 서 있게 하여 그 행동을 감소시킬 수 있다.

3) 행동주의 학습이론의 교육적 시사점

일상에서 흔히 볼 수 있는 정서적 반응이나 생리적 반응은 고전적 조건형성의 결과로 이해될 수 있다. 학교에서의 여러 가지 상황은 시간이 흐르면서 다양한 반응과 연합되어 조건 자극이 될 수 있다. 시험이라는 단어만 들어도 심한 불안이 생기거나 학교를 생각하면 긍정적 정서가 야기되기도 한다. 입학식 날 담임선생님의 따뜻한 미소를 보고 긍정적 정서를 경험한 아이는 점차 선생님뿐만 아니라 선생님과 학교에 대해서도 긍정적 정서 반응을 경험하게 된다. 시험불안은 시험을 본 후 부모나 교사로부터 심하게 꾸중을 듣고 좌절 또는 불안감을 경험한 후, 점차 시험이 조건 자극이 되어 불안을 야기하게 된 고전적 조건형성의 결과로 이해될 수 있다.

조작적 조건형성이론은 강화와 벌을 사용하여 새로운 행동을 습득시키거나 바람직하지 않은 행동을 수정할 때 사용할 수 있다. 그러나 처벌은 특히 올바른 판단력을 갖고 신중하게 사용해야 하는데, 대부분의 연구자들은 처벌에 대해 다음과 같은 문제점을 제기하였다. 첫째, 체벌(physical punishment)은 공격성을 가르칠 수 있는데, 체벌을 받은 사람이 이후에 다른 사람에게 비슷한 체벌을 가하는 행동을 할 수 있다. 둘째, 처벌은 다음번에 더 강한 반응의 원인이 될 수 있는데, 처벌을 받은 학생들은 처벌을 받은 후 더 반항적이 되기 쉽다. 셋째, 처벌은 일시적으로 행동을 억제할 뿐이다. 억제된 행동은 다른 상황에서 출현될 수 있으며 문제를 해결할 수 있는 장기적인 해결방법은 될 수 없다. 마지막으로 처벌은 부정적인 정서를 초래하여 처벌이 일어난 교실이 부정적인 정서를 유발하는 자극원이 될 수 있다. 더 나아가 교실에 대한 부정적 정서는 과제나 학교활동 전체로 일반화될 위험이 있다.

처벌은 행동을 잠시 억제할 뿐 지속적인 효과를 보기 위해서는 강화가 상대적으로 더 효과적이라고 할 수 있다. 만일 처벌이 필요한 상황이라면 수여성 벌보다는 제거성 벌을 사용하는 것이 좋다. 또한 학습 원리를 교육 현장에 적용하려면 교사는 학생이 무엇을 선호하는지 잘 관찰하여 적절한 강화물로 선택하여 사용할 수 있어야 한다.

2. 학습: 인지적 접근

행동주의적 접근에서는 학습을 환경에 의해 조성된 행동의 변화로 보지만 인지적 접근에서는 개인의 정신구조 변화를 의미한다. 관찰 가능한 행동만을 연구대상으로 여겼던 행동주의자들과 달리 인지적 접근에서는 환경을 지각하고 해석하고 기억하는 학습자의 내적 정신구조와 과정에 관심을 두었다. 인지적 접근의 학습이론이 제시하는 주요 원리는 다음과 같이 정리될 수 있다(신명희 외, 2014). 학습자는 능동적 존재로 새로운 정보를 적극적으로 받아들이고 능동적으로 지식을 구성한다. 또한 학습자 개개인의 지식구조는 다양하며 이를 기반으로 다양한 학습 성과가 나타난다. 마지막으로 학습의 범위는 직접 경험의 결과로 나타난 행동 변화를 넘어서서 행동잠재력의 변화까지 포함한다.

여기서는 인지적 학습이론에서 중요한 기반을 제공해 준 형태주의 심리학과 인지적 접근의 중심이론인 정보처리이론에 대해 살펴보고자 한다.

1) 형태주의 심리학

형태주의(gestalt) 심리학자들은 인간이 세상을 지각하고 문제를 해결하는 과정에 관심을 갖는다. 형태란 배치, 즉 조직을 의미하며 사람들은 세상을 단순히 부분의 합으로 지각하기보다는 재구성된 전체로 경험한다고 주장한다. 형태주의는 인간행동을 단순한 요소로 분석하여 설명하려는 행동주의의 환원주의적 원자론(atomism)에 반대하며, 전체론의 입장에서 바라본다. 복잡한 현상을 단순히 요소로 분할하여 분석하면 현상의 전체적인 측면을 왜곡할 수 있다고 하였다. 대신 이들의 관심은 요소보다는 공간의 관계와 전체에 있었으며 '전체는 부분의 합 이상이다'라는 말이 형태주의자의 구호가 되었다. 또한 학습을 환경에서 지각하는 정보의 재구성으로 여기고 학습과정은 갑작스러운 통찰 경험을 통해 일어난다고 보았다.

형태주의 심리학은 통찰이론을 주장한 쾰러(W. Köhler)의 침팬지 실험에 잘 나타나 있다. 쾰러는 침팬지가 손이 닿지 않을 높이에 바나나를 매달아 놓고 주변에 상자와 나무막대를 놓아 둔 후 침팬지의 행동을 관찰하였다. 침팬지는 바나나를 따기 위해 손을 뻗치거나 뛰어오르는 등 여러 가지 애를 쓰는 행동을 보였다. 그러나 이러한 시도가 뜻대로 되지 않자 잠시 행동을 멈추고 방안을 살핀 후 갑자기 상자를 쌓고 그 위에 올라가 나무막대를 이용하여 바나나를 땄다.

이 실험에서 나타난 침팬지의 문제해결 행동은 행동주의이론의 한계를 보여 주었다. 행동주의이론에 따르면 학습은 시행착오를 통해 점진적으로 이루어져야 한다. 반면 쾰러의 침팬지는 지각장 안의 무관했던 요소들을 재구성하여 갑자기 완전한 형태로 문제를 해결하였다. 침팬지는 문제를 해결하기 위해 행동적 시행착오를 통해 주변을 탐색하지 않고 목적과 수단 혹은 요소와 요소 간의 관계를 파악하면서 정신적 탐색활동을 하였다.

문제상황에서 관련이 없어 보이는 구성요소가 재구성에 의해 유의미한 전체로 이해되면서 문제해결이 목적과 수단으로 적절히 결합된다. 이와 같이 문제를 해결하기 위해 필요한 모든 요소가 서로 관계를 맺어 재구성되어 유의미한 구조로 파악될 때 통찰적 해결이 이루어지는데, 통찰은 갑자기 일어나며 또한 완전한 것이기 때문에 대개 '아하 경험'을 가지게 된다.

이렇게 통찰로 획득한 지식은 오랫동안 기억되며 다른 상황에 지식을 쉽게 전이시킬 수 있다.

2) 정보처리이론

정보처리이론은 컴퓨터의 정보처리 과정에 비유하여 인간의 인지과정을 밝힌 이론으로, 정보가 어떻게 기억체계 속에 입력되고, 저장되고 인출되는지를 연구하는 학습이론이다. 정보처리이론은 중다저장모델(Atkinson & Shiffrin, 1968)에 의해 처음 제안되었는데, 이 이론에서는 인간의 기억구조를 감각기억, 작업기억, 장기기억의 독립적인 정보저장고(information storage)로 설명하고 있다. 정보처리이론의 또 다른 구조는 인지과정(cognitive process)이다. 정보는 하나의 저장고에서 다른 저장고로 이동되면서 처리되는데, 주의, 지각, 시연, 부호화 등이 여기에 해당된다.

(1) 정보저장고

정보가 머무르는 장소인 정보저장고는 컴퓨터의 주기억장치와 하드드라이브와 유사하며, 정보처리이론에서 정보저장고는 감각기억, 작업기억, 장기기억의 세 장소가 포함된다.

감각기억은 학습자의 환경이 처음으로 접촉하는 기관인 감각기관에서 이루어진다. 감각기억에 저장된 정보는 전혀 조직화되지 않은 상태로 여겨지며, 기본적으로 사물이나 사건의 복사본이다. 즉, 시각적 정보는 시각적으로 또는 청각적 정보는 청각적 형태 그대로 짧은 시간 동안 유지된다. 감각기억의 용량에는 거의 한계가 없으나 지속기간이 아주 짧아 대부분의 정보는 시각의 경우 약 1초, 청각의 경우 약 2~4초 동안 유지된다. 감각기억의 대부분은 사라지지만 주의를 받은 정보는 다음 정보저장고인 작업기억으로 이동된다.

자극에 주의를 기울이면 그 자극은 잠시 우리의 의식 속에 머무르며, 이

정보저장고를 작업기억이라고 한다. 작업기억은 단기기억이라고도 하는데, 개인이 정보를 처리하는 동안 정보를 유지하는 정보저장고이다. 정보에 주의를 기울이는 순간 활성화된 기억으로 용량과 지속시간에 한계가 있다. 성인의 경우 한 번에 7개 정도의 정보만을 보유할 수 있으며 10~20초 정도 저장된다. 이렇게 단기간 저장이 가능하기 때문에 단기기억이라고 불리며, 작업기억은 이곳에서 입력된 정보에 대해 간단한 정신작용이 처리되므로 붙여진 이름이다.

작업기억의 가장 큰 한계점은 용량과 지속시간에 제한이 있다는 점이다. 유지시연(rehearsal)은 작업기억에 들어온 정보를 변형하지 않고 반복적으로 암송하는 과정으로, 정보가 사용될 때까지 그 정보를 작업기억에 유지시켜 준다. 또한 기억용량의 한계를 극복하기 위해 정보를 의미 있는 큰 단위로 조합하여 묶는 결집(chunking)을 활용할 수 있다. 작업기억의 내용에 적절한 처리를 하면 장기기억으로 이동되지만 그렇지 못한 내용은 망각된다.

장기기억은 용량이 무제한이며 저장기간도 영구적인 정보저장고이다. 평상시에 장기기억에 저장되어 있는 정보는 활성화되어 있지 않아 우리가 의식하지 못하지만, 정보를 인출하면 저장되었던 정보가 작업기억으로 이동되어 그 정보를 의식할 수 있게 된다. 장기기억은 수백만 개의 장서와 정보망을 가진 도서관에 비유된다. 심리학자들은 장기기억이 거대한 그물망과 같은 망조직(network)의 형태를 이루고 있고 그물의 마디에 정보가 저장되어 있다고 보고 있다. 수많은 정보는 아주 촘촘하게 연결되어 있고 정보는 체계적이고 조직적으로 저장된다고 가정한다.

(2) 인지과정

인지과정은 한 저장고에서 다른 저장고로 정보를 이동시키는 역할을 하는데 주의, 부호, 시연, 인출 등이 포함된다. 주의는 특정 자극에만 관심을 기울이는 과정으로 감각기억에 머물고 있는 정보 중 주의를 받은 정보만 작업기억으로 이동된다. 반면 감각기억에 등록된 정보 중 주의를 받지 못한 대부분의 정보는 사라진다.

부호화는 새로운 정보를 장기기억에 표상하는 과정으로 작업기억에서 장기기억으로 정보를 이동시키기 위해 필요한 인지과정이다. 부호화는 정교화, 조직화, 심상을 통해 촉진될 수 있다. 정교화는 기존에 저장되어 있는 정보와 새로운 정보를 연결시켜 의미를 부여하는 전략이며, 조직화는 정보를 따로따로 기억하기보다 공통 범주를 기준으로 정보를 연결하는 전략이며, 심상은 마음속에 그림으로 표상하는 과정이다. 이러한 부호화 과정을 통해 정보는 작업기억에서 장기기억으로 이동한다.

인출은 장기기억에 저장된 정보를 작업기억으로 이동시키는 과정이다. 인출은 정보저장고에서 단순하게 정보를 꺼내는 것이 아니라 주어진 상황에서 여러 단서를 근거로 탐색과 재구성과 같은 복잡한 인지과정을 거친다. 따라서 정보가 장기기억에 유의미하게 다른 정보와 공고하게 연결되어 있을수록 인출은 더 쉬워진다.

3) 인지적 접근의 교육적 시사점

인지적 관점의 학습이론은 1920년대 이후 행동주의가 우세한 영향력을 끼치면서 사라져버린 내적 정신과정의 관심을 부활시키면서 사고, 기억, 문제해결과 같은 인지과정의 연구에 관심을 일으켰다. 인지주의는 학습을 환경에 의해 수동적으로 형성되는 반응으로 여긴 행동주의와 달리, 학습자가 능동적으로 관여하는 인지구조의 변화로 보고 교수 학습 방법에 대해 완전히 새로운 방향을 제시하였다.

인지적 학습이론은 다음과 같은 교육적 시사점을 갖는다.

첫째, 정보처리과정의 시작은 주의집중이므로 학생들의 관심과 주의를 끄는 수업은 학습에 결정적 역할을 한다. 호기심을 자극하여 학생들의 주의를 이끌어내거나 다양한 매체, 학습보조물 등을 활용하고 참여수업의 기회를 늘려 볼 수 있다.

둘째, 작업기억 용량에 한계가 있으므로 인지적 과부하가 걸리지 않게 수업을 하도록 한다. 예를 들어, 시각 자료를 제시하면서 동시에 그 자료를 설명하기보다는 시각 자료를 볼 여유를 주고 설명하는 것이 정보처리에 도움이 된다.

셋째, 학생들이 이미 알고 있는 내용과 새로운 정보를 연결시키도록 한다. 장기기억은 망조직의 형태로 조직화되어 있으며 수많은 정보는 서로 촘촘하게 연결되어 있다고 보고 있다. 학생들은 이미 많은 지식을 획득한 상태이며, 기존에 저장된 지식을 기반으로 새로운 정보를 부호화하는 것은 정보가 유의미하게 연결되게 도움을 주고 인출을 더 효과적으로 이루어지게 한다.

CHAPTER 07

교육공학

제1절 교육공학의 기본 이해와 정의
제2절 교육공학의 역사적 발달
제3절 교수설계
제4절 교수매체
제5절 교육공학의 최신 동향

제1절 교육공학의 기본 이해와 정의

1. 교육과 공학의 기본 개념

교육공학은 효과적·효율적·매력적으로 교육이 이루어질 수 있도록, 관련된 여러 가지 문제를 해결하기 위해 이론이나 검증된 주장 그리고 산출물 등을 적절히 활용하는 것이다. 교육공학은 21세기에 주목받고 있는 분야 중 하나로서 교육공학이란 용어와 함께 교수공학이란 용어도 많이 쓰이고 있다. 두 용어는 서로 구별하여 쓰이기도 하고 구별 없이 동의어로 쓰이기도 한다. 최근 몇몇 학자들은 학습공학이란 용어를 사용하기도 한다.

교육공학, 교수공학 등 용어 사용에 앞서, 교육학에서 기본적으로 사용되는 용어들을 확실하게 알 필요가 있으며, 그 관계를 파악하는 것이 중요하므로 교육, 교수, 학습 및 공학에 관련된 개념을 살펴보도록 하겠다.

1) 교육, 교수와 학습

교육, 교수, 학습은 교육학에서 가장 기본적으로 많이 사용하는 용어이다. 학습이란 흔히 '배우는 일'이라고 하며, 교수란 '가르치는 일'이라 한다. 학교교육의 가장 중요한 부분을 차지하는 것이 가르치고 배우는 과정이다. 교실에서 이루어지는 가르침과 배움의 상황을 교수는 '가르치는 교사 측면'에, 학습은 '공부하는 학생의 측면'에 초점을 맞추고 있는 것이다. 일부 학자들은 가르침과 배움 모두 중요하다는 것을 강조하기 위해 교수 학습 과정, 교수 학습 목표, 교수 학습 방법 등 "교수 학습"이란 용어를 사용한다.

교수(敎授)라는 용어의 사전적 정의를 살펴보면 '학문이나 기술을 가르치는 행위'로서 글자 그대로 '가르쳐 주는 것'을 의미한다. 단순히 말해서 선생님이 학생들에게 지식과 기능을 가르치는 것이라고 할 수 있다. 코리

(Corey, 1971)는 교수를 '어떤 특정한 조건하에서 특정한 행동을 습득하거나 배제하고 혹은 특수한 상황에 대해 반응을 하거나 학습이 일어날 수 있도록 개인의 환경을 계획적으로 관리하는 전 과정'이라고 정의했다. 라이거루스(Reigeluth, 1983)는 '학습이 이루어지도록 설계, 개발, 적용, 관리 및 평가를 포함하는 과정'을 교수라 하였다. 이러한 제 학자들의 정의를 종합하여 실즈와 리치(Seels & Richey, 1994)는 '학습을 촉진하기 위한 중재(intervention)로서 가르치는 행위와 작용을 지칭하는 것'이라고 교수의 개념을 정리하였다.

이상과 같이 '교수'가 가르치는 행위에 초점을 맞춘 개념인 반면에 '학습'이란 학습자 내부에서 학습이 이루어지는 내적 변화에 초점을 두었다. 가네(Gagné, 1985)는 '학습이란 일정 기간 지속되는 인간의 성향이나 능력의 변화이며, 단순히 성장과정에서 나타나는 변화는 학습이 아니다'라고 했다. 마이어(Mayer, 1982)는 '학습은 경험의 결과로 인하여 어떤 개인의 지식, 행동 또는 태도가 비교적 지속적으로 변화되는 것'이라고 했다. 여기서 핵심적인 사항은 변화가 지속적이란 점, 학습자의 지식구조, 태도 또는 행동에서 변화가 이루어진다는 점 그리고 그 변화가 학습자 환경의 경험에서 유래한다는 점이다.

교육에 대한 정의 역시 수많은 다양한 학자들의 다양한 관점을 반영한 정의가 있으나, 가장 포괄적으로 정의한 것으로서 '교육은 학습자가 배우는 모든 종류의 경험'이라 할 수 있다. 과거의 교육에 대한 정이는 가르치는 것에 강조를 두어 왔으며, 이러한 영향은 아직도 일반 사전에 '지식과 기술 따위를 가르치며 인격을 길러줌'이라고 제시하고 있다. 그러나 최근의 학습자중심 교육 패러다임을 반영하여 교육을 '학습자가 교사를 포함한 다양한 자원과 상호작용을 통해 지식을 탐구하고 의미를 재구성해 가는 과정'이라 정의하고 있다(강숙희, 2001). 이처럼 교육은 계획적 경험과 우연적인 경험뿐만 아니라 형식적이고 비형식적인 경험이 모두 포함될 수 있다. 즉, 성숙과 성장에 의한 변화 이외에 학습자에게 일어나는 지속적인 모든 변화를 교육이라 일컬을 수 있는 것이다. 결론적으로 교육은 교수와 학습 모두를 포함하는 개념으로서 가장 상위의 개념이며 사회화까지도 포괄하고 있는 개념이다.

2) 공학

공학(technology)이라고 하면 사람들은 쉽게 공장의 기계류나 컴퓨터에 내장되어 있는 마이크로칩 같은 것을 떠올린다. 그러나 공학은 인간의 능력을 확장할 필요와 인간의 요구를 만족시키기 위한 자원을 활용하는 과정으로서, 하드웨어로서의 공학과 지식으로서의 공학 모두를 생각할 수 있다(http://www.cobb.k12.ga.us). 다시 말해서 인간의 주위환경을 개선하기 위하여 사용하는 모든 공학적 수단을 공학이라고 이야기하는 것이며, 과업을 효율적으로 수행할 수 있는 기계나 도구의 사용뿐 아니라 활용하는 지식까지도 포함하고 있다(http://www.bergen.org). 공학은 우리의 삶을 더 쉽고 좋게 만드는 지식, 도구, 체제를 활용하는 것이다. 공학에 관한 여러 학자들의 제 정의를 살펴보면 공학의 개념을 이해하는 데 도움이 된다.

- 실제적이고 의도적인 목적을 달성하기 위한 조직적인 접근을 의미하며, 과학적 사실과 원리에 의해 구성된 통합된 개념체제를 지칭한다.

  −English, 1958

- 기계적 생산품 또는 발명품 이상으로서 체계적 사고의 과정이며 방식이다.

  −Finn, 1964

- 과학적 지식 또는 기타 조직화된 지식을 실제적 과제에 체계적으로 적용하는 과정이다. 단순한 기계류나 장치를 의미하기도 하지만 보다 중요한 공학의 의미는 어떤 문제에 대한 해결책을 마련하기 위해서 분석, 고안, 실행, 관리, 운영, 통

제, 조정, 평가하는 복잡하고 통합된 과정이다.

—Galbraith, 1972

- 공학은 기계류와 관련된 하드웨어나 소프트웨어를 포함할 수도 있고 안 할 수도 있는 것으로, 어떤 특정한 과제를 수행하는 데 요구되는 실천적 문제해결 기법을 의미한다.

—Heinich, 1973

- 기대한 결과를 달성하는 데 관련된 원인과 결과의 관계에서 불확실성을 감소시켜 주는 도구적인 행위를 위한 설계이다.

—Rogers, 1983

이와 같은 공학의 정의에서도 알 수 있듯이 공학은 기계류나 기술 이상의 개념으로서, 사고의 체계성이나 체계적 적용 모두를 포함하는 개념이다. 공학(technology)의 Merriam-Webster 사전을 참고해 보면 ① 특정 분야에서의 지식을 실제적으로 적용하는 것 또는 지식적용에 의해 주어지는 역량, ② 공학적 지식, 방법 또는 절차를 사용하여 과업을 달성하는 방식이라고 나와 있다.

공학의 개념을 다시 정의해 보면 '공학이란 검증된 주장, 지식, 이론을 실제 문제해결에 체제적·체계적·논리적으로 적용하는 방법이나 과정이며 그 결과로 생성된 산출물이다'라고 할 수 있다. 따라서 공학을 하드테크놀로지와 소프트테크놀로지로 나누어 정리할 수 있는데, 하드테크놀로지는 기계류와 같은 산출물, 즉 과학적 지식을 체제적·체계적·논리적으로 적용한 결과물을 말하며, 소프트테크놀로지는 과학적 지식을 체제적·체계적·논리적으로 적용하는 것 자체를 말한다고 볼 수 있다.

- Soft technology: 과학적 지식의 체제적·체계적·논리적 적용
- Hard technology: 적용의 결과물, 기계류와 같은 산출물

3) 교육과 공학의 관계

앞서 제시한 공학의 정의에 따라 교육공학을 간단히 이야기하자면 교육과 관련된 검증된 주장, 지식과 이론 등을 실제 교육문제 해결을 위하여 체제적·체계적·논리적으로 잘 적용하는 과정이며, 그에 따른 결과물, 산출물 등이라고 할 수 있다. 이를 세분화하여 적용 과정에 초점을 맞춘 소프트테크놀로지 측면과 과정에 따라 나타난 결과물에 초점을 맞춘 하드테크놀로지 측면으로 나누어 볼 수 있다. 교육과 공학의 관계를 공학의 두 가지 분류로 구분하여 보면 <표 7-1>과 같다.

소프트테크놀로지는 교육에 활용할 수 있는 많은 이론이나 지식을 특정 교육현장에서의 교육목적을 달성하거나 교육효과를 높이고자 적용하는 과정으로서, 특히 교수설계이론이 그 대표적인 예로 들 수 있다. 하드테크놀로지는 교육현장에서 활용하는 기계류로써 다양한 교수매체를 예로 들 수 있다.

〈표 7-1〉 교육에서의 테크놀로지

구 분	개 념	예
교육에서의 소프트테크놀로지	• 문제해결방법이나 그 과정 • 교육에 적용할 수 있는 이론들의 논리적·체계적 교육현장 적용	• 교수 학습이론 • 교수형태 • 교수설계 • 교수메시지디자인이론
교육에서의 하드테크놀로지	• 교수매체 • 교육에 도입해서 사용하는 기계류나 산출물	• 텔레비전 • 컴퓨터 • 인공위성 등

4) 교육에서의 공학, 교수공학, 수행공학 그리고 교육공학

교육공학(educational technology)은 교육에서의 공학(technology in education)과 혼동하여 사용되었다. 교육에서의 공학(technology in education)은 교육사업을 수행하는 교육기관을 운영하는 모든 부분에서 테크놀로지를 적용하는 것이다. 다시 말해 교육에서의 공학은 직접적으로 가르치는 일이나 배우는 일 이외의 사항이라 할 수 있는 학교급식, 양호, 재정, 시간구성, 성적처리 그리고 다른 교육지원과정에서의 기술적 적용을 포함하는 것으로써 교육공학과는 다르다.

교육공학은 한동안 교수공학(instructional technology)과 구별하여 사용되기도 하고 공통적인 의미로 사용되기도 하였다. 교수공학은 교육공학의 하위개념으로써 교수가 교육의 하위개념임을 바탕으로 하고 있다. 교수(instruction)의 사전적 의미는 '학문이나 기술을 가르치는 행위'이다. 이는 '가르치는 사람을 포함하여 모든 형태의 매체에 의하여 전달되는 학습경험'(Gagné, Briggs, & Wager, 1992; Smith & Ragan, 1993)으로서 '학습자들이 계획된 학습목표를 달성할 수 있도록 체계적이고 계획적으로 정보와 환경을 제공하는 일'(Gagné, 1985)이라 할 수 있다.

반면에 교육(education)은 '학습자가 배우는 모든 종류의 경험'으로 매우 포괄적인 개념이다. 여기에는 계획적 경험과 우연적인 경험뿐 아니라 형식적이고 비형식적인 경험이 모두 포함될 수 있다. 교육의 현대적 의미는 '개인이 자신이 속해 있는 사회에서 긍정적인 가치를 지닌 능력, 태도 및 행동을 개발하는 총체적 과정'으로 보고 있다(Good, 1973; AECT, 1977).

최근 들어 인간의 수행(performance)이 강조되면서 수행공학이란 용어도 널리 사용되고 있다. 수행공학은 '인간의 수행을 증진시키기 위하여, 인간 및 조직의 행동에 과학적 연구와 실제적 경험을 포함한 지식을 적용하는 일'(Stolovitch & Keeps, 1992)이며, 즉 '인적 자원 활동에 적용된 체제적인 사고'(정재삼, 1996)라고 할 수 있다. 이는 훈련뿐 아니라 인적 자원관리, 조직개발, 교수설계, 행동심리학을 포함하는 수많은 관련 원리로부터 파생된 광범위한 중재안(intervention)을 활용한다. 즉, 수행증진을 위해서 현재의 수행수준과 이상적인 수행수준 사이의 엄격한 분석과 이들의 수행격차의 원인을 규명함으로써 이에 따른 중재안을 제공하고 변화관리과정을 안내하며 그 결과를 평가하는 것이다.

수행공학과 교육공학, 교수공학 간의 관계는 [그림 7-1]과 같다(김미환 외, 2007).

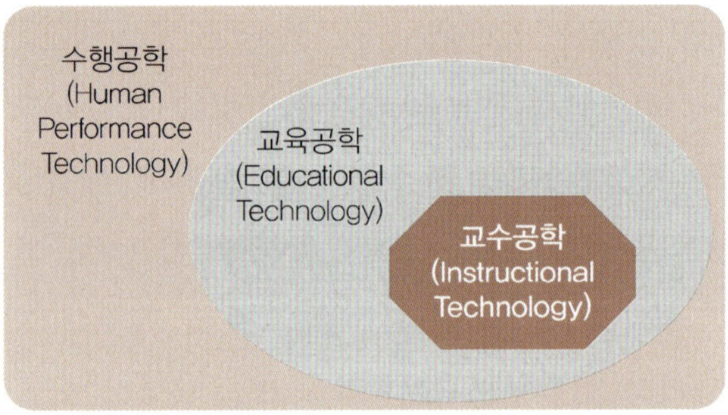

[그림 7-1] 교수공학, 교육공학과 수행공학의 관계

2. 교육공학의 정의

1963년에 미국교육연합회(National Education Association, NEA)에서 그 당시의 교육공학의 명칭인 시청각커뮤니케이션(audiovisual communication)을 정의한 것이 교육공학 개념에 대한 첫 번째 공식적 정의로 간주된다(Ely, 1963). 그 이후 교육공학의 정의는 시대적 발전에 따라 학습과정을 다루는 다양한 방법과 개념의 틀, 이론과 실천 그리고 최근의 연구와 윤리적 실천으로 진화해왔다(Hsu, Hung & Ching, 2013).

초기의 시각교육과 시청각교육이 매체 중심이었다면 시청각커뮤니케이션교육은 인접학문인 커뮤니케이션이론과 체제개념이 도입됨으로써 역동적인 관계를 지향하는 과정 중심이 강조되었다. 이후 1970년과 1977년 그리고 1994년에 공식적 정의가 새롭게 발표되었으며, 2008년 미국교육공학회(Association for Educational Communications and Technology, AECT)[1]는 교육공학의 다섯 번째 공식적인 정의를 발표하였다. 인간의 학습과정, 지식 자체의 특성에 대한 새로운 이해가 교육자들로 하여금 교수방법 기저에 깔려 있는 기본 개념을 다시 생각하도록 하였으며, 이러한 시대적 흐름이 교육공학의 의미에 대한 사고의 새로운 상황을 창조하였다.

우리 사회가 지식정보사회로 전환됨으로써 각 분야에 변화가 이루어진 것과 같이 교육공학의 이론과 실체적 측면에서도 많은 변화가 이루어졌으며, 이에 따라 이 시대에 적절한 개념의 틀을 제공하기 위해서 AECT의 개념 및 용어위원회(Definition and Terminology Committee)에서는 교육공학의 정의를 새로이 발표하였다.

> 교육공학이란 적절한 공학적 과정과 자원을 창조, 활용 및 관리함으로써 학습을 촉진하고 수행을 증진하는 윤리적 실천과 학문이다(Educational Technology is the study and ethical practice of facilitating learning and improving performance by creating, using, and managing appropriate technological processes and resources).

1) AECT는 1923년에 설립되어 수업과 학습에 대해 체계적으로 접근하면서 테크놀로지를 활용하여 수업의 질적 향상을 지향하고자 하는 전문가들의 연합이다. AECT 회원들은 대학, 군대와 사업, 박물관, 도서관, 병원 등 교육적 변화가 수행 중인 다양한 곳에서 찾아볼 수 있다. 회원들은 교수를 위한 의사소통매체를 연구하고, 기획하고, 생산하며 적용하는 광범위한 의무를 수행하고 있다. AECT는 교수설계와 학습의 체계적 접근에 관여된 활동을 위한 주요 기관이 되었으며, 아이디어 교류와 분배를 위한 국제적 포럼을 운영하며, 교수 증신을 위해 대변하는 역할을 하고 있다. 교육공학에 관여된 정보를 위해 국제적으로 가장 널리 알려진 기관이다.
AECT는 9개의 분과로 이루어졌다. Culture, Learning and Technology(CLT), Design & Development(D&D), Distance Learning(DDL), Emerging Learning Technologies(ELT), Graduate Student Assembly(GSA), International(INTL), Organizational Training & Performance(OTP), Research & Theory(RTD), School Media & Technology(SMT), Systems Thinking & Change(STC), Teacher Education(TED)이다(http://aect.site-ym.com).

교육공학의 새로운 정의는 AECT에서 공식적으로 2004년에 채택했었던 교수공학(Instructional Technology)에 대한 정의[2]를 개정한 것이다. 2008년 정의의 특성을 이전의 정의들과 비교하여 간략히 살펴보면 다음과 같다(Molenda & Januszewski, 2008).

첫째, 교육을 교수보다 좀 더 일반적이고 포괄적인 것으로 개념화하여 교육공학을 교수공학보다 상위의 개념으로 간주하고 있다. 더 나아가, 훈련을 포함한 수많은 다른 수단을 통해서 업무환경에서의 수행을 증진시키는 총체적 접근에서의 수행공학(performance technology)은 교육 또는 교수공학을 그 내부에서 구분되는 요소들로 보고 있다.

둘째, '연구'(research) 대신에 '학문'(study)이란 용어를 사용하여 성찰적 실천을 포함한 다양한 형태의 탐구의 관점을 더 넓게 내포하고 있다.

셋째, 윤리적 실천을 명확하게 밝혔다. 이로써 윤리적 실천의 의무와 책임을 강조하고 있음을 알 수 있다.

넷째, 교육공학의 목적을 '학습 촉진'(facilitating learning)으로 천명하였다. 이는 교육공학의 목적을 학습을 통제하고 학습의 요인이 되게 하였던 과거의 주장보다 훨씬 온건한 주장이다.

다섯째, 의도적으로 '학습'을 개념 정의의 중심에 위치하도록 하여 교육공학에서 학습이 중심에 있음을 강조하였다. 이로써 수행공학이나 정보공학과 같이 유사하면서도 다른 분야와 비교하여 교육공학 분야에서의 특징적인 목적을 나타내도록 하였다.

여섯째, '수행 증진'이란 용어를 사용함으로써 이전의 교육공학 이상의 접근으로 이루어졌던 것보다 훨씬 더 나은 질적 준거와 학습촉진의 목적을 함축하고 있다.

2) "교수공학이란 학습을 위한 과정과 자원의 설계, 개발, 활용, 관리 및 평가에 관한 이론과 실제이다"(Seels & Richey, 1994).

일곱째, 설계 과정에 대한 폭넓은 관점을 반영하기 위하여 이전의 정의보다 기술적 용어를 덜 사용하고, 더 포괄적인 표현을 함으로써 교육공학 분야의 주요 기능(창조, 활용, 관리)을 설명하고 있다.

여덟째, 도구와 방법이 '적절할 것'을 명시하여 이들이 적용될 조건이나 대상이 적절해야 함을 강조하고 있다.

마지막으로, 도구와 방법이 교육공학영역 바깥의 공학이 아니라 영역 안에 있다는 이론적 설명을 할 수 있도록 '공학적'(technological) 특성을 명확하게 하였다.

2008년 정의를 목적, 대상, 활용영역, 실천성으로 나누어 1994년의 개념과 비교하여 설명하면 다음과 같다(이인숙·한승연·임병노, 2010).

- 목적: 교육공학의 목표는 학습뿐만 아니라 수행으로까지 확장되었음을 보여 주고 있다. 학습이 새로운 지식의 습득에 초점을 두고 있다면, 수행은 습득한 지식을 적용하는 단계로 확장된 것이라고 볼 수 있다.
- 대상: 교육공학은 학습의 촉진과 수행의 증진을 위하여 적절한 기술공학적인 과정과 자원을 활용해서 목적을 달성하는 것이다.
- 활용영역: 창조, 활용 및 관리다. 창조는 새로운 문제해결을 도출하는 고도의 적용 능력을 의미한다. 또한 활용과 관리는 이전의 정의에서도 강조되었던 것으로 실제적인 운영 및 적절한 수준을 유지하는 것이다.
- 실전성: 이론적인 연구(study)와 고도의 윤리적 실전성(ethical practice)을 강조하고 있다. 교육공학은 이론 연구와 더불어 실용성이 높은 분야라는 의미이다.

제2절 교육공학의 역사적 발달

교육공학의 역사적 발달 과정을 살펴보는 것은 교육공학의 개념과 학문적 성격을 이해하는 데 도움이 된다. 교육과 관련된 지식, 이론, 인접학문 등이 발전함에 따라 교육에 어떻게 적용되었는지를 생각하며, 또한 시대적 변화에 따라 교육에서 어떠한 것이 강조되었는지를 살펴보면 교육공학을 이해하는 데 재미를 느낄 수 있다.

교육공학의 역사적 기원을 원시인들의 동굴 벽화로 보거나 그 철학적 기초를 고대 그리스 철학자들로 거슬러 올라가 찾는 학자들도 있다(Saettler, 1990). 그러나 본서에서는 시청각교육의 창시자라고 불리는 코메니우스가 활동한 17세기부터 살펴보고, 교육공학이 교육학의 한 분야로 대두되기 시작한 1900년대 이후로는 미국교육공학협회(AECT)에서 제시한 시대적 변천에 따른 개념화에 초점을 맞추어서 시각교육, 시청각교육, 시청각커뮤니케이션교육, 교수공학, 교육공학으로 나누어 살펴보겠다.

1. 초창기

서양의 17세기는 경험적·실험적 자연과학이 발달하기 시작하였으며 합리주의 철학이 제창된 시기이다. 자연세계를 보다 객관적인 자연법칙을 통해 설명하고자 하였는데, 이러한 움직임은 교육계에도 사고의 전환을 초래하여 실학주의 교육운동이 발달하기 시작하였다. 그들은 당시의 교육이 고전에 얽매이고 종교적·도덕적 교육에 치중하였다고 비판하고, 학교라는 곳에서 가르치는 내용이 실생활과 전혀 관계없는 내용을 가르친다고 하며, 기존 인문주의 교육의 편협성과 형식적 언어주의에 대하여 반대하였다.

당시에 교육학자로 명성을 떨쳤던 코메니우스(Johann Amos Commenius,

1592~1670)[3]는 감각적 실학주의를 바탕으로 그 당시로는 획기적인 원리를 주장하였다. 코메니우스를 '시청각교육의 창시자', '교육공학의 선구자' 또는 '근대 교육의 아버지'라고 부르기도 하는데, 언어를 가르칠 때 그림을 함께 제시하여 세계 최초의 시청각 방법을 고안하였기 때문이다. 그는 성경에 바탕을 둔 인간이해를 통해 새로운 전인교육사상을 정립하여 신학적 교육철학을 토대로 모든 사람들은 모두 평등하게 교육받아야 하는 범(汎)교육을 주장하였다. 그의 범교육 사상은 모든 사람들이 자연의 원리에 의한 모든 방법으로 배움을 받아야 한다는 우주적 보편 교육사상이라 할 수 있다. 코메니우스는 「대교수학」(Didactica Magna, 1632)를 통해 교육제도와 교육과정의 개혁을 시도하였으며, 그림을 삽입한 최초의 교과서인 「세계도회」(Orbis Pictures, 1658)를 저작함으로써 감각론에 의한 획기적인 교수방법을 사용하였다.

코메니우스를 선두로 18~19세기에 와서는 루소(Rousseau)의 자연주의 교육사상과 더불어 페스탈로치(Johann H. Pestalozzi, 1746~1827), 프뢰벨(Freidrich Fröbel, 1782~1852)과 같은 교육사상가들이 나타나 20세기 진보주의 교육철학을 탄생시켰다.

20세기에 들어와 몬테소리(Maria Montessori, 1870~1952), 듀이(John Dewey, 1859~1952) 등과 같은 직관주의, 감각주의, 경험주의 학자들이 직접적·실증적 감각경험을 통한 교육의 중요성을 역설함으로써 교육공학의 기초를 제공하였고, 손다이크(Edward L. Thorndike, 1874~1949)는 동물학습에 관한 실험실 연구를 기초로 연합주의(connectionism) 학습이론을 정립하여 교수공학의 기본 원리인 교수의 과학화를 꾀하였다.

3) 코메니우스는 1592년 3월에 체코 지역의 모레비아의 한 마을에서 출생하였다. 체코어 이름은 Komensky, 또는 Komenskeho이며 라틴어 이름은 Commenius이다. 전 세계적으로 코메니우스란 이름으로 알려져 있으나 체코 프라하 교육박물관 등에는 체코 이름 그대로 Muzeum Komenskeho가 사용되고 있다.

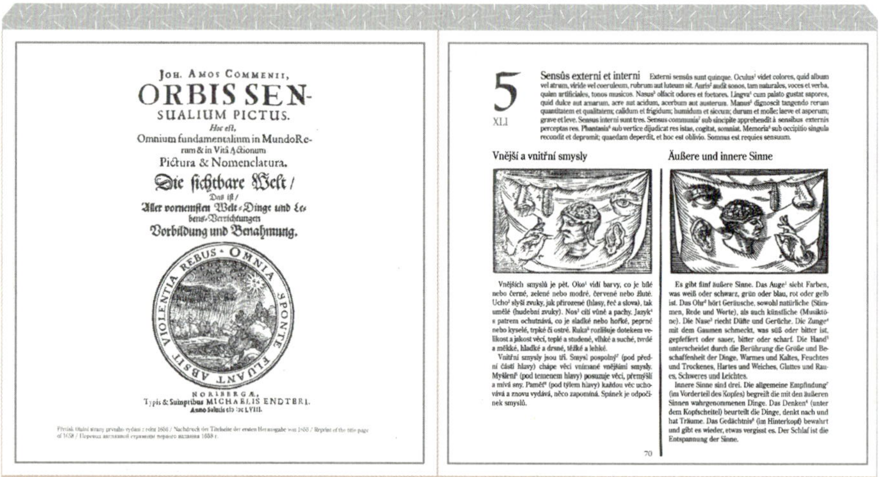

[그림 7-2] 세계도회의 표지 및 책 내용의 일부분

2. 시각교육기

1900년대를 전후하여 다양한 시각적 매체를 교육에 활용하려는 시각교육운동이 공식적으로 시작되었다(이화여자대학교 교육공학과, 2003). 이는 교사들이 추상적 언어로만 교육시키려 하지 말고 학생들에게 다양한 시각자료를 보조적으로 제시해줌으로써 학생들의 인지적 부담을 줄여주자는 운동이다. 이러한 운동에 발맞추어 미국에서는 교육공학의 첫 번째 공식기구로서 시각교육국(Department of Visual Instruction, DVI)이 1923년에 조직되었다. 여기에서의 시각보조물은 추상적인 개념을 구체화하거나 보완하기 위해서 그리고 학습자의 바람직한 태도를 개발시키고 학습활동에 대한 흥미를 자극시키기 위해서 학습자에게 제공되는 모든 그림, 모형, 사물 혹은 장치를 말한다.

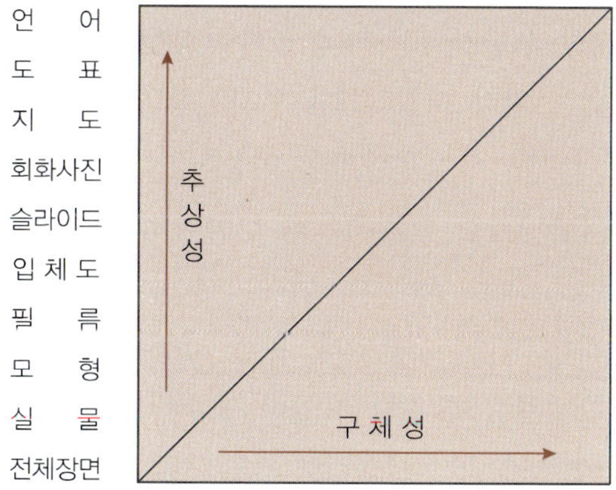

[그림 7-3] 호반과 연구진(Hoban et al.)의 시각교재 분류 도형

이 시기의 대표적 학자로는 호반(Hoban)을 들 수 있는데, 그는 시각교육국의 초대 대표였으며, 그의 대표적 저서로는 「교과과정의 시각화」(Visualizing the Curriculum, 1937)가 있다. 이 저서를 통해 최초로 시각자료와 교과과정의 통합을 시도하였으며 시각적 교재를 구체성과 추상성 정도에 따라 분류하였다([그림 7-3]). 호반은 교수의 목적은 '경험의 일반화'에 있으며 경험의 일반화를 위해서는 학습자에게 시각자료와 함께 언어를 제공해야 한다고 했다. 즉, 학습지도는 구체적인 것에서부터 시작해서 추상적인 것으로 갈 때 효과적일 수 있으며, 언어를 동반한 시각자료에 의해서 추상적인 개념을 구체적으로 경험할 수 있다는 것이다.

3. 시청각교육기

녹음기와 축음기가 개발되고, 유성영화가 출현하는 등 1900년대에 들어와 과학기술은 대폭 성장하여 시각교육에 청각적인 요소가 통합되었다. 시각교육은 시청각교육으로 변하게 되어 시각교육국(DVI)이 시청각교육국(Department of Audio-Visual Instruction, DAVI)으로 개칭하게 되었다. 제2차 세계대전 직후, 교사교육에 대한 요구가 증가하고 공학적 발달로 인해 시청각 기자재가 광범위하게 사용됨에 따라 시청각교육이 대두되기 시작하였다.

시청각교육은 다양한 시청각매체를 이용하여 학습자의 감각기관, 특히 눈과 귀를 통해 학습내용을 효과적으로 전달하기 위한 것이다. 그 근본 목적은 영화, 슬라이드 녹음, 라디오, 텔레비전 등의 시청각 교재와 교구를 활용함으로써 효과를 꾀하는 데 있다. 또한 시청각교육은 하나의 교수방법만이 아닌, 시청각매체를 활용한 다양한 교수방법이 통합되어 교수 학습 과정에 사용되어야 함을 강조하였다.

이 시기의 대표적 학자는 데일(Dale)을 들 수 있다. 데일은 호반의 개념을 확장시켜 구체적인 것에서부터 추상적인 것으로의 개념 형성을 강조하며 '경험의 원추'(Cone of Experience)를 제시하였다([그림 7-4] 참조).

인간이 하게 되는 경험은 현실과 유사한 목적적 경험에서부터 점차 간접성의 정도가 높아져 마지막에는 언어기호와 같은 아주 추상적이며 고안된 경험에 이르는 원추의 모양을 이루게 된다는 것이다(서울대학교 교육연구소, 1995). 특히 개념 형성 과정에 있어서 '직접 경험'과 '언어적 경험'을 연결해 줄 수 있는 '관찰에 의한 경험'이 중요하다고 하였다. 즉, 학습자의 학습유형은 '행동에 의한 학습'(learning by doing), '관찰에 의한 학습'(learning by observation), '추상을 통한 학습'(learning through abstract)으로 분류할 수 있으며, 학습자는 실제 행동으로 경험하고, 매체를 통해서 보고 들으며, 언어에 의한 상징화 과정을 통해 개념을 형성할 수 있다는 것이다.

호반의 이론과 비교해 보면 호반은 학습자의 경험을 구체적인 것부터 시작하는 것이 좋다고 주장하였으나, 데일은 모든 학습을 구체적인 것부터 시작하여 추상적인 것으로 발전시키기보다는 학습자와 학습내용에 따라 적절하게 시작하는 것이 좋다고 주장하였다.

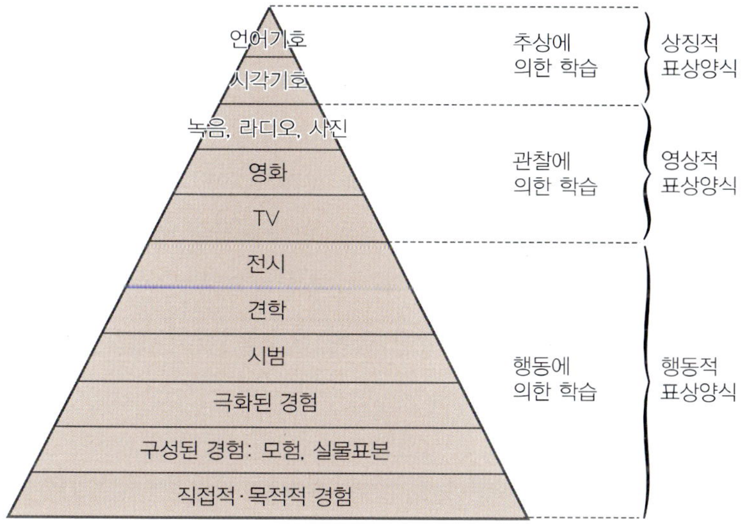

[그림 7-4] 데일의 '경험의 원추'

4. 시청각커뮤니케이션교육기

1950년대에는 교육 텔레비전, 교수기계, 커뮤니케이션 장치 및 다중매체 제시기법이 등장하게 되었으며, 수업 통제의 도구로서 컴퓨터에 대한 관심이 시작되었다. 아울러 매체뿐만 아니라 시청각적 제시방법에 관한 모든 것, 즉 의사소통 과정의 모든 요소를 고려하기 위하여 커뮤니케이션이론에 활발한 관심을 갖게 되었다.

교육공학 분야에 커뮤니케이션이론이 도입되면서 그 이론적 체계를 획기적으로 변화시켰으며, 시청각교육은 시청각커뮤니케이션교육으로 그 이름도 변화하게 되었다. 시청각커뮤니케이션교육은 사물(thing), 즉 시청각 매체에 집중하는 대신 송신자(교사)와 수신자(학습자) 간에 이루어지는 커뮤니케이션의 전 과정에 중심을 두었다. 커뮤니케이션이론가들은 커뮤니케이션의 핵심적 요소인 송신자, 수신자, 통신방법, 전달내용(메시지)을 중심으로 다양한 커뮤니케이션 모형을 개발했는데, 이들 모형은 데일의 '경험의 원추'가 제시하는 일차원적인 정적 분류 묘사보다는 한 단계 더 나아가 상호관계를 나타내는 역동적인 과정의 모형이다. 통신 모형의 대표적인 예로는 벌로(Berlo, 1960)의 'S–M–C–R 모형'을 들 수 있다.

'S–M–C–R 모형'은 교육공학의 개념 발달과정을 설명하는 데 있어서 가장 단순하면서도 유용한 모형으로서, 송신자로부터 수신자에게로 메시지가 전달되는 통신과정과 그 과정 속의 요소들 간의 상호관계를 나타내고 있다[그림 7-5].

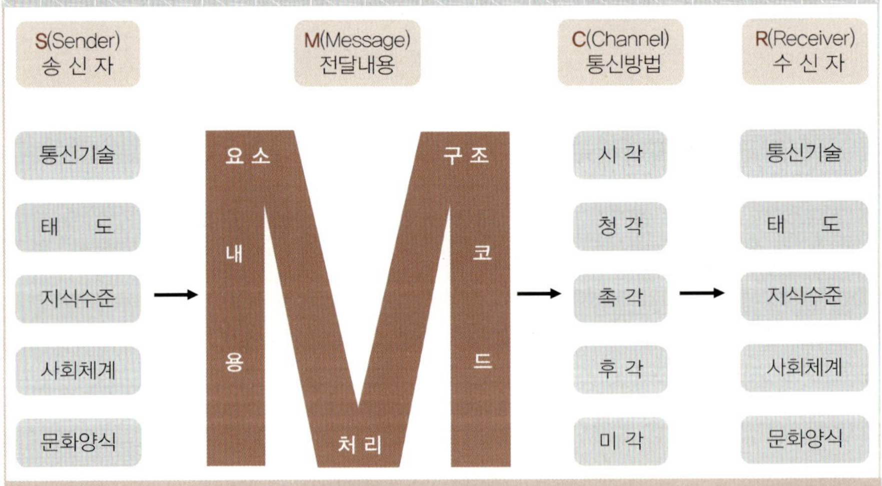

[그림 7–5] S–M–C–R 모형

벌로가 제시한 커뮤니케이션의 제 요소는 각각 일련의 하위요인으로 구성되어 있다. 교수 학습 과정의 통신자인 송신자와 수신자, 즉 교수자와 학습자 요소에서는 이들이 지니고 있는 커뮤니케이션 기술, 태도, 지식수준,

사회체계, 문화양식이 하위요인이 된다. 메시지의 경우는 하위 구성요인으로 메시지의 요소, 내용, 구조, 코드, 처리가 포함되어 있다. 메시지의 전달통로인 채널은 시각, 청각, 촉각, 후각, 미각이 하위 구성요인이 된다.

벌로의 S-M-C-R 모형은 커뮤니케이션 과정을 총체적으로 다루고 있기 때문에 시청각 분야에서와 같이 주로 시청각교재, 교구를 통한 시각적·청각적 경험을 위주로 한 제한된 관점에서 벗어나고 시청각이론을 보다 한층 포괄적인 것으로 볼 수 있었다(AECT, 1977). 결과적으로 교수 학습의 장(field)에 커뮤니케이션 개념을 도입할 수 있도록 하여 교수 학습 과정의 역동적인 관계를 종합적으로 분석, 연구하는 학문으로 발전하는 데 기여하였다.

5. 교수공학기

1970년대, 지식과 인구의 폭발적 증가 및 눈부신 과학의 발달 등으로 인하여 공학이 교육에 적용되지 않을 수 없게 되었다. 이러한 변화의 과정에서 시청각커뮤니케이션이론을 바탕으로 행동과학이론과 체제이론이 도입됨으로써 교수공학의 개념이 형성되었다.

행동과학이론은 학습이론에 그 기원을 두고 있으며, 특히 스키너의 조작적 조건형성이나 강화이론 등은 행동수성에 기초한 프로그램 학습자료의 개발이나 교수기계 개발의 기본 원리가 되었고, 교육에 과학기술적 접근이 필요함을 암시하는 것이었다. 즉, 학습자의 행동 및 행동에 대한 강화를 상조함에 따라 자료와 장치가 특정한 형태의 행동을 이끌어내는 역할을 해야 한다는 점이 강조되었다. 이에 따라 프로그램 학습이나 교수기계와 관련되어 관찰 가능한 행동을 규명하고 세분화하는 행동적 목표의 필요성이 대두되었다.

또한 체제 개념의 도입으로 교수공학은 '부분들의 집합체 이상의 것'이라는 개념을 암시하게 되었다. 다시 말해서 교수공학은 체계적 과정 속에서 모든 기능과 자원을 결합함으로써 이러한 요소들이 개별적으로 독립되어 적용될 때의 결과보다 더 나은 어떤 것을 창조해 낼 수 있다는 '통합적 상승작용'(synergy)을 강조했다.

행동과학이론, 체제이론을 토대로 형성된 교수공학의 이론체계는 행동목표, 준거지향평가, 인적·비인적 자원의 활용, 개별학습 및 자율학습의 사용, 완전한 교수체제의 개발, 학습자에 대한 강조, 직접 시행 검증된 수업체제와 개발에 대한 평가 및 수정, 체제적 경영 등 주요 요소들 간의 관계를 확대하고 지적하는 데 도움이 되었다.

6. 교육공학

통제된 상황하에서의 실험결과를 근거로 제시한 행동주의이론에 대한 비판이 거세지면서 인지주의가 주목받게 되었고, 이러한 인지주의이론은 교육공학에도 영향을 미쳤다. 즉, 통제되고 계획된 상황에서 교육이 이루어지는 것이 아니며, 인간은 자극 및 강화에 대한 즉각적인 행동반응만을 보이는 존재가 아니라, 지식을 습득하고 사용하는 과정에 능동적으로 참여하여, 적극적으로 지식을 구성하는 존재라는 주장이 교육공학에도 반영되었다.

1980년대 초, 교육공학 분야에 대한, 특히 교수설계영역을 중심으로 행동주의적 접근이 인지적 접근으로 대치되었으며, 인지적 관점은 교수설계모형에 있어서 학습자에 의해 정보가 조직, 처리, 저장되는 것이 교수개발의 결정적 요소가 된다고 보았다. 이러한 관점에서 인지개념의 교육공학은 학습전략, 즉 학습자가 정보에 주의 집중하고 지각하고 기호화하여 정보를 인출하는 자신의 내적 과정을 통제하기 위해서 사용하는 지적 기능의 개념을 발달시켰다(Saettler, 1990).

〈표 7-2〉 교육공학의 역사적 발전 과정

연대	교육공학의 발전 과정	관련 주요 이론 및 활동
	초 창 기	
1600	• 감각적 실학주의	• 코메니우스 「세계도회」(1658)
	• 낭만적 자연주의	
1700		• 루소
	• 활동 중심 교육	• 페스탈로치
	• 교수자료 활용 교육	• 듀이
1800		• 몬테소리
	• 진보주의 교육	
1900	시각교육기	• 시각교육운동
		• 시각교육국(DVI) 결성
1920		• 호반 외, 「시각자료와 교육과정의 통합」
1930		• 시청각교육운동
	시청각교육기	• 데일, 「경험의 원추」
1940		• 시청각교육국(DAVI)으로 명칭 변경
1950	시청각커뮤니케이션교육기	
	• 커뮤니케이션이론	
1960	• 초기의 체제 개념	• 벌로, SMCR 모형
		• 최초의 공식정의 발표(시청각커뮤니케이션교육)
	교수공학기	
1970	• 행동주의 심리학	
	• 체제이론과 교수개발	• 프로그램학습과 교수기계
		• 시청각교육국이 AECT로 명칭 변경
		• 다양한 교수체제 모형 등장
1980	교육공학기	
	• 인지주의 심리학	
	• 마이크로컴퓨터 보급	• 정보처리이론의 적용
1990		• 컴퓨터의 교육적 활용
	• 인터넷 보급	
	• 구성주의	• 인터넷의 확산
2000	• WWW 개발 및 보급	• 온라인교육
		• 학습자 중심 교육

출처: 박숙희·염명숙(2007). 「교수학습과 교육공학」. 서울: 학지사 재구성

최근에는 정보통신과학의 눈부신 발달로 인해 우리의 기저환경이 테크놀로지 기반 환경이 되어가고 있으며, 사회변화에 따른 교육 패러다임으로 구성주의가 대두되었다. 구성주의를 대표하는 한마디는 교육의 중심축이 "교수(instruction)에서 학습(learning)으로 이동되었다"이다. 구성주의에서는 학습자들이 자신의 경험을 기초로 지식을 구성해 나가는 것이라고 주장하였으며, 교육자들은 학습자들로 하여금 지식을 구성해 나가도록 도와주고 환경을 설계하는 데 초점을 맞추어야 한다고 강조하였다. 환경설계는 하이퍼텍스트, 멀티미디어, 웹 등 테크놀로지를 접목하여 학습자들에게 풍부한 정보를 제공하고 활발한 상호작용이 가능하게 되었다.

제3절 교수설계

1. 교수설계의 개념

교육공학의 중요한 의미는 '수업에 대한 체계적 계획과정'(the process for systematic planning for instruction)에서 찾아볼 수 있다(Kemp, 1985)고 한 것처럼, 교수설계(instructional design, ID)는 교육공학의 핵심 분야로 간주되고 있다. 교수설계는 학습자들이 학습목표를 효과적으로 달성하도록 수업을 어떻게 전개할 것인가를 결정하는 전문 활동이다. 즉, 교수의 과정을 최적화하기 위해서 학습과정에 영향을 줄 수 있는 상황의 여러 측면을 동시에 그리고 창의적으로 고려하면서 어떤 교수방법을 사용하고, 어떤 교수매체를 활용하며 어떤 제시전략을 구현할 것인가 등을 처방해 주는 활동이라 할 수 있다. 라이저와 뎀시(Reiser & Dempsey, 2011)는 교수설계의 특징을 다음과 같이 정리하였다.

첫째, 교수설계는 학습자 중심이다. 교수설계의 초점은 학습자의 학습 및 수행 증진에 맞추어져 있다는 뜻이다.

둘째, 교수설계는 목적지향적(처방적)이다. 교수설계 과정은 학습자의 학습목표 성취에 있으므로 최선의 교수 학습 방법을 기획하는 것이다. 처방적이란 용어를 사용하기도 하는데 최고의 교수 학습 목표를 달성하기 위해 최선의 교수 학습 방법을 처방하기 위한 활동이기 때문이다.

셋째, 교수설계는 실세적인 수행 향상을 목적으로 한다. 교수설계의 목적은 학습자가 단순 지식을 암기하도록 하는 데 있지 않고, 실제 상황에서 필요한 지식이나 기술을 습득하도록 하기 위한 데 있다. 어떤 교수목표가 설정되었다면 학습의 결과로서 의도했던 수행을 학습자가 실제로 할 수 있는가를 측정할 수 있어야 한다.

넷째, 교수설계는 이론으로 그치는 것이 아니라 실증적 결과를 바탕으로 한다. 교수설계의 결과는 언제나 실증적인 자료에 근거해서 이루어진다. 교수설계의 효과를 측정하기 위한 다양한 데이터는 교수설계 초기단계부터 적용 및 마지막 평가단계에 이르기까지 지속적으로 수집된다.

교수설계는 종종 교수개발과 혼용하여 사용되거나 교수체제개발(Instructional Systems Development, ISD)의 하위개념으로 간주되기도 한다. 일반적으로 교수설계(ID)를 협의의 교수설계 또는 미시적 교수설계, 교수체제개발을 광의의 교수설계 또는 거시적 교수설계라고 정의하기도 한다.

협의와 광의 또는 거시적과 미시적이란 용어는 상대적인 개념으로서 연구영역 또는 탐구대상의 범주 및 범위에 따라 그 구분이 이루어진다고 볼 수 있다(한국교육공학회, 2005). 거시적 교수설계의 적용 대상 및 범위는 전반적인 교육체제, 교육과정, 교과 전체, 교육훈련 프로그램으로 말할 수 있고, 미시적 교수설계의 적용 대상 및 범위는 단위 수업시간에서의 활동,

하위 교육목표 달성을 위한 수업으로 말할 수 있다. 목적 역시 거시적 교수설계는 교과내용 및 교육과정을 구성하기 위한 것이라면 미시적 교수설계는 단위 수업 실행을 위한 전략 수립에 목적이 있다. 따라서 거시적 교수설계의 초점이 교육프로그램, 교육과정 구성 등 비교적 큰 구조에서의 수업계열에 초점을 두고, 미시적 교수설계의 초점은 수업목표 달성을 위한 최적의 교수방법을 결정하는 것에 둔다.

〈표 7-3〉 거시적 교수설계와 미시적 교수설계

구 분	광의의 교수설계(거시적 교수설계)	협의의 교수설계(미시적 교수설계)
대상 및 범위	교육과정, 교과 전체	소규모 수업, 단위 수업
목적	교과내용 및 교육내용 선정	수업 실행에 대한 전략 수립
초점	교육훈련 프로그램 및 교육과정	최적의 교수방법 결정

출처: 조규락·김선연(2006). 「교육방법 및 교육학」. 서울: 학지사 재구성

2. 교수설계와 체제적 접근

교수설계는 학습목표를 효율적으로 달성하기 위하여 최적의 수업과정을 처방하는 데 관심이 있는 분야이다. 교수설계는 유아교육, 중등교육, 고등교육, 기업교육 및 산업체 훈련은 물론 국가 관련 인력 양성교육 등 모든 교육에 적용될 수 있다. 각 교육은 특정 환경과 대상, 조건이 있으므로 각각의 요구가 다 다르다. 그러므로 특정한 각 상황에서 효과적·효율적·매력적으로 학습목표에 도달할 수 있도록 관련된 요소들을 빠짐없이 고려하여 최적의 방안을 제시하도록 설계되어야 한다.

교수설계는 교수활동과 관련한 아이디어나 일반적 교수계획과는 그 개념이 구분된다. 교수설계는 학습목표 달성을 위한 교수 학습 활동에 대한 창의적인 아이디어와 관련 요소들을 고려한 계획이 포함된 개념이며, 이러한 교수 학습 계획의 실행과 평가 및 수정, 발전이 적절하게 이루어지는 가능

성을 두루 갖추어야 한다.

교수설계에서는 수업의 과정을 체제적 과정(systems approach)으로 간주한다. 체제란 말은 기술적으로 상호 관련된 구성요소의 집합이며, 이 구성요소가 어떤 목표를 향하여 유기적으로 상호작용하는 과정을 말한다. 체제 내의 구성요소는 상호 투입과 산출의 관계에 있게 되며, 목표에 도달하였는지를 판단하기 위하여 전체 체제에 피드백을 하게 된다. 그러므로 체제적 접근은 모든 구성요소 하나하나가 중요한 역할을 한다고 본다.

교수설계에서 이와 같은 체제적 접근을 사용하는 이유는 다음과 같다.

첫째, 체제적 접근은 구성요소가 추구하는 공동의 목표에 초점을 두는데, 교수설계 역시 교육목표 달성에 초점을 두기 때문이다.

둘째, 체제적 접근은 체제 구성요소 간의 상호관계를 다루며, 교수설계도 교수목표 달성을 위한 교육 프로그램 운영과 관련된 다양한 구성요소 하나하나가 중요한 역할을 한다. 따라서 교수목표를 효율적으로 달성하기 위해서는, 이들 구성요소가 전반적으로 고려되어야 한다고 보기 때문이다.

셋째, 교수 프로그램은 일회적으로 끝나는 것이라기보다는 프로그램에서 문제시되는 요소를 계속적으로 발견하고 수정, 보완한다. 이렇게 기대되는 교육적 성과를 달성할 수 있는 교육 프로그램으로 개발함으로써 학생에게 지속적으로 사용되도록 하는 데 교수설계의 목적이 있기 때문이다.

※ 체계적 접근과 체제적 접근

체계적(systematic)과 체제적(systemic)의 두 용어는 혼용되어 사용하기도 하지만 구분되는 개념이다. 이들은 서로 다른 어원을 가지고 있는데, '체계적'이란 용어는 라틴어에 어원을 두고 있는 말로 순서, 절차, 간격을 내포하는 의미이고, '체제적'이란 용어는 희랍어에서 유래한 말로 조직화된 전체(organized whole)라는 의미이다.

체계적이란 주로 단계적이고 순차적인 절차를 의미하고 체제적이란 전체 체제의 유기적 관계를 이해하기 위한 방법을 의미한다. 교수설계에서의 체계적 접근과 체제적 접근의 비교를 간단히 하자면 다음의 표와 같다.

〈체제적 접근과 체계적 접근의 비교〉

	체계적 접근	체제적 접근
의미	순서, 절차, 간격	조직화된 전체
설계절차	단계적, 순차적	역동적, 비순차적, 순환적
설계방법	사전에 명세화된 절차에 의함	상황적 맥락 변인을 동시에 고려함
설계목적	목표의 효과적, 효율적 달성을 위해 수업 활동 설계	상황적인 특성을 고려하여 융통성 있게 설계

출처: 박숙희·염명숙(2007). 「교수학습과 교육공학」. 서울: 학지사

3. 교수설계 모형

교수설계 모형으로 대표적인 것으로 딕과 캐리(Dick & Carey, 1990)의 모형과 실즈와 리치(Seels & Richey, 1994)의 정교화된 ADDIE 모형이 일컬어진다.

1) 딕과 캐리 모형

교수설계 모형의 가장 전형적인 예는 딕(W. Dick)과 캐리(L. Carey)의 체제적 접근 모형이다. 효과적인 교수 프로그램을 개발하는 데 필요한 일련의 단계들과 그 단계들 간의 역동적인 관련성에 초점을 맞추고 있다(박성익·임철일·이재경·최정임, 2011).

모형의 구조는 [그림 7-6]과 같다.

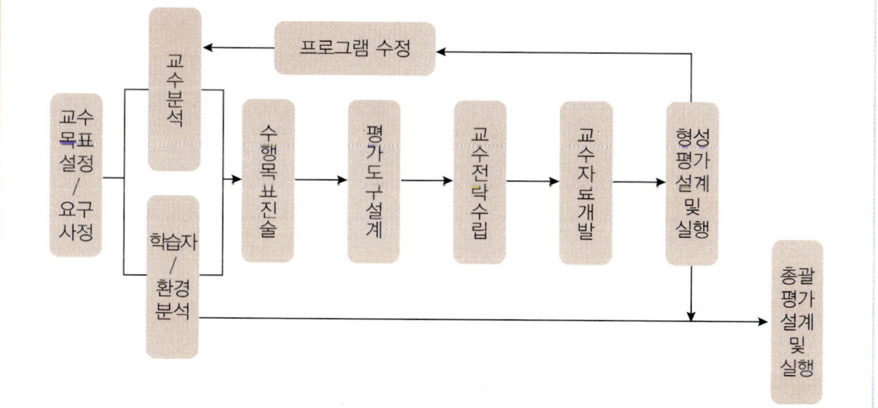

[그림 7-6] 딕과 캐리 모형

(1) 교수목표 설정 및 요구사정

학습자가 학습 완결 후 결과로써 학습자가 획득해야 할 것이 무엇인가를 결정하는 과정이다. 이는 요구분석을 통해 도출되며 학습자의 요구와 학습내용의 특성 등을 통해 최종 결정된다.

(2) 교수분석

설정된 교수목표가 어떠한 유형이며 목표를 성공적으로 달성하기 위한 하위 단계 목표는 어떠한지 분석한다.

(3) 학습자분석 및 환경분석

대상 학습자들의 특성을 알아보고 수업이 일어나는 환경 등을 살피며 학습한 것을 활용하는 맥락까지도 분석하는 단계이다.

(4) 수행목표 진술

최종적으로 도달해야 할 교수목표를 진술하는 단계이다. 학습자가 학습을 통해 무엇을 할 수 있는가를 구체적으로 진술하는 것이다.

(5) 평가도구 설계

수업을 마친 후, 학습자들의 성취수준 또는 학습결과를 측정할 수 있도록 목표에 대응하는 평가를 계획하고 평가도구를 개발하는 것이다.

(6) 교수전략 수립

교수전략에는 동기유발, 목표제시, 출발점 행동의 확인 등과 같은 구체적인 수업기법이 포함된다. 수업전개를 위한 절차를 결정하고 교수매체의 활용에 대한 계획을 세우며, 학습안내와 연습, 피드백 제공 등 세부적인 사항을 결정한다.

(7) 교수자료 개발

수립된 교수전략에 따라 교수 프로그램이나 교수 학습 과정에 필요한 모든 자료를 선정, 수정, 제작하는 단계이다.

(8) 형성평가 설계 및 실행

이전까지의 단계에 의해 개발된 일차적 교수 프로그램을 수정하고 보완하여 프로그램의 질을 높이기 위해서 진행되는 단계이다. 일대일평가, 소집단평가, 현장평가와 같은 다양한 유형의 평가가 실시될 수 있다.

(9) 프로그램 수정

형성평가를 실행한 후, 수정하거나 보완할 사항이 나타나면 이를 교수분석단계로 환원시켜 교육 프로그램을 재검토하고 완성도를 높이도록 하는 목적을 갖고 있다. 이를 분석단계로 다시 환원시켜 수행목표 진술 등 그 다음 단계들 역시 적절히 이루어졌는지를 보면서 더욱 효과적인 프로그램으로 발전시킨다.

(10) 총괄평가 설계 및 실행

최종 개발된 프로그램을 평가하는 단계로서 프로그램의 완성도 자체를 평가하는 것이다. 프로그램의 절대적 혹은 상대적 가치를 평가하는 방안을 계획하고 실제 평가한다.

2) ADDIE 모형

ADDIE 모형의 ADDIE는 분석하다(Analyze), 설계하다(Design), 개발하다(Development), 실행하다(Implement), 평가하다(Evaluate)의 다섯 단계를 뜻하는 영어단어의 첫 글자를 따서 만든 용어이다. ADDIE 모형은 앞서 말한 다섯 단계로 구성되어 있지만 이를 엄격하게 단계별로 순서를 지켜야 하는 과정을 고집하는 것은 아니다. 하지만 교육자들과 교수설계자들, 교육훈련 개발자들은 ADDIE 모형이 각 단계별로 명확하게 규정되어 있어서 매우 효율적인 교수 도구 실행을 촉진시킨다고 한다. 이는 매우 융통성 있게 널리 활용되며 ADDIE 모형 이후 대부분의 교수설계 모형은 ADDIE 모형을 변화시켜 사용하고 있다. 최근에 발표되어 가장 널리 적용되고 있는 ADDIE 모형을 간략히 살펴보면 [그림 7-7]과 같다.

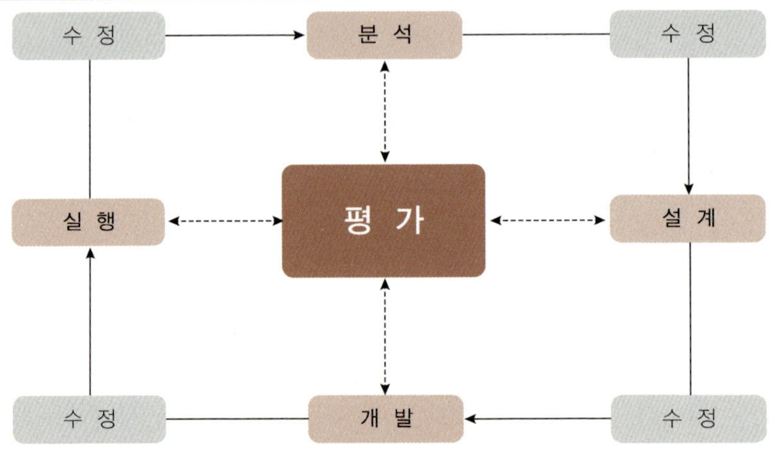

[그림 7-7] ADDIE 모형의 단계

ADDIE 모형의 각 단계 각각의 하위체제를 포함하고 있다.

(1) 분석

분석과정의 하위체제는 요구분석, 학습자분석, 환경분석, 교육내용분석이 포함된다. 요구분석은 바람직한 상태(what should be)와 현 상태(what is)의 차이(gap)를 찾아내는 것이다. 학습자분석은 학습대상자를 정확히 파악하는 것이 중요하며, 학습자의 배경, 경험, 적성, 동기, 학습 및 인지 양식 등 학습자 특성을 파악하는 것이다. 환경분석은 이용 가능한 자원과 제약 사항들을 미리 분석함으로써 교수설계의 산출물이 실행 가능하도록 하는 데 의의가 있다. 일반적으로 환경분석은 학습 환경, 수행 환경, 개발 환경에 대한 분석을 포함한다. 내용분석이란 학습의 결과로 획득하게 되는 수행 능력의 다양한 유형들을 확인하고 구조화된 학습 내용의 요소들이나 단위들을 계열화하는 절차이다.

(2) 설계

설계는 분석과정에서 나온 산출물을 창조적으로 종합하는 일이다. 설계과정에는 수행목표의 명세화, 평가도구의 설계, 교수전략과 매체의 선정이 포함된다. 수행목표 명세화란 목표(objectives)는 성취해야 하는 목적(goal)을 구체적인 수준에서 측정 가능하고 관찰 가능하게 진술하는 것이다. 평가도구의 설계란 학습목표 달성 정도를 평가하여 교육의 유효성을 판단하고, 학습목표별 상대적 달성 정도를 분석하도록 평가를 계획하는 것을 말한다. 교수전략과 매체의 선정이란 학습내용을 조직하고 연결시키며, 수업에 포함되는 학습 요소를 기술하고, 수업이 진행되는 동안 학습자들을 어떻게 동기부여할 것인지, 학습목표 특성에 따라서 개인교수, 토의법, 발견학습법, 행동학습법 및 컴퓨터를 활용한 반복학습법 등 다양한 수업 전략 중 어떤 항법을 활용할 것인지, 수업 전달을 위한 매체를 선택하는 등 일련의 활동을 결정하는 것이다.

(3) 개발

개발 단계는 교수자료 제작, 형성평가 실시 및 교수자료의 수정이 포함된다. 이 단계에서는 앞 단계를 통해 도출된 설계명세서에 의해 교수 프로그램이나 교수 자료를 실제로 개발하고, 개발과정에서 교과 전문가와 학습자, 매체 전문가 등을 대상으로 지속적으로 형성평가를 실시하고 수정, 보안한다. 형성평가 결과는 교수 프로그램이나 교수 자료 자체를 수정하는 것뿐만 아니라 교수 목표가 제대로 설정되었는지, 과제분석은 타당하게 이루어졌는지, 학습자 특성은 적절히 파악되었는지 등 설계의 전 과정에 대해 검토하고 수정할 기회를 제공한다.

(4) 실행

설계되고 개발된 교육 프로그램을 실제의 현장에 설치하고 사용하는 단계이다. 또한 개발된 프로그램이 지속적으로 유지될 수 있도록 해야 하며, 관련 요소에 따라 변화하는 내용도 민감하게 반영할 수 있도록 하는 등의 관리를 한다. 설정된 목적이 달성되기 위해서 교수 프로그램이나 교수 자료의 실행에 필요한 지원체제를 갖추는 것이 중요하다.

(5) 평가

교수설계 과정의 효율성을 평가하고 교수 내용이 효과적으로 전달되었는가를 평가하는 단계이다. 이 단계의 평가는 교육 프로그램의 가치를 판단하는 총괄평가가 이루어지는데, 완성된 교수 프로그램이 분석과 설계가 제대로 이루어졌는지, 이를 바탕으로 개발이 잘 되었으며 개발된 프로그램이 실제 현장에서 실행이 적절히 이루어졌는지와 그 성과를 판단한다.

제4절 교수매체

1. 교수매체의 개념

매체(media)란 라틴어에서 유래한 말로 '무엇과 무엇 사이'를 의미한다. 이것은 말을 하는 사람(송신자, sender)과 말을 듣는 사람(수신자, receiver) 사이의 의사소통 채널을 의미하기도 하는데, 교육에서 사용하게 되는 교수매체는 교수자와 학습자 간, 학습자와 학습자 간의 의사소통을 도와주는 다양한 형태의 매개 수단으로 정의될 수 있다.

초기의 교수매체는 교수내용을 담고 있는 교재나 자료(software)나 전달매개(hardware)를 의미했으나, 점차 교수 학습 활동에 사용되는 소프트웨어와 하드웨어의 이용 방법과 활용을 위한 계획, 설계, 실행, 평가의 방법론적인 측면이 포함된 광범위한 개념으로 변화되었다. 현대에 이르러 교육공학의 개념이 바뀌면서 매체를 보는 시각도 넓어지게 되어, 학습을 위해 필요한 모든 인적·물적 자원을 포함한 자원(resources)을 의미하며 학습환경까지도 교수매체에 포함시키고 있다.

종합적으로 말하면, 교수매체의 개념은 시각보조물(visual aides)에서 시청각 기자재(audiovisual equipment, material)로 그리고 시청각매체(audiovisual media)로 변했으며, 다음으로 교수매체(instructional media), 교수/학습자원(learning resources), 교수/학습환경(learning environment)으로 발전하였다(한국교육공학회, 2005).

2. 교수매체의 기능

교육공학에서 교수매체의 개념이 포괄적으로 사용되는 것과 유사하게 교수매체가 보편적으로 갖고 있는 교육적 기능은 크게 매개적 보조 기능, 정보전달 기능, 경험구성 기능, 교수 기능 등 네 가지로 나누어 볼 수 있다(김미환 외, 2007).

1) 매개적 보조 기능

교사가 학습자를 가르칠 때 보조수단으로 매체를 사용하는 것으로써 의사소통을 좀 더 원활히 할 수 있고, 가르치는 데 소요되는 시간을 줄일 수 있어서 수업을 좀 더 능률적으로 수행하게 되며, 모든 학습자가 같은 매체를 보고 듣게 되므로 교수활동이 표준화될 수 있다.

2) 정보전달 기능

한 사람의 교사가 동시에 많은 학습자를 대상으로 가르쳐야 하는 상황일 때 특히 기여했던 기능으로써 시공간을 초월하여 지식과 정보를 전달할 수 있다. 다양한 감각을 통해 적절하게 정보를 전달해 주기 때문에 다양한 수업 상황에서 학습내용과 학습자의 특성에 맞게 효과적으로 이용할 수 있다.

3) 학습경험 구성 기능

매체 그 자체가 학습경험을 구성하는 기능을 하는 것으로써 대표적인 예로는 타자기, 피아노, 사진기, 기기 등을 사용하는 것을 말한다. 학습자는 매체를 통해서 학습할 수도 있지만, 매체 자체를 학습대상으로 삼아 기능적인 경험을 습득할 수도 있다.

4) 교수 기능

매체를 효과적으로 구성, 활용하여 학습자의 지적 기능을 개발시키는 것이다. 이러한 교수기능을 발휘하기 위한 매체에는 컴퓨터, 교육텔레비전, 교육영화, 상호작용 비디오디스크, 멀티미디어를 활용한 교수 프로그램을 들 수 있다.

3. 교수매체의 종류

교수매체는 그 속성에 따라 다양하게 분류되며, 분류방식도 학자들의 관점에 따라 다르다. 교수매체는 주로 매체가 소구하는 감각기관의 유형에 따라 분류되어 왔으나, 최근에는 매체의 디지털화 여부로만 분류하는 학자들도 있다. 교수활동에 사용할 수 있는 교수매체는 상호작용 비디오시스템, 인터넷, CD-Rom 등 그 종류와 형태가 날로 다양해지고 있으며 눈부시게 발전되어 왔다. 정보통신기술의 놀라운 발전으로 인하여 과거의 전통적인 매체는 이제 거의 디지털매체로 대체되어 칠판 등 극히 적은 수의 전통적 매체를 제외하고는 교실 현장에서 그 모습을 찾아보기 힘들게 되었다.

이들 교수매체를 유형별로 인쇄자료, 실물자료, 그래픽자료, 청사진자료, 청각자료, 동사진자료, 컴퓨터자료, 멀티미디어자료로 구분할 수 있으며(주영주·최성희, 1999), 비투사시각자료, 청각자료, 투사시각자료와 첨단매체로 구분하기도 한다(이화여자대학교 교육공학과, 2002). 본서에서는 후자의 분류기순에 따라 다양한 교수매체를 구분하여 제시한다(<표 7-4> 참조).

〈표 7-4〉 **교수매체의 종류**

구 분	비투사시각자료	청각자료	투사시각자료	첨단매체
종 류	• 칠판 • 융판 • 괘도 • 게시판 • 인쇄물 • 실물 • 표본	• 오디오테이프 • 오디오디스크 • 콤팩트디스크 • 라디오방송 프로그램	• OHP용 TP 자료 • Opaque 자료 • 슬라이드 • 파워포인트 프레젠테이션 • 교육영화	• 멀티미디어 자료 • 교육 CATV • 인공위성을 통한 교육방송 • 웹을 통한 사이버 교육 자료

4. 교수매체의 활용: ASSURE 모형

ASSURE 모형은 교수설계 모형이지만 효과적인 교수설계를 위한 교수매체 선정 단계를 포함하고 있어서 매체와 함께 설명되곤 한다. ASSURE 모형은 모형을 구성하는 각 단계의 영어 머리글자를 조합한 것으로, 학습자 분석(Analyze learners), 목표 진술(State objectives), 방법·매체·자료의 선성(Select media and materials), 매체와 자료의 활용(Utilize media and materials), 학습자의 참여 유도(Require learner's participation), 평가와 수정(Evaluation and revise)의 단계로 구성된다.

1) **학습자 분석**(A: Analyze learners)

학습자의 특징을 분석하는 것이다. 이 단계에서는 학습자의 인지적 수준(지능, 선수학습과 선행학습 정도 등), 정의적 수준(동기, 태도 등), 신체적 발달 수준이 고려되어야 하며, 학습자의 사회문화적 특징과 같이 환경적인 요인도 분석되어야 한다. 또한 매체와 관련된 학습자들의 평균적인 선호에 대한 조사활동이 중요하다.

2) **목표 진술**(S: State objectives)

두 번째 단계에서 수업내용에 대한 정확한 학습목표를 설정한다. 목표 진술은 학습자가 그 해당 수업을 이수한 후 행동으로 보여 줄 수 있는 행위동사를 사용하여 구체적으로 진술한다.

3) **방법 · 매체 · 자료의 선정**(S: Select media and materials)

세 번째 단계가 수업에 적용할 방법을 선택하고 그에 따른 적절한 매체 그리고 자료를 선정하는 것이다. 이미 작성된 매체와 자료가 있다면 그대로 사용하는 것이 비용 효과적이나, 상황에 맞게 재구성하거나 수정하여 사용하는 것이 좋다. 적절한 것이 없으면 새로 제작해야 한다. 교수매체와 자료를 선정할 때는 학습자의 특성과 교수자의 교수매체 활용능력을 고려해야 하고, 매체의 물리적 특징 및 운영환경의 적합성, 수업목표와의 합치성을 고려해야 하고, 학습효과를 증진시킬 수 있는지 고려해야 한다.

4) **매체와 자료의 활용**(U: Utilize media and materials)

네 번째 단계에서는 선정된 매체를 어떤 방식으로 활용할 것인가에 대한 교수전략을 수립하는 단계이다. 교사가 미리 준비한 학습자원과 매체를 활용하여 그날 학습할 내용을 가장 효과적인 방법으로 제시한다. 이러한 수업활동 전개를 위해 학습목표와의 적절성을 판단하고, 학습자의 특성을 반영할 수 있어야 한다. 또한 수업에 적용하기 전에 수업 매체를 먼저 사용해 보고 활용상의 문제점이 없는지 점검해야 한다.

5) 학습자의 참여 유도(R: Require learner's participation)

어떠한 매체와 자료도 그 자체로 유용하다기보다는 이를 효과적으로 활용하느냐가 가장 중요하다. '활용'에 있어서 학습효과를 높이는 데 가장 중요한 것이 학습자의 참여를 유도하는 것이다. 그래서 활용 단계를 두 단계로 강조하고 있다고 볼 수 있는데, 네 번째 단계의 활용은 교사가 학생들에게 제시하는 것에 초점을 맞추었다면 다섯 번째의 학습자 참여 유도 단계는 교사가 매체 및 자료를 제시한 것에 대한 학습자의 능동적 반응을 유도하는 것에 초점을 맞춘 것이다.

매체를 활용하는 수업에서 학습자의 직접적인 참여가 일어날 가능성이 높으며, 학습자가 직접 보고 듣고 만지고 사용하는 등의 직접적 경험을 유발하는 것이 추상적 경험보다는 학습효과가 높다.

6) 평가와 수정(E: Evaluation and revise)

여섯 번째 단계에서는 수업이 성공적으로 이루어졌는지 평가하고 이를 바탕으로 수정을 실시한다. 수업의 효과와 영향을 평가하는 방법은 설계 단계에서 설정한 학습 목표를 도달하였는지 알아보는 성취도평가를 통해 알아볼 수 있으며, 수업에 활용한 방법, 매체 및 자료가 적절했는지에 대한 평가도 실시해야 한다. 수정된 사항은 다음 수업에 적용되도록 한다.

5. 교육과 컴퓨터: 이러닝(e-Learning)

컴퓨터와 통신기술의 결합은 탈산업사회를 가속화하여 지식정보사회, 디지털사회로 진입하게 하였다. 컴퓨터와 통신이 결합된 인터넷은 점점 우리 생활에 깊숙이 파고들어 우리 생활 모든 분야에서 디지털화가 이루어지고 있으며 모든 분야에서의 변화를 초래하고 있다. 교육 분야에서도 인터넷은 기존 교육의 모습을 변화시키고 있고 수많은 신조어를 나타나게 하였다. 최근 교육 관련자들이 가장 많이 사용되는 신조어 중 하나가 이러닝(e-Learning)이다.

1) 이러닝의 정의

이러닝의 개념이 최근 5~6년 사이에 대두하였으며, 그 뿌리를 네트워킹된 컴퓨터를 활용한 온라인교육, 웹기반교육에 두고 있으므로 네트워킹된 컴퓨터, 즉 웹(web)의 교육적 활용에 대한 정의에서부터 찾을 수 있다. 이에 대한 최근의 정의를 중심으로 살펴보면 여러 가지 웹의 특성 중 어느 부분에 강조되어 있는지에 따라 매체적 성격, 상호작용성, 시공간을 초월한 접근성, 하이퍼미디어 특성 등을 강조한 정의로 나누어 볼 수 있다(<표 7-5> 참조).

〈표 7-5〉 이러닝의 다양한 개념 정의

학자/기관	정 의	강조 측면
백영규(2003)	인터넷 보급 이래 가장 쉽고 가장 빠르게 접속할 수 있는 방법인 웹을 교수매체로 하는 새로운 수업	매체성 강조
Ritchie & Hoffman(1996)	웹을 통하여 미리 계획된 특정한 방법으로 학습자의 지식 또는 능력을 육성하기 위한 의도적인 상호작용 활동	상호작용성 강조
e-러닝 백서(2003)	인터넷 기반으로 학습자가 상호작용을 극대화하면서 분산형의 열린 학습공간을 추구하는 교육	

(계속)

학자/기관	정 의	강조 측면
나일주(1999)	웹이 제공하는 풍부한 정보와 통합적 환경을 활용하여 이루어지는 원격 교육의 일종	시공을 초월한 접근성 강조
Kahn(1997)	학습이 일어나거나 조장되는 유의미한 학습환경을 조성하기 위하여 웹의 특성과 웹이 제공하는 자료들을 활용하여 전개하는 하이퍼미디어 기반의 교수 프로그램	하이퍼미디어 특성 강조
Rosenberg (2001)	지식과 성과를 향상시키는 다양한 종류의 해결책을 전달한 목적으로 인터넷 기술을 이용하는 것	인터넷 기반 강조
Cisco Systems (2001)	훈련, 교육, 적시정보 그리고 상호작용을 포함하는 인터넷 기반의 학습 전략	
ASTD(2001)	정보를 전달하거나 학습자의 기술 혹은 지식의 습득을 촉진하기 위해, 부분 혹은 전체적으로 전자적인 테크놀로지를 사용하는 것	전자매체 강조
송영수(2001)	작게는 컴퓨터보조학습부터 넓게는 글로벌 학습공동체 구현의 차원까지를 의미한다고 주장하여 모든 종류의 전자매체의 교육적 활용	
e-러닝산업발전법 제2조(2004.1)	전자적 수단, 정보통신 및 전파 방송기술을 활용하여 이루어지는 학습	
교육인적자원부 (2004.9)	정보통신기술을 활용하여 학교, 가정, 지역사회를 유기적으로 연계하고 교수학습의 질을 제고하며, 학생들의 인성, 창의성, 자기주도적 학습능력을 신장시키는 학습체제	새로운 학습체제 강조

출처: 홍경선(2004). 「교사를 위한 e-learning 입문」. 서울: 문음사 재구성

이와 같이 이러닝의 개념을 어디까지 확장할 것인가에 대한 논의가 많기는 하지만, 최근 들어서는 거의 모든 전자매체와 테크놀로지가 인터넷으로 연결되는 추세이므로 인터넷, 즉 멀티미디어와 네트워크를 활용하여 교수와 학습을 실시하는 의미로 폭넓게 사용되고 있다(Rosenberg, 2001; 이인숙, 2002).

시대에 따라 용어가 바뀌듯이 이러닝(e-learning)의 정의도 강조하는 측면에 따라 바뀌었다. 이러한 변화는 테크놀로지의 발전에 따라 바뀌며 지금도 테크놀로지는 계속 변하고 있다. 인터넷에 관련된 여러 가지 하드테크놀로지와 소프트테크놀로지가 변하고 있는 과정에 있으므로 이러닝은 현재 그 자체가 정형화된 어떤 일정한 완성된 모습을 갖는 것이 아니라 발전과정

(ongoing process)에 있다. 결론적으로 이러닝은 지금 현재 완벽한 정의가 내려져 있다기보다는 진화적 성격을 가진 교육으로써 일반적으로 이러닝은 월드와이드웹(world wide web, www)에 기반한 교육, 즉 월드와이드웹의 특성을 교육의 효과성과 효율성의 증진에 활용하는 교육을 일컫는다.

2) 이러닝의 특성

이러닝의 개념을 좀 더 잘 이해하려면 웹의 특성을 알아보아야 한다. 웹은 누구나 쉽게 활용할 수 있으며 비동시적·동시적 상호작용이 가능하고, 모든 형태의 디지털 멀티미디어자료의 생성, 교환, 활용이 가능하다는 등의 특성이 있다. 이러한 특성을 바탕으로 하는 웹기반 교육은 다음과 같은 특성이 있다.

첫째, 편의성이 있다.

학생들이 학습 가능한 때와 장소에서 웹을 활용하여 학습할 수 있으므로 편리하다. 시간과 공간의 제약에서 벗어나 편리하게 교육이 이루어질 수 있을 뿐 아니라 기타 수업매체나 자료의 물질적 물량, 공간적 배치나 저장 등의 제약에서도 어느 정도 벗어날 수 있다. 즉, 수업계획서나 공지사항, 학습 안내서 등을 학생 개개인에게 일일이 나누어주지 않아도 되므로 종이나 기타 자료의 물량에 제한받지 않아도 되며, 교수자료나 매체를 비치하고 보관할 저장 공간 등이 필요하지 않아서 편리하다.

둘째, 융통성이 있다.

시간과 공간의 제약에서 벗어난 것처럼 학생들은 원하는 양의 시간만큼 공부할 수 있으며, 학습자 수준과 특성 등에 맞추어 개별학습을 할 수 있으므로 융통성 있게 학습할 수 있다.

셋째, 최신의 정보를 접할 수 있다.

웹에 정보를 올리기만 하면 정보를 올림과 동시에 웹에 연결된 전 세계인들이 접속하여 정보를 볼 수 있으므로 최신의 정보를 접할 수 있다. 웹은 전 세계의 컴퓨터를 연결시켜 거대 정보 덩어리를 구성하고 있으므로, 무엇보다도 많은 양의 정보를 접할 수 있을 뿐 아니라 최신의 정보를 빠른 시간 내에 접할 수 있도록 함으로써 효과적인 정보 교류의 수단을 제공한다.

넷째, 정보 교류의 영역을 확대시킨다.

시공을 초월하는 웹은 결국 교육환경의 물리적 제한, 시간적 제한을 없애고, 교실의 시공영역을 확장시켰다. 기존의 학교교실 안에서와는 달리 정보나 의견을 교류할 수 있는 대상자가 다른 학교나 다른 지역의 동료 학습자 또는 선배, 외부의 교육전문가, 일선 현장의 전문가, 심지어 외국의 저명한 관련 학자 등으로 확대되어 정보교류 및 공유의 영역을 엄청나게 확대시켜 준다.

다섯째, 협동·협력학습을 효과적으로 할 수 있다.

웹의 비동시적·동시적 상호작용과 강력한 멀티미디어 자료교환 기능은 다수의 학생들이 협동학습을 원활히 할 수 있는 환경을 조성해 준다. 학생들은 시간적·공간적 제약을 벗어나 편리한 시간에 비동시적 논의를 할 수 있고, 공간적으로 멀리 떨어져 있어도 같은 시간에 동시적으로 토론을 할 수도 있다. 또한 문자, 그림, 사운드, 동영상 등 자료의 형태를 불문하고 서로 교환할 수 있다. 다른 지역 심지어 다른 나라의 학생들과도 의견을 주고받으며 문화적·지역적 경계를 뛰어넘는 상호작용이 가능하므로, 웹이야말로 시간과 공간, 자료형태 등을 초월하여 협동학습을 이룰 수 있게 해 준다.

여섯째, 역동적인 지식 구성을 할 수 있다.

최신의 그리고 방대한 정보를 접하고 또한 정보교류 대상의 영역을 확장함으로써, 비동시적·동시적 상호작용과 정보 형태를 초월한 자료교환을 통한 협동학습 등으로 학습자들은 역동적으로 지식을 구성할 수 있다. 즉, 과거처럼 비활성화된 지식, 정형화된 지식, 포장된 지식이 아니라 다양하고 생생한 정보와 의견을 접하고 자신의 의견을 정리, 표현해 보고 다른 사람의 의견과 비교, 비판함으로써 다양한 시각을 살피고, 자신이 구성한 정보를 더욱 정교화시킬 수 있으며 최신의 정보를 접함으로써 기존에 구성한 정보의 깊이와 폭을 변화시키면서 역동적인 지식 구성을 할 수 있다.

웹을 기반으로 하는 이러닝의 장점은 이와 같이 다양하게 제시되고 있다. 웹은 누구나 사용하기 쉬울 뿐 아니라 모든 형태의 자료를 다룰 수 있기 때문에 거의 모든 기존 매체의 역할을 대신할 수 있다 해도 과언이 아니다. 따라서 기존 매체의 장점을 실현시킬 수 있다. 이외에 하이퍼미디어 환경, 문화적 이해를 도울 수 있는 탁월함, 다양한 전문가들과 접촉할 수 있음 등을 장점으로 지적하는 학자들도 있다.

3) 유사 용어 설명

이러닝은 웹이라는 정보통신기술에 의존하고 있는 만큼 정보통신기술의 발달에 따라 교육에 활용되는 형태 역시 그 모습을 달리하며 진화되어 왔다. 그동안의 발전에 따라 처음에 컴퓨터매개통신교육으로 시작되어 온라인교육, 사이버교육, 인터넷교육, 웹기반교육, e-러닝 등의 용어로 바뀌어 왔으며, 최근에는 m-Learning, b-Learning, u-Learning 등의 용어도 활용되고 있다. 이러한 용어들은 특정 기술이 적용되었던 그 당시의 기술 특성을 반영하고 있는데, 이를 살펴보면 다음과 같다.

(1) 컴퓨터매개통신교육

컴퓨터가 네트워크화되는 초기의 개념으로서, 컴퓨터매개통신(Computer Mediated Communication, CMC)이란 컴퓨터의 입력, 저장, 출력, 중개(routing) 장치를 이용하여 메시지를 전달하고 받는 것을 말한다. 이는 정보 검색, 전자우편, 게시판, 컴퓨터 회의를 포함하며, 이를 교수 학습 과정에 활용하여 교육자료 또는 수업내용을 제공하고 의견을 교환하는 것을 컴퓨터

매개통신교육이라고 한다.

(2) 온라인교육

컴퓨터 통신망을 이용한 첨단 원격교육을 온라인교육(Online Education)이라고 불러왔으며, 온라인교육은 인터넷이나 웹이 교육 분야에 도입되기 이전인 문자 기반의 메일, 토론그룹, 고퍼 등이 주로 활용되던 시점부터 자리 잡아온 개념이다. 온라인교육은 특히 오프라인 속성과 대비되는 개념으로서의 교육을 부각시킨 용어라고 할 수 있다.

(3) 사이버교육, 가상교육

물리적 교실환경 대신에 가상공간(cyber space)이 있어서 그 가상공간에서 교육이 이루어짐을 강조하여 대두된 개념이다. 이는 면대면 접촉 없이 웹을 통해 학교나 직장 그리고 가정에서 학생들 자신의 속도와 편리한 시간에 교육내용을 자기주도적으로 학습한다.

(4) 웹기반 교육

실시간·비실시간 상호작용, 멀티미디어자료 교환, 하이퍼텍스트 등의 특성을 갖고 있는 웹을 수단으로 지식을 생성, 조직, 전파하는 새로운 방식으로 이루어지는 교육이다. 웹의 특성과 웹이 제공하는 풍부한 자료들을 바탕으로 하여 지식을 생성, 조직, 교환, 전파하는 새로운 교육방식으로써, 웹을 통해 학습이 일어나거나 촉진될 수 있도록 유의미한 학습 환경으로 웹을 활용한다.

(5) e-Learning

기본적으로 이러닝(e-Learning; Electronic Learning)은 전자적인 매체를 기반으로 하는 모든 학습에 적용 가능한 용어이다. 최근의 전자매체들은 인터넷에 연결되는 추세이므로 인터넷을 활용하여 교육과 인적 자원 개발을 목적으로 하는 경우에 두루 사용되고 있다.

(6) b-Learning

집합 형태의 교실수업(c-Learning; classroom learning)과 웹을 통한 이러닝 형태의 교수 학습 활동을 병행하는 교육을 브랜디드러닝(b-Learning; Blended Learning, 통합교육)이라 한다. 교실수업을 실시한 후 사이버공간에서 이러닝이 진행되거나, 반대로 사이버공간에서 먼저 시작한 후 교실수업에 연계하여 진행한다. 오프라인교육과 온라인교육의 결합이라고도 하는데, 국내대학이나 초·중등학교에서 지금까지 일반적으로 찾아볼 수 있는 이러닝은 거의 대부분 브랜디드형, 즉 b-Learning이며, 교실교육의 장점과 이러닝의 장점을 취합하여 효율적으로 활용할 수 있는 장점이 있다.

(7) 원격교육

원격교육(Distance Education)의 기본 개념은 학생과 선생님이 거리 또는 시간에 의해 분리되어 있다는 점을 부각시키고 있다. 원격교육은 물리적·시간적으로 떨어져 있는 학생과 선생님의 사이를 이어주는 기술을 적용한 매체를 사용하고 있는데, 학자마다 주장이 다소 다르기는 하나 일반적으로 정보통신기술의 발달에 따라 우편을 통한 제1세대, 인쇄물, 라디오, 텔레비전, 비디오, 오디오, 컴퓨터 등 다른 매체를 활용한 제2세대, 컴퓨터 통신과 양방향 CATV, 인공위성들을 사용한 제3세대로 분류하기도 한다.

온라인교육, 사이버교육, 웹기반교육, 이러닝은 모두 개념의 발전 측면에서 선생님과 학생이 동일한 시간과 공간을 공유하는 전통적인 면대면 교육과 대비된다는 점에서 원격교육과 상당 부분 뿌리를 같이하고 있다.

(8) m-Learning

휴대폰이나 PDA 등 휴대할 수 있는 기기를 통해 시간과 장소에 구애받지 않고 손쉽게 학습할 수 있는 교육을 일컫는다. 모바일 컴퓨팅 기술의 장점인 이동성(mobility), 접근성(accessibility), 확장성(scalability), 신속성(speedliness)을 중심으로 학생들에게 무선 콘텐츠가 제공되며 각종 활동이 이루어질 수 있다. 모바일 원격강의, 모바일 학습정보, 모바일 학사정보, 행정정보, 도서정보, 입시정보 등의 제공이 가능할 뿐 아니라, 이외에도 모바일 수강신청, 모바일 출결관리, 모바일 학습평가, 모바일 증명서 발급 등의 활동도 가능하다.

(9) u-Learning

유비쿼터스(ubiquitous)란 '언제 어디서나 존재한다'란 의미의 라틴어로 컴퓨터와 정보통신기술이 사용자들의 눈에는 보이지 않으나 모든 사물에 내재되어 있어서 언제 어디서나 정보통신서비스 이용이 가능한 환경을 유비쿼터스 컴퓨팅 환경이라고 한다. 따라서 u-Learning(Ubiquitous Learning)이란 언제 어디서나 원하는 학습이 이루어지고, 일상생활에서 접할 수 있는 다양한 문제해결에 필요한 학습을 즉시 할 수 있는 교육환경에서 이루어지는 학습이다. 유비쿼터스 시대는 사람을 중심으로 컴퓨터가 인간의 생태환경에 통합되어 인간의 활용을 지원하고 촉진하므로, 유비쿼터스 교육은 사람이 중심이 되는 교육, 실생활과 밀접히 관련되어 현실감이 증대되는 교육 그리고 참여와 상호작용이 활성화되는 교육(한국교육학술정보원, 2005)이라고 할 수 있다.

제5절 교육공학의 최신 동향

1. 사회변화와 교육

21세기 지식정보사회는 이전의 사회와는 다른 특성을 갖고 있으며 사회의 제 분야에서 패러다임의 변화를 가져왔다. 지식정보사회의 근간은 정보통신(IT)기술이며, 정보통신기술의 발달은 이전에 불가능했던 새로운 교육환경을 제공하기 때문에 이를 최대한 활용하여 교육의 효율성과 효과성을 극대화하기 위한 교육 패러다임으로의 변화도 요구되고 있다. 정보통신기술은 정보접근 기회, 상호작용 기회, 정보 활용 형태에 있어서 자유롭고 개방된 교육환경을 조성할 수 있으며, 이로써 기존 학교에서는 불가능했던 교육활동이 가능해진다. 학교에서 인위적으로 지정하여 실시해온 정규 수업 시간이라는 틀을 깨고 학습하는 시간을 개개인의 요구에 맞도록 자유롭게 개별화할 수 있다. 또한 인터넷을 활용함으로써 제한된 교과서 중심의 획일적인 교수 한계도 극복할 수 있게 되었다. 전 세계에 산재해 있는 실제적이고 다양한 학습자료와 학습경험을 제공할 수 있어서 교육 패러다임은 자율성과 개성을 존중하는 교육으로 변화하고 있다. 또한 학교에 다니는 학생뿐 아니라 일반 성인들도 끊임없이 교육을 받을 수 있는 평생교육의 기회를 제공하고 있다.

산업사회와 지식정보사회의 교육 전반적 특성, 목표, 교수, 교과과정, 평가, 행정을 비교해 보면 <표 7-6>과 같다.

〈표 7-6〉 **산업사회와 정보사회의 교육체제 비교**

	산업사회	지식정보사회
학습 목표	• 단편적 지식 습득 • 경쟁적·개인적 성취 • 국가적이고 일률적인 관점 • 과거와 현재 현상 이해	• 학습능력 습득 • 창의력, 통찰력, 협동력 습득 • 세계적이고 다양한 관점 • 변화에 대응한 적응능력
교수 학습 방법	• 교사중심의 주입식 교육 • 고정된 단위 시간 수업 • 개별적 학습 • 지식 전달자로서의 교사	• 학생중심의 상호작용적 교수 • 융통성 있는 수업시간 • 협동적 학습 • 안내자, 촉진자로서의 교사
교과과정	• 단일 교과 중심 • 획일적이고 고정된 교과과정	• 간학문적, 통합적 교과 • 역동적이고 지속적인 교과과정
평가	• 단편적 지식의 평가 • 결과 위주의 평가	• 산출물과 수행에 근거한 평가 • 학습결과 및 학습과정평가
교육환경	• 처방적이고 고정된 환경	• 역동적이고 융통성 있는 환경
행정	• 폐쇄적·관료적 교육행정	• 참여적·자율적 교육행정

2. 구성주의 교육패러다임과 교육방법

정보통신공학의 발달은 종래의 교사중심의 교육환경을 학습자중심의 교육환경으로 전환시키는 데 결정적인 역할을 하였다. 정보통신공학의 발달은 사회의 변화를 이끌었고 사회변화와 함께 교육의 패러다임도 구성주의(constructivism) 교육패러다임으로 전환되었다.

구성주의에서의 '구성'은 활동의 결과가 아니라 학습자 스스로 지식을 구성해나가는 과정을 의미한다. 따라서 구성주의에서 학습은 학습자 개인의 경험과 흥미에 따라 정한 학습내용을 스스로 학습하여 지식을 내부로부터 구성하는 것임을 강조한다. 구성주의 기본 가정은 대체로 다음 세 가지를 바탕으로 하고 있다(박인우, 1998).

- 지식은 인식 주체에 의해 구성된다. 개인이 지식을 구성한다는 가정에서 인식 주체의 능동성을 포함한다. 즉, 지식은 개인이 수동적으로 구성하는 것이 아니라 스스로의 경험을 바탕으로 능동적으로 구성한다.
- 지식은 맥락적이다. 지식은 인식주체에 의해 구성되고 항상 상황 내에서 이루어지며, 그것이 습득된 상황과 관련된다. 따라서 우리가 습득하는 지식은 지식 습득의 맥락과 개인의 선수 지식, 경험 등에 따라 다르게 학습되며, 전이도 그 상황에 좌우된다.
- 지식은 사회적 협상을 통해 이루어진다. 인식 주체에 의해 주관적으로 구성되고, 상황에 따라 상이하게 구성되는 지식은 타인과의 상호작용 속에서 그 타당성이 검토되어 지식으로 형성된다.

〈표 7-7〉 과거와 현재의 교육 패러다임 비교

	객관주의 교육 패러다임	구성주의 교육 패러다임
교육 목표	중앙집권적	자율적/선택적
학습	지식의 축적	문제해결력/자기주도학습능력
교사의 역할	지식의 전달자	조언자, 학습환경 설계자
학생의 역할	지식의 흡수자	학습의 주도자
주요 교육이론	행동주의/인지주의: 통제와 예측의 원리	구성주의: 불확실성, 비예측성, 복잡성
교육 기간	공식교육(12년)	평생

21세기에 들어오면서 컴퓨터와 인터넷이 일상의 기저 환경이 되고 이전까지의 교육 패러다임이 아닌 새로운 교육 패러다임이 자리 잡게 되면서 이전까지의 교육목적관, 방법관, 내용관, 평가관을 바꾸어 놓았다. 과거에 암묵적으로 비활성화된 지식위주의 교육으로부터 문제해결능력, 창의력, 자기주도학습능력, 성찰능력 등을 중시하는 교육으로 전환하게 되었다. 따라서 최근의 교육방법은 이러한 능력을 키우는 교육방법이 중요시하게 되어 과거와는 다른 새로운 교육방법이 제시되고 있다.

과거 교육에서 교수자 중심, 즉 가르치는 것이 중요하게 생각된 반면, 현재는 학습자 중심, 즉 학생들이 스스로 학습하는 것이 중요하게 생각되는 것이다. 학습자 중심이란 용어는 교수자가 필요 없거나 덜 중요하다는 이야기가 아니다. <표 7-7>에서도 알 수 있듯이 교수자의 역할이 변화된 것이다. 이제 교수자의 역할은 학생들로 하여금 학습의 주도자가 되어 학생 자신이 필요한 지식을 구성해 나갈 수 있도록 도와주는 사람이며, 이러한 학습환경을 설계하는 사람이어야 한다.

대표적인 교육방법으로는 문제중심 학습, 거꾸로 학습 등을 들 수 있다.

1) 문제중심 학습

문제중심 학습(Problem Based Learning, PBL)은 구성주의 교육 패러다임을 대표하는 교육방법으로 간주되는데, 구성주의 교육 패러다임에 근거한 문제를 만들어내는 것이 가장 중요하다. 즉, 문제가 실제에 정통하며(authentic) 비구조화된(ill-structured) 문제여야 한다. 실제에 정통하다는 말은 사람들이 살아가며 직면할 수 있는 실제적인 문제를 말한다. 비구조화된 문제의 특성은 다음과 같다.

첫째, 문제를 즉시 이해할 수 있다기보다는 이해를 위해 더 많은 정보가 필요하다.

둘째, 정보를 얻기 위해 설정된 단일의 조사 방법이 없으므로 다양한 방법을 사용할 수 있으며, 더 많은 정보를 얻기 위하여 관찰하고, 탐구하고, 질문하고, 실험하고, 조사해야만 하다.

셋째, 문제에 대한 이해는 새로운 정보를 얻음에 따라 변화될 수도 있다.

넷째, 어떠한 문제 또는 어떠한 해결방법, 문제를 해결하기 위한 어떤 종류의 행동 분석이 옳은 것이라고 확신할 수 있는 단일의 정답은 없다.

배로우(Barrows, 1994)가 제시한 문제중심 학습 과정을 간단히 표로 정리해 보면 <표 7-8>과 같다.

〈표 7-8〉 문제중심학습 과정

단 계	활 동
도입	그룹 형성과 친목모임
과제 수행	그룹토론과 자기주도 학습의 반복
완결	보고서 작성과 수행평가

2) 거꾸로 학습

거꾸로 학습(Flipped Learning)은 기존의 전통적 수업 방식과는 반대로 수업에 앞서 학생들이 교수가 제공한 강연 영상을 미리 학습하고, 강의실에서는 토론이나 과제 풀이를 진행하는 수업 방식을 말한다.

미국의 고등학교 화학교사인 베르그만(Jonathan Bergmann)에 의하여 널리 퍼지게 된 수업방식이다(http://www.jonbergmann.com). 수업에 흥미가 없는 학생들이 몸은 교실에 있지만 마음은 다른 곳에 있어서 교육 효과가 떨어진다는 사실에 '교실에서 학생들에게 가장 좋은 활동은 무엇일까?', '학생들이 면대면 교실에서 가장 시간을 잘 보내려면 교사로서 나는 무엇을 해야 하는가?'에 대하여 깊게 생각하여 새롭게 적용해 본 방법이다. 거꾸로 학습에서 학생들은 학교에서 들어야 할 교사의 수업을 집에서 동영상 등을 통해 미리 시청하여 학습하고, 학교 교실수업에서는 교사의 지도 아래 과제활동이나 심화활동을 하는 것이다.

거꾸로 학습 또는 역순 학습(Inverted Learning)이라고도 한다. 이에 대한 가장 간단한 이해로 '수업은 집에서, 과제는 학교에서' 또는 '학교에서 한 일을 집에서, 집에서 한 일은 학교에서'라고 설명한다. 이렇게 함으로써 거꾸로 학습은 교사들이 그들 수업에서 다양한 방법을 적용하도록 하는 접근법(approach)이다.

플립 러닝은 블렌디드 러닝의 한 가지 형태로 보는 학자들도 있다. 그들은 다만 블렌디드 러닝이 상정하고 있는 온라인과 오프라인 강의의 결합에 선행 학습의 개념이 추가된 것이라고 설명한다. 집에서 하는 수업이 인터넷을 통한 동영상 또는 학습자료를 공부하는 방식이며, 학교에서는 오프라인 면대면 학습활동을 하기 때문이다.

플립러닝네트워크위원회(FLN's board)에 의하면, 플립 러닝은 다양한 학습 방식을 허용하고, 유연한 학습 공간을 창조한다는 의미의 '융통성 있는 환경'(flexible environment), 학습자 중심으로 변하는 '학습 문화'(learning culture), 학습자 주도의 학습 문화나 교수자의 정교한 수업 설계에 의한 의도성을 가진다는 '의도적 학습 내용'(intentional contents), 교수자가 교육학적 지식뿐 아니라 테크놀로지에 대한 전문적 소양도 갖추어야 함을 의미하는 '전문적인 교육자'(professional educator) 등의 특성을 가진다(https://flippedlearning.org/wp-content/uploads/2016/07/FLIP_handout_ FNL_Web.pdf).

3. 스마트교육과 디지털 교과서

스마트교육은 디지털 세대의 특성 및 사회변화를 고려한 역량중심 교육체제로의 전환을 모색하기 위하여 우리나라 정부에서 추진한 정책으로, '21세기 학습자 역량 강화를 위한 지능형 맞춤 학습 체제로 교육환경, 교육내용, 교육방법 및 평가 등 교육체제를 혁신하는 동력'을 말한다(에듀넷, 2015).

스마트(SMART)란 자기주도적(Self-directed), 학습흥미(Motivated), 수준과 적성(Adaptive), 풍부한 자료(Resource Enriched), 정보기술활용(Techonology Embeded)의 줄임말이다. 교사주도적인 교육과정 구성에서 학생 스스로 학습을 계획하고 수행하는 자기주도적 학습 지향(S), 정형화된 교과서 강의식 수업에서 다양한 활동과 콘텐츠 활용(M), 1과목 단일과정의 획일적 수업에서 학생 개별의 수준과 적성을 고려(A), 서책형 교과서 위주의 교육에서 디지털 콘텐츠 및 온라인 학습과정을 활용(R), 교실과 집으로 국한된 교육기회에서 언제 어디서나 풍부한 학습환경 조성(T)을 의미한다([그림 7-8] 참조).

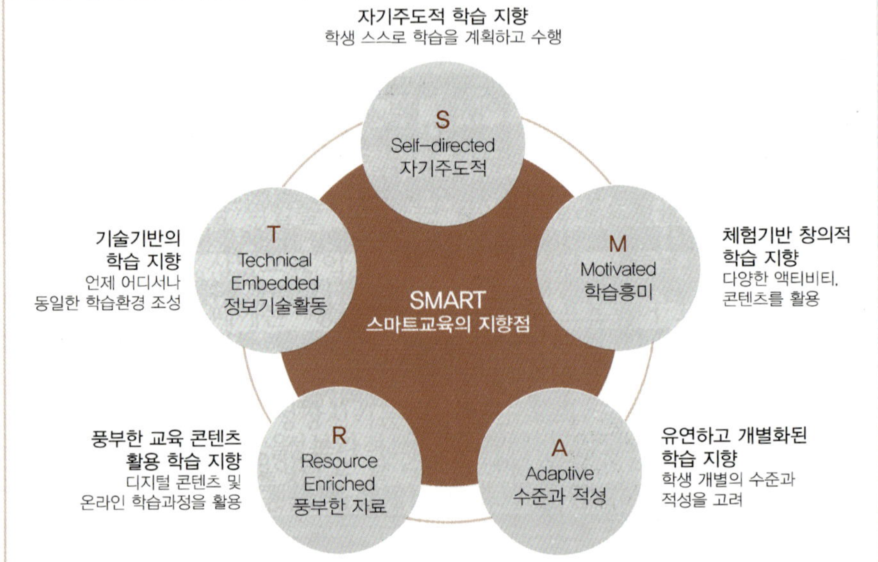

[그림 7-8] 스마트교육의 요소

출처: 에듀넷(2015).

이에 따라 교육내용, 교육방법 및 평가, 교육환경 측면에서 교육체제의 통합적 변화를 모색한다. 이를 위해 디지털교과서의 단계적 개발, 스마트 학습 모델 개발 및 적용, 디지털 교과서 관련 법과 제도 정비를 통한 디지털 교과서 확대 및 적용을 추진한다. 이외에도 다방면의 정책을 추진 중이며 교원의 스마트교육 역량 강화와 스마트학교 인프라 구축, 교육콘텐츠 오픈마켓 조성과 스마트교육 표준 플랫폼 개발을 추진하고 있다.

디지털 교과서란 '기존 교과내용(인쇄물 교과서)에 용어사전, 멀티미디어 자료, 평가문항, 보충학습 내용 등 풍부한 학습 자료와 학습 지원 및 관리 기능이 부가되고, 교육용 콘텐츠 등과 연계가 가능한 학생용 교재'이다(에듀넷, 2015). 우리나라는 1997년 전자교과서 개발 사업을 시작으로 2005년에는 전자교과서 일반표준안과 함께 초등학교 6학년 수학전자교과서가 개발되었다. 초기 디지털 교과서는 기존 국정교과서의 서책 메타포를 이용하여 종이책 모습을 토대로 멀티미디어, 메모, 검색, 노트필기, 용어사전 등의 기능을 추가하였다. 전반적 형태, 쪽수, 책장 넘김 기능 등을 기존 서책 교과서와 똑같이 만든 이유는 검인정교과서 체제하에서 별도의 검인정 과정을 거치지 않고자 함이었으며, 아울러 새로운 모습의 교과서로 인한 혼란을 방지하고 기존 서책 사용자들에게 익숙한 형태를 유지하기 위한 것이었다. 디지털 교과서 운영 사이트는 에듀넷(http://www.edunet.net)이다.

디지털 교과서와는 별도로 e-교과서도 활용되고 있는데 e-교과서란 '인터넷으로 다운 받아 다양한 멀티미디어 자료와 교수 학습 기능을 활용하여 교과내용을 효과적으로 학습할 수 있는 발전된 형태의 교과서'이다.

CHAPTER 08

교육평가의 이해

제1절 교육관과 교육평가
제2절 교육평가의 개념
제3절 교육평가의 기능
제4절 교육평가의 유형
제5절 교육평가의 절차 및 평가 도구 제작

제1절 교육관과 교육평가

교육평가의 문제는 어떤 교육관을 가지고 있느냐와 밀접하게 관련되어 있다. 교육관이란 교육을 보는 관점으로서 크게 선발적 교육관과 발달적 교육관으로 나누어 볼 수 있다.

선발적 교육관이란 교육을 통해 도달하고자 하는 교육목적이나 기준에 도달할 수 있는 사람이 소수에 불과하다는 신념에 기초한다. 여기서는 지적 능력이 교육목표 달성과 매우 밀접하다는 가정을 한다. 따라서 교육에 대한 일차적인 책임이 학습자에게 돌아간다. 학습자의 일정 능력수준을 교육 가능성에 대한 신념으로 전제하고 있는 교육관이기 때문이다.

발달적 교육관이란 모든 학습자에게 각각 적절한 교수 학습 방법만 제공될 수 있다면 누구나 의도한 교육목표에 도달할 수 있다는 신념을 가진 교육관이다. 교육을 통한 인간행동 변화의 가능성에 대해 매우 긍정적인 견해를 가진다. 여기서는 교육에 대한 일차적인 책임이 교사(가르치는 사람)에게 있다고 본다. 이는 모든 학습자가 교육받을 능력이 있는데, 그러한 능력을 발휘하지 못한 것은 결국 적절한 교수방법을 사용하지 않은 데 이유가 있고, 교수방법의 잘못된 사용은 교사의 책무에 해당한다고 보기 때문이다.

평가상황에서 서로 다른 교육관은 상호보완적인 관계로 존재하고 있으며, 평가의 목적에 따라 서로 다른 접근을 하도록 한다. 그러나 '평가' 활동이 교육의 가능성을 전제로 하는 것일 때 그 강조점이 선발적 교육관으로부터 발달적 교육관으로 변화되고 있음을 알 수 있다. 또한 교육평가가 본래 인간을 이해하기 위해 존재하는 것이며, 인간을 규정하고 심판하며 범주화하기 위해 존재하는 것이 아니라는 점이 크게 세 가지 측면에서 정리될 수 있다.

첫째, 인간은 주어진 조건보다 개발될 수 있는 잠재력이 크다는 점이다. 현재의 능력이나 성적보다 그것을 극복할 수 있는 가능성이 크다는 점이 중요시되어야 한다.

둘째, 교육평가의 자료와 대상, 시간은 무한하다는 신념이다. 인간을 이해하는 데 검사도구의 점수에만 국한해서는 안 되며, 학생이 남긴 기록 한 줄이 의미 있는 자료가 될 수 있다.

셋째, 교육평가는 계속적이고 종합적인 과정이어야 한다. 평가 장면이 어느 한 순간에 머물러 있는 것이 아니며 학습자의 성장과 발달 모든 과정이 종합적으로 평가에 반영되는 것이다.

제2절 교육평가의 개념

교육평가(evaluation)를 이해함에 앞서 측정, 검사 또는 시험, 사정 등과 같은 관련 용어와의 개념 관계를 비교함으로써 정의를 명료화하고자 한다.

첫째, 측정(measurement)이란 사물을 구분짓기 위하여 측정하고자 하는 대상이나 사물에 대해 정해진 규칙에 따라 숫자를 부여하는 것을 말한다. 따라서 특정 대상에 대하여 양적으로 서술하는 것을 뜻한다.

둘째, 검사(test)란 시험, 고사 등과 같이 측정을 위한 도구라고 할 수 있다. 즉, 학생들의 능력이나 특성을 파악하여 측정하고자 할 때, 검사 문항이나 자극에 대한 반응을 수집하여 양적으로 또는 질적으로 비교, 기술하는 절차를 검사라고 한다.

셋째, 사정(assessment)이란 측정결과를 통해 대상에 대하여 전체적인 심사, 자격 부여 또는 등급을 부여하는 등의 과정을 말한다. 또한 사정은 필요한 자료를 수집하여 해석이 가능하도록 정리하는 것이므로, 측정이나 검사에 비해 포괄적인 개념이며 사정자료를 근거로 평가를 내린다는 차원에서는 평가보다 하위단계라고 할 수 있다. 사정과 평가의 개념은 현장에서 명확하게 구분되기보다는 대상에 대한 종합적인 정보수집의 경우 사정으로, 이에 기반하여 가치를 판단하는 과정을 평가로 사용하는 것이 일반적이다.

교육평가의 정의는 학자마다 다양하게 주장되고 있는데, 이들의 주장을 정리해 보면 크게 세 가지 입장으로 구분할 수 있다(김재춘 외, 2002).

첫 번째 입장은 '교육목표와 어느 정도 합치되었는지를 확인하는 과정'으로 보는 타일러(R. W. Tyler)식의 정의이다. 교육평가라는 용어를 학술용어로 일반화한 타일러는 이제까지의 측정이 목표와 유리된 채 단지 측정행위만을 강조한 점을 지적하면서 목표 달성을 지향하는 학습자의 진보상태에 중점을 두었다. 교육이란 유목적적 활동이기 때문에 어느 단계에서든지 목표에 얼마나 접근해 있는가를 확인하는 평가 작업이 중요하다는 입장이다. 이는 지금까지도 학교현장에 지속적으로 영향을 미치는 평가관이며, 교육의 과정을 순환적으로 이해하는 하나의 틀을 제공하였다.

두 번째 입장은 교육평가를 '교육적인 의사결정을 위해 필요한 정보를 수집하는 활동 또는 그 과정'으로 이해하는 것이다. 대표적인 학자로는 크론박(L. J. Cronbach)과 스터플빔(D. L. Stufflebeam)을 들 수 있다. 예컨대, 학교평가를 하고자 할 때 대상학교로부터 수집될 수 있는 가능한 정보나 자료를 수집하는 과정이 바로 평가가 되는 것이다. 이 관점에서 중요한 것은 객관적인 정보를 제공하는 것이 평가의 범주에 포함되고 최종적인 판단은 의사결정자에 달려 있다는 점이다. 즉, 평가자의 가치관을 가능한 배제하고 교육현장을 있는 그대로 기술(describe)하는 것에 중점을 두는 입장이다.

세 번째 입장은 평가자와 의사결정자의 역할을 분리해서 이해하고 있는 두 번째 입장과는 달리, 평가전문가 집단의 가치판단을 강조한다. 즉, 교육평가란 '교육과 관련된 어떤 대상의 장점, 질, 가치 등을 판단하는 과정과 그 산물'로 정의한다. 교육평가자는 교육전문가로서 교육적인 가치로부터 자유로울 수 없으며, 궁극적으로 평가대상의 상태를 가치 판단하는 역할을 수행해야 한다는 것이다. 대표적인 학자로는 스크리븐(M. Scriven)과 스테이크(R. E. Stake)를 들 수 있다. 이러한 설명은 앞서 살펴본 목표와의 합치 정도 확인, 평가대상에 관한 객관적인 정보수집이라는 두 입장에 비해 교육평가 활동을 좀 더 포괄적으로 이해하는 입상이라고 할 수 있다.

그러나 교육평가를 정의함에 있어서 어느 한 주장이 다른 입장을 대체하는 것으로 이해하는 것은 바람직하지 못하다. 교육평가의 실제는 하나의 모형으로 정형화될 수 없기 때문에 평가가 이루어지는 구체적인 맥락, 상황에 따라 상호 보완적으로 이해되어야 할 문제이다. 예컨대, 평가와 관련된 교사의 역할을 규명함에 있어서 교육현장의 생생한 상황을 있는 그대로 보고하는 것을 교사의 몫이라고 할 것인지, 아니면 상황에 따른 교육적인 판단과 함께 처방을 내리는 일까지를 교사의 역할로 보아야 할 것인지는 절대적인 기준에 의해 구분되는 문제라기보다는, 문제의 성격에 따라 유동적으로 받아들이는 것이 바람직하다고 할 수 있다.[1)]

1) 교육평가를 기술(describe)로 정의하는 입장을 대표하는 학자 크론박(L. J. Cronbach, 1963)은 교육평가란 다소 정확성이 부족하거나 공정하지 못하더라도 수업 중에 일어난 모든 일을 가능한 자세히 기술하는 것에 관심을 가져야 한다고 주장한다. 한편, 스크리븐(M. Scriven, 1967)은 전문적인 평가자의 의무에 최종적인 가치판단을 포함한다. 이들의 논의는 상당한 논란을 야기시켰으며, 이후 스테이크(R. E. Stake, 1967)는 기술하는 것은 교육자에 의해 이루어지는 평가이고, 판단하는 것은 평가전문가에 의해 이루어지는 평가라고 종합하였다.

제3절 교육평가의 기능

교육평가에 대한 잘못된 이해는 평가 자체를 거부하거나 평가에 대하여 왜곡된 태도를 가지게 한다. 따라서 교육평가의 기능을 제대로 이해하고 이를 적극적으로 활용하는 자세가 요구된다. 교육평가의 기능은 다음과 같다.

교육평가는 궁극적으로 교육의 전 과정(교육목표 설정, 교육내용 선정 및 조직, 교수 학습 활동, 평가)을 개선하고 발전시키는 기능을 한다. 교육의 과정이란 일회적으로 끝나는 활동이 아니라 계속적으로 이어지는 순환활동이다. 이러한 교육활동이 발전적인 것이 되기 위해서는 설정된 교육목표가 학습자에게 타당한 것이었는지, 교수 학습 활동에 동원된 자료가 학습자 수준에 적절한 것이었는지, 학습자를 평가하기 위해 제작된 도구가 효과적이었는지 등을 평가하는 활동은 필수 불가결한 과정이라고 할 수 있다.

또한 교육평가는 학습자의 동기를 유발하는 기능을 한다. 물론 평가 시행이 공고되고 난 후 높은 점수를 받기 위하여 학습에 열중하게 되었다면 이것을 외재적인 동기부여라고 말할 수도 있겠지만, 평가의 결과를 통하여 미래학습의 필요성을 공감하게 되었다면 그것은 매우 교육적인 것이 아닐 수 없다.

끝으로, 교육평가는 교육 관련 주체들의 자기이해를 돕는 기능을 한다. 학습자, 교사, 학교 행정가 등 자신들이 가지고 있는 단점이나 장점, 문제점 등을 스스로 판단하고 이해할 수 있는 단서를 제공하는 것이다. 자신들의 가치와는 동떨어진 잣대를 가지고 스스로를 과대 혹은 과소평가하는 것은 바람직하지 못하다. 판단의 기준은 절대적인 것이 아니라 상대적인 것이며 그러한 다원성이 인정되는 풍토에서 올바른 자기이해가 가능해질 수 있다.

물론 이밖에도 우수한 학생들을 선발하거나 진급, 자격증 부여, 수상 등을 위하여 교육평가가 이루어지고 있다.

제4절 교육평가의 유형

교육평가의 유형은 다양한 기준에 의해 다양한 분류가 가능하다. 여기서는 학교현장에서 일반적으로 이루어지는 평가유형들을 대상별, 시기별, 평가기준별, 평가방법별로 나누어 살펴보고, 현재 학교 일선에서 주요 평가방법으로 사용되고 있는 수행평가에 대해서도 소개하도록 한다.

1. 평가대상별 유형

어떤 대상을 평가하느냐에 따라 평가유형은 달라질 수 있다. 전통적으로 교육평가는 학생들의 학업성취 정도에만 관심을 두었다. 그러나 교육은 다양한 형태로 이루어지는 것이므로 교육과 관련된 모든 현상과 구성요소를 평가대상으로 삼아야 한다. 평가대상이 인적인 것인지 물적인지에 따라 평가의 접근방법은 달라진다. 또한 개인 혹은 단체일 경우에도 평가의 전체적인 틀이나 해석 방법이 달라질 수 있기 때문에, 유형별 특징들을 충분히 숙지하고 목적에 부합하는 평가를 시행하도록 해야 한다.

1) 학생평가

학교현장에서 가장 많이 실시되는 평가로서 학생의 능력이나 특성을 가치 판단하는 것이다. 주로 교사에 의해 수행되며 학교에서 치러지는 시험, 교사와의 면담, 관찰 등을 통하여 학생들의 발달 정도를 평가하게 된다.

학생의 능력은 주로 지적 영역, 정의적 영역, 심리·운동적 영역으로 구분할 수 있으며, 교육을 통하여 지·덕·체의 조화로운 성취를 기대한다.

2) 교사평가

공교육의 국가적인 책무성 문제와 관련하여 교사에 대한 평가요구가 더욱 높아지고 있다. 교사평가란 교사의 교수활동이나 학생지도활동 등의 가치를 판단하는 것으로 이는 교사를 감시·감독하는 것이 아니라 교사에게 자신에 대한 반성의 기회를 제공하는 데 일차적인 목적이 있다. 최근 교사의 수업평가에 대한 요구가 높아짐에 따라 교사 공동체를 중심으로 수업의 과정을 공유하여 자체적으로 개선하려는 노력이 확대되고 있으며, 교사평가의 중요한 영역으로 자리 잡고 있다.

3) 교육과정평가

교육의 전 과정을 교육목표에 비추어 평가하는 것을 말한다. 예를 들어, 선정된 교육내용이 교육목표에 얼마나 부합하는지, 교수 학습 활동에 동원된 학습자료가 교육목표를 달성하기에 유용한지, 교육평가 과정은 교육적이었는지 등을 평가하게 된다.

4) 학교평가

학교평가란 학교의 가치를 판단하는 것으로 학교가 제공하는 교육서비스나 교육환경의 질을 평가하는 것을 말한다. 이제까지 학교는 평가대상에 포함되지 않았으나, 교육의 발전적인 미래를 위하여 학교평가가 이루어져야 한다. 학교평가의 궁극적인 목적은 학교 간 서열화나 우열을 가르기 위한 것이 아니다. 학교의 현 실태를 국가적인 차원에서 파악하고 교육의 주체뿐만 아니라 교육 수혜자 모두에게 정보를 제공함으로써 교육의 질을 높이기 위한 것이다.

이 밖에도 평가에 대한 실제적인 요구가 증가되면서 평가대상이 점차 확대되고 있다. 이전에는 평가의 대상으로 고려되지 않았던 부분까지도 평가대상에 포함되면서 장점도 있지만, 여러 가지 문제점도 발생할 수 있다. 평가를 결과지향적으로 수행했을 경우 단순히 높은 점수만을 받기 위하여 평가에 매달릴 수도 있기 때문이다. 평가의 본래적인 의도를 잊지 않고 평가를 통하여 학교 현장에 도움을 주고받을 수 있다는 이해가 확대되어야 한다.

2. 평가시기별 유형

교육평가는 시행하는 시기에 따라 진단평가, 형성평가, 총괄평가로 분류할 수 있다. 평가의 목적이나 진행방식, 평가도구의 특성, 활용방식 등에 있어서 각각 차이가 있으므로 평가의 의도에 따라 적절히 사용할 수 있어야 한다.

1) 진단평가

진단평가(diagnostic evaluation)란 계획된 교육목표를 달성하기 위한 교수 학습 활동이 시작되기 전에 학생들의 학습과제에 대한 준비도를 진단하는 평가이다. 진단평가를 통하여 교사는 학생들이 현재 가지고 있는 출발행동[2]이나 적성, 흥미, 동기, 지능 등을 파악하여 보충과정이나 심화과정의 프로그램 도입 여부를 판단하기도 하고, 어떤 특정한 교수전략의 사용 여부도 결정하게 된다. 따라서 진단평가의 평가도구는 다양한 난이도 수준의 문항을 포함할 필요가 없다. 이는 학생들을 변별해내는 데 목적이 있는 것이 아니라 서로 다른 능력수준에 위치해 있는 개별 학생들의 초기 상태를 진단하는 것이 목적이기 때문이다.

2) • 지적 출발행동: 학습자가 학습장면에 가지고 오는 어휘력, 논리적 사고력, 지능, 교과목표의 성취 정도, 선수학습 정도를 일컫는다.
• 정의적 출발행동: 학습장면에서 지니고 있는 흥미, 태도, 자아개념, 동기 등 정서의 총체를 일컫는다.

전략적인 교수 학습이론을 투입하기 위해서는 체계적인 진단평가가 필요하다고 할 수 있다. 그러나 진단평가의 결과가 이후의 학생평가에 지속적으로 영향을 주어서는 안 되며, 학습자에게 적절한 교수법을 투입하여 학습을 극대화하는 데에만 목적을 두어야 한다.

2) 형성평가

형성평가(formative evaluation)란 교수 학습이 진행되고 있는 과정에서 실시되는 평가이다. 유동적인 수업사태에서 수업활동의 일부로서 이루어질 수도 있고 수시로 별도의 절차로서 시행될 수도 있다. 수업 진행 중에 실시되는 퀴즈나 쪽지시험 등이 이에 해당된다. 형성평가를 통하여 교사는 자신의 교수방법의 효율성과 학생들의 학습동기 수준, 학습내용에 대한 접근 정도, 학습교재의 적절성, 학생 개인차에 따른 학습장애와 결손 정도, 전반적인 수업의 분위기 등을 수시로 점검할 수 있다. 따라서 진단평가와 마찬가지로 다양한 난이도의 문항을 포함할 필요가 없으며 적정 난이도를 유지한다.

형성평가는 궁극적으로 교수활동의 주체라고 할 수 있는 교사에게 교수 학습 과정에 대한 정보를 제공하며, 학습자의 학습곤란을 진단하여 적절한 교육적 처방을 제공하기 위함이다. 따라서 최저성취기준에 의하여 학습의 곤란 정도를 파악하는 것이 바람직하다.

3) 총괄평가

총괄평가(summative evaluation)란 주어진 단원이나 과제의 교수 학습을 마친 시점에서 교육목표의 달성도를 알아보기 위한 것이다. 학기말이나 학년말 학생평가를 통하여 학생의 성취 정도를 파악하게 되는데, 공식적인 의사결정을 위한 목적으로 사용되는 경우가 많다. 예컨대, 학생들의 성취 정도에 따라 학점을 부여하기도 하고, 일정한 자격요건에 비추어 자격증을 빌급하기도 한다. 총괄평가의 경우 학습자의 총괄적인 능력을 평가하는 것이므로 평가문항을 다양한 난이도로 구성하게 된다.

총괄평가에서 관심을 가져야 할 것은 평가의 기준을 반드시 마련해야 할 것, 학습자 집단의 전체적인 수준이 마련되어야 할 것, 학습과목의 평가결과가 극단적으로 높거나 낮다면 평가의 기준설정에 문제가 있는 것으로 보아 수정되어야 할 것 등이다. 평가의 기준은 교육내용의 수준이나 평가자의 내적인 판단 기준에 두기보다는 학습자 집단의 수준에 두어야 한다.

총괄평가가 교수 학습 활동의 최종 시점에서 이루어지기는 하지만 그것이 교육과정의 마지막을 뜻하는 것은 아니다. 학생들은 평가 결과를 통하여 미래학습에의 피드백을 얻을 수 있고, 교사 역시 자신의 교수활동을 개선하는 데 참고자료로 삼을 수 있다.

3. 평가기준별 유형

교육평가는 평가의 기준을 어디에 두는가에 따라 규준지향평가와 준거지향평가로 구분된다. 이것은 흔히 상대평가와 절대평가로 불리는 것으로 학생들의 성취 정도를 나타내는 대표적인 방식이다.

1) 규준지향평가

규준지향평가(norm-referenced evaluation)란 학습자의 원점수를 비교집단의 규준(norm)에 비추어 상대적인 서열에 의해 비교하는 평가방식이며, 상대비교평가 혹은 상대평가라고도 불린다. 규준지향평가는 교육목표에의 도달 여부보다는 전체 집단에서의 서열이나 상대적인 위치를 중시하기 때문에, 특정 학생의 성취 결과는 집단 내 다른 학생들의 성취 정도에 비추어서만 의미가 있게 된다.

규준지향평가는 모집단의 분포를 정규분포라고 가정한다. 예를 들면, 한 학생의 국어성적이 80점이라고 했을 때 80이라는 원점수는 단독으로 아무런 정보도 제공하지 못한다. 그러나 그 학급의 국어성적 평균이 65점이고 표준편차가 10점이라면 국어성적 80점은 약 상위 10% 이내에 드는 점수라고 해석하게 되는 것이다.

우리나라 학교교육의 경우 오랜 기간 동안 규준지향평가에 지배되어 왔다고 해도 과언이 아니다. 대부분의 학부모들은 학생들의 평가가 끝나고 나면 몇 등을 했는지에 관심을 가진다. 상급학교 진학을 위해서는 집단 내에서 상호경쟁하고 더 나은 등수를 차지하는 것이 무엇보다 중요하기 때문이다. 이러한 평가관에서는 무엇을 얼마나 알고 있는가는 관심의 대상이 되지 않는다.

상호 비교를 목적으로 하는 규준지향평가에서 가장 중요한 요소는 규준이다. 규준이란 원점수의 상대적인 위치를 설명해 주는 척도로서 모집단을 대표하는 표본에서 얻은 점수를 기초로 만들어진다. 규준지향평가의 장점은 개인차 변별이 용이하고 상호경쟁을 통하여 외재적 학습동기를 유발할 수 있다는 점이다. 그러나 장점 못지않게 여러 가지 단점도 지적되고 있다. 우선 무엇을 얼마나 아는지에 중점을 두지 않기 때문에 무엇을 가르치고 배워야 하는지에 대한 정보와 기준이 분명하지 않다. 또한 경쟁의 대상이 교육목표가 아니라 집단구성원이라는 점에서 비교육적이라고 할 수 있으며, 무엇보다도 다른 사람보다 더 나은 점수를 받는 것에 중점을 두기 때문에 충분한 지적탐구의 기회보다는 암기 위주의 교육을 조장할 우려가 있다. 그 밖에 협동을 통한 교육기회의 상실, 지나친 서열의식, 검사불안과 같은 심리적인 문제들도 지적될 수 있다.

2) 준거지향평가

준거지향평가(criterion-referenced evaluation)란 학습자가 무엇을 얼마나 알고 있는지를 준거에 비추어 재는 평가로서 목표지향평가 혹은 절대평가라고도 불린다. 준거(criterion)란 정해진 영역에서 교육목표의 달성 여부를 판단하는 기준을 말하는 것으로, 피험자가 어떤 일을 수행할 수 있다고 판단되는 지식 혹은 기술의 수준이라고 할 수 있다.

크론박(L. J. Cronbach, 1970)은 교육이란 경마상에서 이루어지는 승마경기가 아니라고 비판하면서 준거지향평가가 강조되어야 한다고 주장하였다. 준거지향평가에서는 다른 학습자와의 관계나 집단 내에서의 위치는 문제되지 않는다. 개별 학습자의 학습목표 도달 정도가 중요하며 한 학급의 학생 모두 A등급을 혹은 B등급을 받을 수도 있다.

준거지향평가에서 가장 중요한 요소는 준거(설정된 교육목표에 도달해야 한다고 판단하는 최저 기준)인데 이를 설정하는 일이 쉽지 않다. 그 이유는 전문가들의 판단에 의해 준거가 마련되는데, 이것이 객관성을 보장받기 어렵기 때문이다. 따라서 임의적이고 무원칙적인 준거설정이 아니라 과학적이고 전문적인 지식을 바탕으로 심사숙고한 준거결정이 필요하다. 예를 들어, 의사자격시험과 같이 자격증을 부여하는 평가를 수행할 때 당락을 결정하는 준거점수는 의사직을 수행하는 데 필수적인 자질과 직결되는 것이므로 신중하게 마련되어야 하는 것이다.

준거지향평가의 장점은 우선 교수 학습이론에 적질하다는 점이다. 무엇을 알고 모르는지에 대한 직접적인 정보를 제공하기 때문에 무엇을, 어떻게 가르칠 것인가에 대한 정보도 시사한다. 또한 상대 비교에 치중하지 않으므로 탐구정신을 발휘할 수 있는 기회가 마련되고 이로 인하여 지적인 성취감을 맛볼 수 있다. 아울러 서열의식을 탈피하여 상호 협동학습이 가능하며 심리적으로 지나친 경쟁심, 이기심으로부터 자유로울 수 있어 정신

건강에 좋다고 할 수 있다. 물론 준거지향평가의 준거설정에 있어서 주관성의 시비로부터 자유로울 수 없다는 점과 정상분포 가정을 하지 않는 평가이기 때문에 통계적으로 활용이 어렵다는 점, 개인차 변별이 곤란하다는 점 등의 단점도 지적되고 있다.

그러나 교육을 통해 인간의 가능성을 발전시킬 수 있다는 신념을 배경으로 하고 있는 준거지향평가는 학습자에게 성취감을 제공한다는 점에서 보다 교육적이라고 평가되고 있다.

3) 성장참조평가

성장참조평가는 정해진 코스를 통과한 후 얼마나 성장하였는가에 관심을 두는 평가이다. 최종 성취수준을 일괄적으로 비교하는 평가가 아니라, 초기 능력 수준에서 얼마나 향상되었는가를 강조하는 평가이다. 성장참조평가는 학습자 개인의 성장을 강조하므로 '학습의 개인화'를 강조하는 특징이 있다. 그러나 프로그램 실행 결과 얻게 되는 향상 정도를 신뢰롭게 측정하는 일은 쉬운 일이 아니며, 고부담평가라는 점에서 현장 적용이 쉽지 않다.

4. 평가방법별 유형

평가를 수행하는 데 동원되는 방법이 어떤 것인가에 따라 크게 양적인 평가와 질적인 평가로 구분할 수 있다. 일반적으로 수량화된 자료를 통하여 평가를 진행하는 방식을 양적 평가라 하고, 수량화되지 않은 다양한 방법을 사용하는 것을 질적 평가라고 한다.

1) 양적 평가

양적 평가는 검사도구를 제작·시행하여 점수를 산출하는 방식의 평가방법을 말한다. 양적 접근방법의 기본 가정은 사회현상을 포함한 모든 현상들을 과학적인 탐구방법으로 검증할 수 있으며 수량화할 수 있다는 것이다. 따라서 평가자의 주관적인 판단이나 가치에 근거한 평가는 배제되며 객관성을 보장할 수 있는 수량화된 정보만을 강조하게 된다.

우리나라의 경우 지금까지 지나치게 점수 위주의 평가방법이 만연해 왔던 것을 비판하면서, 양적 평가방법은 수량적 정보에 의해 학생들을 서열화할 뿐 실제로는 학생들에 관한 구체적인 정보를 제공하지 못한다는 문제점이 지적되어 왔다. 오늘날 학교현장에서 수행평가를 실시하도록 권장하는 것도 이러한 반성의 일환으로 해석될 수 있다.

2) 질적 평가

질적 평가는 관찰이나 면담, 실기평가 등을 통하여 수량화되지 않은 다양한 형태의 자료를 수집하여 평가하는 방식이다. 질적인 접근방법의 기본 가정은 현상학, 해석학적 인식론을 기초로 하여 개인 혹은 사회의 개별성, 독특성을 존중하고 대상의 특성을 기술하는 데 관심을 기울여야 한다는 것이다. 양적인 평가가 주로 인지적 영역의 평가에 사용되고 질적인 평가가 정의적 영역이나 심동적 영역에 사용되어 온 것도 이러한 맥락 때문이다. 인간의 고유한 특성이나 역동성을 고려할 때 숫자 일변도의 척도만을 가지고 평가하려는 것은 한계가 있으며, 실제 학생들이 무엇을 알고 무엇을 모르는지에 대한 구체적인 정보를 얻기 위하여 질적인 평가가 요구된다고 할 수 있다.

물론 양적인 평가가 가지는 한계를 극복하기 위하여 전적으로 질적인 평가를 사용해야 한다는 것은 아니다. 평가하는 목적이나 결과의 활용 의도, 평가영역 등에 따라 질적 평가가 적절할 수도 있고 혹은 수량화된 평가가 더 적절할 수도 있다는 것이다.

따라서 평가방법에 대한 이분법적인 사고를 가지기보다는 다양한 평가방법의 특징을 활용하여 평가 대상에 대한 풍부한 자료를 얻고 이를 통하여 심층적인 이해를 할 수 있도록 해야 한다.

5. 수행평가

수행평가란 학습자가 실제로 수행하는 능력을 평가하는 것으로, 전통적으로 사용해 왔던 지필식 선택형 평가와의 대비를 통하여 개념을 규명하는 것이 일반적이다. 지필식 선택형 평가는 지필을 이용하여 주어진 제한된 답지 중에서 정답을 택하도록 요구하는 평가 방식이다. 반면에 수행평가는 교사와 학생이 학습과제를 수행하는 과정이나 결과를 함께 보고, 그 학생의 지식이나 기능, 태도 등에 대해 전문적으로 판단하는 평가 방식을 말한다. 이러한 수행평가는 오늘날 새롭게 도입되는 평가방법이 아니라 심동적 영역의 행동특성을 평가하기 위하여 음악이나 체육과 같은 교과에서 사용되어 왔던 평가방법을 인지적 영역의 행동특성의 평가에 도입한 것이다. 그러므로 인지적 영역에서의 수행평가는 기존의 선택형 검사에 근거한 평가방법을 보완하는 측면에서 해석하는 것이 타당하다.

수행평가는 학습자의 사고과정을 측정하고 아는 것을 수행하는 정도까지 평가하므로, 고정된 평가유형에 의한 평가방법보다 고차원적이고 복합적인 능력을 측정할 수 있다. 수행평가에 사용되는 방법에는 서술형 및 논술형 검사, 구술시험, 토론, 실기시험, 실험실습, 면접, 관찰, 자기평가 및 동료평가 보고서, 연구보고서, 포트폴리오, 역할놀이 등이 있다.

수행평가는 미래사회가 요구하는 고등정신 능력을 강조하고 교육의 본질에 대한 직접적인 평가를 강조하는 평가방법이다. 또한 현대사회가 직면하고 있는 포스트모더니즘 철학의 대두에 따라 기존의 객관적·절대적 진리관의 포기, 이에 따라 수동적 학습자 이해로부터 학습자의 능동적 지식의 구성을 강조하는 교육관으로 변화하고 있다. 이러한 인식론의 변화와 함께 학습자 개개인의 특징 및 학습의 결과보다는 과정을 중시하는 새로운 교육과정이 대두되었으며, 이러한 교육과정에 적합한 평가체제로서 수행평가의 출현이 요구된 것이다. 수행평가의 장점을 정리하면 다음과 같다.

첫째, 수행평가는 교수 학습과의 연계성이 높고 교육목표의 달성 여부를 직접적으로 평가하는 방식이다. 이때 교수 학습의 결과뿐만 아니라 문제해결의 과정을 함께 중시하기 때문에 형성평가의 성격을 지닌다고 할 수 있다. 단순한 문제해결능력보다는 고등사고능력을 측정하기에 보다 적합한 방법이다.

둘째, 학습자 개인별 평가뿐만 아니라 집단별 문제해결의 기회를 제공하기 때문에 사회성 개발 등과 같은 다양한 학습기회를 제공한다.

셋째, 인지적인 영역뿐만 아니라 정의적·심동적 영역에 대한 종합적·전인적 평가가 가능하다.

장점과 더불어 학교현장에서 수행평가를 시행하는 데 실실적인 도움을 주기 위해서는 단점을 잘 알고 그에 맞는 대책을 마련해 주어야 한다. 수행평가의 문제점은 다음과 같다.

첫째, 평가도구개발에 어려움이 있다는 점이다. 평가문항을 개발하기 위하여 많은 평가학적 지식과 노력, 시간을 요구한다.

둘째, 채점결과의 객관성·정확성·일관성을 확보하는 것이 쉽지 않다. 논술형 문항을 채점하더라도 채점자 한 사람이 시간의 변화에 상관없이 일관되게 채점하는 것이 쉽지 않으며, 여러 채점자가 서로 유사하게 채점을 하는 것 역시 쉬운 일이 아니다.

셋째, 수행평가를 시행하는 데 시간과 비용이 많이 소요된다. 지금과 같이 현장교사의 업무가 과다한 상황에서 수행평가의 시행은 자칫 형식적인 잡무의 증가로 여겨질 수도 있다. 그러므로 수행평가를 통하여 얻을 수 있는 교육적인 효과에 대하여 교사에게 충분히 인지시키고 사전에 수행평가 시행과 관련된 훈련과정을 운영해야 한다. 아울러 교사당 학생수를 줄여나가는 것과 같은 교육적인 여건이 개선될 때 수행평가의 본래적인 의도가 충분히 실현될 수 있다.

제5절 교육평가의 절차 및 평가 도구 제작

1. 교육평가의 일반적인 절차

교육평가는 교육현장의 상황이 다양하기 때문에 모든 상황에 적용 가능한 절차를 규명하는 것은 쉽지 않은 일이다. 일반적으로 학교 현장에서 교사가 학생들을 대상으로 학업능력이나 태도를 평가한다고 할 때 고려해야 할 단계는, 평가목적의 설정, 평가상태의 선정, 평가도구의 제작, 평가시행을 위한 계획수립, 평가의 실시 및 결과의 처리, 평가결과의 해석 및 활용 순으로 정리될 수 있다. 물론 각 단계는 평가의 실제에 따라 더욱 정교한 과정을 따를 수도 있고 생략될 수도 있다. 일반적으로 각 단계에서 이루어지는 내용을 정리하면 다음과 같다.

1) 평가목적의 설정

이 단계에서는 우선 '평가를 왜 하는가'에 대한 답을 명료화해야 한다. 예를 들어, 교사가 단순히 자신의 수업에 대한 피드백을 얻기 위해 실시하는 평가와 학생들의 내신등급을 결정하기 위해 치러지는 평가 간에는 그 심각성의 정도에 있어서 상당한 차이가 있기 때문이다. 아울러 교육목적과 관련하여 '무엇'을 평가할 것인가를 분명히 하지 않으면 안 된다. 대체로 교육목적이 구체적인 용어로 진술되어 있으면 평가의 목적은 그에 따라 자연스럽게 결정된다. 제7차 교육과정 이후 교과별로 내용영역과 성취기준을 각각 기술하고 있는데, 이 기준이 평가의 지침으로 사용될 수 있을 것이다.

2) 평가상태의 선정

평가의 목적이 결정되면 이를 평가하기 위하여 어떠한 방법을 사용할 것인지를 결정해야 한다. 예컨대, 겉으로 드러나는 행동의 변화를 알아보기 위하여 행동관찰, 실기평가 등을 사용할 수 있으며, 인지영역의 특성을 평가하기 위해서는 지필검사와 같은 간접적인 도구를 사용하게 된다. 이 단계에서 가장 중요한 것은 평가하고자 하는 특성을 가장 잘 드러내 줄 수 있는 적절한 방법을 선택하는 것이다.

3) 평가도구의 제작

평가도구의 제작단계에서 가장 중요한 것은 평가도구의 내용이 평가목적과 어느 정도 합치하는가의 문제이다. 이를 점검하는 기준으로 타당도, 신뢰도, 객관도, 실용도 등을 들 수 있다. 교사는 직접 평가도구를 개발하여 사용할 수도 있고 이미 개발·검증된 도구를 활용할 수도 있다. 지식이나 기초기능과 같이 행동의 의미가 분명한 영역은 도구 제작이 비교적 용이하지만, 창의력, 태도, 가치관 등과 같은 정의적 능력을 평가하는 도구를 제작하는 것은 쉽지 않다. 따라서 양호한 평가도구 제작에 필요한 지식을 갖추어야 한다. 이러한 지식은 교과에 대한 단편적인 지식의 많고 적음에 좌우되는 것이 아니다. 교육목표와 교과내용, 교육과정에 대한 충분한 이해와 평가이론의 숙지, 도구개발의 경험 등에서 나오는 것이다. 교직경험이 적은 신임교사의 경우 선배교사의 조언을 귀담아 듣는 것도 좋은 방법이 될 수 있다.

4) 평가시행을 위한 계획수립

이 단계에서는 평가를 실제로 수행하는 데 필요한 인적·물적 자원을 점검해야 한다. 평가의 목적에 따라 평가대상의 범위를 결정하고 공식적인 평가의 경우 학교 일정에 평가횟수와 시기를 미리 포함시킨다. 또한 평가에 필요한 장소를 미리 마련해야 하는 경우도 있으며, 평가시행에 필요한 인원을 사전에 파악하여 업무진행에 차질이 없도록 해야 한다. 평가결과를 처리하는 방식이나 결과보고방식에 대한 계획도 필요한데, 이에 따라 답안지의 형태가 결정되고 채점인원도 확보될 수 있다.

5) 평가실시 및 결과처리

평가의 대상, 시기, 장소, 소요 인원 등 평가시행을 위한 계획이 수립되면 그에 따라 평가를 실시한다. 평가를 실시하고 나면 결과처리 과정을 거쳐야 한다. 이때에는 원점수를 구하는 것 외에도 평균이나 표준편차, 표준점수 등을 산출하여 평가집단의 정보를 다양한 측면에서 파악할 수 있도록 해야 한다.

6) 평가결과 해석 및 활용

평가결과가 얻어지면 그것의 교육적인 의미를 찾는 것이 중요하다. 특히 평가결과에 대한 해석은 평가대상인 학생 개개인의 특성과 상황을 고려하여 종합적으로 이루어져야 한다.

예컨대, 각각 다른 두 학급의 수학교과 평균이 80점으로 동일하다고 했을 때, 일반적으로 두 학급이 동일한 성취수준에 도달한 것으로 판단하게 된다. 그러나 A학급의 편차가 5점, B학급의 편차가 15점이라고 한다면 B학급은 A학급에 비해 이질집단이라고 볼 수 있으며, 평가 이후의 교육단계는 A학급과는 다르게 진행될 것임을 예측할 수 있다.

이처럼 교육평가가 교육의 전 과정에 도움이 되는 정보를 제공하는 활동이 되기 위하여 평가결과를 다양하게 해석해 보아야 한다. 평가의 결과는 단순히 학생들을 판단하고 점수를 부여하는 데에만 쓰이는 것이 아니라 궁극적으로 수업을 개선하는 데 활용되어야 한다. 이는 곧 교육평가가 교사로부터 학생들에게 부과되는 평가활동일 뿐만 아니라 교사의 자기평가를 위해서도 활용되어야 함을 뜻한다.

2. 평가도구의 제작

평가가 시행되기 위해서는 평가도구를 제작해야 한다. 평가도구의 제작단계에서 중요한 것은 평가도구의 내용 하나하나가 교육목적을 제대로 측정할 수 있느냐는 합목적성의 문제이다.

검사의 질은 검사제작자의 능력에 비례하므로 양질의 검사, 좋은 문항을 제작하기 위해 검사제작자는 다음과 같은 능력을 소유해야 한다.

첫째, 교육목표, 교과내용, 교과과정에 대한 충분한 이해가 있어야 한다.

둘째, 교수-학습이론과 인지심리학에 대한 이해가 필요하다.

셋째, 피험자 집단의 특성을 잘 알고 있어야 한다.

넷째, 문항작성 원리를 숙지해야 한다.

다섯째, 검사이론을 숙지해야 한다.

여섯째, 고등정신능력을 지녀야 한다.

일곱째, 문장력이 필요하다.

여덟째, 다양한 의견을 수용할 수 있는 자세를 가져야 한다.
아홉째, 성별, 인종, 직업, 사회계층 등에 관한 편견이 없어야 한다.
열째, 문항제작의 경험이 풍부해야 한다.

3. 문항의 유형 및 양호도 검증

좋은 문항을 만드는 것은 곧 좋은 평가가 준비되어 있다는 것과 같다. 필요 이상으로 어려운 단어를 사용한다거나 복잡한 문장구조, 모호한 문장, 불명확한 지시문, 편파적인 견해 등을 포함하지 않도록 노력을 기울여야 한다. 문항을 제작하는 사람은 해당 과목에 대한 충분한 지식을 갖추고 있어야 하며, 검사대상의 현재 발달상태에 대한 이해가 선행되어야 한다. 다음에서는 문항의 유형별 특징들을 개괄하도록 한다.

1) 문항의 유형

문항의 형식을 분류하는 방식은 학자마다 다양하나 일반적인 분류방법에 의하면 크게 선택형 문항과 서답형 문항으로 나누어 볼 수 있다.

(1) 선택형 문항(selection-type item)

① 진위형(true-false form): 진술문을 제시하고 그 진위나 정오를 묻는 문항형식으로, 문항작성이 용이하고 짧은 시간에 많은 문항에 대해 답할 수 있어 광범위한 내용을 검사에 포함시킬 수 있다. 그러나 이는 단순한 지식을 묻는 수준의 문항에 적합하며 고등정신능력을 측정하기에 부적절하다. 또한 추측에 의한 응답 가능성이 50%에 달한다.

② 연결형(matching form): 한쪽에 문제를 제시하고 다른 한쪽에 답지를 제시하여 서로 관계 있는 것끼리 연결하는 문항형식이다. 진위형과 마찬가지로 단순한 내용을 질문하는 데 용이하며 답지가 많은 선다

형 문항으로 간주되기도 한다. 문제군의 문제수가 10개 이상이 되지 않도록 하며 답지군의 답지수는 문제군의 문제수보다 많아야 한다.

③ 선다형(multiple choice form): 3개 이상의 답지 중에서 문항에 제시된 조건에 따라 정답 혹은 최선의 답을 선택하도록 하는 문항형식이다. 진위형에 비해 추측에 의한 응답 가능성이 적으며 어느 정도 고등정신능력을 측정하는 것이 가능하다. 그러나 매력적인 오답지를 작성하는 것이 쉽지 않으며 출제 시 정교한 기술이 요구된다.

(2) 서답형 문항(supply-type item)

① 단답형(short answer form): 한두 개 정도의 단어나 어구, 숫자, 기호, 짧은 문장 등을 이용하여 답하는 문항형식으로, 출제가 용이하고 추측에 의한 응답 가능성이 희박하다. 그러나 단순한 지식을 묻는 문항에 적절하며 피험자의 고등정신능력 측정에는 부적절하다. 문항을 제작하는 것은 쉽지만 채점 시 철자가 잘못된 답지나 유사 답지에 대한 처리 기준이 분명해야 한다. 따라서 채점 이전에 예상되는 유사 답안을 나열하여 채점상의 곤란을 줄여야 할 것이다.

② 괄호형(close or cloze form): 질문 내용의 중요한 부분을 공란으로 두어 적당한 단어나 어구, 숫자 등을 채워 넣는 문항형식이다. 단답형과 유사한 특징을 가지며 앞뒤 진술문의 문맥을 통하여 임의적인 응답의 가능성이 있다.

③ 완성형(completion form): 문항의 끝부분에 여백을 두어 응답하도록 하는 것으로서 영어와 같이 중요 어구가 문미에 오는 경우에 적절하다. 한글과 같은 구문 구조에서는 제작하기가 쉽지 않은 문항형태이다.

④ 논술형(essay): 주어진 주제에 관한 지시나 질문에 따라 응답자가 문장의 형태로 답안을 작성할 때 어느 정도 자유가 허용되는 문항형식을 말한다. 응답자의 전체 지식을 바탕으로 창조적인 답안 작성이 가능

하며, 아울러 피험자의 분석력·비판력·조직력·종합력·문제해결력·창의력 등의 고등정신능력을 측정할 수 있다. 그러나 채점의 주관성 문제와 많은 시간과 노력이 소요된다는 점, 많은 범위의 내용을 포함하지 못한다는 점 등의 어려움이 있다.

2) 문항의 양호도 검증

검사도구의 양호도는 검사가 재고자 하는 것을 제대로 재고 있는가와 관련된 타당도와 정확히 재고 있는가의 신뢰도를 통해 확인될 수 있다.

(1) 타당도

타당도(validity)란 평가의 도구가 무엇을 재고 있는가의 문제인 동시에 평가의 결과와 평가하려는 목표와의 관련성이 얼마나 높은지의 문제이다. 타당도는 반드시 어떤 근거 내지 준거에 일치되어야 한다는 것이 중요하다. 타당도는 크게 내용타당도, 구인타당도, 예언타당도, 공인타당도로 나눌 수 있다.

① 내용타당도(content validity): 논리적 타당도, 교과타당도라고도 하는데, 평가도구가 수업목표와 수업내용을 빠짐없이 충실히 측정하고 있는가의 정도를 말한다. 그러나 수업에서 다룬 전체 내용이나 행동의 모집단을 모두 포함하는 검사제작은 사실상 불가능하므로, 모집단에서 대표적인 내용과 행동을 표집하여 이것을 문항으로 선정할 수밖에 없다. 이때 표집된 검사문항들이 어느 정도 전체 내용을 대표하고 있느냐가 바로 내용타당도의 문제이다. 이것은 주로 내용전문가에 의해 검증된다.

② 구인타당도(construct validity): 한 검사점수가 어떤 논리적 구성이나 심리적 특성을 어느 정도 측정하고 있느냐를 말한다. 즉, 한 검사점수를 가지고 여러 가지 심리적 특성을 규명할 수 있는 정도를 구인타당도

라고 한다. 구인타당도를 검증하는 방법은 어떤 심리적 특성이 무엇인지를 규명한 다음, 이를 근거로 하여 문항을 작성하여 검사를 실시한 후 문항을 분석하여 정의된 심리적 특성이 제대로 측정되었는가를 수량적으로 규명하는 것이다.

③ 예언타당도(predictive validity): 검사결과가 피험자의 장래 행동이나 특성을 어느 정도로 정확하게 예언하느냐의 정도를 말한다. 따라서 예언타당도의 준거는 피험자의 검사점수와 피험자의 미래 행동 특성 점수와의 상관계수로 표현된다. 예컨대, 대학수학능력 시험의 경우 예언타당도는 시험점수와 피험자의 대학입학 후의 학업성취도 간의 상관계수로 구해지게 된다.

④ 공인타당도(concurrent validity): 예언타당도와 유사하나 그 목적에 있어서 예언타당도는 피험자의 장래 행동 특성을 준거로 하는 데 비해서, 공인타당도는 두 검사 사이의 공통 요인이 어느 정도인가를 밝혀내는 것이다. 예컨대, 지능검사와 적성검사, 도덕시험과 국어시험 사이에 공통된 요인이 어느 정도로 들어있는가를 재는 것으로서, 한 검사와 다른 검사와의 상관을 통하여 두 검사도구 간의 관련성을 밝혀내는 것이다.

(2) 신뢰도

신뢰도(reliability)란 측정하려는 것을 얼마나 안정적으로 일관성 있게 재고 있는가의 문제로서, 검사도구가 정확하게 오차 없이 측정하였는지의 정도를 말한다. 다시 말해서 하나의 평가도구를 가지고 계속 반복측정을 했을 경우 같은 결과가 나오는 정도를 나타낸다.

타당도가 무엇을 재고 있는가의 문제라면 신뢰도란 얼마나 안정적으로 일관되게 재는가의 문제이다. 문항분석에 있어서 가장 중요하게 고려되어야 하는 것이 타당도의 문제라고 할 수 있으며, 신뢰도는 타당도의 선행조건이 되어야 한다.

① **재검사 신뢰도(test-retest reliability)**: 동일한 검사를 동일한 피험자 집단에 일정 기간 간격을 두어 두 번 실시하여 얻은 두 검사점수의 상관계수에 의하여 신뢰도를 검증하는 방법이다. 재검사 신뢰도는 추정방법이 간단하다는 장점이 있으나 시험을 두 번 시행해야 하는 번거로움, 같은 문항을 가지고 검사를 하기 때문에 기억효과를 완전히 배제할 수 없다는 문제점이 지적될 수 있다. 기억효과를 줄이기 위하여 시험 간격을 3개월 혹은 6개월로 설정하는 경우도 있으나 기억에서 소멸되기 어려운 특이한 문항의 경우 효과가 없고, 시험 간격 기간이 피험자가 성숙할 수 있는 충분한 시간이 될 수 있으므로 신뢰도가 과다 추정될 수 있다.

② **동형검사 신뢰도(parallel-form reliability)**: 두 개의 검사도구를 제작한 다음 동일 피험자 집단에게 검사를 실시하여 두 검사점수의 상관계수로 신뢰도를 추정하는 방법이다. 따라서 검사의 내용이 달라짐에 따라 발생하는 오차와 검사 상황이 달라짐에 따라 발생하는 오차를 모두 확인할 수 있다. 그러나 현실적으로 동형의 검사도구를 제작하는 것이 쉽지 않으며 재검사 신뢰도와 마찬가지로 두 번 시행해야 하는 번거로움이 따른다. 또한 동일한 검사환경, 피험자의 동일한 검사 동기와 검사태도를 유지하는 것이 쉽지 않다.

③ **내적일관성 신뢰도(internal reliability)**: 검사를 두 번 치러 신뢰도를 추정해내는 것은 현실적으로 많은 어려움이 따른다. 이에 비하여 내적일관성 신뢰도는 검사를 한 번 치르고 그 검사 자체 내의 정보를 이용하여 검사점수의 신뢰도를 추정해내는 방법이다.

이는 추정하는 방법에 따라 반분검사 신뢰도(split-half reliability)와 문항 내적일관성 신뢰도(inter-item consistency)가 있다. 반분검사 신뢰도란 한 번 실시한 검사를 두 부분으로 나누고, 나누어진 두 부분 검사 점수 간의 상관계수를 구하고 Spearman-Brown 공식에 의하여 신뢰도를 추정하는 방법이다. 문항을 반분하는 방법에는 짝수–홀수법, 전후법, 단순무작위법 등이 있는데, 특히 속도검사의 경우 후반부의 문항 응답이 제대로 이루어지기 어렵기 때문에 전후법을 사용하지 말아야 한다. 문항 내적일관성 신뢰도에는 KR-20, 21, Hoyt 신뢰도, Cronbach α 가 있는데, 문항들 간의 유사성 혹은 측정의 일치성을 추정하는 방법이다.

(3) 객관도

객관도(objectivity)란 신뢰도의 일종으로서 검사자 신뢰도 또는 평정자 신뢰도라고도 하며, 채점자가 주관에 이끌리지 않고 객관적인 입장에서 신뢰롭게 채점하는가의 문제와 관련된다. 객관도가 낮은 검사가 신뢰도가 높아질 수 없고 신뢰도가 낮은 상태에서 타당도 또한 높아질 수 없다. 이러한 맥락에서 객관도는 신뢰도의 한 측면인 동시에 타당도에도 영향을 미친다는 것을 알 수 있다.

객관도를 높이기 위해서는 우선 평가도구의 유형에 관계없이 객관화된 검사를 제작해야 한다. 또한 평가자가 평가하려는 내용과 평가방법에 대하여 소양을 갖추고 있어야 하며, 평가기준은 평가가 이루어지기 전에 미리 마련되어야 한다. 아울러 가능한 한 여러 사람이 공동으로 채점을 하여 그 결과를 종합하면 보다 객관성이 보장될 수 있다.

(4) 실용도

실용도(usability)란 평가도구가 갖추어야 하는 본질적인 특성은 아니지만 제작, 구성, 실시 등에 있어서 경비와 노력이 덜 들어야 실용적인 가치가 있다고 할 수 있다. 아무리 좋은 평가도구라 할지라도 시간과 경비, 노력

등이 지나치게 많이 필요하면 현장 적용력이 떨어져 사용할 수 없게 된다.

실용성이 있는 평가도구의 조건은 우선 그 실시와 채점방법이 간단하고 명료하며 용이해야 한다. 또한 평가의 결과가 인간행동의 어떤 면을 다룬 것인지 쉽게 해석할 수 있어야 하며, 그 결과를 유효적절하게 활용할 수 있어야 한다. 아울러 가능한 한 검사에 소요되는 비용과 시간, 노력 등이 적게 드는 것이어야 한다.

검사도구의 양호도와 함께 개별문항의 반응결과를 분석하는 것이 이후의 교육과정 개선에 크게 도움이 될 수 있다. 예컨대, 전체 학생들의 학업성적이 전체적으로 높았는데, 특정 영역의 문항에서만 낮은 점수를 받았다면 그 문항은 수정이 불가피한 문항이 된다. 이처럼 개별 문항의 질을 판단하는 과정을 통하여 더 좋은 문항으로 수정할 수 있는 기회를 갖게 되는 것이다.

문항을 분석하는 방법에는 크게 두 가지가 있는데, 검사도구의 총점을 가지고 분석하는 고전검사이론과 각 문항마다 그려지는 문항특성 곡선을 통해 문항을 분석하는 문항반응이론이 그것이다.

일반적으로 검사문항에 대하여 판단할 때 난이도와 변별도, 추측도의 문제를 다루게 된다. 난이도란 문항의 어려운 정도를 말하는 것이고, 변별도란 문항이 피험자 능력에 따라 변별하는 정도를 말한다. 좋은 문항이란 적정 난이도와 높은 변별력을 지닌 것이라고 할 수 있다. 추측도란 추측을 통해 응답한 정도를 말하는 것으로 그 수치가 적어야 좋은 문항이 된다.

4. 평가결과의 해석 및 활용

평가의 결과는 종합적이고도 분석적인 해석을 필요로 한다. 우선 한 집단의 점수 분포의 특성과 집중경향치, 분산도 등을 비교 분석하여 개인 점수의 집단 내 의미를 해석해야 한다. 또한 개별 학생의 점수가 다른 집단 혹은 전국 규준에 비추어 상대적으로 어느 정도의 위치에 있는가를 확인하고, 개인별 특성에 관한 심층적인 이해와 해당 검사 결과의 원인을 해석하는 시도들을 할 수 있다. 평가의 결과를 해석한 자료는 이후의 교육과정 계획과 교수방법의 개선 및 학생들의 개별 처방을 위한 자료로 활용될 수 있고 교육행정기관의 장학행정 자료로도 이용될 수 있다.

1) 평가결과의 보고

평가를 시행하고 얻은 결과(점수)를 비구조적으로 나열해서 보고한다면 평가의 목적에 유용하게 활용하기가 어려운 경우가 많다. 따라서 평가결과를 효율적으로 보고하고, 점수 전체의 특성을 요약하여 제시하는 작업이 필요하다. 이를 위해서 다양한 통계적 개념과 기법이 적절히 활용되어야 한다.

(1) 중심경향값

피험자의 평가결과를 얻고 나서 가장 먼저 궁금해 하는 것이 바로 어느 점수를 중심으로 모여 있는가 하는 것이다. 점수들이 어떤 점수를 중심으로 모이게 될 때 이 점수를 중심경향값이라 하며 전체 집단을 대표하는 점수가 된다. 중심경향값을 알아보는 방법에는 크게 평균, 중앙값, 최빈값이 있다.

① 평균(mean): 모든 점수를 더한 후에 총 학생수로 나눈 값으로 가장 신뢰할 수 있는 대표값이다. 평균으로부터 모든 점수의 차의 합은 0이 되는 특성이 있다.

② 중앙값(median): 원점수가 서열화되어 있는 경우 50%가 되는 지점에 위치한 값을 말한다. 전체 점수의 분포가 대칭성을 유지하지 못하고 한 방향으로 현저히 편포되어 있는 경우 또는 몇 개의 극단값이 평균을 왜곡시킬 위험이 있는 경우 중앙값이 평균보다 대표성이 있는 중심경향값이 된다.

③ 최빈값(mode): 자료의 도수가 가장 많은 점수로서 분포가 매우 편포되어 있어 하나의 값이 두드러질 때, 아울러 집중경향을 빨리 알고자 할 때 적합한 값이다.

(2) 분산도

분산도란 점수의 흩어진 정도를 말하는 것으로 중심경향값이 같아도 점수 분포가 퍼져 있는지 아니면 모여 있는지를 알 수 있게 한다. 예컨대, A와 B반의 중심경향값이 60으로 동일하지만, A반은 표준편차가 10이고 B반은 20이라고 한다면 B반이 A반에 비해 이질집단임을 알 수 있다. 따라서 잘하는 학생과 그렇지 못한 학생 간 차이가 심하여 수업계획에 더 많은 신경을 써야 함을 알 수 있다. 분산도를 알아보는 방법에는 범위, 사분위편차, 표준편차가 있다.

① 범위(range): 최고점수와 최저점수 간의 거리를 통해 계산되는 값으로 대략적인 분산의 경향을 알고자 할 때 사용된다. 두 값 간의 거리이므로 범위 = (최고점수 − 최저점수) + 1이 된다. 양극 값을 알고자 할 때 유용하지만 중간에 들어 있는 점수들의 분포가 어떠한지에 대한 정보를 제공하지 못하는 한계가 있다.

② 사분위편차(quartile): 전체 분포를 4등분하여 75% 지점의 점수와 25% 지점의 점수 간 평균을 내는 방식으로 구한다. 점수가 서열화된 정보일 때 유용하며 극단적인 값이 있거나 분포가 심하게 편포되어 있는 경우 유용하다. 그러나 전체 점수의 흩어진 정도를 고려하지 못하고 특정 몇 개의 점수만을 고려하게 되는 단점이 있다.

③ 표준편차(standard deviance): 각 점수들과 평균과의 차이들의 합이 0이 되는 편차의 특성으로 인하여 분산(variance)의 제곱근을 가지고 구하게 된다. 분산이란 편차를 제곱한 값들을 더하여 사례수로 나눈 값을 말하며 이 값에 제곱근을 하면 표준편차가 된다. 가장 안정적이고 신

뢰할 수 있는 분산도를 구할 때 사용되며, 한 집단에 일정한 값을 더하거나 빼도 값에는 변화가 없고 일정 상수가 곱해지면 그 상수비율만큼 증가한다.

(3) 정규분포

정규분포란 평균값과 중앙값, 최빈값이 일치하는 분포로 전체 점수의 약 68% 정도가 평균을 기준으로 ±1 표준편차 범위에 위치하고, 약 95%가 ±2 표준편차 범위에 해당하는 분포를 말한다. 모집단의 분포를 정규분포의 특성에 비추어 해석하기도 하고, 모집단을 정규분포로 가정하여 개별 점수의 위치를 파악하기도 한다. 모집단의 사례수가 커질수록 정규분포가 될 확률이 높아진다. 따라서 실제 분포가 정규분포와 얼마나 근사한가를 먼저 확인하고 정규분포의 특성을 이용해 해석해야 할 것이다.

(4) 표준점수

표준점수란 학생이 시험에서 직접 얻은 원점수와 비교되는 점수이다. 동일한 원점수라 할지라도 각 검사의 평균, 표준편차가 다름에 따라 성취정도에 대한 해석이 달라질 수 있기 때문에 인위적으로 같은 평균, 표준편차로 변환시킨 점수를 말한다. 예를 들어, 어떤 학생의 국어점수가 80점(M=85, SD=5)이고 수학점수가 80점(M=50, SD=10)으로 같다고 하더라도 이를 표준점수로 바꾸어 주면 이 학생은 수학을 국어보다 훨씬 잘하는 학생임을 알 수 있다.[3)]

이처럼 검사로부터 얻어진 원점수들을 비교하기 위해 척도를 변환한 것을 표준점수라 하고, 일반적으로 Z점수와 T점수를 사용한다.

Z점수란 개별점수와 평균과의 차이를 표준편차로 나눈 값을 말한다. 이

3) 국어(80) Z점수: $(80-85)/5=-1$
수학(80) Z점수: $(80-50)/10=3$

러한 과정을 거치게 되면 중심경향값은 0이 되고, 표준편차값은 ±1의 단위로 척도가 변환된다. 두 검사점수의 평균과 표준편차가 각기 다를 경우, 그들 간 절대비교를 하는 것이 불가능하지만 두 검사점수를 표준점수로 바꾸게 되면 동일한 척도 내에서 비교가 가능해진다.

Z점수가 실제 활용에 있어서 점수단위가 작고 음수를 포함하기 때문에 사용에 익숙한 10진수로 바꾸어준 점수가 T점수이다. 즉, T점수=10×Z점수+50으로 구한다. 이렇게 하면 Z점수 0은 T점수 50으로, 표준편차 ±1은 ±10으로 바뀌게 된다.

(5) 백분위

백분위는 어떤 점수 분포에서 최고점과 최저점을 순서대로 배열하여, 어떤 학생의 점수 아래에 얼마나 많은 학생비율이 있는지를 나타내는 것이다. 예를 들어, 100명의 학생집단에서 80점을 받은 학생이 24등을 했다고 하면, 그 학생의 백분위는 76백분위에 해당한다고 할 수 있으며, 상대적인 위치를 비교하기 위한 점수 방식이라 할 수 있다.

2) 평가의 교육적인 활용

평가는 궁극적으로 올바른 평가정보를 통하여 교육적으로 활용하는 데 목적이 있다. 따라서 단순히 등위를 매기고 점수를 기록하는 것으로 끝나서는 안 되며, 개인과 집단의 교육목표 달성 정도와 변화의 정도를 종합적이고 분석적으로 해석하는 과정이 포함되어야 한다. 평가결과의 해석은 교육평가가 교육과정의 최종 단계에 치러지는 일회적 행사가 아님을 말해주는 것이다. 다시 말해서 교육평가를 통하여 교육의 전(全) 과정에 피드백을 얻을 수 있고, 더 적절한 교육적 조치를 위한 자료로 활용될 수 있음을 시사한다.

'평가'라는 단어를 들으면서 남보다 더 나은 점수를 받아야 한다거나 타인으로부터 자신의 고유한 영역을 침해받는다는 생각을 하게 된다면, 그러한 생각이 들게 하는 평가의 풍토를 바꾸어 나가야 한다.

평가는 상호비교를 위해서 필요하기도 하지만 궁극적으로 자신의 상태를 스스로 파악하여 자발적인 변화와 성장을 위한 동력을 이끌어내기 위하여 시행되는 것이다. 평가영역에서 다루는 여러 문제들은 바로 이러한 목적을 실현하기 위한 작업으로 생각해야 하며, 평가의 과정이 늘 교육적인 것이 될 수 있도록 평가전문가들의 계속적인 노력이 요구된다.

CHAPTER 09

교육행정 및 교육경영

제1절 교육행정이론의 발달
제2절 학교조직관
제3절 교육지도력
제4절 교육동기이론

산업혁명 이후 교육조직이 거대화됨에 따라 교육조직의 원활한 운영을 도와 줄 교육행정과 이를 담당하는 교육행정가가 생겨나게 되었다. 또한 교육행정과 함께 교육경영이라는 용어도 함께 사용되고 있는데, 이는 학교도 하나의 조직이므로 교육이라는 목적 달성을 위해 교육기관의 설립, 운영, 결과에 이르는 전체적 책임을 지는 경영마인드, 변화와 혁신을 강조하는 기업가 정신(entrepreneurship)이 시대적으로 필요하게 되었음을 의미한다. 이런 의미에서 교육행정에 경영마인드를 접목한 것이 교육경영이라 할 수 있다.

교육행정의 큰 흐름을 살펴볼 때, 과거로부터 1970년대 이전까지의 교육행정이 효율성을 강조하였다면, 1970년대 이후의 교육행정은 효율성보다는 도덕성을 강조하고 있다. 즉, 최근의 교육행정은 최소한의 비용으로 최대한의 결과를 가져오는 효율성보다는 행정 행위의 옳고 그름에 대한 판단, 행정가의 철학, 윤리, 가치 등이 훨씬 더 중요시되고 있다.

교육행정의 가장 핵심적인 목표인 질적으로 높은 교사의 수업은 학생들의 적극적인 수업 참여를 가져오고, 이는 학생들의 학업성취 향상으로 나타난다. 또한 학생들의 높은 학업성취는 학교 개선(improvement)과 함께 학교 갱신(renewal)으로 연결된다. 이처럼 교사의 질적으로 높은 수업에서 비롯된 학교의 갱신을 이끌기 위해서, 교육행정은 단기간의 효율성에 입각한 전략보다는 장기간의 노력, 비용, 시간 등이 필요하며, 교육행정가의 윤리, 도덕, 철학, 주관적 가치판단 등이 더욱 중요하게 되었다.

교육행정이 무엇이며, 교육행정가는 무엇을 해야 하는지에 대한 대답을 구하기 위해 교육행정이론의 발달, 학교조직관, 교육지도력, 교육동기이론 등을 살펴보고자 한다.

제1절 교육행정이론의 발달

교육행정이론은 교육행정 실제에 영향을 미치기 때문에 더욱 의미가 있다. 교육행정이론의 발달은 크게 조직과 개인 어디에 더 초점을 맞추었느냐에 따라 달라져 왔다. 교육행정이론의 발달에 영향을 미친 행정이론들은 고전이론(1900~1930), 인간관계론(1930~1950), 행동과학적 접근(1950~1970), 최근의 경향(1970년대 말 이후) 등의 순서로 살펴 볼 수 있다.

1. 고전이론

교육행정의 고전이론은 크게 과학적 경영론, 산업관리론, 관료제로 나뉜다.

산업혁명 이후 급속한 자본주의의 발달로 생산현장의 규모는 확대되기 시작하였고, 산업현장에서는 최대한의 생산성을 높일 수 있는 방안을 모색하는 연구가 시도되었다. 과학적 관리론의 창시자인 타일러(Fredrick W. Taylor)는 작업과정을 분석하고 과학화하면 작업의 능률과 생산성을 극대화할 수 있다고 믿고, 시간연구(time study)와 동작연구(motion study) 등을 통해 보는 업무를 과학적으로 연구하고 표준화함으로써 하루의 과업을 설정하고 그 과업을 기준으로 관리의 과학화를 도모하였다.

실제로 펜실베니아 베드레헴 철강공장에서 기차에 철을 적재하는 것을 분석한 타일러는, 노동자들이 그의 표준화된 방법과 절차 그리고 도구 등을 사용하도록 함으로써 하루 평균 작업량을 12톤에서 47톤으로 늘릴 수 있었다(Sergiovanni & Starratt, 2007).

과학적 경영론의 주안점은 낭비와 비능률을 제거하고 생산효과를 최대로 올려서 조직의 효과성을 높이는 데 목적이 있었다. 그 과정에서 조직의 구성원들을 조직의 부속품처럼 취급함으로써 사람들은 착취당한다는 느낌을 가지게 되어서 결국 조직의 목표 달성에도 부정적인 태도를 가지게 되었다. 결국 조직의 목표 달성에 급급한 나머지 조직구성원들의 동기, 인간상호 관계, 감정적인 요인들을 무시함으로써 그 결과 조직의 목적마저도 실현시키기 어렵게 되었다(오은경, 2001).

과학적 관리론과 유사한 맥락에서 페이욜(Henri Fayol)은 조직 관리자에 초점을 맞춘 행정관리 과정의 과학적 접근 방법으로 기획, 조직, 명령, 조정, 통제의 5가지 요인을 제시하였다. 페이욜은 행정이란 조직구성원 모두의 협력과 협조에 의해서 이루어지는 것이라고 보면서 행정가의 행동을 주로 어떤 일을 '기획'하고, 그 일과 관련된 인적·물적 자원을 '조직'하며, 그 조직 속의 사람들에게 '명령'을 내리고, 그 명령에 따른 구성원들의 다양한 활동을 '조정'하고 '통제'한다고 설명하였다.

한편, 행정의 과학화에 크게 기여한 굴릭과 어윅(L. Gulick & L. Urwick)은 최고행정가인 대통령의 업무를 분석하여 행정 기능의 구체적인 절차로서 POSDCoRB로 표현되는 행정과정을 제시하였다. 이는 페이욜이 제시한 행정과정의 다섯 가지 요소를 확장하고 발전시킨 것으로, 기획(Planning), 조직(Organizing), 인사(Staffing), 지휘(Directing), 조정(Co-ordinating), 보고(Reporting), 예산(Budgeting)의 요인으로 전개된다(Lunenburg & Ornstein, 2004).

과학적 관리론의 영향으로 교육행정분야에서도 학교교육의 능률을 올리기 위해서 학교의 비효율과 낭비를 제고하고 관리의 효율을 극대화하기 위해서 과학적 관리를 적용하기 시작하였다. 시카고 대학의 보비트(John F. Bobbitt)는 1912년 「교육에서 낭비의 제거」라는 논문에서 과학적 관리론을 교육에 적용할 것을 주장하면서 구체적인 방안으로 ① 가능한 모든 시간에 교육시설을 동시에 활용하며, ② 교직원의 작업능률을 최대한으로 향상시켜서 교직원의 수를 최소로 감소시키며, ③ 교육에서의 낭비를 최대한 제거하고, ④ 교원은 학생을 가르치는 데 전념하도록 하고 학교행정은 별도의 행정가가 해야 한다고 하였다.

한편, 스폴딩(F. E. Spaulding)은 교육행정의 비능률이 교육사업의 큰 취약점이라고 비판하면서 교육행정도 기업처럼 단순하고 건전한 기업원칙에 입각해야 한다고 주장하였다. 그는 과학적 관리의 본질을 ① 성과의 측정과 비교, ② 성과를 달성할 수 있는 조건, 특히 그 수단과 시간의 분석과 비교, ③ 성과에 의해서 정당화될 수 있는 수단의 계속적 채택과 이용으로 설명하였다.

그러나 이 관점은 교육이 가지는 고유한 특성으로 미루어볼 때, 교육의 효과를 능률과 효율성의 측면에서만 평가할 수는 없다는 비판을 받게 된다. 왜냐하면 교육의 과정을 상품 생산의 과정처럼 규격화할 수도 없고, 과학적 관리론을 교육적인 상황에 그대로 적용하는 경우 학교조직에서 인격적인 측면은 무시되거나 부차적인 것으로 생각하는 과오를 범할 수 있기 때문이다. 그러나 교육재원에 따른 능률적인 학교 운영을 강조한 점은 긍정적인 측면으로 받아들여질 수 있다.

고전이론의 중요한 하나인 관료제는 제2절 학교조직관에서 다루고자 한다.

2. 인간관계론

과학적 관리론이 행정관리를 체계화하고 효율화하는 데 많은 기여를 하였지만, 이는 인간을 합리적 경제인으로 설정하고 인간의 사회적·정서적·심리적 측면은 무시한 채 하나의 기계처럼 다룬다는 비판을 받았다. 결국 '인간 없는 조직'(organization without people)을 가정한 과학적 관리론의 적용은 조직 속에서 비인간화 현상을 초래하게 되었고, 이에 대응하는 인간관계론이 등장하게 되었다.

인간관계론은 메이요(Elton Mayo)와 연구진이 시카고 근처 서부전기회사의 호손(Hawthorne)공장에서 실행한 실험 결과들에 의해서 시작되었다. "생산과정에서 인간의 사회·심리적 변인에 작용을 가하면 생산성은 증가될 것이다"라는 기본 가정을 가지고, 조명도 실험 등 8년간(1924~1932)에 걸쳐 계속된 실험을 통해서 연구자들은 과학적 관리론에서 주장하는 여러 원칙들이 반드시 옳은 것은 아니라는 것을 발견하였다.

이들은 실험을 통해서 첫째, 경제적인 보상이 항상 인간의 동기를 유발시키는 것은 아니며, 둘째, 작업자들은 종종 비공식 집단의 구성원으로서 행동하고, 셋째, 업무의 전문화가 항상 효율적이지는 않았으며, 넷째, 비공식 조직의 지도자는 공식조직의 지도자만큼 중요하고, 다섯째, 작업 상황에서 인간은 톱니바퀴와 같은 수동적인 존재가 아니라 적극적으로 활동하는 인간이라는 결론을 이끌어냈다(Hoy & Miskel, 1991: 15).

결과적으로 과학적 관리론이 조직의 효율성을 극대화하기 위하여 직무의 과학적 분석과 공식조직의 구조에 관심을 두었다면, 인간관계론은 조직운영에 있어서 조직구성원 개인이나 비공식 집단에 초점을 맞추어서 인간의 사회적·심리학적 환경을 강조하였다. 이에 따라 조직의 효과적인 운영에서 중요한 구성요인으로 개인과 소집단의 동기부여(motivation), 직무만족(job satisfaction), 비공식조직의 중요성, 집단원의 사기(morale) 등 사회·심리적 요인들이 등장하게 되었다.

한편, 인간관계론은 교육행정의 민주화와 발전에 크게 공헌하였다. 특히 1930년대 이후에는 진보주의 교육운동과 결합되면서 민주적인 교육행정, 참여행정, 인간주의적 장학을 위한 방법의 원리로써 크게 부각되었다.

그러나 인간관계론은 조직구성원의 심리적 측면을 지나치게 강조한 나머지 조직의 운영과 관련된 주요 문제점을 제대로 파악하지 못한 점에서 비판을 받았다. 또한 지나치게 인간적 가치만을 중요시한 결과, 조직의 생산성이나 효과의 측면을 소홀히 취급한 점과 구성원들의 작업 성취 욕구를 부수적으로 다룬 결함이 있다.

3. 행동과학적 관점

과학적 관리론에서 내세우는 인간에 대한 합리적·경제적 관점은 사회적 관계를 무시했고, 인간관계론자들이 주장하는 사회·심리적 관점은 조직의 공식적 구조의 영향을 무시했기 때문에 공식조직 내에서 인간의 행동을 설명하는 데는 불완전하였다. 이에 행동과학적 접근은 개인과 조직과의 관계를 규명하고 조직적 측면과 인간적 측면을 조화시키려고 시도하였다.

행동과학적 접근을 행정에 처음으로 적용한 바너드(Chester I. Barnard)는 조직을 사회적 협동체제로 보고 조직의 구성요소로서 의사소통, 협동, 공동의 목적 등을 제시하는 한편, 조직 내 비공식조직의 중요성과 공식적 조직과의 불가피한 상호작용을 설명하였다. 그는 "조직의 행정가는 조직의 공통적인 목적을 성취하는 것과 관련되는 효과성(effectiveness)과 조직구성원 개인의 동기가 충족되는 것과 관련되는 능률(efficiency)을 강조해야 한다"고 주장하면서, 조직이 최대한의 목표 달성을 위해서는 조직과 개인이 목적이 조직을 위해 합치되고 균형이 이루어져야 한다고 하였다. 특히 모든 공식조직에서 자생적으로 발생하는 비공식조직(informal organization)의 존재를 인정하고, 공식조직 속에서 의사소통이 원활하게 이루어지고 조직을 결속하기 위해서는 비공식조직을 충분히 활용해야 한다고 하였다.

사이몬(H. A. Simon)은 행정을 조직 구성원 개인에게 영향을 미치는 합리적인 의사결정과정으로 보았다. 그는 행정 현상은 철저하게 사실인 만큼 행정을 연구하는 방법도 가치를 배제한 과학이어야 한다고 하였다. 조직과 개인의 관계에 대해서도 사이몬은 비개인적인 조직의 전체적인 목적도 실현되어야 하지만 개인의 욕구도 충족되어야 한다고 보았다. 즉, 조직 속에서 개인은 자신이 조직에 공헌하는 것과 조직으로부터 받는 보상이 적절하다고 생각될 때 조직에 남게 된다는 점을 강조하였다(Simon, 1957).

한편, 게젤스(J. W. Getzels)와 구바(E. G. Guba)는 학교를 사회체제로 파악하고, 학교체제에서 개인의 사회적 행동을 조직적 차원과 개인적 차원의 상호작용으로 설명하였다. 조직적 차원(institutional dimension)은 제도 내에서 부여된 역할과 역할에 따른 역할 기대로 구성되어 있고, 개인적 차원(personal dimension)은 개인의 인성과 욕구성향으로 이루어져 있다. 이 두 차원은 개념적으로는 서로 독립적이지만 실제로는 밀접한 관계를 가지면서, 두 차원의 상호작용에 의해서 조직이 추구하는 궁극적인 목표인 사회적 행동이 이루어진다고 하였다(Getzels & Guba, 1957).

행정의 주된 관심은 외적으로 정의된 역할 기대와 내적으로 주어진 욕구성향 간의 통합을 실현시키려는 노력에 있다. 게젤스와 구바는 조직과 개인이 서로 끊임없이 사회화시키려 하고, 개인화시키려 하는 역동적인 과정 자체에서 해결의 기제를 찾을 것을 제안한다. 즉, 통합의 기제를 의미한다.

1950년대 이후 교육행정에서 행동과학적 접근이 시도되고 이론화 운동이 전개되면서 순경험 위주이거나 규범적 형태의 연구에서 분석적이고 체계적으로 조직화된 연구, 교육현장중심에서 학문중심 연구로 새로운 연구들이 시도되었다. 또한 단일학문의 테두리에서 이해하던 개념으로부터 인접과학을 망라한 다학문적인 접근으로 바뀌게 되었다. 이처럼 교육행정이론화를 위한 신운동은 교육행정의 이론 발달에 크게 공헌하였다. 그러나 행동과학적 접근은 행정의 과학화에 주력한 나머지 행정현상 연구에서 가치를 배제시킨 점과 행정의 문제를 조직과 개인을 대비시킨 이분법적 사고로 본 점은 비판을 받고 있다(오은경, 2001: 12).

4. 최근의 경향

1970년대 이후 교육행정에 관한 연구에서는 전통적인 이론과 그동안 널리 통용되었던 행동과학적 관점의 과학적인 사회분석적 방법과 합리성에 대해 의문을 제기하게 된다. 그리고 조직 연구에서 주관성, 불확실성, 개인적 해석 등을 교육행정 현상의 분석을 위한 주요 개념으로 설정하였다.

교육행정에 현상학적인 관점을 적용한 그린필드(T. B. Greenfield)는 조직은 객관적인 실체가 아니고 인간에 의해 만들어지고 의미가 부여된 사회문화적 인공물이라고 주장하였다. 따라서 교육현상도 인위적인 체계이므로 자연과학의 대상과는 달리 교육문제나 현상의 개별적인 상황과 그에 따른 특수성에 의해서 이해되고 파악되어야 한다고 하였다. 현상학적 관점에서는 외부로 표현된 행동 자체를 중요하게 보기보다는 그 행동이 나타나게 된 배후의 의미에 관심을 갖고, 그 의미의 해석을 상호주관적으로 어떻게 해석하는가에 초점을 맞춘다.

따라서 조직에 문제가 생겼을 때 조직의 구조(structure)를 바꿔서 문제를 해결하는 방식보다는 누구의 뜻에 따라서 사람들이 무슨 일을 할 것인지가 결정되는지, 또 사람들의 의도를 어떻게 바꿀 것인지로 초점이 바뀌어야 한다고 생각한다(Greenfield, 1978).

한편, 과학적이고 분석적인 행정에 반기를 든 호지킨슨(C. Hodgkinson)은 실증주의의 영향으로 교육행정에서 철학이 배제되어 왔다고 비판하면서, 교육행정에서 가치에 관한 탐구는 본질적인 것이라고 주장한다. 왜냐하면 가치란 그 자체가 바람직한 것으로, 기존에 이미 어떤 형식으로 주어지는 것이 아니라 주관적인 형식으로 존재하기 때문에, 보편적으로 적용되는 이론이나 원칙을 찾고자 했던 이전의 연구방식을 반대하고 가치의 주관성을 가정하였다. 특히 행정가가 의사결정을 하는 과정에서 행정가 자신이 갖고 있는 가치의 문제는 본질적인 것이므로 행정은 과학이 아니라 인문주의이며, 실천하는 철학이라고 주장하였다(Hodgkinson, 1978).

스타렛트(R. J. Starratt, 1991)는 행정가는 세 가지 윤리적인 덕목이 갖춰져야 한다고 제안하고 있다. 이는 배려의 윤리(The Ethic of Caring), 정의의 윤리(The Ethic of Justice), 비판의 윤리(The Ethic of Critique)이다. 이들 세 가지 덕목은 의미가 서로 중복되는 경향도 있지만 윤리적인 학교를 구축하는 데 필수적인 덕목이므로 학교행정가는 이 덕목들이 학교공동체에서 잘 실현될 수 있도록 노력해야 한다고 하였다. 즉, 이는 구성원들 개개인에게 영향을 미치고, 의사결정과정에서도 행정가가 직접 윤리적인 행동을 보임으로써 갈등을 해결하는 데도 영향을 미치게 된다(Cunningham, 2000: 210-211). 이들 세 가지 윤리 덕목에 대한 설명은 다음과 같다(Starratt, 1994: 194).

첫째, 배려의 윤리는 학교구성원들의 관계와 관련되는 덕목으로 교사, 학부모, 학생들과의 관계에서 깊은 배려, 이타적 사랑, 친족과 같은 관계로 특징지어진다. 배려의 윤리는 말로써 학생들에게 전달되는 것이 아니라 교사가 직접 행동으로써 모델을 보여 줘야 한다. 교사는 마음을 열고 학생들의 문제에 대해 귀를 기울여 잘 듣고 학생들과 끊임없이 대화를 시도함으로써 배려의 윤리를 실천해 나갈 수 있다. 또한 배려의 윤리에 대한 헌신은 기술적인 지식 전달의 수준을 넘어서서 전인적인 관심을 가지고 학생들의 학습, 발달, 사회적 요구를 제고시키기 위해서 모든 노력을 기울이는 것을 의미한다. 배려의 윤리를 실천하는 과정에서 성인들은 의사결정을 할 때 우선적으로 이 결정이 학생들에게 얼마나 유익한 결과를 가져다주는지를 먼저 생각하고, 인간의 존엄성과 잠재능력을 중요시한다. 따라서 학교공동체에서 행정가는 구성원들 사이에 배려의 윤리적 관계가 잘 형성되고 유지될 수 있도록 노력해야 한다.

둘째, 정의의 윤리는 학교가 운영되는 방식과 관련된 덕목으로 개인과 공동체의 선택과 관련되는 평등, 공정성의 개념이 포함된다. 즉, 구성원 개인이 편견에 치우치지 않게 행동하고, 공동체가 공평하게 정책을 펼쳐나가는 것을 뜻한다. 행정가는 정의의 윤리를 실천하는 데 있어서 학생들을 옹호하고 학생들이 최적의 환경에서 학습할 수 있도록 지원해야 한다. 아울러 학교공동체에서 정의로운 사회질서를 구축하기 위해서 개인에게 영향을 미치는 학교의 구조적 특징에 대해서 비판적 관점을 가지고 계속 반성해야 한다.

셋째, 비판의 윤리는 우리가 우리의 삶을 조직하는 방식 혹은 우리의 삶이 우리를 위해 어떻게 소식되어지는가에 대해 의문을 제기하는 비판이론에 근거한다. 포스터(Foster, 1986)는 행정가는 대화를 통해서 구성원들이 현재의 상황에 대해서 늘 의문을 제기할 수 있도록 도와야 하는 비판이론가여야 한다고 하였다. 예를 들어, 학생중심의 의사결정이 실행되어야 한다면 이런 결정은 누구에게 도움이 되는가? 누가 권력을 가지고 있는가? 특권을 가진 자가 누구인가? 아직 의견을 내세우지 않은 집단은 어느 집단인가? 라는 질문을 던져 보면서 행정가는 비판의 윤리를 실천해나가야 한다고 하였다. 비판의 윤리로 인해 조직구성원들 사이에서는 대화가 활발해지기도 하고, 개방적인 의사소통으로 인해 공동체의 문제가 표면화되기도 하지만 갈등을 부정하지 않고 인정하게 된다.

사회학 분야의 마르크스주의를 배경으로 하는 비판이론의 관점에서는 현대사회의 조직이 지배적인 경제적·정치적 세력에 이떻게 공헌해 왔는지를 분석하고 비판한다. 이들은 현 사회체제가 기존의 사회질서를 유지하고 권력을 확보하기 위해서 그들의 신념체계를 통해서 기득권을 계속 정당화하려 한다고 주장한다. 비판론자들은 학교에 대해서도 첫째, 학교교육과정에서 어떤 계층의 주장이 무시되고 있으며, 그 이유는 무엇인가? 둘째, 현재의 교육과정, 학교교육은 어떤 계층의 관심을 반영하고 있는가? 셋째, 학교에서 가르치는 내용과 교수방법, 사회의 지배적인 경제와 정책은 어떤 관계가 있는지를 질문하면서 학교교육에 대한 기존의 지배적인 틀을 벗어날 것을 주장한다(Hoy, 1996: 19 재인용).

앤더슨은 행정가들의 권력의 통제를 지적하면서 행정가들이 사회현상의 어떤 면들을 볼 수 없거나 보지 않으려는 것은 그들 내면의 시각의 구성 탓이라고 보았다. 지식사회학의 용어로 말하자면 어떻게 사회적 실재를 구성하고 있는 일이 이루어지고 있는가를 밝히는 것으로, 권력과 통제의 기제를 통해 어떤 사건을 축소시키거나 은폐·무마시키는 일이 학교현장에서 바로 행정가들에 의해 일어나고 있음을 지적하였다(Anderson, 1990).

베이츠는 통제의 구조를 지식의 구조와 관련시켜 분석하였다. 학교현장에서 객관적인 지식이 존재하는 것이 아니라, 누가 지식을 무엇이라고 보느냐에 따라 지식의 구조는 결정된다고 해석한다. 그는 지식은 객관적이라는 주장 뒤의 기득권층의 교묘한 통제와 영향력을 드러내는 것으로, 지식의 선택, 조직, 전파 과정에 기득권층의 가치가 개입된 결정이 지식의 구조를 선택하는 데 영향을 미친다고 설명한다(Bates, 1980).

이처럼 비판론적 관점에 의하면 교육행정가는 과거에 당연하게 받아들여 왔던 학교교육의 상황과 기본 가정에 대해서 비판적인 시각에서 검토하고, 행정 실제가 진리, 자유 혹은 정의로 표현되는 조직구성원의 삶의 질을 얼마나 개선할 수 있고, 이를 위하여 어떤 변화를 가져올 수 있는지에 초점을 맞추어야 한다고 한다.

1980년대 중반부터는 학교의 문화(culture)를 중심으로 연구하는 문화적인 전망(cultural perspective)도 활발히 전개되기 시작하였다. 문화적 전망은 인류학자들이 사용해온 개념과 방법들을 빌려 와서 학교행정을 이해하고 이끌어가는 관점이다. 한 집단이나 조직의 문화란 그 구성원들이 공유하는 의미나 신념, 가치체계를 뜻한다. 공유된 의미나 가치는 조직의 구성원들에게 자연스럽게 전해져서 내면화되고 새로운 구성원들에게도 전해진다.

따라서 학교와 같이 다양한 사람들로 구성된 조직에서 행정가는 구성원들의 다양한 가치나 정서, 신념 등이 어울릴 수 있도록 문화적 시멘트의 역할을 담당하면서, 구성원들을 묶어주는 공유된 의미나 가치를 이해하고 전파하고 창조하는 일에 힘써야 한다고 주장한다(오은경, 2001).

제2절 학교조직관

학교는 교육이라는 목적을 달성하기 위해 여러 사람이 모인 조직이다. 학교조직 구성원들이 학교조직을 어떤 관점으로 보는가에 따라 조직 내에서 그 상호작용을 달리하기 때문에 학교조직관 또한 중요하다고 할 수 있다. 학교조직을 바라보는 관점은 크게 수직적 관점의 관료제, 수평적 관점의 전문가 조직이 있으며, 이완체제, 조직화된 무질서, 정치적 조직으로서의 학교 등이 있다. 최근에는 공동체로서 학교를 바라보는 관점이 지배적이다.

1. 관료제로서의 학교: 학교의 수직적 구조

학교의 규모가 커지고, 복잡해짐에 따라 학교조직도 관료제의 경향을 지니게 되었다. 관료제는 막스 베버(Max Weber)에 의해 가장 이상적인 조직 형태(ideal type)로 제안된 것으로, 조직이 대규모화되고 공식화됨에 따라 조직의 유지와 관리에 최선의 효율성을 확보하고 조직의 목적 달성을 위해 고안되었다. 관료제는 고전적 조직이론의 과학적 관리 원칙들이 가장 성교한 형태로 결합되어 있으며, 현대사회 대부분의 조직이 갖고 있는 기본적인 조직의 형태이다.

베버의 관료제는 정당성이라는 기초 위에 능률성과 합리성을 추구한다. 그의 구상은 합법적 권위를 바탕으로 한 조직은 카리스마적 권위나 전통적 권위를 기초로 하고 있는 조직보다 더 능률적이고 합리적일 것이라고 가정한다.

그러나 관료제를 실천하는 과정에서 조직은 보편성·일관성·합리성의 추구라는 관료제의 이상들에 대한 상당한 역기능이 동시에 발생한다. 오히려 이러한 과정에서 꼭 지적해야 할 점은 관료제의 지나친 확장(overbureaucratization) 때문이 아니라, 실제로는 관료제를 제대로 정착시키지 못해 왔기(underbureaucratization) 때문에 생겨난 현상일 수도 있다는 것이다(오은경, 2001).

관료주의에 대한 저항은 관료주의의 이상에 대한 것이라기보다는 현실에서 체험해 온 관료적인 위계 조직의 역기능에 대한 저항일 것이라고 추정할 수 있다. 조직의 어느 누구든 역기능을 낳기 위해 의도적으로 일하고 있다고 말할 수는 없으며, 그렇다면 왜 이러한 역기능이 관료 조직 안에 생길 수밖에 없는가를 살펴보아야 한다. 이러한 관료제의 특징과 함께 나타나는 순기능과 역기능을 종합하면 다음과 같다(Weber, 1947).

1) 분업과 전문화

관료제에서의 분업과 전문화는 관료적으로 운영되는 구조의 목표 달성을 위해 요구되는 일상적인 활동들이 공식적인 의무로서 고정된 형태로 배분되는 것을 의미한다. 대부분의 조직에서 업무는 개인 혼자 처리하기에는 너무 복잡하기 때문에 지위 간의 분업은 효율성을 향상시킨다.

예를 들어, 학교에서의 분업은 교과 혹은 전공별 세분화뿐만 아니라, 학교급별로도 구체적인 전문화가 이루어져 왔다. 유아원, 유치원, 초등학교, 중등학교, 대학교, 대학원 등의 학교급별에 따라 교사들은 전문성을 인정받게 되었다. 이외에 교수 기능과 행정 기능의 분리는 학교 조직에서 과업의 분담이 서서히 실현되어 나가는 특수 전문화의 예에 속한다.

이처럼 노동의 분업은 기술의 숙련도, 일의 효율성·전문성의 향상을 가져오지만 동시에 일에 대한 싫증과 지루함(boredom)을 가져올 수 있다. 또한 이러한 지루함이 조직의 생산성을 저하시키기도 한다.

2) 권위의 위계화

관료 조직 내의 지위는 위계 구조로 조직된다. 이 위계 조직은 대개의 경우 피라미드형을 이룬다. 부서가 수직적으로 배치되고 하위 부서에서는 상위 부서의 통제와 감독을 받는다. 즉, 지위 체제에 따라서 권위는 등급화된다.

학교 내에서도 교직원들이 각 영역에서 각각 상이한 정도의 차이를 보이기 때문에 지위 체제는 존재한다. 학교 조직은 기구표 내지 직제표상 명확하고도 엄격하게 규정되어 있는 권위의 위계를 가지고 있다. 교육부장관과 교육감에서 시작하여 부교육감, 국장, 교장, 교감, 교사 및 학생으로 연결되는 조직의 기구표들은 권위의 계열과 의사소통의 통로를 보여 준다. 권위의 위계는 공식조직의 위계 구조를 의미하며, 이를 통해 상부에서 결정된 사항의 지시와 소통이 이루어지고 책임선이 정해진다.

그러나 권위의 위계가 가지는 중요한 역기능은 의사소통의 왜곡과 단절이다. 관료제의 위계적 권위구조는 조직의 일관되고 신속한 조정 및 통제에 용이하나 원활한 의사소통을 방해하는 기제로 작용할 수 있다. 조직의 하위자들은 자신들의 상급자들에게 나쁜 인상을 줄 수 있는 것들에 대한 의사소통을 회피하는 경향이 있기 때문에, 위계의 각 수준은 의사소통을 단절할 수 있는 가능성을 가지고 있다. 그리고 조직의 하위자들은 자신들에게 유리한 것 또는 상급자들이 원하는 사항들만을 전달함으로써 의사소통을 왜곡시키는 경향이 있다.

3) 규칙과 규정의 중시

관료제는 의도적으로 확립된 규정과 규칙 체계를 통해 활동이 일관성 있게 규제된다. 공식적으로 제정된 규칙과 절차에 따라 공식적인 결정과 행동을 다스린다. 규칙과 절차 체제는 운영의 일관성과 합리성을 보장해 주며 다양한 활동들을 조정할 수 있도록 해준다. 인사 구성의 변화에 상관없이 운영상의 지속성을 보장해 주며 조직에 안정을 준다.

그러나 바로 이 점이 관료적 운영에서의 규칙과 절차가 빚어내는 '번잡한 서류 절차'(red tape)로 인해서 관료제에 대한 부정적인 편견을 갖게 하기도 한다. 불필요한 서류 제출, 서류의 중복, 융통성 없는 경직된 절차의 운영 때문에 관료제에 대해 감정적인 거부감을 느끼게 한다.

또한 규칙과 규정을 지나치게 중시함으로 인해서 마치 이러한 규칙과 규정이 조직의 목표가 되어버리는 목적 도치(goal displacement)와 조직의 경직성을 낳기도 한다. 또한 지나친 조직의 경직성은 변화에 적절하게 대처하지 못하게 한다.

오히려 문제가 되는 것은 규칙이 지닌 추상성 때문에 이를 해석하는 상급자의 변덕에 휘말릴 수도 있다는 것이다. 규칙과 절차는 상급자나 하급자에게 모든 경우 공평하게 적용되어야 한다. 관료제는 개인의 변덕이나 개인 선호에서 벗어나야 한다.

학교조직에서도 다양한 구성원들의 행동을 통제하고 합리적인 일관성·안정성·통일성을 보장하기 위해 정책 안내서·규칙·규정·문서 등 일반적인 규칙들을 활용하여 왔다.

4) 비개인성에 따른 운영

관료제의 비개인성(impersonal orientation)은 조직의 분위기가 증오·애정·열정에 지배되지 않고 합리적인 기준에 의해 냉정하고 초연하고 공식적인 비정성의 정신에 의해 지배되는 것을 말한다. 관료제에서 조직의 구성원들은 감정이 아닌 사실에 근거하여 결정을 내리도록 기대된다. 조직에서 비개인성은 공평한 대우 및 합리성을 높여주는 객관적인 원칙에 의한 조직 운영의 원리이다. 그러나 이것이 지나칠 경우 조직구성원의 개인차를 고려하지 못하고 다소 삭막한 분위기를 만들어내며 사기 저하를 초래할 수 있다.

5) 경력지향성

관료제의 경력지향성은 조직 내에서 근무한 기간과 담당 업무 분야에 대한 경력을 인정하여, 조직구성원으로 하여금 안정성과 조직 내의 장기적인 전망을 가질 수 있도록 하여 조직에 충성할 수 있고 오래 머무를 수 있는 유인책으로 작용한다.

교사들은 전문적 능력에 기초해서 채용되며, 대부분의 경우 전문적 경력으로 이어진다. 승진은 연공서열(seniority)과 업적에 의해 결정되고 경력에 따라 일정한 급여를 받는다. 그러나 교직의 경력지향성은 지나치게 능력보다는 경력을 중시함으로써 능력과 경력 간의 갈등을 가져온다.

행정가들은 관료제의 핑계를 대면서 실상은 관료제의 이상인 보편성을 추구하려는 것이 아니라, 자신의 입지를 강화하려는 숨은 의도를 감춘 채, 자신의 사견이나 편견을 마치 조직의 의견인 것처럼 위장하는 경우도 있다. 이러한 점을 극복하는 방안으로 베버는 관료제의 이상을 제언한 것이다. 관료제의 보편성·일관성·합리성은 지나쳐서 문제가 되기보다는 조직사회에서 흔히 볼 수 있는 사리사욕의 태도, 지나친 편파주의, 권력의 번덕스런 횡포 등은 관료화 이전의 형태에 속하는 현상들이다. 역기능 발생의 과정에 대한 이해를 근거로 관료제의 이상을 최대한 실현시키려는 노력이 더 필요할 것이다(오은경, 2001).

2. 전문가 조직으로서의 학교: 학교의 수평적 구조

학교는 공식적으로 관료적인 위계 조직으로 구성되어 있으나, 동시에 학교에는 동료들 간의 수평적인 관계도 있다. 또한 학교는 정부의 관료 조직이나 군대 조직과는 다른 사회적 기능, 즉 지식을 전달하고 보유 및 발전시키는 기능을 담당하고 있기 때문에 경직된 위계 조직만으로 학교를 이해하기는 어렵다.

특히 교사의 핵심 역할인 교수 학습 활동은 물리적으로도 독자적인 공간인 교실에서 교사와 학생 간의 긴밀한 인간관계에 기초해 교사 자신의 독단적인 판단에 의해 수행 조정되며, 자율성과 독립성이 높은 측면은 교직이 전문직이며 학교 조직을 전문조직으로 파악해야 하는 근거가 된다.

호이와 미스켈(Hoy & Miskel, 2007)은 전문가 조직은 실질적인 의사결정권이 조직구성원들에게 위임되는 구조라고 본다. 학교에서 핵심 구성원인 교사들은 조직의 중요한 의사결정을 할 수 있는 전문 기술과 능력을 가진 전문가로 간주된다. 규칙과 절차는 동일하게 적용되는 엄격한 형태가 아니라 어떤 기준으로서의 역할을 한다. 교사들은 조직의 의사결정 과정에 상당한 영향력을 행사한다. 그러므로 전문가 조직으로서의 학교는 지식과 전문 기술을 가진 교사들에 의해 의사결정이 이루어지는 것이 그 핵심이라 할 수 있다.

실제로 교사들은 자신들이 위계 조직의 하부 기관으로서가 아니라 학교 조직의 중심이어야 한다고 생각한다. 동등한 자로서 학교의 운영에 참여하기를 원한다. 권위의 위계에 의한 관료 조직의 수직 구조와는 다른 수평 구조로서 권력을 공유하는 것이 바람직하다고 여긴다.

권력을 교사들과 공유하는 일(empowering), 결정 과정에의 참여(participation), 운영을 공유하는 것(shared governance) 등의 논의들이 활발하게 전개되어 왔으며, 실제로 이러한 주장들을 실천에 옮기는 학교들이 늘어나고 있다.

카란트(Karant)는 이러한 실천을 하고 있는 미국의 3개 고등학교를 연구한 결과를 다음과 같이 보고하였다. 권력을 교사들과 공유하는 것을 애초에 꺼렸던 행정가들도 있었으나, 만일 행정가가 권력의 공유 개념을 철학적으로 받아들인다면, 실천과정이 더디고 비효율적이라 하더라도 참을성을 필요로 한다.

이러한 장애에도 불구하고 권력을 공유하는 운영 형태는 그 보상이 크고 장기적으로 보면 교사들에게 책임감을 확대시키는 것이 더 나은 학교로 발전시키는 데 중요한 요소가 된다는 것이다. 교직원의 전문화 추세, 권력의 공유 개념이 지배적으로 받아들여지는 분위기 속에서, 앞서 언급했던 교직원의 전문성에 대한 논의를 검토해 볼 수 있다. 전문성의 준거에 대한 논의에서 공통되게 찾아볼 수 있는 준거들로서 장기간의 준비 교육, 특수한 지식과 기능, 전문직 종사자들의 공동체, 전문직의 윤리 강령, 전문 직업에의 헌신을 들 수 있다(Liberman, 1956; 오은경, 2001).

전문직이란 도덕성과 전문성에 근거해 사회적 봉사역할을 수행하는 것이어야 하며, 이때에만 자율성을 발휘할 수 있다. 사회적인 윤리 기준과 의식 및 교육에 대한 기대의 변화, 교사 내부의 질적 수준 문제 등으로 교사의 전문성·도덕성·자율성에 관해 상이한 의견이 있기는 하지만, 교사의 전문성은 교사 스스로 교직의 원칙으로 고수하고 확장시켜 나가야 한다.

전문가 조직으로서의 학교는 학교 내의 구성원 간의 관계가 다소 이완되고, 유동적이며, 비공식적이라 할 수 있다. 전문가인 교사들이 의사결정을 통제하며, 대부분의 권력이 교사 집단에 의해 행사된다고 할 수 있다. 전문가 조직으로서의 학교에서 학교행정가의 핵심 역할은 교사들에게 봉사하고 교수 학습 과정을 촉진하는 데 있다. 여러 가지 학교활동들을 통합하는 책임은 바로 교사들에게 있다.

그러므로 전문가 조직으로서의 학교는 고도로 전문화된 교직원, 다양한 목표, 교사들의 자율성과 수직적이 아닌 수평적 관계를 특징으로 하는 복잡한 조직이다. 결과적으로 전문가 조직으로서 학교의 효과성은 교사들의 전문기술, 헌신 및 봉사에 달려 있다고 볼 수 있다.

3. 이완체제로서의 학교

학교를 수직적 구조로만 이해한다거나 수평적 구조로만 이해하는 규범적 주장에 반대하면서, 학교 조직의 독자성·특수성을 있는 그대로 표현하려는 서술적 접근으로 이해하려는 입장도 있다.

웨이크(Weick)는 학교 조직을 느슨한 구조(loosely coupled system)로 연결되어 있다고 가정한다. 학교에서 교장과 상담교사는 연결되어 있는 것처럼 보이지만 실제로 각자는 정체감을 지닌 채 분리되어 있으며, 그들이 연관되어 있다는 것도 한계가 정해져 있고, 그다지 빈번한 접촉을 하는 것은 아니며 상호 영향력도 약하고 반응도 더디게 나타난다.

특별한 일이 있지 않는 한 학교의 교직원들은 자신의 독자적인 공간 속에서 독자적으로 작업을 하는 것이다. 공장의 일괄 공정 체제의 인간관계나 정부 조직의 상하 관계의 긴밀함에 비하면 학교의 역할 관계는 상당히 소원한 성격을 띠고 있다.

그러므로 느슨하게 연결된 학교체제는 학교가 수직적 구조로서 관료제의 모습을 가지고 있기는 하지만, 자신의 전공 수업 분야에서 전문성을 인정받고 중요한 일에서 자유재량과 자율성을 가지고 중요한 결정을 하면서 수업해 나가는 모습들을 그려볼 수 있다.

4. 조직화된 혼돈의 구조로서의 학교

학교조직을 바라보는 또 하나의 서술적 관점으로, 코헨(Cohen), 마치(March), 올젠(Olsen) 등은 교육 조직을 조직화된 혼돈 상태(organized anarchies)로 묘사했다. 목적이 모호하고 목적을 달성할 방법도 명료하지 못하며, 구성원들의 참여도 유동적이라는 것이다. 교육 조직의 목표를 규명하는 일이 어렵고, 목표들 간의 우선순위를 정하는 일에도 합의를 도출해 내기가 어렵다. 교육의 목적이 명확히 밝혀지지 않았을 뿐만 아니라, 그 도달 방법과 절차에 대해서도 구성원들이 잘 이해하지 못하고 있다. 그리고 구성원들이 관심을 갖는 영역이나 노력을 기울이는 정도, 기여하는 시간량 등이 다르며, 언제나 참여하는 것도 아니다.

1) 목표의 모호성

교육조직의 목적과 목표는 추상적인 수준에서 다양한 해석을 내포한 광범위하고 일반적인 용어로 진술되어 있어 구체적이거나 분명하지 못하다. 따라서 수시로 변하거나, 대립적인 목표가 상존하고 관련자들은 여러 입장에서 해석, 규정한다.

2) 불분명한 기술

교육조직에서 활용되는 교수 및 평가 기술들은 개별 담당 교사나 행정가에 따라 다르고, 그 효과나 영향에 대한 검증도 명확하다고 하기 어렵다. 여기에 대한 통일적이고 합의된 견해가 없다.

3) 구성원들의 유동적 참여

교육조직을 구성하는 구성원들의 교육조직 참여 자체가 유동적이다. 즉, 학생과 교사는 일정 기간이 지나면 입학과 졸업 또는 전보 등의 형태로 여러 교육조직을 이동하게 되어 있다. 이에 따라 교육 조직에 관여하는 학부모나 지역사회 구성원들도 항상 변화한다.

이처럼 교육조직은 조직의 목적이 모호하고 목적을 달성하기 위한 방법도 명료하지 못하며, 구성원들의 관심영역이나 참여하는 정도도 다르다고 할 수 있다. 또한 이들은 교육조직에서의 의사결정과정을 교육조직의 특성과 인간의 합리적 결정 능력의 한계와 예측할 수 없는 조직의 상황에 초점을 맞추어서 쓰레기통 모형(garbage can model)으로 설명하였다. 이는 의사결정과정을 쓰레기통에 비유해서 설명한 것으로, 교육조직에서 발생하는 문제와 그에 따른 해결책과의 관련성이 낮고 느슨하게 연결되어 있는 상태를 지적한 것이다. 지적한 것이다.

즉, 의사결정의 쓰레기통 모형이란 조직의 의사결정이 합리적이기보다는 주먹구구식의 의사결정으로 의사결정의 우연적 관점, 비합리적 의사결정을 의미한다.

5. 정치적 조직으로서의 학교

볼드리지(Baldridge)는 대학을 분열된 사회구조로 파악하는 정치적 조직이라는 입장을 내놓았다. 대학교에는 복잡하고도 분열된 사회 구조가 존재하고 이로 인해 소규모의 하위문화가 형성되어 있다. 하위집단이 지니고 있는 다양한 관심사와 삶의 방식에 따라서 서로 다르고 복잡한 형태의 주장들이 나오게 된다.

각 하위집단들은 자신들에게 유리하도록 결정하기 위해 어떤 형태로든 영향을 줄 압력, 강압, 권력을 사용한다. 이처럼 정치적 조직으로서의 학교는 조직보다는 권력과 정치가 중심이 되는 장이라 할 수 있다. 정치적 권력은 전형적으로 분열적이고, 편협하고, 비합법적이다. 정치는 조직 전반을 희생하면서 개인 목적에 봉사하는 수단이기 때문에 비합법적이다.

일반적으로 정치적 조직에서는 갈등이 심하다. 따라서 협상과 동맹 형성을 위한 압력이 존재한다. 그러나 정치적 조직으로서의 학교는 교수 학습을 방해하기 때문에 학교에 대해서는 역기능적인 특징을 가진다. 정치 게임, 협상 그리고 동맹형성 등에 지나치게 많은 노력과 시간을 투자하게 된다. 환심 사기, 연대, 정보관리, 인상관리, 연합구축, 희생양 삼기 등은 조직구성원들이 이익을 얻기 위해 공통적으로 사용하는 정치적 전술이다. 또한 권위에 저항하고 권위에 대한 저항에 반격하며, 권력 기반을 구축하고 경쟁자를 패배시키기 위해 정치적 게임이 일어나기도 한다.

이때 교수 학습과 관련된 요인들은 2차적인 고려 사항으로 전락하고 만다. 호이와 미스켈(2008)은 때때로 학교도 정치화되어 정치적 조직이 생길 때도 있지만, 학교에서는 비효과적인 측면으로 인해 정치화된 조직으로서의 학교는 보통 오래 계속되지 못한다고 지적한다. 이처럼 볼드리지는 대학을 학문연구에 정진하는 상아탑으로서의 이미지보다는, 한정된 시기에 제한된 자원의 분배를 위해 서로 갈등하고 타협하는 정치적인 조직으로서 학교를 묘사하고 있다.

앞에서 살펴본 한 입장으로만 학교 조직을 파악한다면 무리가 따를 수도 있다. 학교는 위계적인 지위 체세로 조직되어 있으면서도 동시에 수평적인 동료 관계를 유시하고 있으며, 일상적으로 드러나지는 않으나, 특히 변화의 시기나 제한된 지원을 놓고 경쟁을 벌여야 하는 시기 등에 드러나는 이해 집단들로 분열되어 있기도 하며 연관성 자체가 느슨하기도 하다.

6. 학교공동체

학교는 한편으로 구성원들을 결속시키는 하나의 공동체로 이해할 수 있다. 다양한 사람들이 동시에 소속되어 있는 학교조직을 어떻게 보는가의 문제는 학생들의 교육에 직접적인 영향을 미치게 된다. 서지오바니(T. J. Sergiovanni)는 학교 조직을 설명하고자 공동체 개념을 제시하였다. 즉, 학교는 교사와 학부모, 지역사회가 서로 긴밀한 관계를 맺으면서 미성숙한 학생들이 올바르게 성장할 수 있도록 돕는 교육이라는 공동의 목적을 공유하는 구성원들의 집합이다(김성열, 2001). 이처럼 학교를 공동체로 보는 관점은 교육행정학이론의 문화적 관점에 근거한다.

공동체란 자유의지에 의해서 결합되고 가치와 규범의 공유를 통해 결속되는 개인들의 집합을 의미한다. 즉, '나'(I)들의 집합으로부터 '우리'라는 의식(a sense of we)을 함께 나누면서 '우리들'이라는 집합으로 변환되어서, 구성원들은 공동의 장소를 공유하고 시간이 경과하면서 공동의 감정과 전통을 공유하게 된다(오은경, 2001). 학생, 교사, 학부모, 지역사회, 학교재단, 교육행정기관들은 서로 협력하고 의존하는 관계 속에서 가치, 신념, 감정 등을 공유하면서, '우리 학교'라는 학교공동체를 구축해 가는 것이다.

학교공동체에서 학교구성원들은 비전을 공유하고 서로 신뢰하는 강한 소속감과 결속력을 가진다(Cunningham, 1993). 이들은 계약관계가 아닌 헌신에 기초해서 서로 협력하고 의존하며, 외적 통제보다는 자율적인 통제체제를 갖춰 나가면서 규범, 목적, 가치, 전문적 사회화, 동료성, 권한 공유, 책임, 헌신, 의무 등을 중시하고, 상호 의존과 상호 의무감에 근거한 감정적·규범적 결속을 지닌다.

학교공동체의 모습을 크게 퇴니에스(Tönnies)의 분류와 서지오바니(Sergiovanni)의 분류를 통해 살펴보면 다음과 같다.

1) 퇴니에스의 분류

퇴니에스(Tönnies)에 따르면 공동체는 세 가지 형태로 존재한다. 즉, 친족에 의한 공동체, 장소의 공동체, 의식의 공동체로 구분된다.

첫째, 친족 공동체는 가족이나 기타 친밀한 모임체에서 발견되는 존재의 통합성에서 나온다.

둘째, 장소 공동체는 거주지나 공간을 공유함으로써 생겨난다. 이때 공간 공유가 지속되면서 그 안에서 독특한 정체성과 소속감을 갖게 되고, 구성원들의 존재는 '나'에서 '우리'로 확대된다.

셋째, 의식 공동체는 공동의 목표, 가치의 공유, 존재와 행위에 대한 공유 개념 등에 의해 구성원들이 상호 결속함으로써 나타나며, 이는 '우리–정체성'(we identity)을 보다 강화시켜 준다(노종희, 1998; 이숙원, 2003). 이와 같이 공동체는 가치와 의미, 신념, 정서의 공유를 통해 구성원들을 자연스럽게 하나로 묶어주고, 자유 의지에 의한 자발적 헌신을 이끌어내며, 그러한 결속은 오래 지속된다.

공동체는 영속적인 성질을 가지고 있다. 시간이 경과하면서 공동체의 구성원들이 바뀌어도 지속될 만큼 탄력이 있는 성질을 말한다. 공동체의 의식은 새 구성원들에게 가르쳐지고 관습과 의식을 통해 반복되기도 한다. 이러한 의식은 공동체에서 삶을 다스리는 표준으로 구현된다.

그리하여 공동체의 네 번째 형태인 기억의 공동체가 생겨난다. 친족, 장소, 의식의 공동체는 기억의 공동체가 된다. 관계를 가질 때 친족과 장소의 공동체로 만들어 준다. 아이디어를 공유하면 의식의 공동체가 된다. 시간이 흐르면서 이러한 집합적인 정서는 기억의 공동체로 사람들을 이끌어주고, 그들이 서로 떨어져 있을 때라도 서로를 기억할 수 있게 해준다(Sergiovanni, 1994).

퇴니에스가 제안한 공동체(gemeinschaft) 개념은 교사가 수업을 하는 교실에도 적용될 수 있다. 수업에서 가치를 공유하고 공동의 목표를 지향하는 학습자들이 자연스런 의지에 따라 자발적으로 참여하는 교사의 수업은 하나의 공동체로 간주할 수 있다.

또한 교사는 학생들로 하여금 학생들 사이에 결속을 가져오게 함으로써 공동체를 이룩하는 데 도움을 준다. 즉, 학생들의 학업에 대한 가치와 이념의 공유, 삶과 교육에 대한 비전 설정, 소속감과 일체감, 참여의 긍지 등을 경험하게 되면 학생들은 수업에 보다 적극적으로 참여함으로써 학습공동체를 실현할 수 있다.

학생들을 수업에 참여시키기 위해서는 수업을 통해 소속감과 응집력을 경험할 수 있도록 할 수 있어야 한다. 따라서 학생들을 수업에 참여하기 위해 학생들이 수업이라는 학습공동체에서 느낄 수 있는 소속감과 응집력, 자긍심을 사로잡는 것이 유용하다. 학생들은 수업에 참여하면서 학교의 적응과 통합에 도움을 받고 더 나아가 '우리 반', '우리 학교'와 같은 참여를 가져오는 '우리라는 느낌'(we-feeling)을 경험하게 된다.

퇴니에스가 말한 공동체들 중 특히 정신의 공동체를 이루는 작업은 학교공동체에서 근본적이고도 필수적인 일이지만 대단히 어려운 일이다. 구성원들로부터 아이디어와 가치관을 공유하고자 할 만큼 적절성과 합법적이라는 동의를 이끌어내야 한다. 그러기 위해서는 강요가 아니라 협력적인 관계를 유지하고, 구성원들의 독자성, 주관성을 인정하고 감정을 합법적이라고 인정해 주어야 한다.

실증주의에서 금기시되던 주관성을 편견이나 사견으로 치부하지 말고 그렇게 전락하지 않도록 간주관성의 개념을 준비해서, 민주적인 절차로 의견의 합의과정을 마련해야 한다. 학교공동체에서 인간상호관계는 형식적이지 않으며 개별적인 배려를 하는 것이다. 조건 없이 사람을 수용하고 고무해 준다.

학습공동체에서 개인적인 면을 인정한다고 해서 구성원들이 이기적인 태도를 보일 염려는 없다. 이러한 공동체에서는 다른 구성원들을 위해 자신의 이익을 희생시키는 모습을 흔히 발견할 수 있다. 구성원들은 서로 관계를 맺고 있는데, 그 자체가 목적으로서 가치가 있기 때문이다. 지식은 가치가 있는 것이며, 그 자체를 위해 배우게 되는 것이지, 무엇을 얻기 위해서거나 다른 어디로 가기 위한 수단으로서가 아니다.

인간관계를 묶는 일도 학교가 마치 친족 간의 공동체와 장소의 공동체가 되도록 묶어준다. 아이디어를 묶어주는 것은 학교가 의식의 공동체가 되도록 도와준다. 그러므로 공동체에서는 사람들을 연관시키는 의미와 공유된 가치와 아이디어에 더 많은 관심을 가져야 한다.

2) 서시오바니의 분류

서지오바니(Sergiovanni, 1994)는 학교공동체를 학습자들의 공동체, 전문가들의 공동체, 지도자들의 공동체, 민주적 공동체로 개념화하였다.

첫째, 학교는 학습공동체이다. 학습공동체에서 교사와 학생들은 공유하는 헌신과 가치를 실현시키기 위해 노력하고 계속 성장하고 탐구하는 데 전념한다. 학교에서는 학생들의 행동에 대해 보상하거나 처벌하는 방식으로 교육하기보다는 옳고 그른 것, 의무와 헌신, 도덕적 합의 등이 우선한다. 이들에게 학습이란 삶을 살아가는 방식으로 받아들여진다. 관료적 관계에서 벗어난 분위기에서 학습과 탐구가 이루어지므로, 자유롭게 표현하고 실수도 허용되는 분위기에서 모든 구성원이 학습자이면서 동시에 서로에게 교사가 되어주기도 한다.

둘째, 학교는 전문공동체이다. 학교공동체의 교사들은 학생들을 잘 가르치기 위해서 계속 교재를 연구하고, 새로운 수업방식을 시도해 보면서 자신의 전문적 성장을 위해 노력한다. 이들은 '내 학급의 학생'만 소중하게 생각하는 것이 아니라 학교의 모든 학생들을 함께 돌보는 데 힘쓰고 동료교사의 전문성을 존중하면서 서로 협동한다. 또한 공동체 목적을 공유하고, 우리 의식을 가짐으로써 학교의 목적 달성을 위해 시간과 에너지를 기꺼이 투자하고, 수업과 교직 자체에 대한 헌신으로 교실장면에서 직면하는 문제에서부터 교육정책에 이르는 전반적인 교육문제에 관심을 갖는다.

셋째, 학교는 리더공동체이다. 리더공동체인 학교에서는 교장과 교사들이 함께 공동체의 이상을 추구하고, 이를 실현시키기 위하여 헌신한다. 공동체의 리더는 공동체 구성원 각자의 이해, 관심, 가치, 신념 등을 이해하고 구성원 각자가 이를 충분히 반영하고, 목적을 공유하고 자신의 능력과 잠재력을 최대한 발휘할 수 있도록 돕는다. 이들은 자신이 가진 권한으로 구성원들을 지배하려 하지 않고 공동체를 위해 봉사하며, 구성원들이 정체감을 가지면서 성장할 수 있도록 돕는다. 학교공동체에서의 리더십은 구성원들이 공유하는 목적을 달성하기 위하여 영향력을 발휘하는 것으로, 공동체의 상황에 따라서 학생, 학부모, 교사, 교장, 교직원 중 누구든지 리더의 역할을 담당할 수 있다.

넷째, 학교는 민주적 공동체이다. 학교에서는 학생들의 훈육을 담당하고 민주사회의 시민의식을 가르치고, 다른 사람을 배려하는 마음을 가진 성인으로 성장할 수 있도록 도와준다. 민주적 공동체에서는 학생들이 공동생활에서 지켜야 할 규범을 스스로 만들어서 실천하도록 동기를 부여한다. 성인인 교사와 행정가도 적극적인 시민의식을 가지고 공공선에 헌신하면서, 학생들이 민주적인 가치를 내면화하고 민주시민으로서의 자질을 갖출 수 있도록 지도해야 한다.

이외에도 스트라이크(Strike)는 자신의 논문에서 학교가 공동체가 될 수 있는가를 반문하였는데, 그의 견해를 살펴보는 것도 공동체를 이해하는 데 그 의미가 크다고 할 수 있다.

학교공동체의 형성에는 특별한 비법이 있는 것도 아니며, 단일한 모형이 있는 것도 아니다. 실제로 학교는 개별 교사들이 자율성을 누리면서 학교공동체로서 팀을 이루는 자유주의적인 학교에서부터, 모든 교사들이 집단적인 신념과 가치관을 공유하는 강한 학교공동체에 이르기까지 가치관을 공유하는 공동체개념의 연속선상에 학교는 존재하게 된다(Westheimer, 1999; 오은경, 2000).

개별학교의 구성원들이 처해 있는 상황에 따라 공동체의 성격은 달라지기 마련이다. 이때 중요한 것은 달성해야 할 임무에 대해 학교공동체의 구성원들이 논의를 하고 합의점을 찾아보는 과정이 제공되어야 한다는 점이다. 각기 다른 가치와 신념을 가진 구성원들로 하여금 공통된 합의점을 찾도록 하는 과정이야말로 공동체를 형성하는 데 가장 핵심이라 할 수 있다.

스트라이크는 오늘날 공동체로서의 학교에 대한 딜레마는 공유된 가치에 대한 필요와 자유주의적 관점을 내포한 포용 사이의 긴장관계라고 주장한다. 공동체는 공유된 가치에 의해 결속되지만, 이러한 가치는 교육공동체를 구성하기에는 너무 약하거나 포용하기에는 너무 강하다. 그러나 이러한 근본적 가치에도 정도와 다양성이 있다고 보고, 강하지만 모호한 근본적 가치와 공공장소에서의 연합의 자유로운 중간지점을 찾는 것은 학교를 공동체로 만드는 중요한 전략이라고 주장한다(Strike, 1999).

그는 오늘날 학교는 근본적인 가치와 자유주의 관점을 내포한 포용 사이의 긴장 관계로 인해, 학교가 완전한 하나의 공동체가 되는 것이 쉽지 않고 서비스 기관처럼 인식될 수 있는 위험성에 처해 있지만, 학교의 근본적인 가치를 지니되 다양한 사람들을 포용할 수 있도록 중간 지점을 찾으려는 노력을 통해 좀 더 공동체와 같은 학교를 만들 수 있다고 제안한다.

또한 그는 이러한 중간 지점의 잠재력을 잘 탐구하여, 좀 더 자유로운 연합과 근본적인 가치를 위한 더 많은 공간을 만들 수 있으며, 강하지만 모호한 근본적인 가치를 강조할 수 있다고 본다.

모호함이란 공동체를 이룩하기 위한 구성원들 간에 타협과 절충을 위한 여지를 남겨두고 있음을 의미한다. 공동체에서 추구하는 근본적인 가치 자체의 모호함이란 의도적인 모호함으로 집단 구성원들 간의 타협을 찾기 위한 여지를 남겨둔 것으로 해석할 수 있다. 이는 그만큼 공동체 내에서 구성원들 간의 공통된 합의를 이끌어내는 과정이 어렵다는 것을 뜻한다.

공동체는 가치의 공유를 강조할수록 그러한 가치에 동의하지 않는 소수의 구성원들이 소외될 가능성이 있다(정수현, 2003). 예를 들면, 배려의 공동체와 정의를 강조하는 민주적 공동체 사이에도 갈등이 존재할 수 있다. 정의는 보편적 원리의 공정한 적용에 관심을 가지는 반면, 배려의 윤리는 개인의 특수한 사정을 고려한 의사결정을 강조하기 때문이다(Enomoto, 1997).

이러한 갈등을 조화시키기 위해서는 무엇보다 공동체 구성원들이 신념의 이면에 내재하는 차이점과 공통점을 구별하고, 민주주의를 추구하는 공동체를 창출하기 위해 노력하도록 도와주는 대화의 과정이 필요하다(Shields & Seltzer 1997).

학습공동체에서는 특정한 형태의 지식이나 문화가 다른 지식이나 문화에 비해 우월한 지위를 차지할 수 없으며, 구성원들이 경쟁하는 가치 및 지식 체계들 중 선택하도록 강요당하지 않고 새로운 방식으로 이해들을 통합하는 방법을 학습하게 된다(Shields, 1999).

제3절 교육지도력

이 절에서는 지도력의 개념과 지도력이론의 변화를 알아본다. 지도력은 조직의 목적을 효과적으로 성취하는 데 영향을 주는 중요한 요소이며, 특히 교육조직에서 교육지도자의 지도력은 조직의 성공 여부를 결정하는 주요한 요인 중의 하나로 인식되고 있다. 우선 지도력이론의 변화를 크게 전통적인 지도력이론과 새로운 지도력이론으로 구분하여 살펴본다. 전통적 지도력이론은 교환적 지도력이라고도 하고, 특성이론·행동이론·상황이론이 여기에 해당한다. 또한 지도력에 대해 전통적 지도력과 대비되는 새로운 접근으로 변환적 지도력에 대해서도 알아보고자 한다.

사회와 시대의 급격한 변화에 따른 패러다임의 이동은 교육 패러다임의 이동을 동반하게 되었다. 교육에 종사하는 지도자들은 이에 적극적으로 대응할 수 있는 지도력에 대한 새로운 관점을 필요로 하게 되었으며, 지도자의 능력에 초점을 두고 조직을 어떻게 변화시킬 것인가에 관심을 갖게 되었다. 이러한 관심의 일환으로 교환적 지도력에서 변환적 지도력(transformational leadership)으로의 전환이 불가피하게 되었다(Leithwood, 1994).

변환적 지도력이라는 용어는 다운턴(Downton, 1973)에 의해 처음 사용되었으나,[1] 정치사회학자인 번스(Burns, 1978)의 저서 「리더십」(Leadership)을 통해서 지도력의 접근법으로 본격적으로 활용하게 되었다. 그 후 배스(Bass, 1985)가 조직 상황에 맞추어 구체화함으로써 널리 알려지게 되었다.

리온토스(Liontos, 1992)는 교환적 지도력과 변환적 지도력, 즉 두 가지 형태의 지도력이 상보적인 관계로서 어떤 조직에서든지 발생할 수 있는 필수불가결한 요소임을 주장하였다. 그러므로 변환적 지도력을 고찰하기 위해서 이와 상호보완적 관계에 있는 교환적 지도력을 먼저 살펴보아야 한다.

1. 교환적 지도력

교환적 지도력(transactional leadership)은 지도자와 구성원 간의 교환관계에 기초한 지도력으로, 변환적 지도력의 상대적 개념이다. 교환적 지도력이란 지도자와 구성원들 간의 교환이나 계약에 기초한 지도력으로 지도

1) 변환적 지도력(transformational leadership)이라는 용어는 변형적·변혁적·변화 지향적 지도력 등으로 사용되고 있다.

력에 대한 전통적 관점을 반영한다.

우선 전통적인 지도력인 교환적 지도력을 이해하기 위해서는 지도력의 발달 과정을 살펴보아야 한다. 지도력은 대체로 특성이론, 행동주의이론, 상황이론을 거쳐 변환적 지도력이론으로 발달해 왔다.

1) 특성이론

지도력에 관한 특성이론(trait theory)은 1900~1940년대 초기의 연구방법으로 조직의 지도자들이 공통적으로 가지고 있는 특성들이 무엇인가에 대한 탐구에 주력하였다. 특성이론의 대표적 학자인 스토그딜(Stogdill, 1948)은 1904년부터 1947년 사이에 수행된 지도력 특성에 관한 124편의 경험적 연구를 중심으로, 지도자의 신체적 특징이나 지적인 특성, 적응력이나 통찰력, 이해심 등의 성격적 특성들을 분석하였다. 그러나 특성이론은 모든 상황에서 효과적인 지도자의 공통적인 특성을 발견하기 어렵다고 결론내렸다. 또한 지도력을 발휘하는 전체 상황이나 과정에 대한 이해에 큰 도움이 되지 못한다는 비판을 받았다.

2) 행동주의이론

행동주의이론은 1950~1960년대의 연구로 지도자의 지도력 행동 유형 중 어떤 유형이 가장 효과적인가를 찾아내기 위한 노력이다. 오하이오 주립대학의 연구를 중심으로 한 행동주의이론은 지도자가 어떤 특성을 가지느냐(what is a leader)보다는 그가 어떠한 행동을 하느냐(what does a leader)에 주목하였다(남정걸, 2001).

행동주의이론은 지도자의 행동을 과업, 인화라는 두 가지 요소로 나누고, 이 두 요소로 효율적인 지도력의 유형을 설명하기 때문에 2차원적 접근이라고도 한다. 행동주의이론에 근거하여 지도자의 행동 유형은 과업중심형 또는 인간관계중심형, 구조개발형 또는 배려형 등으로 구분하는 등 지도력 행동에 대한 다양한 분류가 시도되었으며, 이러한 지도력 행동 중 어떤 유형이 구성원들의 만족도나 직무효과성에 긍정적으로 영향을 줄 것인지에 대한 많은 연구가 이루어졌다.

행동주의이론의 대표적인 연구로는 오하이오 주립대학의 연구와 블레이크와 머튼의 관리망 연구가 있다. 오하이오 주립대학의 연구는 다양한 집단의 지도자를 대상으로 한 연구를 통하여 지도자 유형을 구분할 수 있는 지도력행동서술질문지인 LBDQ(Leader Behavior Descriptive Questionnaire)를 개발하였다. LBDQ는 지도자의 행동을 구조의 선도 행동과 인간에의 배려 행동으로 구분하고, 지도자의 행동을 기술한 질문을 통해 지도자의 지도성 유형을 구분하도록 되어 있다.

오하이오 주립대학의 연구에서 도출된 지도력 행동의 구조냐 배려냐 하는 2차원적 관점은 지도력 연구와 실제에 광범위하게 활용될 수 있으며, 높은 과업중심과 높은 인화중심의 통합형이 다른 세 가지의 유형인 과업지향, 인화지향, 방임형보다 교육조직 지도자 사이에 높은 만족과 성취를 이끌어낼 수 있다고 결론내리고 있다.

블레이크와 머튼(Blake & Merton)은 지도력 유형을 탐색하기 위한 기제로 관리망(Managerial Grid)을 개발하였다. 관리망은 지도력 유형을 '생산에 대한 관심'(concern for production)과 '인간에 대한 관심'(concern for people)으로 구분하고, 각 차원에서 1에서 9까지의 강도를 줌으로써 과업지향형(9.1), 관계지향의 동호형(1.9), 무기력형(1.1), 균형형(5.5), 가장 효과적인 지도력의 유형인 팀형(9.9) 등의 5가지의 유형을 제시하고 있다.

이처럼 행동주의이론에서는 조직의 과업을 추진하고 동시에 구성원들에 대한 배려도 함께 하는 통합적 유형이 가장 효과적인 지도력 유형이라고 주장한다. 그러나 행동주의이론은 지도자의 행동을 유형화하는 데에는 크게 공헌했지만, 지도력 행동을 구성원들이 지각한 행동만을 지도력 행동으로 강조함으로써 지도자와 구성원 간의 상호작용을 고려하지 못하여 지도력 효과와 개념적 연계를 맺지 못한 한계가 있다.

3) 상황이론

상황이론은 1960~70년대의 연구로 상황변인들을 고려하여 어떤 상황에서 어떤 지도력이 가장 효과가 있는가를 밝히려고 하였다. 상황이론은 과업, 인화라는 지도자 행동의 두 가지 요소에 '상황' 요소 한 가지를 더 추가하여 과업, 인화, 상황으로 지도력이론을 설명하고 있기 때문에 3차원적 접근이라고도 한다.

상황이론은 지도자 행동을 과업, 인화라는 두 가지 요소로 지도력 유형을 먼저 분류하고, 이들 유형의 효과성 여부는 상황에 따라 달라진다고 본다. 상황이론은 크게 피들러(Fiedler)의 상황적응이론, 레딘(Reddin)의 3차원 지도력이론, 허쉬와 블랜차드(Hersey와 Blanchard)의 지도력이론으로 설명된다.

피들러(Fiedler)의 상황적응이론에 의하면 지도자의 효과성은 지도자의 동기체계와 상황 통제력에 달려 있으며, 지도자와 구성원과의 관계, 과업구조, 지도자의 지위권력 간의 상호관계가 지도력의 효과를 좌우한다고 설명한다. 피들러는 세 가지 변인들의 다양한 결합으로 이루어지는 상황들을 8가지로 설정하고, 크게 호의적·약간 호의적·비호의적 상황으로 구분하였다. 그리고 지도력이 효과적이기 위해서는 상황적 호의성에 따라 지도력의 유형이 달라져야 한다고 보았다. 과업지향적 지도자는 매우 호의적이거나 아니면 비호의적 상황에서 보다 효과적인데 반해서, 인화지향적 지도자는 약간 호의적인 상황에서 더욱 효과적이라고 보았다.

그러므로 피들러의 연구에 의하면 지도자는 상당한 영향력이 제공된 상황이거나 거의 영향력이 없는 상황에서는 업무(과업)중심적이어야 하고, 중간 정도의 어중간한 영향력을 행사할 수 있을 정도의 상황에서는 인화 중심의 지도력을 발휘해야 효과적이라는 사실을 밝혀주고 있다.

레딘(Reddin)은 지도성의 두 가지 차원, 즉 과업지향형(task dimension)과 관계지향형(relationship dimension)에 효과성(effectiveness dimension)의 측면을 추가하면서 3차원적 지도력이론을 제시하고 있다. 레딘에 의하면 지도력은 상황에 따라 효과적 또는 비효과적일 수 있다고 주장하고, 지도력 유형은 양분되는 것이 아니라 상황적 요소에 따라 효과성 차원의 연속선상에 있는 것이라 하였다. 그리하여 이 연속선상의 한쪽 끝에 효과적인 지도력 유형 네 개(최고경영자형, 자선적 독재자형, 인력계발자형, 행정관료형)가 놓이고, 그 반대쪽 끝에 비효과적인 지도력 유형 네 개(타협가형, 독재자형, 선동가형, 방임형)가 놓이게 된다.

허쉬와 블랜차드(Hersey & Blanchard)는 레딘의 3차원 지도력이론을 수용하면서 지도력의 효율성에 관계되는 구성원의 준비도(성숙도)를 주요한 상황적 변인으로 보았다. 구성원의 준비성은 구성원의 성숙 수준과 관계되는 것으로, 직무를 수행할 수 있는 능력(ability)과 관계된 직무성숙(job maturity)과 직무수행에 대한 의지(will)와 자발성(willingness)과 관련된 심리적 성숙(psychological maturity)이 있다. 이들은 지도자의 행동을 관계성 행동과 과업행동으로 구분하고, 이 두 가지 행동수준의 고저를 조합하여 지시형(telling), 설득형(selling), 참여형(participating), 위임형(delegating)으로 제시하고, 구성원의 성숙 정도에 따라 적당한 지도력 유형을 택할 수 있다.

지도자는 추종자의 성숙 수준이 낮으면 추종자의 역할과 행동을 규정하는 과업중심적 행위를 높이고 인간관계중심 행위를 줄이는 지도력을 발휘하고, 추종자들이 중간 정도의 성숙 수준을 가지고 있을 때 지도자들은 어느 정도 지시를 해주어야 하지만 추종자들에게 결정과 방침을 수용하도록 설득할 수도 있다. 즉, 구성원의 성숙 수준이 높아감에 따라 지시적 지도력 유형(높은 과업과 낮은 관계)으로부터 설득적 지도력 유형(높은 과업과 높은 관계)으로 이행하고, 다음에는 참여적 지도력 행위(낮은 과업과 높은 관계)로 그리고 위임적 지도력 행위(낮은 과업과 낮은 관계)로 변경해야 한다(이병진, 2003).

이들 상황이론은 공통적으로 지도자의 인성 특성과 지도자의 행동이 상황요인과 어떻게 적절하게 결합되느냐에 따라 지도력의 효과가 결정된다는 입장을 취하고 있다.

1980년대 이후 세 가지 대표적인 지도력이론, 즉 특성이론, 행동주의이론, 상황이론은 지도자와 구성원들과의 교환관계에 기초한 전통적 지도력 또는 교환적 지도력으로 지적되었다.

번스(Burns)는 지도력을 평범한(ordinary) 지도력과 초월적(extraordinary) 지도력의 두 가지 요인으로 구분하면서, 관리적 측면과 지도자의 비전을 강조하는 측면으로 나누고, 이를 각각 교환적 지도력과 변환적 지도력의 개념으로 구분하여 제시하였다(Burns, 1978).

번스는 교환적 지도력을 구성원이 보상을 기대하고 순응하는 것에 대한 거래로서 교환적 관계에 기초한다고 여기고, 지도자가 구성원에게 어떤 것을 다른 것과 교환해 주는 시각으로 보았다. 이러한 교환적 지도력에서의 지도자는 지도자와 구성원들 서로의 만족을 교환하며, 자신들의 이익에 극대화를 추구하려는 거래자이다. 지도자와 구성원들 간의 관계는 단기적이며, 이들의 협조관계는 영구적인 목적이 전혀 없다. 번스에 의하면 교환적 지도력은 피상적이고 사소한 교환적 만족 자체이며, 규칙에 순응하는 지도력이다.

배스(Bass, 1985)에 의하면 교환적 지도자는 구성원에게 조직의 목적 달성을 위해 할 일을 정해 주고, 여기에 필요한 조건을 구체화하여 구성원들에게 목표를 달성할 수 있다는 확신을 갖게 한다. 즉, 교환적 지도자는 구성원들에게 기대하는 만큼의 성과를 기대한다. 그는 교환적 지도력에 관한 정의를 다음과 같이 구체적으로 제시한다.

첫째, 교환적 지도자들은 구성원이 직무로부터 얻으려는 것이 무엇인가를 인식하며, 구성원의 과업 성과에 대해 구성원이 원하는 것을 알려주는 자이다. 둘째, 교환적 지도자들은 구성원들의 역할과 과업요건들을 명료화한다. 셋째, 교환적 지도자들은 구성원의 노력들이 확대되고 어떤 결과들이 실현되기 위하여, 구성원의 욕구를 지각하고 이들 욕구들이 어떻게 충족될 수 있는가를 명료화한다.

배스의 개념 구조에서 보는 바와 같이 교환적 지도자는 현재 구성원의 심리적·물질적 욕구를 만족시킴으로써 현 상태를 유지하려고 집착한다. 그는 교환적 지도자를 매슬로우(Maslow)의 욕구계층에서 하위욕구 수준을 만족시키는 자로 인식하고, 과업요건을 분명히 하고 업적에 대하여 보상하며, 개인과 조직 모두의 욕구가 충족될 때 평형상태가 이루어진다고 전제하고, 그러한 관계는 만족과 생산성을 가져온다고 본다.

또한 교환적 지도력의 주된 관심은 단기적인 조직의 목적 달성이다. 지도자들은 수행해야 할 업무를 분명히 정의하고 전달하며, 구성원이 무엇을 획득할 수 있는가를 명료화하고, 더불어 개개인의 욕구와 욕망뿐만 아니라 구성원의 강점과 약점을 결정한다.

이상에서 살펴본 바와 같이 교환적 지도력은 지도자와 구성원 사이에 일어나는 교환관계에 초점을 두고 있으며, 지도력을 하나의 거래로 파악하고 있다. 교환은 매우 일반적인 현상이며, 거의 모든 유형의 조직과 계층에서 관찰될 수 있는 현상이다.

전통적인 교환적 지도력을 발휘하는 지도자는 구성원들과의 보상 또는 교환의 관계에 있기 때문에 구성원들에게 요구사항을 제시하고, 그 요구의 완성에 따라 인정, 보수 인상 및 승진을 약속함으로써 과업을 수행하게 된다. 때로는 이와 반대로 좋은 성과를 내지 못하는 구성원들은 제재를 받기도 한다.

이러한 지도자와 구성원 사이의 계약 또는 교환은 전통적 지도력에서 효과성의 기준이 되어 왔다. 이처럼 전통적인 교환적 지도력에서는 보상의 조건 및 제재에 대한 사항이 이미 정해져 있기 때문에, 지도자의 지도력은 결국 계약 조건, 조직의 경력 및 부적절한 자료 등에 의해 상당한 제약을 받기 마련이다.

이러한 제약은 교환적 지도력에 대한 비판으로 제기되었으며, 지도자와 구성원 간의 관계를 타협이나 거래, 교환적인 활동에 기초한 기본 가정에서부터 비롯되었다. 교환적·전통적 지도력이론은 지도자가 구성원에게 어떻게 영향을 미쳐야 하는가에 대한 명확한 해답을 주지 못할 뿐만 아니라 구성원들의 자발적인 문제해결이나 조직에의 적극적인 헌신 등과 같은 고차원적인 질적 변화를 고려하지 못했다. 이처럼 교환적 지도력은 지도자가 폐쇄적인 조직 구조 안에서 일상적인 문제에 관심을 두고 지도력을 발휘하는 것으로 비판받기 시작했다(남정걸, 2001).

그리하여 1980년대부터 전통적인 교환적 지도력만으로 급변하는 외부환경의 변화에 대처하기에는 한계가 있다는 비판이 일어나면서, 새로운 개방체제이론으로서 변환적 지도력이 대두되었고, 지도력 연구의 중심축이 교환적 지도력에서 변환적 지도력으로 이동하고 있다.

2. 변환적 지도력

변환적 지도력(transformational leadership)은 어떤 지도자가 조직의 대변혁을 성공적으로 달성할 수 있는가를 설명하기 위해 번스(Burns, 1978), 배스(Bass, 1985), 베니스와 나누스(Bennis & Nanus, 1985), 티키와 디바나(Tichy

& Devanna, 1986), 서지오바니(Sergiovanni, 1993), 리스우드(Leithwood, 1994), 리스우드, 톰린슨, 젠제(Leithwood, Tomlinson & Genge, 1996) 등과 같은 학자들에 의해 활발하게 이루어졌다.

먼저 변환적 지도력의 개념을 이해하기 전에 '변환'과 '지도력'의 의미를 살펴볼 필요가 있다. '변환'(transformation)은 본질적으로 변천 또는 이행(transitions), 재생 또는 부흥(renewals), 변경 또는 개조(alterations) 그리고 조절 또는 수정(adjustments) 등과 같은 변화 현상과는 다른 의미이다. 변환이란 또 다른 변형(metamorphosis) 또는 한 상황이나 한 체제로부터 다른 상황과 다른 체계로의 대치를 의미한다. 따라서 질적으로 다른 조건이 드러나 있어야 한다.

변환이란 한 체제 안에서의 변화가 아닌, 체제의 전체적인 변화를 의미한다. 변환이 아닌 경우의 변화는 단순히 주제의 변환이거나 한 조건에서 다른 조건으로 전환하는 것을 의미한다. 한 조직 발달 과정 가운데 한 단계에서 다른 단계로 옮겨가는 것, 변화가 일어난 후에도 초기 조건의 요소들이 그대로 남아서 확인할 수 있는 경우는 변환이라 할 수 없다(박수연, 1999). 그러므로 변환은 형태나 구조, 성격, 기질 등을 본질적으로 바꾸는 근본적인 변화과정을 내포하고 있다.

또한 '지도력'의 개념은 지도력의 정의가 내포하고 있는 특성을 밝힘으로써 규정될 수 있다. 학자들이 주장한 지도력의 주요 특성을 살펴보면 크게 두 가지로 요약된다.

첫째, 지도력은 지도자와 구성원 간의 사회적 상호작용의 과정에서 나타나며, 상호작용의 결과이다. 지도력은 지도자의 구성원에 대한 일방적인 관계가 아닌 지도자와 구성원 간의 쌍방적인 관계를 의미한다. 오은경(1994)은 지도력을 '지도자의 구성원에 대한 일방적인 관계가 아닌 지도자와 구성원 간의 쌍방적인 관계에 기초하며, 지도자와 구성원들이 서로 상호작용하는 과정에서 발생하는 복잡미묘한 현상'이라고 말한다. 지도력은 그 자체만으로 존재할 수 있는 개념이 아니라 지도자와 구성원과의 상호작용을 통해서만 발휘될 수 있는 역동적인 과정으로 설명될 수 있다.

둘째, 지도력은 지도자가 구성원에게 미치는 영향력이다. 서지오바니와 스타랫(Sergiovanni & Starratt, 1993)은 지도력을 '목표 달성을 위해서 개인이나 집단에 영향을 미치는 능력'으로 정의하였다. 하우이(Howey, 1988)는 지도력을 '지도자가 구성원의 행동을 주도하는 영향력'이라고 정의하였다. 박세훈(2003)은 지도력을 '한 개인이 집단목적을 달성하기 위해서 구성원에게 합법적으로 영향력을 행사하는 과정'으로 정의한다.

이와 같이 '변환'과 '지도력'의 개념을 고찰한 결과, 변환적 지도력은 지도자와 구성원 간의 상호작용과정에서 근본적인 변화를 가능하게 하는 지도자의 추종자에 대한 영향력을 기초로 하고 있음을 알 수 있다.

변환적 지도력을 본격적으로 연구한 번스(Burns, 1978)에 의하면, 변환적 지도력은 높은 수준의 도덕적인 가치와 이상에 호소하여 추종자들의 의식을 더 높은 단계로 끌어올리며, 그들을 인격체로 대우하고 동기화시키고, 추종자들의 행동을 끊임없이 변화시켜 기대 이상의 직무성취를 가능하게 하는 것을 의미한다고 하였다. 그러므로 변환적 지도자는 구성원의 잠재적 동기와 상위의 욕구충족을 추구하고, 성숙한 구성원을 고용하며, 구성원이 기대 이상으로 과업을 수행하도록 동기화시킨다.

번스보다 한 걸음 더 나아가 변환적 지도력을 실증적으로 연구한 배스(1985)에 의하면, 변환적 지도력은 조직이 설정된 목표의 중요성과 가치에 대해 보다 잘 인지하도록 구성원들의 의식수준을 높이는 과정으로, 구성원들로 하여금 개인적 이익을 초월하도록 유도하고 상위수준의 요구가 충족될 수 있도록 욕구를 활성화시키는 과정이라고 보고 다음과 같이 정의하고 있다.

첫째, 변환적 지도자는 명시된 결과들의 중요성과 가치, 이들 결과를 성취하기 위한 방법들에 관한 구성원의 의식수준을 고양시킨다.

둘째, 변환적 지도자는 집단, 부서, 조직의 이익을 위하여 구성원에게 자신을 초월하도록 한다.

셋째, 매슬로우(Maslow) 또는 앨더퍼(Alderfer)의 욕구계층에 있어서 구성원의 욕구를 안정, 소속의 욕구와 같은 하위욕구에서 자아실현과 같은 상위수준의 욕구로 변화시킨다.

또한 아볼리오와 배스(Avolio & Bass, 1990)에 의하면, 변환적 지도자는 조직 목표 달성을 위한 적절한 상황을 창조한다고 한다. 아볼리오와 배스(1990)는 변환적 지도력은 변화를 목적으로 하는 발전 지향적이며, 구성원 개개인의 발전에 관한 지도자의 관심은 조직의 성장을 주도하기 위하여 구성원의 과업성과를 향상시키는 데 두고 있다고 주장한다.

앞에서 언급한 학자들의 변환적 지도력에 관한 개념들을 근거로 하여 정의하면, 변환적 지도력은 구성원들의 성장욕구를 자극하여 동기화시킴으로써 구성원의 태도와 신념을 변화시켜 자신감을 갖게 하며, 더 많은 노력과 헌신을 이끌어냄으로써 기대 이상의 성과를 달성하게 하는 새로운 지도력이다. 또한 변환적 지도력은 외부 상황의 변화를 예측하고 감지하며, 그 흐름이 조직에 유리하게 전개될 수 있도록 비전을 제시하고 제도화하는 등, 조직의 상황을 주도하는 변화관리자로서의 지도자의 역할을 강조한다.

또한 변환적 지도력의 발휘는 지도자와 구성원 간의 상호작용을 통해 지도자가 구성원들에게 기대 이상의 목표를 달성하고, 개인의 잠재력을 실현하도록 하는 영향력을 행사하는 것이 최우선이라고 할 수 있다. 이런 의미에서 볼 때 변환적 지도력은 지도자에 대한 구성원의 종속성 대신에 구성원의 진정한 추종심을 조성하는 것으로 가치부가적 지도력(value-added leadership)을 요구한다.

서지오바니(1990)는 지도력을 학교 조직에 적용하여 가치부가적 지도력으로 설명하였다. 그는 지도력 유형을 가치의 추구 정도에 따라 현재의 가치만을 추구하는 가치유지형 지도력(value leadership)과 현재의 가치 이상을 추구하는 가치부가적 지도력(value-added leadership)으로 나누었다. 그는 교환적 지도력을 가치유지형 지도력으로, 변환적 지도력을 가치부가적 지도력으로 재개념화함으로써 교환적 지도력과 변환적 지도력에 대한 보다 효과적인 이해를 제시하고자 하였다. 또한 그는 더 나아가 교환적 지도력을 거래로서의 지도력(leadership as bartering)으로, 변환적 지도력인 가치부가적 지도력을 다시 조성으로서의 지도력(leadership as building)과 결속으로서의 지도력(leadership as bonding)으로 구분하여 제시하고 있다.

그는 변환적 지도력에 있어서 특별한 관심은 목표에 관계없이 지도자와 구성원이 공통적이고 고차적인 수준의 목표를 달성하기 위하여 연합하는 것이라고 하였다. 예를 들면, 지도자와 구성원 모두 최상이 되기를 원한다. 그들은 모두 새로운 방향에서 학교를 형성하고 싶어 한다. 원래 변환적 지도력은 조성(building)으로서의 지도력의 형태를 지닌다. 여기에서 초점은 인간의 잠재력을 일깨우고 고차적인 수준의 현실과 업무수행을 하도록 동기유발하는 데 있다.

또한 변환적 지도력은 지도자와 구성원 간의 인간적 행동 수준과 윤리적 기대 수준을 높인다. 따라서 서로에게 변화를 유발하는 효과를 지녔다는 점에서 궁극적으로 도덕적이 된다. 이러한 현상이 생길 때 변환적 지도력은 결속(bonding)으로서의 지도력으로 나타난다. 조직의 목표와 목적을 공유된 공약의 수준으로까지 끌어올리는 의식의 각성에 있으며, 이러한 공유된 공약으로 인해 지도자와 구성원들은 도덕적인 헌신으로 서로 결속하게 된다. 결속으로서의 지도력은 인간행동의 목표, 의미 및 중요성과 같은 동기에 반응한다.

또한 서지오바니(1984)는 조직 구성원의 추종심을 조성하기 위한 지도력으로 가치부가적인 지도력 이외에도 상징적이고 문화적인 지도력을 강조하였다. 즉, 변환적 지도력은 상징적이고 문화적인 지도력을 의미한다. 그는 지도력을 기술적·인간적·교육적·상징적·문화적 지도력으로 기술하고 지도력의 위계 체제를 설명하고 있다. 그는 지도력을 행정가, 장학사, 교사가 학교교육에 영향을 주는 데 이용할 수 있는 힘(force)이라고 정의하면서, 지도력을 행정가, 장학사, 교사가 학교교육을 개선하는 데 필요한 변화를 일으키거나 지속시키기 위한 수단으로 간주하였다. 이와 같은 관점은 학교 조직에서의 행정가, 장학사, 교장, 교사들의 과업 수행 기술과 지도력이 관련이 있음을 말해 준다. 서지오바니(Sergiovanni, 1984)는 지도사의 유형을 기술적 지도자, 인간적 지도자, 교육적 지도자, 상징적 지도자, 문화적 지도자의 다섯 유형으로 개념화하고, 교육조직의 지도자가 수행해야 할 기본 역할을 다음과 같이 제시하고 있다.

첫째, 기술적 지도자(technical leader)는 건전한 경영관리자로서의 역할을 맡는다. 계획, 시간관리 기술, 상황적응 지도력이론 및 조직의 구조와 같은 개념을 강조함으로써 지도자는 최적의 효과를 보장하기 위한 전략 및 상황의 조작에 익숙해 있다. 말하자면 사무적 기술에 능한 지도자이다.

둘째, 인간적 지도자(human leader)는 인간관리자로서의 역할을 담당한다. 인간관계론, 대인관계능력, 동기유발 기술과 같은 개념을 강조함으로써 학교라는 조직이 구성원들에게 지원적이며 격려를 하고 성장의 기회를 제공한다. 능숙한 인간적 지도자는 사기를 진작하고 참여적 의사결정을 하는 데 능숙하다. 말하자면 인간관계 기술에 능숙한 지도자이다.

셋째, 교육적 지도자(educational leader)는 실무자로서의 역할을 맡는다. 그는 교육에 관한 전문적 지식을 교육효과, 교육프로그램개발, 임상장학에 적용하는 전문가이다. 교육적 지도자로서 교육적 지도력은 교장과 교사에게 요구되는 수업 지도력(instructional leadership)을 의미한다. 교육적 지도자로서 교장은 교육문제의 진단, 교사와의 상담, 장학, 평가, 직원의 성장,

교육과정의 개발에 능숙하다. 교육적 지도자로서 교사의 역할은 교사의 전문성으로 해석할 수 있다. 교육적 지도자인 교사는 자신의 전공분야에 대한 풍부한 지식과 실력 그리고 학생들을 가르치는 데 있어 학생들이 이해할 수 있도록 가르치는 기술이 필요하다. 이는 교사의 교과 실력과 수업 능력과 관련된 전문성을 의미한다.

넷째, 상징적 지도자(symbolic leader)는 최고책임자로서의 역할을 한다. 상징적 지도자는 선택적 관심을 보임으로써, 타인에게 무엇이 중요하며 가치로운가를 알려준다. 학교를 순시하고 교실을 방문하며 학생들과 시간을 같이 보내고 교육적으로 유리하게 학교를 관리하며, 의식이나 주요 행사를 주재하고, 적절한 언행을 통해 학교의 전망을 제시하는 것들이 상징적 지도자의 행동이다. 학교의 기본 목표를 분명히 제시하고 이에 대한 합의와 사명감을 도출하는 데 영향력을 발휘한다.

다섯째, 문화적 지도자(cultural leader)는 높은 성직자로서의 역할을 한다. 학교가 추구하는 영속적 가치와 신념 및 문화의 맥을 같이하고 강조하며 표현하도록 한다. 높은 성직자로서의 지도자는 전통을 수립하고 조직의 역사를 창조하고 배양하며 가르치는 일에 열중한다. 문화적 힘과 관련된 지도자의 활동은 학교의 목표와 사명을 표현하고 새로운 구성원을 그 문화에 적응하도록 사회화한다. 신화와 전통과 신념을 유지, 강화하고 주변에서 사태가 작용하는 방식을 설명하고, 시간을 초월한 상징이나 체제를 개발하고 나타내며, 문화를 반영하는 사람들을 보상하는 일을 한다.

서지오바니(1984)에 의하면 기술적 지도자와 인간적 지도자는 어느 조직에서나 나타날 수 있는 지도력인데 반해, 교육적·상징적·문화적 지도력은 교육조직에서 나타나는 지도력이라고 본다. 이러한 변환적 지도력의 발휘는 지도자와 구성원들의 높은 수준의 동기와 도덕성을 상호 공유하며, 조직에 몰입할 때 가능하도록 함으로써 상징적이고 문화적인 지도력을 의미한다.

제4절 교육동기이론

교사들은 왜 열심히 가르치고 학생들은 왜 열심히 공부하는가? 동기란 조직의 목표 달성을 위한 지속적인 노력의 정도를 의미한다. 동기이론은 동기내용이론과 동기과정이론으로 설명할 수 있다. 동기의 내용이론은 구성원들을 동기화하는 요인을 규명하는 데 초점을 두며, 매슬로우의 욕구체계이론, 허즈버그의 동기위생이론, 앨더퍼의 ERG이론 등으로 설명된다. 동기의 과정이론은 여러 가지의 요소들이 구성원들의 동기에 영향을 주기 위해서 어떻게 상호작용하는가에 초점을 두며, 브룸의 기대이론과 아담스의 공정성이론 등으로 설명된다.

1. 동기내용이론

1) 매슬로우의 욕구계층이론

매슬로우(A. H. Maslow)에 의해 발전된 욕구계층이론(need hierarchy theory)에 의하면 인간의 욕구는 다음의 5단계로 위계화된다(Maslow, 1970).

(1) 생리적 욕구

생리적 욕구(physiological needs)는 가장 하위의 욕구에 해당하는 것으로 음식, 물, 거주지에 대한 욕구로 기본적 봉급과 작업 조건 등이 해당된다.

(2) 안전에 대한 욕구

안전에 대한 욕구(safety needs)는 위협, 협박, 결핍에 대한 보호와 불안으로부터의 도피로 안전한 작업조건, 공정한 규칙과 규율, 직업 안정성, 연금제도, 봉급의 인상 등이 해당된다.

(3) 사회적 욕구

사회적 욕구(social needs)는 소속감과 애정의 욕구로 우호관계, 사랑 등으로 대인관계를 통해 친교와 우정을 나누고 집단이나 조직에 소속되기를 원하는 욕구이다.

(4) 존경의 욕구

존경의 욕구(esteem needs)는 인간이 자존심을 유지하고 타인으로부터 인정이나 존경을 얻고 싶은 욕구로 타인으로부터의 존경(승진, 명예, 지위 등)과 자신으로부터의 존경(자아 만족, 효능감, 성취감)에 해당된다.

(5) 자아실현 욕구

자아실현 욕구(self-actualization needs)는 가장 높은 수준의 욕구로, 자신의 잠재력을 최대로 발휘하여 자기완성을 이루려는 욕구이다.

이 이론에 의하면 전 단계의 욕구가 충족되면 더 이상 동기유발의 역할을 못하고 다음 단계의 욕구가 행동을 동기화시키게 된다. 즉, 하위단계의 욕구가 충족되면 그 다음 단계의 욕구로 진행한다고 하는 만족–진행 접근법에 근거하고 있다.

또한 포터(Porter)는 생리적 욕구는 더 이상 동기적 요인이 되지 않는다는 판단하에 이 욕구를 제외하는 대신에, 자율성의 욕구를 자아실현의 욕구 바로 아래의 수준에 설정하여 설명하였다. 자율성에 대한 욕구는 자치, 자기통제, 자기결정 등의 원칙에 근거한 것으로 전문적인 판단기준과 양심에 입각한 교직의 전문성을 내세운다(Owens, 1981).

2) 앨더퍼의 ERG이론

앨더퍼(Alderfer, 1972)의 ERG이론은 매슬로우의 욕구계층이론이 직면했던 문제점들을 극복하고자 실증적으로 접근하여 연구한 이론이다. 앨더퍼는 매슬로우가 제시한 욕구계층에 대해 저차적 욕구와 고차적 욕구 간의 구별이 필요하다고 보고, 매슬로우의 5단계 욕구를 존재 욕구(E: Existence needs), 관계성(R: Relatedness needs), 성장(G: Growth needs) 등 3단계의 핵심적인 욕구로 통합하여 제시하였다. 각 욕구의 첫 글자를 사용하여 앨더퍼의 ERG이론이라고 한다.

(1) 존재욕구(E: Existence needs)

인간의 신체적 생존을 추구하는 욕구로 생존의 욕구라고도 한다. 매슬로우의 생리적 욕구와 안전의 욕구의 일부(봉급, 작업환경 등)로 분류한 내용이 포함된다.

(2) 관계욕구(R: Relatedness needs)

인간이 의미 있고 만족스러운 사회적 관계를 형성하기 위한 욕구로 사회적 존재로서 타인과 인간관계를 맺으려고 하는 욕구이다. 매슬로우의 안전의 욕구, 사회적 욕구, 자아존중의 욕구 일부(타인으로부터의 존경) 등이 포함된다.

(3) 성장욕구(G: Growth needs)

가장 높은 수준의 욕구로 개인의 발전과 잠재력을 위한 내적인 욕구에 해당된다. 매슬로우의 자아실현의 욕구와 일부의 존경의 욕구(자기존경)를 포함한다.

앨더퍼의 ERG이론은 매슬로우의 욕구계층이론과 같이 인간의 욕구체계를 계층적으로 보고 있으나 세 가지 측면에서 욕구계층이론과 차이가 있다.

첫째, 매슬로우는 하위단계의 욕구가 충족되면 그 다음 단계의 욕구로 진행한다고 하는 '만족–진행 접근법'에 근거하고 있는데 반해, 앨더퍼는 욕구가 충족되지 않을 경우 그보다 낮은 단계의 욕구로 이행한다는 '좌절

–퇴행 접근법'을 주장한다. 이는 상위욕구가 충족되지 않거나 좌절될 때 그보다 낮은 하위욕구로 퇴행하여 하위욕구의 중요성이 커지는 상황을 말한다. 예를 들면, 성장 욕구가 충족이 되지 않으면 하위단계의 욕구인 관계 욕구로 퇴행하게 되고, 이때 관계 욕구에 대한 바람이 그만큼 커지게 된다는 의미다.

둘째, 매슬로우는 강도가 큰 우세한 욕구만이 동기요인으로 작용한다고 주장하였으나, 앨더퍼는 세 가지 욕구가 강도의 차이는 있을지라도 동시에 나타날 수 있다고 보았다. 즉, 낮은 수준의 욕구는 다른 욕구들이 시작되기 전에 채워져야 한다는 매슬로우의 이론과는 달리 앨더퍼는 여러 개의 욕구를 동시에 경험할 수 있다는 것을 주장한다.

셋째, 매슬로우의 설명과는 달리 앨더퍼의 ERG이론은 하위단계의 욕구가 충족되지 않아도 상위단계의 욕구가 발생할 수 있다고 지적하고 있다. 예를 들면, 생존 욕구가 충족되지 않았다 하더라도 관계 욕구나 성장 욕구를 충족시키기 위한 노력을 하게 된다는 것이다(주상환 외, 2015).

3) 허즈버그의 동기위생이론

허즈버그(F. Herzberg)에 의해 제안된 동기위생이론(motivation-hygiene theory)은 미국 피츠버그 지방에 있는 기업체에 근무하는 200명의 기술자와 회계사를 대상으로, 일을 하면서 즐거웠던 또는 불쾌했던 시간이나 사건을 회상하게 한 다음 면접을 통해 왜 그러한 감정을 느끼게 되었는지, 그것이 성과와 어떠한 영향을 미쳤는지를 조사하였다. 이러한 실증적인 연구를 통해서 사람들에게는 만족을 주는 직무요인과 불만족을 주는 직무요인이 별개로 존재한다는 사실을 발견하였다(Herzberg, 1968).

동기위생이론의 핵심을 설명하면, '만족'과 '불만족'을 연속선상의 양극단에 위치하는 반대 개념으로 보아 오던 기존의 관점과는 다르게, '만족'

과 '불만족'은 서로 독립된 별개의 차원이며, 각 차원에 작용하는 요인 역시 별개로 존재한다는 것이다.

이를 기초로 허즈버그는 직무만족을 가져다 주는 내용으로 밝혀진 요인들을 동기요인(motivators) 또는 만족요인(satisfier factors)이라 하고, 직무불만족을 가져다 주는 것으로 밝혀진 내용을 위생요인(hygiene factors) 또는 불만족요인(dissatisfier factors)이라고 명명하였다. 동기요인은 구성원의 동기와 작업 만족의 근원이 되며 위생요인은 단지 불만족을 제거해 주는 요인이다.

(1) 동기요인

만족요인(satisfier factors)이라고도 하며, 작업 자체로부터 도출된 인간 내적 혹은 심리적인 것과 실제 직무에 관련된 성취, 인정, 일 그 자체, 책임, 승진, 성장 가능성 등을 포함한다. 동기요인들이 나타날 때, 과업 성취에 긍정적으로 영향을 미칠 수 있는 강력하고 적극적인 동기가 유발된다.

(2) 위생요인

위생이라는 용어는 의학적인 의미에서 직무불만족을 예방할 수 있는 환경조건과 관계되기 때문에 불만족요인(dissatisfier factors)이라고도 한다. 위생요인은 주로 급여(봉급), 안정된 작업, 작업 조건, 지위, 회사정책과 행정, 감독, 대인관계 등 외적 요인이 포함된 것으로, 구성원이 직무를 수행하는 상황 또는 환경 그리고 구성원 간의 관계에 대한 요인을 말한다.

결론적으로 허즈버그는 동기위생이론에서 인간은 이원적인 욕구구조를 가지고 있고, 불만족을 일으키는 요인과 만족을 주는 요인은 서로 다르며, 불만족요인의 제거는 소극적이며 단기적인 효과를 가져 오는 네 반해, 만족요인을 크게 하는 것은 적극적이고 장기적인 효과를 가져 온다고 주장하였다(오은경 외, 2007).

2. 동기과정이론

1) 브룸의 기대이론(Expectancy-theory: VIE이론)

기대이론은 브룸(Vroom)에 의해 발전된 이론이다. 기대이론의 기본 관점은 개인은 행동의 결과에 대한 기대를 가지고 있다는 것이다. 이 이론에 따르면 조직의 구성원들은 열심히 노력하면 어떤 성과를 가져올 것이라고 기대(성취기대)하고, 또 성과는 조직으로부터 바람직한 보상을 얻을 것이라 기대(보상기대)하여 일을 열심히 하게 된다는 것이다.

브룸의 기대이론은 VIE(Valence-Instrumentality-Expectancy)이론이라고도 한다(Vroom, 1964).

첫째, 유인가(valence; 목표매력성)는 목표가 갖는 매력의 정도로, 결과에 대하여 개인이 갖고 있는 선호의 정도이다. 유의성 또는 유인가라고 부르며, 특정의 목표, 결과, 보상, 유인체제 등에 대해 개인이 갖는 선호를 말한다. 예를 들면, 어떤 교사가 교감 승진을 원한다고 할 때, 그는 이 목표를 달성하기 위해 '좋은 근무평정'을 받는 것이 중요하다고 생각할 것이다. 이 경우에 '좋은 근무평정'에 대한 선호의 강도는 적극적으로 얻고자 할 경우(상 또는 +), 중간적인 경우(중 또는 0), 소극적으로 피하는 경우(하 또는 −)로 분류될 수 있다.

둘째, 성과기대(expectancy; 노력과 성과의 연계)는 개인의 노력과 성취를 연계하며, 어떤 행동이 추구하는 결과를 초래할 것이라는 주관적인 확률이다. 내가 노력을 하면 성과를 얻어낼 수 있을 것이라고 믿는 확실성의 정도, 즉 '노력'과 '성과'의 관계에 대한 개인적 지각을 말한다. 이는 0에서 1까지의 값을 가질 수 있다. 0은 성공에 대한 완전한 의심을, 1은 완전한 확신을 의미한다. 예를 들면, 열심히 노력하면 A학점을 받을 수 있다는 가능성에 대한 믿음은 0~1까지의 값을 가질 수 있다.

셋째, 보상기대(instrumentality; 성과와 보상의 연계)는 수단성이라고도 하며, 1차 수준의 성과가 2차 수준의 성과를 가져오게 되리라는 주관적인 확률치이다. 즉, 어떤 수준의 성과를 산출해 내면 유의성을 가진 보상이 주어질 것이라 지각된 확률을 말한다. 보상기대는 −1에서부터 1까지의 값을 갖는다. 예를 들면, 열심히 공부하면 좋은 학점(1차 수준의 성과)을 받고 그것이 반드시 장학금(2차 수준의 성과)을 가져온다고 믿는다면 보상기대는 그만큼 높은 것이다. 그러므로 보상기대치는 '성과'와 '보상' 간의 관계에 대해 어떻게 지각하는가를 의미하는 것으로, −1 ~ +1 사이의 값을 갖는다. 이런 점에서 다양하고 충분한 장학금 제도는 학생들의 면학풍토 조성에 중요한 요소가 될 수 있다.

이처럼 브룸의 동기이론에 의하면, 가장 강력한 동기를 유발할 수 있는 세 가지 요인의 조합은 높은 긍정적 유의성(V), 높은 성과기대(E), 높은 보상기대(I)이다. 인간은 유인가(V), 보상기대(I), 성취기대(E)가 모두 높을 때 동기가 부여됨을 의미한다(오은경 외, 2007).

2) 아담스의 공정성이론

아담스(S. J. Adams)는 동기의 요인으로 공정성의 개념을 검토하여, 동기란 개인이 자신의 작업 상황에서 지각한 공정성 정도에 의해서 영향을 받는다고 전제하고 공정성이론(equity theory)을 발전시켰다. 즉, 한 개인이 타인에 비해 얼마나 공정한 대우를 받고 있다고 느끼는가에 초점을 두고 정립된 이론이라 할 수 있다.

만일 어떤 종업원이 동일한 양과 질의 작업에 대해서 타인보다 보수가 많다고 지각하거나(우월감), 타인보다 보수가 적다고 생각하면(상대적 박탈감) 불만족하게 되고, 이와 같은 불공정성을 제거하기 위해 노력하게 된다. 자신의 노력에 대해 타인과 비교할 때 적절한 보상을 받지 못했다고 느끼는 불공정한 관계는 구성원들로 하여금 공정성을 회복하도록 노력할 것이다(Adams, 1963).

공정성의 정도는 자신의 노력(투입)과 이에 대한 성과, 즉 급료의 비율과 타인의 노력과 성과의 비율을 비교하여 공정하기를 기대하고, 반대로 불공정하다고 느낄 경우에는 집무에 대하여 불만을 갖거나 불안을 갖게 된다. 그러므로 아담스의 공정성이론은 인간은 절대적 기준이 아니라 상대방과의 비교를 통한 상대적 기준을 통해 동기가 부여됨을 의미한다(오은경 외, 2007).

공정성이론의 문제점은 공정성에 대한 판단이 주관적이며, 덜 받는 것보다는 더 받는 것을 합리화하기 쉬우므로 균형적 판단에 문제가 있다는 것이다. 공평성과 정의가 많은 사람에게 중요한 동기가 되므로, 오히려 공정성을 높이는 방향으로 행동이 집중될 수 있다.

공정성이론이 학교조직에 주는 시사점은 다음과 같다. 첫째, 학교경영자는 조직에서의 사회적 비교과정에 주의를 기울여야 할 필요성이 있다. 즉, 교사들을 공정하게 대우하도록 해야 한다. 둘째, 학교경영자는 교사의 동기유발 시 지각의 중요성을 인식해야 한다. 셋째, 공정성 또는 불공정성에 관한 결정은 개인적 차원에서만 이루어지는 것이 아니며, 조직 내외에 있는 사람들과의 비교가 포함된다(이일권 외, 2013).

참고문헌

[제1장]

강봉규(2000). 인간발달. 서울: 동문사.

김인회(2002). 교육사·교육철학강의. 서울: 문음사.

윤정일 외(2002). 신교육의 이해. 서울: 학지사.

이규호(1977). 교육과 사상. 서울: 배영사.

______(2013). 사람됨의 뜻. 서울: 좋은날.

정순목·김인회(1976). 교육이란 무엇인가. 서울: 실학사.

정영근 외(2002). 교육학개론. 서울: 문음사.

조경원 외(2002). 교육학의 이해. 서울: 이화여자대학교출판부.

주희 저, 한상갑 역(1977). 맹자/대학. 서울: 삼성출판사.

Becker, H.(hrsg)(1977). *Anthropologie und Pädagogik*. Bad Heibrunn/OBB: Julius Klinkhardt Verlag.

Braun, W.(1983). *Einführung in die Pädagogik*. Bad Heilbrunn/OBB: Julius Klinkhardt Verlag.

Langeveld, M. J.(1966). *Einführung in die theoretische Pädagogik*. Stuttgart: Ernst Klett Verlag.

Netzer, H.(1968). *Erziehungslehre*. Bad Heilbrunn/OBB: Julius Klinkhardt Verlag.

[제2장]

강영혜 외(1994). 현대사회와 교육의 이해. 서울: 교육과학사.

강인애(1995). 인지적 구성주의와 사회적 구성주의에 대한 간단한 고찰, 교육공학 연구 제11권 제2호. 3-20.

______(1997). 왜 구성주의인가: 정보화시대와 학습자중심의 교육환경. 서울: 문음사.

김귀성 · 노상우(2001). 현대교육사상. 서울: 학지사.
박의수 외(2002). 교육의 역사와 철학. 서울: 동문사.
서울대학교 교육연구소(1998). 교육학 대백과사전. 서울: 하우동설.
오천석(1981). 교육철학신강. 서울: 광명출판사.
이규호(2005). 교육철학. 서울: 연세대학교출판부.
______(2005). 철학적 인간학. 서울: 연세대학교출판부.
조화태(1994). 현대사회와 교육의 이해: 포스트모던 철학과 교육의 새로운 비전. 서울: 교육과학사

Durant, W. 저(1970), 임헌영 역(1978). 철학이야기. 서울: 동서문화사.
Gibson, R. 저, 이지헌 · 김회수 역(1989). 비판이론과 교육. 서울: 성원사.
Kneller, G. F.(1971), 정희숙 역(1990). 교육철학이란 무엇인가. 경기: 서광사.
Kneller, G. F.(1984), 안인희 역(1987). 현대교육사상. 경기: 서광사.
Flitner, W.(1970). *Allgemeine Pädagogik.* Stuttgart: Ernst Klett Verlag.
Kanz, H.(1971), *Einführung in die Pädagogische Philisophie.* A. Henn Verlag · Wuppertal · Ratinegen · Kastellaun.
Krieg, E.(1973). *Philosophie der Erziehung.* Leipzig.
Ortnstein, A. C. & Levine, D. U.(1981). *Foundations of Education.* Boston: Houghton Mifflin Company.
Rang, M.(1965). *Rousseaus Lehre vom Menschen.* Göttingen.

[제3장]

강재언 저(1979), 정창열 역(1984). 한국의 개화사상. 서울: 비봉출판사.
김인회(2001). 한국교육의 역사와 문제. 서울: 문음사.
______(2002). 교육사 교육철학 강의. 서울: 문음사.
김정환(1975). 페스탈로찌의 교육사상. 서울: 고려대학교출판부.
김창환(2002). 헤르바르트. 서울: 문음사.

박의수 외(2002). 교육의 역사와 철학. 서울: 동문사.

손인수(1998). 한국교육사 I. 서울: 문음사.

______(1998). 한국교육사 II. 서울: 문음사.

안인희(1997). 루소의 교육론: 에밀. 경기: 양서원.

연세대학교 교육철학연구회 편(2000). 위대한 교육사상가 IV. 서울: 교육과학사.

오금희(2001). 몬테소리의 유아교육: 사상과 이론. 서울: 문음사.

우메네 사토루 저(1967), 김정환·심성보 역(1994). 세계교육사. 서울: 풀빛.

정세화 외(1997). 한국교육의 사상적 이해. 서울: 학지사.

정영근 외(2000). 교육의 철학과 역사. 서울: 문음사.

조경원 외(2004). 서양교육의 이해. 서울: 교육과학사.

________(2009). 한국교육의 이해. 서울: 교육과학사.

________(2016). 교육철학 및 교육사. 서울: 교육과학사.

Boyd, W. 저(1964), 이홍우 외 역(1996). 서양교육사. 서울: 교육과학사.

Reble, A. 저(1995), 정영근 외 역(2002). 서양교육사. 서울: 문음사.

Blankertz, H.(1982). *Die Geschichte der Pädagogik*. Von der Aufklärung bis zur Gegenbart. Wetzlar: Büchse der Pandora.

Blättner, F.(1966). *Geschichte der Pädagogik*. Heidelberg: Quelle & Meyer Verlag.

Boldt, R. & Eichler, W.(1982). *Friedrich Wilhelm August Fröbel*. Köln: Pahl-Rugenstein.

Scheuerl, H.(1985). *Geschichte der Erziehung. Ein Grundriß*. Stuttgart/Berlin/Köln/Mainz.

[제4장]

교육부(2015). 2015년 탈북학생 주요 통계 현황.

김병성(2017). 교육사회학: 학교 사회-문화 분석. 서울: 학지사.

김신일(2015). 교육사회학. 서울: 교육과학사.

김영화(2012). 교육사회학. 서울: 교육과학사.

김홍원 외(2004). 수준별 이동수업 내실화 방안 연구. 한국교육개발원.

류방란·김성식(2006). 교육격차: 가정배경과 학교교육의 영향력 분석. 한국교육개발원.

최충옥 외(2012). 다문화교육의 이해. 경기: 양서원.

박선권(2017). 제3차 저출산·고령사회기본계획의 문제점과 개선방향: 저출산 대응 정책을 중심으로. NARS 현안보고서 302. 서울: 국회입법조사처.

배석영 외(2007). 미래사회를 위한 평생교육개론. 경기: 양서원.

성태제(2017). 제4차 산업혁명시대의 인간상과 교육의 방향 및 제언. 교육학연구, 55(2), pp.1-22.

이순형(1989). 교육적 사회론. 경기: 양서원.

이정선(2006). 효과적인 학교교육론. 경기: 한국학술정보.

오욱환(2002). 한국사회의 교육열: 기원과 심화. 서울: 교육과학사.

______(2009). 교육사회학의 이해와 탐구. 서울: 교육과학사.

______(2013). 사회자본의 교육적 해석과 활용: 콜먼으로부터 그리고 그를 넘어서. 서울: 교육과학사.

______(2014). 한국교육의 전환: 드라마에서 딜레마로. 서울: 교육과학사.

이종각(2005). 새로운 교육사회학총론. 서울: 동문사.

통일부(2015). 북한이탈주민 입국인원 현황.

허은주 외(2014). 현대 교육사회학. 경기: 양서원.

Grabb, E. G. 저, 양춘 역(1994). 사회불평등: 이론과 전망. 서울: 나남.

Toffler, A. 저, 이규행 역(1989). 제3물결. 서울: 한국경제신문사.

Anyon, J.(1979). Ideology and United States history textbooks. *Harvard Educational Review*. 49(3), 361-386.

________(1983). Social class and the hidden curriculum of work. *In The hidden curriculum and moral education*, edited by H. Giroux and D. Purpel. Berkeley, CA: McCutchen.

Bernstein, B.(1973). *Class, codes, and control*, vol 1. London: Routledge and Kegan Paul.

Blackledge, D. & B. Hunt.(1985). *Sociological interpretations of education*. London: Croom Helm.

Blau, P. & O. D. Duncan.(1967). *The American occupational structure*. New York: Wiley.

Bourdieu, P.(1986). The forms of capital. *In Handbook of theory of research for the sociology of education*, edited by J. E. Richardson. New York: Greenwood Press.

Bowles, S. & H. Gintis.(1976). *Schooling in capitalist America*. New York: Basic Books.

Coleman, J. S.(1988). Social capital in the creation of human capital, *American Journal of Sociology*, 94(Supplement), S95-S120.

Collins, R.(1971). Functional and conflict theories of educational stratification. *American Sociological Review*, 36(6), 1002-1019.

Durkheim, E.(1933). *The division of labor in society*. The Free Press.

Edmonds, R. R.(1979). Effective schools for the urban poor. *Educational Leadership*, vol. 37, 15-27.

Hallinan, M.(1994). Tracking: From theory to practice. *Sociology of Education*, 67(1), 79-84.

Kelly, A.(1985). The construction of masculine science. *British Journal of Sociology of Education*, 6(2), 133-154.

Levine, D. & R. F. Levine.(1996). *Society and education*, ninth edition. Boston: Allyn and Bacon.

Levine, D. U. & L. W. Lezotte.(1990). *Unusually effective schools: A review and analysis of research and practice*. Madison: National Center for Effective Schools Research and Development.

Merton, R.(1948). The self-fulfilling prophecy. *Antioch Review*, 8, 193-210.

Oakes, J.(1985). *Keeping track: How schools structure inequality*. New Haven: Yale University Press.

_________(1994). More than misapplied technology: A normative and political response to Hallinan on tracking. *Sociology of Education*, 67(2), 84-89.

Parsons, T.(1959). The school class as a social system: Some of its functions in American society. *Harvard Education Review*. 29, Fall, 297-318.

Rosenthal, R. & L. Jacobson.(1968). *Pygmalion in the classroom*. New York: Holt, Rinehart and Winston.

Rutter, M., B. Maughan., P. Mortimore., J. Ouston & A. Smith.(1979). *Fifteen thousand hours: Secondary schools and their effects on children*. Cambridge, Mass: Harvard University Press.

Sewell, W. H., O. Haller & A. Portes.(1969). The educational and early occupational status attainment process. *American Sociological Review*, 34(1), 82-92.

Willis, P.(1977). *Learning to labor: How working class kids get working class jobs*. New York: Columbia University Press.

World Economic Forum.(2015). *New vision for education: Unlocking the potential of technology*. Geneva: World Economic Forum.

Young, M. F. D.(ed.)(1971). *Knowledges and control: New directions for the sociology of education*. London: Collier Macmillan.

오마이뉴스(2015. 9.23). 서울대 많이 보내는 학교 10곳 학비 살펴보니. http://www.ohmynews.com/NWS_Web/View/at_pg.aspx?CNTN_CD=A0002145017(2017.7.30 인출)

http://www.unikorea.go.kr/content.do? cmsid=1440 (2017.7.30. 인출)

[제5장]

강현석(2011). 현대 교육과정 탐구. 서울: 학지사.

김대현(2011). 교육과정의 이해. 서울: 학지사.

김인식·최호성(1996). 최신 교육과정 및 교육평가. 서울: 교육과학사.

김재춘 외(2002). 교육과정과 교육평가. 서울: 교육과학사.

김종서 외(1997). 교육과정과 교육평가. 서울: 교육과학사.

박도순·홍후조(2001). 교육과정과 교육평가. 서울: 문음사.
이귀윤(1996). 교육과정연구. 서울: 교육과학사.
이인학 외(2013). 최신교육의 이해. 서울: 학지사.
이해명(2000). 교육과정이론. 서울: 교육과학사.
홍은숙 외(2016). 교육학에의 초대. 서울: 교육과학사.
박순경(2007). 국가수준 고등학교 교육과정 기준의 변화 흐름에 대한 일고. 교육과정연구, 25(1), 189-212.
이미숙(2000). 국가수준 교육과정 개정에 반영되어 온 교육내용의 성격. 교육과학연구, 31(1), 1-22.

Ornstein, A. C. & F. P. Hunkins 저(1988), 김인식 역(1990). 교육과정: 원리·과제·전망. 서울: 교육과학사.
Posner, G. J. 저(1992), 김인식 외 역(1994). 교육과정 비평. 서울: 교육과학사.
Peter F, Oliva 저(2012), 강현석 외 역(2014). 최신 교육과정 개발론. 서울: 학지사.

[제6장]

권대훈(2015). 교육심리학의 이론과 실제. 서울: 학지사.
김아영(2010). 학업동기. 서울: 학지사.
박영신(1986). 인지발달 수준에 따른 성패귀인과 과학학업성취도에 대한 연구. 교육학연구, 24(2), 11-27
송명자(2008). 발달심리학. 서울: 학지사.
신명희 외(2014). 교육심리학. 서울: 학지사.
이성진(1996). 교육심리학: 그 학문적 성격과 과제. 교육심리연구, 10(1), 25-48.
이신동 외(2011). 최신교육심리학. 서울: 학지사.
임규혁·임웅(2007). 교육심리학. 서울: 학지사.
정종진(2003). 창의성에 대한 다원적 접근과 그 교육적 시사, 초등교육연구논총, 18(3), 327-346.

Amabile, T. M.(1982). Children' artistic creativity: Developmental effects of competition in a field setting. *Personality and Social Psychology Bulletin*, 8, 573-578.

____________(1989). *Growing up creative: Nurturing a lifetime of creativity.* New York: Crown Publishing Group.

____________(1996). *Creativity in context: Update to "The Social Psychology of Creativity."* Boulder, CO: Westview Press.

Atkinson, R. C., & Shiffrin, R. M.(1968). Human Memory: A proposed system and its control process. In K. Spence, & J, Spence(Eds.). *The Psychology of learning and motivation.* Vol. 2. W. New York: Academic Press.

Batles, P. B.(1987). Theoretical propositions of life-span developmental psychology: On the dynamics between growth and decline. *Developmental Psychology*, 23(5), 611-626.

Berk, L.(1997). *Child Development.* MA: Allyn & Bacon.

Csikszentmihalyi, M.(1996). *Creativity: Flow and the Psychology of Discovery and Invention.* New York: Harper Collins.

Deci, E., & Ryan, R.(2000). The "what" and "why" of goal pursuits: Human needs and the self-determination of behavior, *Psychological inquiry*, 11, 227-268.

Emmer, E.(1988). Praise and the instructional process. *Journal of Classroom Interaction*, 23, 32-39.

Erikson, E.(1968). *Identity: Youth and crisis.* New York: Norton.

Frodi, A., Bridges, L., & Grolnick, W. S.(1985). Correlates of mastery-related behavior: a short term longitudinal study of infants in their second year. *Child Development*, 56, 1291-1298.

Furrer, C., & Skinner, E.(2003). Sense of relatedness as a factor in children's academic engagement and performance. *Journal of Educational Psychology*, 95(11), 148-161.

Gardner, H.(1983). *Frames of mind: The theory of multiple intelligences*. New York: Basic Books.

__________(1999). *Intelligences reframed: Multiple intelligences for the 21st century*. New York: Basic Books.

Getzels, J. W., & Jackson, P. W.(1962). Creativity and intelligence. New York: Wiley.

Pintrich, P. R.(2003). A motivational science perspective on the role of student motivation in learning and teaching contexts. *Journal of Educational Psychology*, 95(4), 667-686.

Lepper, M. R., & Green, D.(1978). *The hidden costs of reward: New perspectives on the psychology of human motivation*. Hillsdale, N.J.: Erlbaum.

Rosenthal, R., & Jacobson, L.(1968). *Pygmalion in the classroom*. New York: Holt, Rinehart & Winston.

Skinner, B. F.(1937). Tow Types of conditioned reflex: A reply to Konorski and Miller. *Journal of General Psychology*, 16, 272-279.

Sternberg, R. J.(1988). *The nature of creativity: Contemporary psychological perspectives*. New York: Cambridge University Press.

Sternberg, R. J., & Wagner, R. K.(1993). The geocentric view of intelligence and job performance is wrong. *Current Directions in Psychological Science*, 2, 1-5.

Wallas. G.(1926). *The art of thought*. New York: Harcourt Brace.

Watson, J. B.(1925). *Behaviorism*. New york : Norton.

Weiner, B.(1986). *An attributional theory of motivation and emotion*. New york, NY: Springer.

[제7장]

강숙희(2001). 인터넷과 수업. 서울: 교육과학사.

교육인적자원부 · 한국교육학술정보원(2004). 교육정보화백서.

김미환 외(2008). 현장교육학. 서울: 동문사.

나일주(1999). 웹기반교육. 서울: 교육과학사.

박성익 외(2011). 교육방법의 교육공학적 이해. 서울: 교육과학사.

박숙희 · 염명숙(2007). 교수학습과 교육공학. 서울: 학지사.

백영균(2003). 웹기반학습의 설계. 경기: 양서원.

서울대학교 교육연구소(1995). 교육학용어사전.

송영수(2001). E-Learning = E-Business. 산업연구(10월호).

이인숙 외(2010). 교육공학 · 교육방법. 서울: 문음사.

이화여자대학교 교육공학과(2003). 교육방법 및 교육공학. 서울: 교육과학사.

정재삼(1996). 교수설계(ID)와 교수체제개발(ISD)의 최근 경향과 논쟁-21세기를 대비하는 교수공학의 지식기반 구축을 위하여. 교육공학연구. 12(1), 195-225.

조규락 · 김선연(2006). 교육방법 및 교육공학. 서울: 학지사.

주영주 · 최성희(2001). 교수매체의 제작과 활용. 서울: 남두도서.

한국교육공학회(2005). 교육공학 용어사전. 서울: 교육과학사.

한국사이버교육학회(2003). e-러닝백서. 서울: 산업자원부.

홍경선(2004). 교사를 위한 e-Learning 입문. 서울: 문음사.

e-러닝산업발전법.

Association for Educational Communications and Technology(1977). *The definition of educational technology*. Washington, D.C.: AECT.

Berlo, D. K.(1960). *The process of communication: An instruction to theory and practice*. NY: Holt, Rinehart and Winston.

Comenius, J. A.(2007). *1658*. Orbis sensualium pictus.

Corey, S. M.(1971). *Definition of instructional design. Instructional design: Readings*. Englewood Cliffs, NJ: Prentice-Hall, 1.

Dale, E.(1969). *Audiovisual methods in teaching*. NY: Holt, Rinehart and Winston.

Dick, W. & Carey, L.(1990). *The systematic design of instruction*(3rd ed.). ILL: Scott, Foresman.

Ely, D. P.(1963). *The changing role of the audiovisual process in education: A definition and a glowwary of related terms*.

English, H. B. & Englith, A. C.(1958). *A comprehensive dictionary of psychological and psychoanalytical terms: A guide to usage*. NY: Longman.

Finn, J. D.(1963). *The revolution in the school: Technology and the instructional process*. NY: Holt, Runehart and Winston.

Gagné, R. M.(1985). *The conditions of learning and theory of instruction*. Fort Worth, TX: Holt, Rinehart and Winston.

Gagné, R. M., Briggs, L. J., & Wagner, W. W.(1992). *Principles of instructional design*. Fort Worth TX: HBJ College.

Galbraith, J. K.(1967). *The new industrial state*. Boston: Houghton Miffin.

Good, C. V.(1973). *Dictionary of education*.

Heinich R., Molenda, M., Russell, J. D., & Smaldino, S. E.(1996). *Instructional media and technologies for learning*(5th ed.). NJ: Prentice Hall, 1.

Hoban, C., Hoban, C. & Zissman, S.(1937). *Visualizing the curriculum*. NY: Dryden.

Hsu, Y. C., Hung, J. L., & Ching, Y. H.(2013). Trends of educational technology research: more than a decade of international research in six SSCI-indexed refereed journals. *Educational Technology Research and Development*, 61(4), 685-705.

Khan, B. H.(Ed.)(1997). *Web-Based Instruction*. NJ: Educational Technology Publications.

Mayer, R. E.(1982). *Instructional variables in text processing*. In A. Flammer & W. Kintsch(eds) Discourse processing, North-Holland Publishing Company, Amsterdam .

Molenda, M., & Januszewski, A.(2008). *Educational technology: A definition with commentary*. Association for Educational Communications and Technology (AECT).

Reigeluth, C.(1983). Instructional design: What is it and why is it?. In C. Reiguluth(Ed.). Instructional-design theories and models: An overview of their current status (1983), NJ: Lawrence Erlbaum Associates.

Reiser, R. A., & Dempsey, J. V.(2007). *Trends and issues in instructional technology and design*.

Ritchie, D. C., & Hoffman, B.(1997). Incorporating instructional design principles with the World Wide Web. *Web-based instruction*, 135-138.

Rogers, E. M.(1983). *Diffusion of innovations*(3rd ed.). NY: The Free Press.

Rosenberg, M. J.(2001). *E-learning: Strategies for delivering knowledge in the digital age*(Vol. 9). New York: McGraw-Hill.

Saettler, P.(1990). *The evolution of American educational technology*. CO: Libraries Unlimited.

Seels, B. B. & Richey, R. C.(1994). *Instructional Technology: The definition and domains of the field*. Washington, D. C.: AECT.

Smith, P. L., & Ragan, T. J. (1993). Designing instructional feedback for different learning outcomes. *Interactive instruction and feedback*, 75-103.

Stolovitch, H. D., & Keeps, E. J. (1992). *Handbook of human performance technology: A comprehensive guide for analyzing and solving performance problems in organizations*. Pfeiffer.

ASTD(2001). e-Learning glossary [Online] http://www.learningcircuits.org/glossary.html/

Cisco Systems(2001). Internet learning solution group eLearning glossary. http://www.cisco.com/warp/public/10/wwtraining/elearning/what/glossary.html

http://www.cobb.k12.ga.us

[제8장]

강봉규 외(2006). 교육과정 및 교육평가. 서울: 태영출판사.

교육부(2013). 교육과정.

교육평가연구회편(1995). 교육측정·평가·연구·통계 용어사전. 중앙교육진흥연구소.

김재춘 외(2002). 예비·현직교사를 위한 교육과정과 교육평가. 서울: 교육과학사.

서울대학교 교육연구소편(1999). 교육학대백과사전. 서울: 하우동설.

성태제(1995). 타당도와 신뢰도. 경기: 양서원.

______(1998). 교육연구방법의 이해. 서울: 학지사.

______(1998). 문항제작 및 분석의 이론과 실제. 서울: 학지사.

______(2002). 현대교육평가. 서울: 학지사.

______ 외(2014). 최신교육학개론. 서울: 학지사.

채선희(1997). 교육평가의 내재적 가치와 그 실현방안. 교육학연구. 제35권 4호.

Bloom, B. S.(1956). *Taxonomy of educational objectives*. New York: David Mckay.

Cronbach, L. J.(1963). "Course improvement through evaluation" *Teachers College Record*, 64.

____________(1970). *Essentials of psychological testing*(3rd ed.). N.Y.: Harper & Row.

Linn, R. L. & Gronlund, N. E.(2000). *Measurement and Assessment in Teaching*(8th ed.). New Jersey: Prentice Hall.

Scriven, M.(1967). The methodology of curriculum evaluation. In R. Tyler, et al. *Perspectives on Curriculum Evaluation*.

Stake, R. E.(1967). "The countenance of educational evaluation" *Teachers College Record*, 68.

Tyler, R. W.(1949). *Basic Principles of curriculum and instruction*. Chicago: University of Chicago Press.

[제9장]

김성열(2001). 학교분쟁의 해결전략: 교육공동체적 관점, 교육행정학연구, 19(3).

남정걸(2001). 교육행정 및 교육경영. 서울: 교육과학사.

노종희(1998). 학교공동체의 개념적 분석과 그 구축전략. 교육행정학연구, 16(2).

신유근(1985). 조직행동론. 서울: 다산출판사.

오은경(2000). 학교붕괴현상의 해결을 위한 행정가의 도덕적 임무. 교육과학연구, 31(3).

______(2001). 교육행정의 기초. 서울: 이화여자대학교출판부.

______ 외(2007). 교육행정 및 교육경영. 서울: 학지사.

이병진(2003). 교육리더십. 서울: 학지사.

정수현(2003). 교육공동체 개념에 근거한 학교평가의 방향 탐색. 교육행정학연구, 21(2).

주삼환 외(2015). 교육행정 및 교육경영. 서울: 학지사.

Hoy, W. K., & Miskel, C. G.(2007) 저, 오영재 외 역(2007). 교육행정: 이론, 연구, 실제. 서울: 아카데미프레스.

Adams. J. S.(1963). Toward on understanding of inequity. *Journal of Abnormal and Social Psychology*, 67.

Alderfer, C. P.(1972). *Existence, Relatedness and Growth: Human needs in Organizational setting*. NY: Free Press.

Anderson, G. L.(1990). Toward a Critical Constructivist Approach to School Administration: Invisibility, Legitimation and the study of Non Events. *Educational Administration Quarterly*, 26(1), 38-59.

Baldridge, J. V.(1971). *Academic Governance*. Berkeley: McCutchan Publishing Co.

Barnard, C. I.(1938). *The Function of the Executive*. Cambridge. MA: Harvard University Press.

Bass, B. M.(1985). *Leadership and Performance beyond Expectations*. NY: Free Press.

Bates, R. J.(1980). Bureaucracy, Professionalism and Knowledge: Structures of Authority and Control. *Educational Research and Perspectives*, 7(2), 66-76.

Burns, J. M.(1978). *Leadership*. NY: Harper & Row.

Cohen, M. D., March, J. G. & Olsen, J. P.(1972). A garbage Can Model of Organizational Choice. *Administrative Science Quarterly*, 17(1).

Cunningham, W. G. & Gresso, D. W.(1993). *Cultural leadership: The culture of excellence in education*. Boston: Allyn & Bacon.

Fiedler, F. E.(1967). A *Theory of Leadership Effectiveness*. NY: McGraw-Hill Book.

__________(1971). Validation and extension of the Contingency Model of Leadership Effectiveness: A Review of Empirical Findings. *Psychological Bulletin*, 76.

Getzels, J. W., & Guba, E. G.(1957). Social Behavior and the Administrative Process. *The School Review*, 65(1).

Greenfield, T. B.(1978). Reflections on Organizational Theory and the Truths of Irreconciable Realities, *Educational Administration Quaeterly*, 14(2).

Hersey, P., & Blanchard, K. H.(1993). *Management of Organization Behavior: Utilizing Human Resources*(6th ed.). Englewood Cliffs, NJ: Prentice-Hall Inc.

Herzberg, F.(1968). One More Time: How Do you Motivate Employee? *Harvard Business Review*, 46.

Hodgkinson, C. 저(1978), 주삼환 역(1990). 행정철학. 경기: 법문사.

Hoy, W. K., & Miskel, C. G.(1996). *Educational Administration: Theory, Research, and Practice*(5th ed.). NY: MacGraw-Hill, Inc.

__________(2005). *Educational Administration: Theory, Research, and Practice*(7th ed.). Boston: MacGraw-Hill, Inc.

__________(2007). *Educational Administration: Theory, Research, and Practice*(7th ed.). Boston: MacGraw-Hill, Inc.

Karant, V. I.(1989). Supervision in the Age of Teacher Empowerment. *Educational Leadership*, 46(8).

Leithwood, K.(1994). Leadership for School Restructuring. *Educational Administration Quaeterly*, 30(3).

Lunenburg, F. C., & Ornstein, A. C.(2004). *Educational Administration: Concepts and Practices*(4th ed.). Belmont: Wadsworth, A division of Thompson Learning.

Maslow, A. H.(1965). Eupsychian management. Homework, IL: Irwin. *Motivation and Personality*(2nd ed.). NY: Harper & Row.

__________(1970). *Motivation and Personality*(2nd ed.). NY: Harper & Row Publishing.

Owens, R. G.(1981). *Organizational Behavior In Education*. Englewood Cliffs: Prentice-Hall.

Reddin, W. J.(1970). *Managerial Effectiveness*. NY: McGraw-Hill.

Sergiovanni, T. J.(1984). Leadership and Excellence in Schooling. *Educational Leadership*. February.

__________(1994). *Building Community in Schools*. San Francisco: Jossey-Bass Publishers.

__________(1994). Organizations or Communities? Changing the Metaphor Changes the Theory. *Educational Administration Quarterly*, 30(2).

__________(2000). *The Lifeworld of Leadership: Creating Culture, Community, and Personal Meaning in Our Schools*. Sam Francisco, CA: Jossey-Bass Publishers.

Sergiovanni, T. J. & Starratt, R. J.(1993). *Supervision: A Redefinition*(5th ed.). New York: McGraw-Hill, Inc.

__________(2007). *Supervision: A Redefinition*(8th ed.). New York: McGraw-Hill, Inc.

Simon, H. A.(1957). *Administration Behavior*(2nd ed.). NY: Macmillan.

Starratt, R. J.(1991). Building an Ethical School: A Theory for Practice in Educational Leadership. *Educational Administration Quarterly*, 27(2), 185-202.

Stogdill, R. M.(1948). Personal Factors Associated with Leadership: A Survey of the Literature. *Journal of Psychology*, 25.

Strike, K. A.(1999). Can School be Communities? The tension Between Shared Values and Inclusion. *Educational Administration Quarterly*, 35(1).

Vroom, V. H.(1964). *Work and Motivation*. NY: Wilsey.

Weber, M.(1947). *The Theory of Social Economic Organization*, ed. & Trans. by A. M. Henderson & T. Parsons, NY: The Free Press.

Weick, K. E.(1976). Educational Organizations as Loosely Coupled System, *Administrative Science Quarterly*, 21.

찾아보기

가구소득 • 146
가드너 • 216
가치론 • 42
가치부가적 지도력 • 370
가치유지형 지도력 • 370
가평클 • 132
갈등이론 • 123, 131
감각기억 • 237
강화 • 233
강화이론 • 225
객관도 • 321
거꾸로 학습 • 290
거시적 관점 • 118
검사 • 297
검은 상자 • 131, 154
게젤스 • 223
결정적 시기 • 201
결집 • 238
결핍욕구 • 226
경당 • 68
경력지향성 • 345
경로분석 • 140
경제결정론 • 130
경제구조 • 125
경제적 계급 • 126
경제적 자본 • 145
경제적 자원 • 145
경제적 재생산론 • 127
경제활동인구 • 117
경험의 원추 • 256
경험주의적 관점 • 166
경험중심 교육과정 • 169
계급 • 126
계급갈등 • 125
계발주의 • 102
계열 • 185
고교서열화 • 146
고급문화활동 • 148
공권력 • 156
공식어 • 151
공식적 교과과정 • 144
공인타당도 • 319
공정성이론 • 379
공학 • 244, 245, 246
과잉교육 • 129
과학적 관리론 • 331
관계성 욕구 • 228
관념론 • 43
관료제 • 341
관리망 • 361
괄호형 • 317
교과 • 164
교과중심 교육과정 • 168
교사기대 효과 • 159
교사와 학생 간 상호교섭 • 135
교사평가 • 302
교수 • 242, 243
교수 학습 과정 • 144, 160
교수공학 • 242, 246, 247, 250
교수매체 • 272, 273
교수설계 • 260, 262
교수설계 모형 • 266
교수요목 • 164, 165
교수체제개발 • 263
교육 • 111, 242, 243
교육공학 • 242, 246, 260
교육공학의 정의 • 248
교육과정 • 144, 164
교육과정의 개발 • 180
교육과정평가 • 302
교육기회 • 145
교육내용 선정 • 184
교육내용 조직 • 185
교육목표 설정 • 184
교육사회학 • 110, 118
교육수준 • 111
교육의 자유화운동 • 105
교육의 자율성 • 138
교육의 필요성 • 21
교육적 집단화 • 160
교육제도 • 136
교육철학 • 38
교육평가 • 296, 297
교육평가의 기능 • 300
교육평가의 유형 • 301
교육포부 • 141
교육효과 • 160
교환적 지도력 • 364
구성원의 준비도 • 363
구성주의 • 63, 262, 287

구인타당도 • 318
구조기능이론 • 119
구조기능주의 • 120
국가주의 • 102
국자감 • 71
국제결혼가정 • 116
국학 • 69
권력의 통제 • 340
권위의 위계화 • 343
귀속변인 • 141
귀속적 계급 • 143
귀인이론 • 226
귀족학교 • 146
규범적 정의 • 16
규준지향평가 • 305
규칙과 규정 • 344
그리스의 교육 • 86
근면성 • 212
금융 자본 • 150
기능이론 • 118, 131
기능적 정의 • 16
기대수준 • 159
기대이론 • 378
기독교 사학 • 78
기독교교육 • 92
기본정신능력 • 216
기사교육 • 93
기술적 모형 • 183
기초능력 • 115
기회균등 • 121
기회학습 • 173
길포드 • 216, 219

남성 중심의 학문 • 157
남성 중심적 • 157
내용타당도 • 318
내재적 동기 • 225
내적일관성 신뢰도 • 320
노동계급 • 143, 151
논리학 • 42
논술형 • 317
능력별 집단화 • 144
능력별 학습집단 편성 • 161
능력주의 • 131
니일 • 107

다문화 베이비붐 • 116
다문화교육 • 117
다문화사회 • 116
단답형 • 317
단선제 • 136
대상영속성 • 205
대중어 • 151
대학의 발생 • 94
데일 • 256
도식 • 204
동기 • 224
동기과정이론 • 378
동기내용이론 • 373
동기위생이론 • 376
동작연구 • 331
동형검사 신뢰도 • 320
동화 • 204
뒤르켐 • 118, 120
듀이 • 105, 169
드보노 • 220
디지털 교과서 • 292

러터 • 154
로마의 교육 • 91
로저스 • 198
로젠탈 • 159
루소 • 100
루터 • 97
리틀 앨버트 • 231

마르크스 • 124
마이클 영 • 137
망조직 • 238
매슬로우 • 197, 225
매체 • 272
면접방법 • 155
명문 학군 • 147
몬테소리 • 107
몰입 • 221
무조건 반응 • 231
무조건 자극 • 231
무조건적 긍정적 존중 • 198
무형식교육 • 20
문제중심 학습 • 289
문항의 양호도 검증 • 318
문항의 유형 • 316
문헌공도 • 72
문화실조 • 148
문화유산 보존 기능 • 111
문화자본 • 148
문화적 다양성 • 117
문화적 자극 • 148
문화적 자원 • 147
문화적 전망 • 340
물적 자본 • 150
미국교육공학협회 • 252
미드 • 132
미시적 관점 • 118, 132

바이너 • 226
반응의 범위 • 202
발견학습 • 209
발달적 교육관 • 296
발도르프 학교 • 106
배려의 윤리 • 338
백분위 • 326
번스타인 • 151
벌 • 233
범위 • 185, 324
베버 • 124
변환적 지도력 • 364
보상기대 • 379
보울즈 • 127
보편적 사회화 • 120
복선제 • 136
본질주의 • 50
부르디외 • 148
부버 • 34
부적 강화 • 233
부정적 꼬리표 • 162
부호화 • 239
북한이탈주민 • 116
분산도 • 324
분석적 지능 • 218
분석철학 • 56
분업과 전문화 • 342
불변적 기능 • 204
불평등재생산이론 • 130, 142
브나로드 운동 • 81
브랜디드러닝 • 284
브루너 • 170
비개인성 • 344
비언어 지능검사 • 159
비인지적 행동 • 154

비판론적 관점 • 340
비판의 윤리 • 338
비판이론 • 58
비판적 교육과정사회학자 • 156
비형식교육 • 19

사교육비 • 146
사례연구 • 155
사분위편차 • 324
사이비교육 • 283
사정 • 297
사학 • 73
사회 개혁적·발전적 기능 • 113
사회개혁 • 123
사회계급 • 124, 142
사회계층 • 112, 125, 139
사회구조 • 120
사회변화 • 110
사회선발 • 112
사회심리학적 변인 • 141
사회유기체설 • 118
사회의 불평등 구조 • 127
사회자본 • 149
사회자본론 • 150
사회적 분업 • 120
사회적 선발·배치 • 120
사회적 유용성의 원리 • 184
사회적 자원 • 149
사회적 현실 • 133
사회제도 • 111
사회체계 • 119
사회충원 • 112
사회통합 • 112

사회화 • 24, 120
산업혁명 • 114
상부구조 • 125
상위 능력집단 • 162
상응원칙 • 127
상징적 상호작용론 • 133
상황이론 • 362
상황적응이론 • 362
새교육 운동 • 82
생산성 • 213
생산수단 • 124
서답형 문항 • 317
서당 • 74
서원 • 74
선다형 • 317
선발기제 • 123
선발적 교육관 • 296
선택형 문항 • 316
성과기대 • 378
성균관 • 73
성년식 • 67
성리학 • 72
성별 사회화 • 158
성장욕구 • 226
성장참조평가 • 308
수렴적 사고 • 219
수로화 • 202
수여성 벌 • 233
수준별 수업 • 161
수직적 사고 • 220
수평적 사고 • 220
수행 • 247
수행공학 • 246, 247
수행목표 • 268, 271
수행평가 • 310

슈츠 • 132
슈타이너 • 106
스마트교육 • 291
스크리븐 • 299
스키너 • 232
스키너 상자 • 233
스터플빔 • 298
스턴버그 • 216, 221
스테이크 • 299
스파르타 • 87
스푸트니크 • 170
스피어만 • 216
시각교육기 • 254
시각보조물 • 254
시간연구 • 331
시청각교육기 • 255
시청각커뮤니케이션교육기 • 257
신교육사회학 • 135, 136
신뢰 • 211
신뢰도 • 319
신용증명서 • 129
실용도 • 321
실용주의 • 46
실재론 • 44
실제적 지능 • 218
실존적 교육관 • 34
실존주의 • 54
실학사상 • 75
심리·사회적 위기 • 209
써어스톤 • 216

아농 • 143, 157
아동중심교육 • 105
아마바일 • 220
아테네 • 88
양육방식 • 147
양적 평가 • 309
양호도 검증 • 316
업적주의 • 121, 122, 139
에릭슨 • 209
에밀 • 101
역순 학습 • 290
역할 기대 • 136
역할 모델 • 141
연결형 • 316
연계성 • 186
연합이론 • 230
열등반 • 161
영교육과정 • 172
예언타당도 • 319
온라인교육 • 283
완성형 • 317
왈라스 • 222
왓슨 • 194
외재적 동기 • 224
욕구계층이론 • 373
욕구위계도 • 225
우수반 • 161
워커 모형 • 182
원격교육 • 284
원산학사 • 77
원자론 • 236
원초아 • 196
웩슬러 • 215
웹기반 교육 • 283
위스콘신 모형 • 141
유관 • 232
유능성 욕구 • 228
유인가 • 378
유전-환경 상호거래 모형 • 203
유전과 환경 • 201
유전론 • 27
유지시연 • 238
의미 있는 타인 • 151
의미 있는 타인의 영향 • 141
이러닝 • 278
이완체제 • 348
이해의 사회학 • 134
인간관계론 • 334
인간다운 발달의 원리 • 185
인간중심 교육과정 • 171
인과적 다원주의 • 134
인맥 • 150
인문주의 • 95, 337
인식론 • 41
인적 자본 • 150
인적 자원 • 149
인접성 • 230
인지 • 195
인지과정 • 237
인지주의이론 • 260
인출 • 239
일반요인 • 216

자극-반응(S-R)이론 • 194
자극의 일반화 • 231
자기결정성이론 • 227
자기충족적예언 • 218
자성예언 • 159
자성예언과 교사기대 효과 • 159
자아 • 196
자아개념 • 136

자아실현 • 198
자아중심성 • 206
자아통합감 • 213
자연주의 모형 • 183
자연주의적 교육관 • 31
자율성 • 211
자율성 욕구 • 227
작업기억 • 238
잠재적 교육과정 • 144, 171
장기기억 • 238
재개념주의적 관점 • 167
재건주의 • 52
재검사 신뢰도 • 320
잭슨 • 223
저출산 고령화사회 • 116
저항이론 • 130
적대적 • 125
적응 • 204
전문가 조직 • 346
전문직 지위집단 • 129
전통주의적 관점 • 165
정규분포 • 325
정당 • 126
정련된 어법 • 151
정보저장고 • 237
정보혁명 • 114
정신적 조작 • 207
정의의 윤리 • 338
정적 강화 • 233
정체감 • 212
정치적 정당 • 126
정치적 조직 • 350
제1차 교육과정 • 174
제2의 물결 • 114
제2차 교육과정 • 174
제3의 물결 • 114
제3의 심리학 • 197
제3차 교육과정 • 175
제4차 교육과정 • 175
제4차 산업혁명 • 115
제5차 교육과정 • 176
제6차 교육과정 • 176
제7차 교육과정 • 161, 177
제거성 벌 • 233
제이콥슨 • 159
제재 • 120
제한된 어법 • 151
조건 반응 • 231
조건 자극 • 231
조기유학 • 147
조선교육령 • 79
조작적 정의 • 17
조절 • 204
조직화 • 204
조직화된 혼돈의 구조 • 349
조합적 사고 • 208
조화론 • 120
존재론 • 40
종합중등학교 • 136
주도성 • 211
주의 • 238
준거지향평가 • 307
중다저장모델 • 237
중류세급 • 151
중심경향값 • 323
중심화 • 206
중앙값 • 323
중앙집중적인 방식 • 180
중요성의 원리 • 184
지능구조모형 • 216
지능정보기술 • 115
지방분권적인 방식 • 180
지배 이데올로기 • 156
지배-복종적 인간관계 • 127
지식사회학 • 132, 137
지식의 구조 • 340
지위 • 126
지위경쟁이론 • 129
지위집단 • 128
지위획득모형 • 140
지위획득이론 • 140
직관적 사고 • 206
직업적 지위 • 126
직업포부 • 141
진단평가 • 303
진로교육 • 116
진보주의 • 48
진위형 • 316
질적 연구방법 • 134
질적 평가 • 309
집단갈등 • 124
집단화 • 160

차별화된 교육과정 • 162
참여관찰 • 155
창의성 검사 • 222
창의적 산출물 검사 • 223
창의적 인성 검사 • 222
창의적 인지능력 검사 • 222
창의적 지능 • 218
체계적 접근 • 266
체제 개념 • 259
체제이론 • 259
체제적 접근 • 264, 266
초기결정론 • 197

초자아 • 197
총괄평가 • 304
최빈값 • 324
최충 • 72
측정 • 297
칙센트미하이 • 221
친밀감 • 213

컴퓨터매개통신교육 • 282
켈리 • 157
코메니우스 • 99, 252, 253
콜린스 • 128, 129
콜먼 • 149, 153
콜먼보고서 • 153
쾰러 • 236
크론박 • 298

타당도 • 318
타당성의 원리 • 184
타일러 • 298
타일러 모형 • 181
타임아웃 • 233
탈중심화 • 207
태학 • 68
터만 • 215
통변학교 • 76
통찰 • 236
통합성 • 186
투입-산출모형 • 154
특성이론 • 360
특수 사회화 • 121
특수요인 • 216

파블로프 • 230
파슨스 • 119, 121
파이다고고스 • 15, 89
페스탈로치 • 103
평가 • 186
평가기준별 유형 • 305
평가도구의 제작 • 313, 315
평가목적의 설정 • 312
평가방법별 유형 • 308
평가상태의 선정 • 313
평균 • 323
평생학습체제 • 116
평형화 • 204
포스트모더니즘 • 60
표상적 사고 • 206
표준점수 • 325
표준편차 • 324
프로이드 • 196
프뢰벨 • 103
플라톤 • 90
피그말리온 효과 • 160
피아제 • 203

하부구조 • 125
하위 능력집단 • 162
학교 • 111
학교 효과성 • 155
학교공동체 • 351
학교교육 • 111
학교의 계층화 • 145
학교평가 • 302
학교풍토 • 155
학교효과 • 144, 152
학력 • 144
학력경쟁 • 129
학문중심 교육과정 • 170
학생평가 • 301
학습 • 230, 242, 243
학습가능성의 원리 • 185
학습공동체 • 355
학업성적 • 144
학업성취 • 139, 144
합의론 • 120
합의적 평정기법 • 223
항존주의 • 51
해석적 방법론 • 134
해석적 접근 • 132
행동과학이론 • 259
행동과학적 접근 • 335
행동주의 • 33
행동주의이론 • 360
행위자 중심 • 133
향교 • 71, 73
현상학적인 관점 • 337
형성평가 • 304
형식교육 • 18
형식도야이론 • 168
형식적 사고 • 208
형태 • 235
호반 • 255, 256
화랑도 • 69
확산적 사고 • 219
확실성의 원리 • 184
환경론 • 28
효과적인 학교 연구 • 155
홋설 • 132
흥미의 원리 • 185

ADDIE 모형 • 266, 269
AECT • 250
assessment • 297
ASSURE 모형 • 275

b-Learning • 284
Brunner • 170

CPS • 222
currere • 164
curriculum • 164

D. L. Stufflebeam • 298
descriptive • 183

e-Learning • 283
e-교과서 • 293
ERG이론 • 374

GIFT • 222
Good • 166

hidden curriculum • 171
Hutchins • 166

Kilpatrich • 167

L. J. Cronbach • 298
LBDQ • 361
learning by doing • 169

m-Learning • 284
M. Scriven • 299
measuremcnt • 297

null curriculum • 172

Phenix • 166
POSDCoRB • 332

R. E. Stake • 299
R. W. Tyler • 298

selection-type item • 316
Sputnik • 170

test • 297
The process of education • 170
Tyler • 166

u-Learning • 285

Z점수 • 325

11세 이상 시험 • 136
2007개정 교육과정 • 178
2009개정 교육과정 • 178
2015개정 교육과정 • 179
3차원적 지도력이론 • 363
7자유과 • 168

저/자/약/력

• 김미환

독일 RWTH Aachen 대학교 교육학과 교육학박사
교육철학 및 교육사 전공
현) 이화여자대학교 사범대학 교육학과 초빙교수

• 최윤진

이화여자대학교 사범대학 교육학과 문학박사
교육사회학 전공
현) 고려대학교 사회통합교육연구소 연구교수

• 안정희

이화여자대학교 사범대학 교육학과 문학박사
교육과정 전공
현) 이화여자대학교 입학처 입학사정관 실장

• 김경미

State University of New Work at Stony Brook. Dept of Psychology. Ph. D
교육심리 전공
현) 선문대학교 이니티움교양대학 교수

• 홍경선

이화여자대학교 사범대학 교육공학과 문학박사
교육공학 전공
현) 군산대학교 교직과 교수

• 최정희

이화여자대학교 사범대학 교육학과 문학박사
교육행정 전공
현) 이화여자대학교 사범대학 교육학과 초빙교수

교육학개론

초판 1쇄 인쇄 / 2018년 1월 5일
초판 1쇄 발행 / 2018년 1월 10일

•

공저자 / 김미환 · 최윤진 · 안정희
김경미 · 홍경선 · 최정희
발행인 / 이 중 수
발행처 / **동 문 사**

•

서울특별시 서내문구 홍제원 1길 12
(홍제동 137-8)
Tel : 02)736-3718(대), 736-3710, 3720
Fax : 02)736-3719
등록번호 : 제9-17호
가격 : 20,000원

•

ISBN : 978-89-8251-956-7(93370)
E-mail : dong736@naver.com
www.dongmunsa.com